MALCOLM X, LA LIBERACIÓN DE LOS NEGROS Y EL CAMINO AL PODER OBRERO

También por Jack Barnes

LIBROS & FOLLETOS

El historial antiobrero de los Clinton:
Por qué Washington le teme al pueblo trabajador (2016)

¿Son ricos porque son inteligentes? Clase, privilegio
y aprendizaje en el capitalismo (2016)

Cuba y la revolución norteamericana que viene (2007)

El rostro cambiante de la política
en Estados Unidos (1999)

Su Trotsky y el nuestro (2002)

La clase trabajadora y la transformación
de la educación (2000)

El desorden mundial del capitalismo (2000)

Malcolm X habla a la juventud (2002)

DE LAS PÁGINAS DE 'NUEVA INTERNACIONAL'

Ha comenzado el invierno largo y caliente
del capitalismo (2005)

Nuestra política empieza con el mundo (2005)

El imperialismo norteamericano ha perdido la Guerra Fría
(1999)

Los cañonazos iniciales de la tercera guerra mundial (1991)

La política de la economía: Che Guevara
y la continuidad marxista (1991)

COLECCIONES E INTRODUCCIONES

Rebelión Teamster/Dobbs (2004)

La historia del trotskismo americano/Cannon (2002)

La huelga contra la aerolínea Eastern/E. Mailhot (1991)

El juicio contra el FBI (1988)

Malcolm X la liberación de los negros y el camino al poder obrero

JACK BARNES

PATHFINDER

NUEVA YORK LONDRES MONTREAL SYDNEY

Editado por Steve Clark y Mary-Alice Waters
Edición en español: Martín Koppel, Luis Madrid, Róger Calero

ISBN 978-1-60488-024-3
Número de control de la Biblioteca del Congreso (Library of
Congress Control Number) 2010920358
Impreso y hecho en Canadá
Manufactured in Canada

Primera edición, 2010
Cuarta impresión, 2019

DISEÑO DE LA PORTADA: Toni Gorton

FOTO DE LA PORTADA: Malcolm X tras aterrizar en Londres, luego de que el gobierno de Francia le negó la entrada a ese país, el 9 de febrero de 1965. En noviembre de 1964, al regresar de su segundo viaje ese año a África y al Medio Oriente, Malcolm había hablado en París ante un público que colmó el salón grande de la Mutualité. Lo habían invitado a hablar allí nuevamente en febrero en un evento auspiciado por organizaciones de estudiantes africanos y africano-americanos residentes en Francia.
(Crédito: Topham/The Image Works)

CONTRAPORTADA: Jacob Lawrence, imagen tomada de *The Migration of the Negro* (La migración del negro), 1940–41, una serie de 60 obras, témpera sobre yeso sobre cartulina, 18 x 12 pulgadas cada una. © 2009 The Jacob and Gwendolyn Lawrence Foundation, Seattle/Artists Rights Society (ARS), Nueva York

PATHFINDER
www.pathfinderpress.com
E-mail: pathfinder@pathfinderpress.com

A

Farrell Dobbs
(1907–1983)

y

Clifton DeBerry
(1923–2006)

Aguerridos

De boca cerrada

De corazón caliente

Inquebrantables combatientes proletarios
contra toda manifestación
de discriminación, opresión, explotación
y guerra imperialista

Ejemplares en lo que significa
vivir su vida conscientemente
dentro de la línea de marcha de la clase trabajadora
hacia el poder

Tabla de materias

Fotos e ilustraciones

Sobre el autor

Jack Barnes es secretario nacional del Partido Socialista de los Trabajadores. Ha sido miembro del Comité Nacional del partido desde 1963 y su secretario nacional por casi 40 años. Es editor contribuyente de la revista *Nueva Internacional*.

Como dirigente de la Alianza de la Juventud Socialista de 1961 a principios de 1966, Barnes realizó la entrevista a Malcolm X en enero de 1965 para la revista *Young Socialist* y luego habló con Malcolm sobre su publicación y otros proyectos. Barnes se unió a la Alianza de la Juventud Socialista en diciembre de 1960, unos meses después de un viaje a Cuba en julio y agosto de ese año. A su regreso, ayudó a organizar en Carleton College en Minnesota uno de los capítulos más grandes y activos del Comité pro Trato Justo a Cuba. En 1961 se unió al Partido Socialista de los Trabajadores.

Como organizador en el Medio Oeste de la Alianza de la Juventud Socialista, Barnes dirigió una exitosa campaña de cuatro años para defender a tres estudiantes en Bloomington, Indiana, todos miembros de la AJS, instruidos de cargos en mayo de 1963 por "congregarse" para abogar por el derrocamiento del Estado de Indiana por la fuerza y la violencia. Su "crimen" consistió en haber organizado y asistido a un evento en el recinto donde un dirigente nacional de la AJS que era afroamericano había dado una charla sobre la lucha por la libertad de los negros, incluido el derecho a la autodefensa contra la violencia racista. En 1965 Barnes fue elegido presidente nacional de la Alianza de la Juventud Socialista y al mismo tiempo pasó a ser director del trabajo del PST y de la AJS en Estados Unidos e internacionalmente para impulsar el creciente movimiento contra la Guerra de Vietnam.

Desde mediados de los años 70, Jack Barnes ha dirigido la labor del Partido Socialista de los Trabajadores, y con otros a nivel mundial, para construir partidos comunistas cuya gran mayoría de miembros y dirigentes son obreros industriales y sindicalistas que participan activamente en el amplio trabajo político que avanza por el camino hacia el poder obrero y el fin de la dictadura del capital. Esta trayectoria política de forjar partidos que sean proletarios tanto en su programa como su composición está documentada en numerosos artículos y colecciones de discursos y escritos de Barnes, algunos de los cuales se mencionan al principio del libro.

Sobre los editores

Steve Clark, miembro del Comité Nacional del Partido Socialista de los Trabajadores desde 1977, es director editorial de Pathfinder Press y subdirector de la revista *Nueva Internacional*. Estuvo a cargo de la edición de *Malcolm X habla a la juventud* y otras colecciones de discursos y escritos de Malcolm X.

Activista desde mediados de los años 60 hasta principios de los años 70 en la lucha por el cese de la guerra de Washington en Vietnam, Clark se unió a la Alianza de la Juventud Socialista en 1970 y al Partido Socialista de los Trabajadores en 1971. Fue director de la revista *Young Socialist* (1974–75) y secretario nacional de la AJS (1975). Fue director del semanario The *Militant* (1977–80) y de la revista noticiosa socialista *Intercontinental Press* (1981–84).

En julio de 1980 Clark entrevistó para el *Militant* a Maurice Bishop, dirigente central del gobierno de trabajadores y campesinos en la isla caribeña de Granada. Editó el libro *Maurice Bishop Speaks: The Grenada Revolution and Its Overthrow, 1979–83 (Habla Maurice Bishop: La revolución granadina y su derrocamiento, 1979–83)*, y es autor de "El segundo asesinato de Maurice Bishop" en la revista *New International*. Entre otros artículos de Clark en *Nueva Internacional* se encuentran "La agricultura, la ciencia y las clases trabajadoras", y "La política de la economía: Che Guevara y continuidad marxista", cuyo coautor es Jack Barnes.

Mary-Alice Waters, miembro del Comité Nacional del Partido Socialista de los Trabajadores desde 1967, es presidenta de la editorial Pathfinder y directora de la revista *Nueva Internacional*. Reclutada a la política obrera revolucionaria ante el impacto de la creciente lucha de masas por la liberación de los negros a principios de los años 60 y de la revolución socialista en marcha en Cuba, Waters se unió a la Alianza de la Juventud Socialista en 1962 y al Partido Socialista de los Trabajadores en 1964. Ha ayudado a dirigir el trabajo del PST en la lucha por la liberación de las mujeres en Estados Unidos y a nivel internacional.

Waters fue directora del *Young Socialist* (1966–67) y secretaria nacional y presidenta de la AJS (1967–68). Cubrió para el *Militant* la rebelión obrero-estudiantil en Francia en 1968 y fue directora del semanario obrero de noticias de 1969 a principios de los 70. Fue directora de la revista *Intercontinental Press* (1979–81).

Editora de una serie de más de 20 libros sobre la Revolución Cubana, Waters ha dado charlas extensamente por Estados Unidos y otros países sobre esa revolución y sus lecciones para el pueblo trabajador y los jóvenes en todo el mundo. Ha sido autora, editora y contribuidora de numerosos libros y folletos, entre estos: *¿Es posible una revolución socialista en Estados Unidos?*; *El capitalismo y la transformación de África*; *Cosmetics, Fashions, and the Exploitation of Women* (Los cosméticos, la moda y la explotación de la mujer); *Rosa Luxemburg Speaks* (Habla Rosa Luxemburgo); y *El rostro cambiante de la política de Estados Unidos*. Ha escrito muchos artículos para la revista *Nueva Internacional*.

Introducción

POR JACK BARNES

Este libro trata de la dictadura del capital y del camino a la dictadura del proletariado.

Trata del último siglo y medio de la lucha de clases en Estados Unidos —desde la Guerra Civil y la Reconstrucción Radical hasta el día de hoy— y las pruebas irrebatibles que ofrece de que los trabajadores que son negros integrarán una parte desproporcionadamente importante de las filas y de la dirección del movimiento social de masas que harán una revolución proletaria.

Este libro trata de por qué es necesaria esta conquista revolucionaria del poder estatal por una vanguardia de la clase trabajadora dotada de conciencia de clase y organización política, una fuerza de millones de personas. De por qué ese nuevo poder estatal proporciona al pueblo trabajador el arma más poderosa posible para librar la batalla en curso para acabar con la opresión de los negros y todas las formas de explotación y degradación humana heredadas a través de milenios de una sociedad dividida en clases. Y de cómo la participación en esa misma lucha los cambia a tal punto de ser capaces políticamente de llevar esa batalla hasta el final.

Este libro trata del último año en la vida de Malcolm X. De cómo llegó a ser el rostro y la voz auténtica de las fuerzas de la revolución norteamericana venidera.

"¿Dictadura del capital? ¿Dictadura del proletariado? ¿Qué tienen que ver estos términos con nuestro mundo actual?" Este es el estribillo que el pueblo trabajador en

Estados Unidos y la mayor parte del resto del mundo oyen una y otra vez en las escuelas, los diarios y de parte de los "comentaristas" de la radio y televisión. Sobre todo, lo oímos expresado por todas las corrientes políticas de clase media —"socialistas", "verdes" o lo que sea— que alegan hablar y actuar a favor de los intereses de los oprimidos y explotados.

Por encima del barullo, la respuesta sigue siendo: *No es* "nuestro" mundo. Y la cuestión de qué clase habrá de gobernar es la que, a fin de cuentas, realmente importa para los trabajadores y agricultores en todas partes: ahora más que nunca.

La depresión y la crisis social que se han profundizado y extendido globalmente durante el último año le han arrancado otro velo más al rostro del capitalismo, a las consecuencias que tiene el dominio burgués para el pueblo trabajador. Se hace más y más evidente que las familias gobernantes de Estados Unidos y otros países capitalistas *dictan*, y seguirán dictando, el uso de cualquier grado de poder estatal que sea necesario para defender e impulsar sus propios intereses de clase. Como también se hace más evidente que lo hacen, y lo seguirán haciendo, sin importarles el precio que les impondrán a muchos cientos de millones de personas por todo el mundo, la inmensa mayoría de la humanidad.

Desde principios de 2008, las familias de la clase dominante y su gobierno han calificado a bancos e instituciones financieras tales como la Fannie Mae, Freddie Mac, Merrill Lynch, AIG, Citigroup, General Electric, General Motors (¡sí, la GE y la GM!) y decenas de otras como "demasiado grandes como para quebrar". Han dispuesto millones de millones de dólares, literalmente, para desembolsos y "garantías" federales —que, de hecho, han producido directamente en sus imprentas— para rescatar estos baluartes del capital financiero, o con más exactitud, para rescatar a sus principales *tenedores de bonos*, que es otra manera de describir la clase dominante estadounidense. Están decididos a garantizar que se mantenga segura *su* enorme acumulación de riqueza que rinde intereses, riqueza producida por el pueblo trabajador a lo largo de los siglos.

Los principales socios y ejecutivos de la Goldman Sachs, Citigroup, JPMorgan Chase y otras instituciones de Wall Street se van reciclando en los cargos de diseñadores de políticas en el Tesoro, la Reserva Federal y otras agencias gubernamentales y semigubernamentales (a veces intercalando una temporada en una universidad), como cartas repartidas por un mecánico en una mesa de póker. Los rostros de los que "manejaban" la crisis financiera en la Casa Blanca durante la anterior administración republicana reaparecen en la actual administración demócrata, con o sin sombrero nuevo, y a menudo con un currículum que se remonta a presidencias anteriores bajo ambos partidos capitalistas.

También es evidente quién *no* es "demasiado grande como para quebrar" bajo el dominio del capital. Incluye a los millones de trabajadores —sus filas se engrosan rápidamente— que están siendo botados de sus empleos con los cierres de fábricas, despidos "para recortar gastos", "cesanteos", cartas *"no-match"*,* deportaciones y ejecuciones hipotecarias de fincas. Incluye las pequeñas tiendas familiares que han cerrado, desde las ciudades más grandes hasta los pueblos más chicos. Incluye a los trabajadores

---

* *Carta "no-match"*: Una carta del gobierno que le dice al patrón que el número de Seguridad Social proporcionado por un trabajador no corresponde a los datos en los archivos del gobierno. Estas cartas se han utilizado más y más para aumentar la inseguridad laboral y la intimidación de los trabajadores inmigrantes y, cuando lo necesita la clase patronal, para despedirlos. —NOTA DEL TRADUCTOR

con empleos cuyos salarios, con un poder adquisitivo menor que hace 40 años, han caído aún más bruscamente en los últimos 12 meses. Incluye a las personas, tanto aseguradas como no aseguradas, que se ven obligadas a declararse en bancarrota a causa de gastos médicos catastróficos. Incluye a los que se ven desahuciados de casas ante las crecientes ejecuciones bancarias de hipotecas, así como otros millones más expulsados de apartamentos por los cuales ya no pueden pagar el alquiler. Estos "nuevos desamparados", según los llaman en los medios de difusión burgueses, están escondidos de la vista, ya que con cada vez más frecuencia se encuentran hacinados con sus familias y otras personas en un solo hogar.

"Servimos y protegemos": esa promesa luce en los coches patrulla por todo Estados Unidos desde los cuales los policías hostigan y brutalizan a trabajadores día tras día, agrediendo desproporcionadamente a los africano-americanos, latinos e inmigrantes. Para el pueblo trabajador, esas palabras siempre serán una mentira despreciable. Pero para la clase dominante y las capas medias privilegiadas, son un resumen exacto de la función del aparato estatal norteamericano: las fuerzas armadas; las múltiples agencias de policía y de espionaje a nivel local, estatal, federal y militar; las cortes, agencias rapaces de fianzas y los agentes probatorios y de libertad condicional; las cárceles y prisiones hacinadas, con sus encierros deshumanizantes cada vez más frecuentes y su vida controlada por pandillas, organizadas por los que administra el "sistema penal" y supervisadas por guardias carcelarios matones (un verdadero microcosmo de las relaciones sociales burguesas). El estado norteamericano es el aparato represivo más grande en toda la historia mundial, con la mayor incidencia de encarcelamiento —y va en aumento— de cualquier país del mundo.

Estas instituciones del dominio de clase, de la "ley y el orden" burgués, sí sirven y protegen brutalmente la propiedad, las ganancias y las prerrogativas presumidas de la clase capitalista estadounidense: desde las calles, las fábricas, los campos de cultivo, las minas, los cruces de frontera y las prisiones a través de Estados Unidos, Afganistán, Pakistán, Iraq y más allá.

El pueblo trabajador puede y podrá arrancarles concesiones a la clase dominante en el transcurso de la agudización de luchas contra los ataques impelidos por la crisis contra nuestros empleos, condiciones de vida y dignidad humana elemental, contra nuestras libertades políticas y el derecho a sindicalizarse, y contra la marcha hacia mayores gastos militares y más sangrientas guerras en el exterior. Pero estas concesiones no pueden cambiar las leyes que subyacen el funcionamiento del sistema capitalista en sí, ni pueden aplazar su mayor devastación de nuestra vida y sustento. No pueden poner fin a la dictadura del capital.

Solo la conquista, y el uso, del poder estatal por parte de la clase trabajadora y la expropiación del capital financiero pueden crear los cimientos para un mundo basado, no en la explotación, violencia, discriminación racial, jerarquías basadas en las clases sociales y la competencia a muerte, sino en la solidaridad entre los trabajadores que fomente la creatividad y el reconocimiento del valor de cada individuo, sin importar su género, su origen nacional o el color de su piel.

Un mundo socialista.

Durante el último medio siglo, dos acontecimientos ante todo han transformado las perspectivas revolucionarias para el pueblo trabajador en Estados Unidos. Han tenido un impacto profundo en la capacidad y efectividad, en el carácter proletario, del Partido Socialista de los Trabajadores y la Alianza de la Juventud Socialista.

Uno es la conquista del poder en 1959 por los trabajadores y agricultores de Cuba. Ese triunfo no solo abrió el camino a la revolución socialista en las Américas. Significó una renovación en acción de la trayectoria proletaria internacionalista que Carlos Marx y Federico Engels señalaron por primera vez más de un siglo antes, y que más tarde los trabajadores y campesinos en Rusia llevaron a cabo en la práctica en 1917 bajo la dirección de V.I. Lenin y del Partido Bolchevique.

El otro es el ascenso después de la Segunda Guerra Mundial de la lucha popular por la liberación de los negros en Estados Unidos, de la cual surgió Malcolm X, su dirigente más destacado. Incluso a principios de los años 60, mientras Malcolm aún era el portavoz más conocido de la Nación del Islam, los dirigentes del Partido Socialista de los Trabajadores reconocimos en sus palabras y sus hechos a un dirigente intransigente de calibre extraordinario. La Nación del Islam en sí era una organización nacionalista burguesa y religiosa, como lo sigue siendo hoy día. Como señaló Malcolm después de su ruptura con la Nación en marzo de 1964, la organización no "participaba en la política" y su jerarquía, dirigida por Elijah Muhammad, "lo que la motivaba principalmente era proteger sus propios intereses".

Pero la voz de Malcolm era más y más la de un dirigente revolucionario de la clase trabajadora. Y durante el último año de su vida, la claridad política de sus palabras avanzó a una velocidad deslumbrante.

En enero de 1965, poco menos de un año después de su escisión de la Nación, Malcolm dijo a un entrevistador de la televisión, "Creo que al final habrá un choque entre los oprimidos y los que oprimen. Creo que habrá un choque entre los que quieren libertad, justicia e igualdad para todos y los que quieren continuar los sistemas de explotación.

"Creo que se dará ese tipo de choque", dijo Malcolm, "pero no creo que se basará en el color de la piel, según había enseñado Elijah Muhammad".

Hablando a nombre de la Alianza de la Juventud Socialista en un mitin conmemorativo en marzo de 1965 en Nueva York, unas pocas semanas después del asesinato de Malcolm, señalé que Malcolm se había empeñado incansablemente en ir más allá de sus orígenes en la Nación del Islam, surgiendo en la política mundial como el más destacado "dirigente de la lucha por la liberación de los negros" en Estados Unidos. "Él pertenece, ante todo, a su pueblo". Al mismo tiempo, para los jóvenes de todos los orígenes que se veían atraídos a la clase trabajadora y a la política proletaria, en este país y a nivel mundial, Malcolm X se había convertido en "el rostro y la voz auténtica de las fuerzas de la revolución socialista norteamericana que viene. Dijo la verdad a nuestra generación de revolucionarios... Malcolm desafió al capitalismo norteamericano desde el interior. Para nuestra generación de revolucionarios fue la prueba viviente de que también aquí puede suceder y va a suceder".

Casi medio siglo después, no tengo nada que cambiar en esa valoración, y todavía puedo reconocer al joven socialista que la hizo. Pero sé que nadie reconocería a *este* Malcolm X, al Malcolm viviente que conocimos —al Malcolm que continuó luchando y creciendo hasta el último día de su vida— si lo que saben de su trayectoria política proviniera solo de *La autobiografía de Malcolm X* preparada por el periodista Alex Haley, o de la película *Malcolm X* de 1992, dirigida por Spike Lee. Estas son las principales fuentes actuales de "información" sobre Malcolm X, que decenas de millones de personas en el mundo, literalmente, han leído o visto en múltiples idiomas. Sin embargo, ambas obras congelan la trayectoria *política* de Malcolm en abril de 1964, cuando él hizo su peregrinación a la Meca, apenas un mes después de su ruptura pública con la Nación del Islam. Todo lo sucedido después de ese peregrinaje recibe poca atención tanto en la autobiografía como en la película. Pero las experiencias de Malcolm y las conclusiones políticas que extrajo no se terminaron ahí. En realidad, apenas comenzaban.

Esta falsa interpretación de Malcolm X es también lo que descubre el lector en *Los sueños de mi padre: Una historia de raza y herencia*, las memorias de 1995 de Barack Obama, hoy presidente de Estados Unidos. Obama, quien escribía en preparación para lanzar su carrera electoral al año siguiente con una candidatura para senador estatal en Illinois, dijo que de adolescente había buscado como guía las obras de diversos autores negros conocidos, entre ellos James Baldwin, W.E.B. Du Bois, Ralph Ellison, Langston Hughes y Richard Wright. Y todos ellos, cada uno de forma diferente, había terminado "con la misma huida cansada, todos hombres agotados, amargados, con el diablo pisándoles los talones". (En todos los casos excepto el primero, el diablo era el estalinismo. Pero esto siempre lo han disimulado los políticos de Hyde Park y sus partidarios y editores progresistas).

Al principio, solo *La autobiografía de Malcolm X* "parecía ofrecer algo diferente", dijo el futuro presidente de Estados Unidos. Pero hasta eso resultó ser una quimera. "Si lo que descubrió Malcolm al final de su vida —de que algunos blancos podrían convivir con él como hermanos islámicos— parecía ofrecer cierta esperanza de reconciliación al final, esa esperanza se vislumbraba en un futuro distante, en una tierra lejana".

Si esto realmente resumiera el legado y el ejemplo de Malcolm, entonces sí sería una esperanza para "un futuro distante, en una tierra lejana".

Pero ¿se había molestado este aspirante a político en leer algunas de las palabras de Malcolm durante los últimos 10 meses de su vida? Al menos ocho libros y folletos con discursos y escritos de Malcolm estaban editados en inglés en aquella época (así como uno en español); estos contenían unas 70 charlas, entrevistas y cartas de esos últimos meses. Sin embargo, para los de diversas opiniones políticas, resulta conveniente actuar como si simplemente no existiera esa historia documentada de las convicciones revolucionarias emergentes de Malcolm. Como si esas palabras nunca se pronunciaron. Como si Malcolm no murió a causa de ellas.

En junio de 2009, casi 15 años después de mandar a la imprenta su historia de raza, Barack Obama habló sobre un tema afín desde una posición muy distinta, como ejecutivo principal y comandante en jefe de la potencia imperialista predominante del mundo. Durante una visita oficial a Arabia Saudita y Egipto, pronunció un discurso ante estudiantes y otros en la Universidad del Cairo, donde expresó los mitos autocomplacientes de las capas de clase media alta en Estados Unidos, de todos los colores de la piel, de las cuales ascendió a la Casa Blanca. Malcolm dedicó su vida política a exponer esos mitos y a vacunar a la gente contra ellos, luchando por despertar la conciencia de los africano-americanos y de otras personas a nombre de las cuales hablaba, no acerca de su opresión sino acerca de su propia valía.

"Durante siglos", dijo en El Cairo el nuevo presidente, "los negros en América sufrieron el azote como esclavos y la humillación de la segregación. Pero no fue con violencia que lograron los derechos plenos e iguales. Fue con una insistencia pacífica y decidida en los ideales que se encuentran en el seno de la fundación de Estados Unidos".

¿Acaso se acabó con la violencia institucionalizada del comercio de esclavos y de la esclavitud, según las palabras del presidente norteamericano, mediante "una insistencia pacífica y decidida"? ¿No fueron los "ideales que se encuentran en el seno de la fundación de Estados Unidos" los que consagraron la esclavitud en la propia constitución de la república?

¿Acaso se puso fin a la "institución peculiar" sin amotinamientos en los barcos de esclavos y actos temerarios de desafío individual y colectivo de africanos durante el infame "pasaje medio" transatlántico?

¿Sin las rebeliones dirigidas por Denmark Vesey, Nat Turner y cientos de otros, que los esclavistas y su gobierno tuvieron que ahogar en sangre para suprimir?

¿Sin los cientos de "conductores" armados del Ferrocarril Subterráneo como Harriet Tubman?

¿Sin la Guerra Civil norteamericana, en la que se produjo la mayor pérdida de vidas de cualquier guerra en la historia de Estados Unidos, una guerra revolucionaria que para 1865 había alistado a unos 200 mil soldados negros para la causa de la Unión?

¿Sin el poder del Ejército de la Unión junto con las milicias locales que apoyaron la política de los gobiernos estatales de Reconstrucción Radical a través del Sur después de la Guerra Civil: hasta 1877, cuando la burguesía norteamericana ascendente traicionó la Segunda Revolución Norteamericana y retiró el ejército, abriendo paso a la supresión sangrienta de estos regímenes populares?

¿Se impuso sin violencia la segregación *Jim Crow** por

---

* Ver "Jim Crow" en el glosario. —NOTA DEL TRADUCTOR

todo el Sur? ¿Este fue derrocado con amor y perdón? O más bien, el movimiento de masas por los derechos de los negros, con liderazgo proletario, de los años 50, 60 y principios de los 70, ¿no fue posible únicamente gracias a la disciplina política y física y a la valentía de millones (incluso dentro de las fuerzas armadas norteamericanas imperialistas), *y también* a la decisión de una vanguardia consciente de organizar la defensa de sus comunidades contra el terror de los jinetes nocturnos por cualquier medio que fuera necesario?

¿No es cierto que las rebeliones urbanas de trabajadores que son negros en Harlem, Watts, Chicago, Newark, Detroit y otras ciudades norteamericanas en los años 60 advirtieron a la clase dominante que millones entre esta parte oprimida y superexplotada de la clase trabajadora no quedarían satisfechos simplemente con leyes que, una vez más, reconocían formalmente los "derechos plenos e iguales" que el presidente norteamericano citó en El Cairo? ¿No es cierto que los militantes y mártires de la rebelión de Attica y otros levantamientos en las prisiones emplearon la única vía que les quedaba para enfocar la atención del mundo en los horrores de los penales norteamericanos? ¿No es cierto que la brutalidad racista y desigualdad de clase institucionalizadas del capitalismo han perdurado mucho más que las conquistas de la lucha por los derechos de los negros a mediados del siglo XX?

¿No es cierto que una amplia vanguardia de africano-americanos percibió sus luchas como parte íntegra de los movimientos victoriosos por la liberación nacional después de la Segunda Guerra Mundial que se extendieron por África, Asia y el Caribe, y obró en consecuencia? ¿Acaso todo esto no echó atrás el racismo, elevó la confianza entre los africano-americanos y sentó las bases para una mayor unidad en la lucha entre trabajadores que son negros, blancos y de otros orígenes raciales o nacionales?

La historia documentada da pruebas en abundancia de que hasta el estado burgués más "democrático" es en el fondo un masivo aparato omnipresente de violencia, dedicado a la preservación del dominio capitalista. Desde el fin de la Segunda Guerra Mundial, las tropas, fuerzas especiales, agentes de "inteligencia" y los mercenarios a sueldo y las armas (de "alta" y baja tecnología) del imperialismo han sido responsables de la matanza y mutilación de millones de trabajadores y campesinos, desde Vietnam hasta Iraq y Afganistán, desde Irán hasta Corea, Cuba, El Salvador, Nicaragua, Guatemala, Angola y Yugoslavia.

A pesar de todos los sermones burgueses autocomplacientes sobre los "ideales que se encuentran en el seno de la fundación de Estados Unidos", la historia demuestra cientos de veces que los que luchan contra la explotación y la opresión no son la fuente de donde emana la violencia en el mundo. Más bien es la dictadura del capital: capital mercantil, industrial, bancario y actualmente el capital financiero.

La voluntad y capacidad del pueblo trabajador para defendernos efectivamente en la marcha histórica hacia una lucha revolucionaria por el poder decidirá si podrá haber un futuro pacífico y productivo para la humanidad.

Una vez que Malcolm X se libró de las ataduras políticas de la Nación del Islam a principios de 1964, se topó con el desafío que enfrentan todas las organizaciones revolucionarias pequeñas en la clase trabajadora. ¿Cómo unirse con otros que no comparten su programa y estrategia para luchar por metas comunes, por demandas inmediatas, por mayor espacio para hacer política? ¿Cómo encontrar —mientras uno hace trabajo político, propagandizando incansablemente— a aquellos que convergen con las posiciones que uno está desarrollando? ¿Cómo seguir avanzando por un rumbo revolucionario en tiempos que no son revolucionarios, sin nunca replegarse hacia la existencia cómoda y ensimismada de una secta?

La Nación del Islam no era una organización política. No tenía una estructura para discusiones internas y la toma de decisiones que permitiera que el liderazgo decidiera un curso político. La Nación funcionaba sobre la base de "revelaciones" y decretos. No era posible una lucha para aclarar perspectivas políticas. Por lo tanto, Malcolm —cuyo prestigio en la jerarquía de la Nación era mayor que la de cualquiera salvo Elijah Muhammad, y que nadie superaba en cuanto al respeto del que gozaba entre sus miembros— se llevó consigo muy pocos miembros de la organización al producirse la escisión. Si bien los que siguieron a Malcolm eran cuadros disciplinados, aún no era una disciplina *política*. Era una disciplina basada aún en cualidades morales individuales, y no en la convicción y los hábitos *políticos* forjados, templados y asimilados a lo largo del tiempo en el trabajo de masas y la acción de la lucha de clases.

La tarea que enfrentaba Malcolm X en los últimos meses de su vida era la de forjar cuadros políticos. Estaba empezando de cero. Tardaría tiempo. Y como sabía Malcolm desde un comienzo, el *tiempo* era algo que las fuerzas dentro y alrededor de la Nación, así como las agencias policiales federales y locales, aquí y en el exterior, estaban decididas a negarle.

Malcolm le dio mucha importancia a conocer y colaborar con otros revolucionarios, dentro del país y por todo el mundo. Apreciaba mucho a los combatientes que con mucho sacrificio habían entablado batallas para derrocar a regímenes coloniales por toda África y Asia. Se sentía especialmente atraído a la dirección revolucionaria del gobierno laico de Argelia, muchos de los cuales, como señaló Malcolm, eran "blancos", y pocos de los cuales seguían practicando la religión musulmana. Bajo la dirección de Ahmed Ben Bella, el gobierno de trabajadores y campesinos en Argelia, a diferencia de otras naciones recientemente independizadas en África y el Medio Oriente, estaba organizando al pueblo trabajador para impugnar no solo el poder y los privilegios de sus ex colonizadores franceses, sino de los terratenientes y capitalistas argelinos.

Malcolm también se veía influenciado más y más por el ejemplo internacionalista de la Revolución Cubana. Había expresado su solidaridad y admiración hacia esa revolución y su liderazgo desde sus primeros años, y lo demostró invitando a Fidel Castro y Ernesto Che Guevara a Harlem. "La Revolución Cubana: esa sí es una revolución. Derrocaron el sistema", dijo Malcolm ante un público mayoritariamente negro en Detroit en noviembre de 1963, al dar el último de sus discursos principales como dirigente de la Nación del Islam. Pero en 1964 y a principios de 1965, a medida que Malcolm fue viendo más claramente la necesidad de impulsar la "rebelión global de los oprimidos contra los opresores, de los explotados contra los explotadores", se vio más atraído políticamente a la Revolución Cubana.

En enero de 1965, al hablar ante un evento público patrocinado por el Partido Socialista de los Trabajadores y la Alianza de la Juventud Socialista en Nueva York, Malcolm empezó diciendo, "Es la tercera vez que tengo la oportunidad de ser invitado al Militant Labor Forum. Siempre considero que es un honor y cada vez que me abran la puerta, aquí estaré". Malcolm era un hombre de palabra. Cuando decía "cada vez", era lo que quería decir.

A Malcolm le encantaba *hacer* cosas junto con otros revolucionarios. Una vez que había suficiente tiempo y experiencias para que se desarrollara la confianza mutua, Malcolm estaba deseoso de intercambiar lecciones arduamente aprendidas de *cómo* hacer más. Quería compartir información con otros revolucionarios sobre "contactos", según los llamaba: individuos, especialmente jóvenes, que cada uno de nosotros había llegado a conocer al hacer trabajo político aquí en Estados Unidos, en África o en otras partes.

A la vez, Malcolm no era ni ingenuo ni ignorante acerca de las trayectorias políticas fuertemente opuestas entre las diferentes organizaciones en el movimiento obrero que se reclamaban marxistas o comunistas, entre ellas, a principios y mediados de los años 60, el Partido Comunista de Estados Unidos (PCEUA), el Partido Progresista del Trabajo (PLP) y el Partido Socialista de los Trabajadores. En Nueva York, especialmente, era imposible militar en el movimiento negro en ese entonces sin conocer a miembros y partidarios de estos partidos. El Partido Comunista de Estados Unidos por sí solo tenía miles de miembros africano-americanos en Harlem tan recientemente como en los años 30 y a principios de los 40.

Malcolm sabía muy bien que el PCEUA y sus organizaciones hermanas a través del movimiento estalinista internacional lo vilipendiaban por su oposición intransigente a la trayectoria política de los dirigentes de organizaciones pro derechos civiles que buscaban *reformar* "el sistema de explotación" en Estados Unidos y a nivel mundial en vez de organizar —como Malcolm intentaba hacer con creciente claridad— un movimiento revolucionario para *derrocarlo.*

Malcolm se oponía a *ambos* partidos políticos imperialistas en Estados Unidos. El hecho que se negó a llamar a votar por el presidente demócrata saliente Lyndon Johnson contra el republicano Barry Goldwater en las elecciones presidenciales de 1964 —una posición que compartió con el Partido Socialista de los Trabajadores y prácticamente con ninguna otra organización del movimiento obrero en Estados Unidos— era especialmente insoportable para los dirigentes del Partido Comunista. Durante unas tres décadas, el apoyo al Partido Demócrata y a sus candidatos había sido la guía principal de la trayectoria colaboracionista de clases del PC en la política estadounidense.

Unas semanas después de las elecciones de noviembre de 1964, Malcolm dijo a los participantes en un mitin en París, Francia, que "los capitalistas astutos, los imperialistas astutos" en Estados Unidos "tenían a todo el mundo —incluso a gente que se autodenomina marxista— lleno de esperanzas de que Johnson le ganara a Goldwater… Los que se reclaman enemigos del sistema estaban postrados de rodillas esperando que Johnson saliera electo… porque supuestamente es un hombre de paz", dijo Malcolm. "¡Y *en esos momentos* él estaba invadiendo con tropas el Congo y Vietnam del Sur!"

Varios meses después, a principios de febrero de 1965, las autoridades en el aeropuerto de París le prohibieron a Malcolm volver a entrar a Francia para participar en otro encuentro al que había sido invitado a hablar. Un poco más tarde ese mismo mes, en una reunión de la Organización de la Unidad Afro-Americana en Harlem, Malcolm explicó que aun antes de que el gobierno francés le prohibiera entrar, el Partido Comunista allí se había asegurado de que la mayor central sindical en Francia no solo se negara a alquilar su sede a los organizadores del evento en París para Malcolm, sino que "ejerció su influencia para impedir que ellos consiguieran" otro lugar que habían intentado obtener.

"Lo que nos enseñó la Revolución Bolchevique", la tercera sección de este libro, incluye las transcripciones de discusiones en 1933 y 1939 sobre la lucha por la liberación de los negros en Estados Unidos con el dirigente bolchevique

León Trotsky. Dichas discusiones aparecen aquí bajo el título, "La cuestión nacional y el camino a la dictadura proletaria en Estados Unidos", un resumen preciso de su contenido, a diferencia de "León Trotsky sobre el nacionalismo negro y la autodeterminación", título del libro en el cual las transcripciones han estado disponibles desde 1967.

En esas discusiones, Trotsky instó a la dirección del Partido Socialista de los Trabajadores a virar el partido hacia una participación más profunda y amplia en la lucha por la libertad de los negros siguiendo la línea de marcha de la lucha revolucionaria por el poder en Estados Unidos. El partido "no puede postergar más esta cuestión tan esencial", le había escrito Trotsky a James P. Cannon, dirigente del PST, en 1939 durante varios días de discusiones que Trotsky había sostenido con miembros del partido.

A menos que el PST encare este reto político, dijo Trotsky en esas discusiones, "nuestro partido no puede desarrollarse, se va a degenerar… Se trata de la vitalidad del partido… Es una cuestión de si el partido se transformará en una secta o si es capaz de hallar el camino hacia la parte más oprimida de la clase trabajadora".

Este libro es un compromiso y un arma para seguir poniéndose a la altura de ese reto hoy y mañana.

Malcolm X, la liberación de los negros y el camino al poder obrero nunca habría podido producirse sin la colaboración directiva durante casi medio siglo de cuadros proletarios del Partido Socialista de los Trabajadores que son negros.

El libro es producto de los esfuerzos disciplinados de estos y otros cuadros del PST, entre ellos las generaciones que han estado dirigiendo el trabajo desde mediados de los años 70 para forjar un partido que sea proletario tanto en su composición como en su programa y acción. Los que han estado en las primeras filas, haciendo frente a matones racistas que atacaban buses escolares, protestas y líneas de piquete. Los que realizan actividades políticas comunistas en la clase obrera y los sindicatos industriales. Los que se suman a huelgas, campañas de sindicalización y escaramuzas pequeñas y grandes en los talleres de trabajo. Los que han organizado en el seno de las fuerzas armadas imperialistas contra el racismo y los intentos de negarles sus derechos como ciudadanos soldados. Los que salen a las calles con otras personas para condenar la brutalidad policial, para reclamar la legalización de los trabajadores inmigrantes, para decir no a la pena de muerte y para reivindicar el derecho de la mujer a optar por el aborto. Los que han promovido y participado en el Partido Político Negro Independiente Nacional (NBIPP) y otras organizaciones buscando promover los derechos de los negros en un sentido proletario. Los que se dedican a educar a otras personas sobre la política imperialista del gobierno de Estados Unidos y su marcha incesante hacia una mayor militarización y propagación de sus guerras, y a movilizar fuerzas en su contra.

Lo que hallarán los lectores en estas páginas es el fruto de muchas décadas de actividad política por parte de trabajadores y jóvenes comunistas que hacen campaña con el semanario *El Militante* y otras publicaciones en esquinas callejeras, a las puertas de fábricas, entre estudiantes, en piquetes de huelgas y en otras manifestaciones y actividades de protesta social. Por parte de cuadros proletarios que han organizado y participado en escuelas de dirección comunista, ayudando a educarse a sí mismos y a otros en torno a las lecciones de más de 150 años de lucha revolucionaria del pueblo trabajador. Por parte de los que se han postulado como candidatos del Partido Socialista de los Trabajadores para ocupar puestos desde cargos locales hasta la presidencia de Estados Unidos, y que lo han hecho en contra de los candidatos postulados —independientemente del color de su piel— por los demócratas, republicanos y otros partidos burgueses y pequeñoburgueses.

Por parte de cuadros que nunca se han cansado de ponerse en la cara de los *race-baiters*, los *red-baiters*,* los elementos abiertamente intolerantes y demagogos de toda calaña que han pretendido negar que los trabajadores, agricultores y jóvenes que son negros —y son *orgullosos* de ser negros— pueden ser y serán comunistas siguiendo el mismo camino y sobre la misma base política que cualquiera.

La colaboración con estos compañeros —pasando por muchas crisis y coyunturas, incluido el actual pánico capitalista global que aún está en sus primeras etapas— me ha enseñado mucho de lo que los lectores descubrirán en estas páginas. La tarea de poner estas lecciones por escrito es una de mis obligaciones, y mi nombre aparece como autor. Pero no pude haber llegado a estas conclusiones de otra forma sino como parte de un conjunto de cuadros proletarios probados y disciplinados, entre ellos estos hombres y mujeres de ascendencia africana, quienes en su vida y su actividad siguen fieles hasta el día de hoy a sus convicciones revolucionarias.

A ellos se les dedica *Malcolm X, la liberación de los negros y el camino al poder obrero*.

NUEVA YORK
4 DE OCTUBRE DE 2009

---

* *Race-baiting* es la práctica demagógica de alegar o insinuar que, por el hecho que un individuo "no es negro" —y solo por ese hecho— no es fiable políticamente y no se debe juzgar objetivamente los criterios que tenga. Asimismo, *red-baiting* es la práctica de afirmar o insinuar que, por el hecho que una persona es comunista (o se diga que es comunista), otras personas no deben tomar en cuenta sus criterios políticos, trabajar con ellos objetivamente o darles derechos iguales.
—NOTA DEL TRADUCTOR

PRIMERA PARTE

El legado político
de Malcolm X

Dijo la verdad
a nuestra generación de revolucionarios:
en tributo a Malcolm X

por Jack Barnes
5 de marzo de 1965

El 21 de febrero de 1965, Malcolm X fue asesinado mientras tomaba el podio en el salón Audubon en Harlem. Iba a ser el orador principal en un mitin de la Organización de la Unidad Afro-Americana. Dos semanas después, el 5 de marzo, la dirección del Partido Socialista de los Trabajadores y de la Alianza de la Juventud Socialista organizó un mitin conmemorativo para Malcolm. El evento fue auspiciado por el Militant Labor Forum. Más de 200 personas colmaron el salón en el 116 del University Place, justo al sur de la plaza Union Square en el Bajo Manhattan.

A continuación se reproducen extractos mayores de la charla que en ese evento dio Jack Barnes, entonces presidente nacional de la Alianza de la Juventud Socialista. Clifton DeBerry, candidato presidencial del Partido Socialista de los Trabajadores en 1964, fue el moderador. Además hablaron James Shabazz, secretario y cercano colaborador de Malcolm; Farrell Dobbs, secretario nacional del PST; y Robert DesVerney, redactor del *Militant*.

"**¿Qué es lo que a menudo hacía que jóvenes que escuchaban
a Malcolm X emprendieran el camino rumbo a hacerse
revolucionarios proletarios? Primero y ante todo, dijo la verdad:
sin adornos, sin barniz, intransigente**," dijo Jack Barnes, presidente
nacional de la Alianza de la Juventud Socialista, en un mitin conmemorativo
de tributo a Malcolm X celebrado en Nueva York el 5 de marzo de 1965
(arriba). Unas 200 personas asistieron al evento, organizado por el Partido
Socialista de los Trabajadores y la AJS.

Quisiera hablar esta noche no solo a nombre de los miembros de la Alianza de la Juventud Socialista, sino de los jóvenes revolucionarios en nuestro movimiento a nivel mundial que quisieran hablar en un acto conmemorativo para Malcolm X pero que no pueden estar presentes. Es el caso, sobre todo, de aquellos en África, el Medio Oriente, Francia e Inglaterra que recientemente tuvieron la oportunidad de conocer, ver y escuchar a Malcolm.

Malcolm fue el dirigente de la lucha por la liberación de los negros. Fue, como afirmó Ossie Davis en su funeral, nuestro resplandeciente príncipe negro, la hombría de los Harlem del mundo. Él pertenece, ante todo, a su pueblo.

Pero también fue el maestro, inspirador y dirigente de un grupo mucho más pequeño, la juventud socialista revolucionaria en Estados Unidos. Para nosotros era el rostro y la voz auténtica de las fuerzas de la revolución socialista norteamericana que viene. Dijo la verdad a nuestra generación de revolucionarios.

¿Qué fue lo que atrajo a los jóvenes revolucionarios por todo el mundo hacia Malcolm X? Más importante aún, ¿qué es lo que a menudo hacía que los jóvenes que lo escuchaban —incluso jóvenes que no eran negros— emprendieran el camino rumbo a hacerse revolucionarios? Creo que fueron dos cosas ante todo. Primero, él dijo la verdad llana y sencilla: la verdad sin adornos, sin barniz, intransigente. Segundo, fue la evolución y el contenido del pensamiento político de Malcolm.

Malcolm vio cuán profunda era la hipocresía y la falsedad que cubren las verdaderas relaciones sociales que conforman la sociedad norteamericana. Para él lo decisivo no eran tanto las mentiras que propagaban la clase dominante y sus portavoces, sino las mentiras y falsedades sobre su pueblo —sobre su pasado y sus potencialidades— que ese pueblo aceptaba.

El mensaje de Malcolm al ghetto, su agitación contra el racismo, era de un carácter especial. Lo que él decía y lo que hacía emanaban del estudio de la historia de los afroamericanos. Él explicaba que para que los norteamericanos negros supieran qué hacer, para que descubrieran quiénes son realmente —para saber cómo llegar a conquistar la libertad— primero tenían que contestar tres preguntas: ¿De dónde proviniste? ¿Cómo llegaste aquí? ¿Quién es responsable de tu situación?

La verdad que Malcolm planteaba era explosiva porque surgía de un estudio detallado de cómo fue esclavizado el afroamericano. Él difundió los hechos que se han suprimido de los libros de historia establecidos y que se excluyen de las escuelas. Mientras fue miembro de los Musulmanes Negros y después que los dejó, Malcolm enseñó que el proceso por el cual los africanos fueron convertidos en esclavos fue el de la deshumanización. Con una crueldad atroz, comparable a la de los peores campos de concentración de los nazis, les enseñaron a temer al blanco. Los despojaron sistemáticamente de su lengua, su cultura, su historia, sus nombres, su religión y todo vínculo con sus hogares en África: su identidad. Los llamaron *negros*, significando esta falta de identidad y esta negación de su origen africano.

Especialmente después de su "emancipación", el cristianismo que se les inculcó fue el cristianismo de la docilidad y sumisión y de la recompensa en el cielo. Se les enseñó que África era una jungla donde la gente vivía en chozas de barro, y que al traerlos a Estados Unidos el blanco les había hecho un gran favor.

Malcolm le preguntaba al negro norteamericano: ¿Quién te enseñó a odiarte? ¿Acaso *él* se odia a sí mismo? ¿Quién te enseñó a ser pacifista? ¿Acaso *él* era pacifista? ¿Quién dijo que el pueblo negro no puede defenderse? ¿Acaso *él* no se defiende? ¿Quién te enseñó a no ir demasiado lejos ni demasiado aprisa en tu lucha por la libertad? ¿Acaso *él* tenía algo que perder con la rapidez de tu victoria? ¿Quién te enseñó a votar por la zorra para escapar del lobo? ¿Qué te da la zorra a cambio?

Todas estas preguntas, y tantas más, no precisaban de respuesta. Todas las preguntas iban dirigidas a los que no tenían nada que perder y nada que defender en el sistema tal y como existe hoy en día.

El pensamiento político de Malcolm fue el otro factor importante en el desarrollo de los que aprendieron de él. En primer lugar, él creía en la necesidad de la unidad afroamericana en acción y la explicaba. Consideraba necesario que uno basara sus alianzas en esa unidad y rechazara incondicionalmente toda alianza degradante o comprometedora. La batalla por la libertad solo puede librarse a partir de esta unidad, y de la dignidad y del respeto propio que la acompañan. Los que pretenden soslayar este paso condenarían a los negros norteamericanos a no ser más que la cola de la cometa de otras fuerzas más conservadoras.

"No podemos pensar en unirnos a otros sin antes habernos unido nosotros mismos. No podemos pensar en ser aceptables a otros sin antes demostrar que somos aceptables ante nosotros mismos. No se puede unir plátanos con hojas sueltas".[1] Malcolm sabía que los afroamericanos ya habían tenido más que suficiente unidad de este tipo: con los liberales, el Partido Comunista y el Partido Socialista.

En segundo lugar, él hablaba sobre la defensa propia y la verdadera fuente de la violencia. Señalaba constantemente que la fuente de la violencia era el opresor, no el oprimido. Resaltaba constantemente cómo el opresor usa

---

1. "Declaración de independencia" (12 de marzo de 1964), en *Habla Malcolm X* (Pathfinder, 1993), pág. 53 [impresión de 2019].

la violencia. Por un lado de la boca el gobierno y la prensa le predican pacifismo al negro norteamericano, mientras que por el otro lado de la boca les sale la fría declaración de que van a aniquilar a todos los norvietnamitas que les dé la gana. Malcolm nunca se cansaba de señalar la hipocresía de esta forma de pacifismo, su ineficacia y su carácter degradante y despreciativo.

Malcolm nos dijo hace 10 meses, en el primer mitin del Militant Labor Forum en que habló, "Si George Washington no logró la independencia de este país de forma no violenta, y si Patrick Henry no hizo una declaración de no violencia, y si ustedes me enseñaron a considerarlos patriotas y héroes, entonces es hora de que entiendan que he estudiado muy bien los libros de ustedes... Ninguna persona blanca lucharía por la libertad de la misma forma en que nos ha ayudado a mí y a ti a luchar por nuestra libertad. No, ninguno de ellos lo haría. Cuando se trata de la libertad del negro, el blanco participa en los *Freedom Rides* (Viajes de la Libertad) y en sentadas, es no violento y canta *Triunfaremos* y todo eso. Pero cuando se ve amenazada la propiedad del blanco, o cuando se ve amenazada la libertad del blanco, entonces no resulta ser no violento".[2]

En tercer lugar, a diferencia de cualquier otro dirigente negro y a diferencia de cualquier otro dirigente de masas en mi vida, él continuamente desenmascaraba el verdadero papel del Partido Demócrata, y señalaba lo errado que era creer que el gobierno federal de este país liberaría a los afroamericanos. Dijo, "Los demócratas obtienen el

---

2. "Speech on Black Revolution" (Discurso sobre la revolución negra, 8 de abril de 1964), en *Two Speeches by Malcolm X* (Dos discursos de Malcolm X; Pathfinder, 1965, 1987, 1990), pág. 17 [impresión de 2018], y el período de discusión después de ese discurso en Malcolm X, *By Any Means Necessary* (Por cualquier medio necesario; Pathfinder, 1970, 1992), págs. 45–46 [impresión de 2017].

apoyo de los negros, y sin embargo los negros no obtienen nada a cambio. Los negros ponen a los demócratas en primer lugar, pero los demócratas ponen al negro en último lugar. Y el pretexto que usan los demócratas es culpar a los *Dixiecrats*. Un Dixiecrat no es más que un demócrata disfrazado... Porque en realidad *Dixie* significa todo el territorio al sur de la frontera canadiense".[3]

En vez de simplemente dirigir sus ataques contra los títeres, Malcolm X siempre intentaba exponer a los que *realmente* eran responsables de mantener el racismo de esta sociedad. Cuando el jefe de policía de Nueva York, [Michael] Murphy, los tachó a él y a otros de "irresponsables", Malcolm respondió que Murphy solo estaba cumpliendo su tarea. El alcalde [Robert] Wagner, patrón de Murphy, era el verdadero responsable de la acusación, dijo.

Malcolm nunca se cansaba de explicar y demostrar que el responsable de mantener el racismo en el Norte y en el Sur era el gobierno federal encabezado actualmente por el presidente [Lyndon] Johnson, un demócrata. Así demostraba la continuidad entre el trato inhumano de los negros y el hecho que los responsables de la situación del pueblo negro son los que hoy día dirigen esta sociedad. Como señaló uno de sus compañeros, el hermano Benjamin [Karim], en una reunión reciente de la Organización de la Unidad Afro-Americana, el Norte es responsable del racismo que existe en el Sur, porque "ellos ganaron la Guerra Civil".

Era cuando hablaba sobre el Partido Demócrata que salía a relucir claramente otro aspecto de Malcolm: su

---

3. *Two Speeches by Malcolm X*, págs. 27–28. Los "Dixiecrats" eran el ala abiertamente segregacionista del Partido Demócrata que entonces predominaba en la mayor parte del Sur estadounidense, región que se denominó Dixie desde antes de la Guerra Civil. *Dixie* era el título de una canción que llegó a ser el himno más conocido de la Confederación durante la Guerra Civil.

capacidad de traducir las ideas complejas e importantes que él desarrollaba y asimilaba al lenguaje de quienes él sabía que cambiarían el mundo. La capacidad de hablarles a los oprimidos de forma clara ha sido el genio singular de todos los grandes dirigentes revolucionarios de la historia.

El *Militant* informó que Malcolm, en su rueda de prensa en Harlem tras su regreso de África hace ocho meses, dijo que el presidente Johnson era hipócrita. Señaló que el amigo más cercano a LBJ [Johnson] en el Senado, Richard Russell, estaba encabezando la lucha contra el proyecto de ley pro derechos civiles. Un periodista impugnó lo que dijo Malcolm, afirmando que era dudoso que la amistad entre Johnson y Russell demostrara cosa alguna. Malcolm lo miró con su sonrisa acostumbrada y le dijo, de forma improvisada, "Si usted me dice que se opone a asaltar bancos y su mejor amigo es Jesse James, entonces tengo motivos para dudar de su sinceridad".[4]

El último aspecto en cuanto a su desarrollo político que fue muy importante para la educación de los jóvenes que lo seguían, que se orientaban hacia él o que de muchas maneras fueron educados por él, fue su internacionalismo revolucionario.

Malcolm ofreció por lo menos tres razones para explicar su perspectiva internacionalista. La primera era la identidad entre la estructura del poder que practicaba el racismo en este país y la que practicaba el imperialismo en el extranjero. "Este sistema no solo nos rige en Estados Unidos, rige en el mundo", dijo.[5]

---

4. "Malcolm X Back From Africa—Urges Black United Front" (Malcolm X regresa de África: Insta a formar frente único negro), en el número del 1 de junio de 1964 del *Militant*.

5. "At a Meeting in Paris" (En una reunión en París; 23 de noviembre

En segundo lugar, solo cuando los afroamericanos se dieran cuenta que formaban parte de una gran mayoría de personas no blancas en el mundo que luchaban por la libertad y la estaban conquistando, tendrían la valentía de librar la batalla por la libertad por cualquier medio necesario.

Malcolm dijo que "entre los llamados negros en este país, como regla general los grupos pro derechos civiles, los que creen en los derechos civiles, se pasan la mayor parte del tiempo tratando de probar que son americanos. Por lo general su manera de pensar es nacional, limitada a las fronteras de Estados Unidos, y siempre se consideran una minoría. Cuando se ven desde el escenario americano, el escenario americano es un escenario blanco. Así que un hombre negro que se sitúe en ese escenario americano automáticamente se encuentra en una minoría. Es el desfavorecido, y en su lucha siempre asume una actitud limosnera, con el sombrero en la mano, acomodadizo". En cambio, dijo: Nosotros no mendigamos, no les agradecemos que nos den lo que debían habernos dado hace 100 años.[6]

Por último, estaba el hecho que, en última instancia, la libertad solo podrá conquistarse en una parte del mundo cuando se conquiste en todas partes. En África dijo: "Nuestro problema es también vuestro problema... Vuestros problemas jamás van a quedar resueltos totalmente hasta y a menos que se resuelvan los nuestros. A ustedes jamás los respetarán plenamente, hasta y a menos que a nosotros se nos respete. A ustedes jamás los reconocerán como seres humanos libres hasta y a menos que

de 1964), en *By Any Means Necessary*, pág. 146 [impresión de 2017].

6. *Two Speeches by Malcolm X*, págs. 16–17.

a nosotros también se nos reconozca y se nos trate como seres humanos".[7]

Si bien Malcolm X provenía del ghetto norteamericano, hablaba en nombre del ghetto norteamericano y dirigía su mensaje ante todo al ghetto norteamericano, llegó a ser una figura de importancia internacional, y desarrolló sus ideas en relación a los grandes acontecimientos de la historia mundial en su época.

Si hubiera que comparar a Malcolm X con otra figura internacional, el paralelo más notable sería con Fidel Castro. Ambos pertenecen a la generación que se formó ideológicamente en las circunstancias gemelas de la Segunda Guerra Mundial y los monstruosos incumplimientos y traiciones de Partidos Comunistas estalinizados. Estos hombres hallaron su camino hacia la lucha revolucionaria de manera independiente, soslayando tanto a la socialdemocracia como al estalinismo.

Cada uno de ellos partió de la lucha de su propio pueblo oprimido y explotado por la liberación. Cada uno acogió el nacionalismo de su pueblo como algo necesario para movilizarlo en la lucha por su libertad. Cada uno subrayó la importancia de la solidaridad entre los oprimidos en todas partes del mundo en su lucha contra un opresor común.

Fidel no empezó como marxista completo ni como socialista revolucionario. Al igual que Malcolm, estaba resuelto a buscar la liberación nacional de su pueblo "por cualquier medio necesario" sin transigir con los que tuvieran intereses de por medio en las condiciones existentes.

---

7. *Malcolm X Speaks* (Habla Malcolm X), págs. 102–3 [impresión de 2019]. De un memorando que Malcolm X presentó en la reunión de la Organización de la Unidad Africana celebrada del 17 al 21 de julio de 1964 en El Cairo, Egipto.

El compromiso de Fidel Castro con la independencia política y el desarrollo económico de Cuba lo llevó a oponerse al capitalismo. De igual manera, la postura intransigente que asumió Malcolm contra el racismo lo llevó a identificarse con las revoluciones de los pueblos coloniales que se volvían en contra del capitalismo, y a concluir al final que en este país, para ganar la libertad, era necesario eliminar el capitalismo. Así como Fidel Castro descubrió que no puede haber independencia política ni desarrollo económico en un país colonial sin romper con el capitalismo, Malcolm también había llegado a la conclusión de que el capitalismo y el racismo estaban tan entrelazados en Estados Unidos que para eliminar el racismo había que arrancar el sistema de raíz.

El nacionalismo negro de Malcolm tenía como objetivo preparar al pueblo negro para luchar por su libertad. "El error más grande del movimiento", dijo en una entrevista aparecida en el *Village Voice* del 25 de febrero, "ha sido tratar de organizar a un pueblo dormido en torno a metas específicas. Primero hay que despertar al pueblo; entonces sí habrá acción".

"¿Despertarlo para que descubra su explotación?" preguntó la entrevistadora. "No. Para que descubra su humanidad, su propia valía y su herencia", contestó.[8]

Todo lo que le decía al pueblo negro tenía por fin elevar su confianza, organizarlo independientemente de quienes lo oprimían, enseñarle quién era responsable de su situación y quiénes eran sus aliados. Explicaba que ellos formaban parte de la gran mayoría: los no blancos y los

---

8. "We Have to Learn How to Think" (Necesitamos aprender a pensar), entrevista con Marlene Nadle del *Village Voice*, en Malcolm X, *February 1965: The Final Speeches* (Febrero de 1965: Los discursos finales; Pathfinder, 1992), pág. 295 [impresión de 2018].

oprimidos del mundo. Enseñaba que la libertad solo se podía conquistar luchando por ella; nunca se la han regalado a nadie. Explicó que solo se podía conquistar haciendo una verdadera revolución que arrancara de raíz y cambiara toda la sociedad.

Por eso no sorprende que muchas personas que se consideraban socialistas, radicales y hasta marxistas no pudieran reconocer e identificarse con el carácter revolucionario de Malcolm. No podían reconocer el contenido revolucionario de este gran dirigente que vestía las formas, el lenguaje y los colores oscuros del ghetto proletario norteamericano.

Aun con toda su singularidad y grandeza como individuo, él no podría haber logrado ese entendimiento sin que las condiciones en este país lo permitieran. Aunque nadie puede remplazarlo, el hecho que hizo lo que hizo, que se desarrolló como el dirigente revolucionario que era, es prueba de que hay más Malcolms por venir.

Fue una prueba al igual que Fidel es una prueba. Fidel se mantuvo firme a 90 millas del imperialismo más poderoso del mundo, se burló de él y nos demostró, "¡Ya ven, sí se puede! No pueden seguir controlando el mundo para siempre".

Malcolm fue aún más lejos que Fidel, porque Malcolm desafió al capitalismo norteamericano desde el interior. Para nuestra generación de revolucionarios fue la prueba viviente de que también aquí puede suceder y va a suceder.

Nuestra tarea, la tarea de la AJS, es enseñarle a la juventud revolucionaria de este país a que distinga entre el nacionalismo del oprimido y el nacionalismo del opresor, enseñarle a diferenciar entre las fuerzas de liberación y las fuerzas de los explotadores; enseñarle a escuchar las voces de la revolución sin importar los tonos que adopten;

enseñarle a distinguir entre la defensa propia de la víctima y la violencia del agresor; enseñarle a no ceder ni una pulgada al liberalismo blanco y a abordar a los herederos de Malcolm, a la vanguardia del ghetto, como hermanos y compañeros.

Portada del número de marzo–abril de 1965 de la revista *Young Socialist* con la entrevista que Malcolm dio a dirigentes de la Alianza de la Juventud Socialista el 18 de enero de 1965. **"La prensa ha proyectado, hábil y conscientemente, la imagen de un racista, de un partidario de la supremacía racial y de un extremista", dijo Malcolm a los dirigentes de la AJS. "No soy racista. Estoy en contra de cualquier forma de racismo y segregación, de cualquier forma de discriminación".**

Entrevista al 'Young Socialist'

por Malcolm X
18 de enero de 1965

En enero de 1965 Malcolm X fue entrevistado para la revista *Young Socialist* (Joven Socialista) por Jack Barnes, presidente nacional de la Alianza de la Juventud Socialista, y Barry Sheppard, redactor del periódico *The Militant*. En una reunión con Barnes unos días más tarde, Malcolm X revisó y aprobó el texto, que se publicó en la edición de marzo–abril del *Young Socialist*.

YOUNG SOCIALIST: ¿Qué imagen ha proyectado de usted la prensa?

MALCOLM X: Bueno, la prensa ha proyectado, consciente y hábilmente, la imagen de un racista, de un partidario de la supremacía racial y de un extremista.

YOUNG SOCIALIST: ¿Por qué es falsa esa imagen? ¿Cuáles son sus verdaderas posiciones?

MALCOLM X: En primer lugar, no soy racista. Estoy en contra de cualquier forma de racismo y segregación, de cualquier forma de discriminación. Creo en los seres humanos, y creo que a todo ser humano se le debe respetar como tal, sin importar el color de su piel.

YOUNG SOCIALIST: ¿Por qué rompió usted con los Musulmanes Negros?

MALCOLM X: No rompí, hubo una escisión. La escisión se produjo principalmente porque me echaron, y me echaron por tomar una posición intransigente ante problemas que yo creía que debían resolverse y que el movimiento podía resolver.

Yo opinaba que el movimiento venía arrastrando los pies en muchos ámbitos. No se involucraba en las luchas civiles, cívicas o políticas que afrontaba nuestro pueblo. No hacía más que recalcar la importancia de la reforma moral: no bebas, no fumes, no permitas la fornicación y el adulterio. Cuando descubrí que la propia jerarquía no ponía en práctica lo que predicaba, quedó claro que ese aspecto de su programa estaba en bancarrota.

Así pues, la única manera en que podía funcionar y resultar significativo en la comunidad era al participar en las facetas políticas y económicas de la lucha de los negros. Y la organización no iba a hacerlo porque tendría que haber asumido una posición demasiado combativa, intransigente y activa, y la jerarquía se había vuelto conservadora. Lo que la motivaba principalmente era la protección de sus propios intereses.

Debo señalar también que, aunque el movimiento de los Musulmanes Negros decía ser un grupo religioso, la religión que había adoptado —el islam— no lo reconocía. Por tanto, en términos de la religión se encontraba en un vacío. Y no participaba en la política, así que no era un grupo político. Cuando una organización no es ni política ni religiosa y no participa en la lucha por los derechos civiles ¿cómo se va a llamar? Existe en un vacío. Entonces, todos estos factores llevaron a mi escisión de la organización.

YOUNG SOCIALIST: ¿Cuáles son los fines de su nueva organización?

MALCOLM X: Hay dos organizaciones. Está la Mezquita Musulmana, Inc., que es religiosa. Su finalidad es crear un ambiente y posibilidades para que la gente que se interesa en el islam lo pueda entender mejor. El objetivo de la otra organización, la Organización de la Unidad Afro-Americana, es emplear todos los medios que sean necesarios para lograr una sociedad en la que a los 22 millones de afroamericanos se les reconozca y se les respete como seres humanos.

YOUNG SOCIALIST: ¿Cómo define el nacionalismo negro, con el cual se le ha identificado?

MALCOLM X: Solía definir el nacionalismo negro como la idea de que el negro debe controlar la economía de su comunidad, la política de su comunidad, etcétera.

Pero cuando estuve en África en mayo, en Ghana, hablé con el embajador argelino, quien es extremadamente combativo y es un revolucionario en el verdadero sentido de la palabra (y ganó sus credenciales como tal al dirigir una revolución victoriosa contra la opresión en su país).[9] Cuando le dije que mi filosofía política, social y económica era el nacionalismo negro, me preguntó con franqueza: ¿Pues, eso dónde lo situaba a él? Porque él era blanco. Era africano, pero era argelino, y por su apariencia era blanco. Y me dijo que si yo definía mi objetivo como la victoria del nacionalismo negro, ¿dónde lo situaba eso a él? ¿Dónde

---

9. En 1962 Argelia conquistó su independencia de Francia tras una guerra de liberación de ocho años. En la época que Malcolm describe, un gobierno popular revolucionario en Argelia dirigido por Ahmed Ben Bella estaba organizando al pueblo trabajador urbano y rural para hacer incursiones cada vez mayores contra las relaciones sociales capitalistas. Ese gobierno de trabajadores y campesinos fue derrocado en un golpe de estado dirigido por Houari Boumedienne en junio de 1965.

situaba a los revolucionarios de Marruecos, Egipto, Iraq, Mauritania? Entonces me demostró que yo estaba alienando a personas que eran verdaderos revolucionarios dedicados a derrocar, por cualquier medio necesario, el sistema de explotación que existe en este mundo.

Eso me dio mucho que pensar y reevaluar sobre mi definición del nacionalismo negro. ¿Podemos decir que el nacionalismo negro comprende la solución de todos los problemas que enfrenta nuestro pueblo? Y si se han percatado, no he venido usando esa expresión desde hace varios meses. Pero aún me resultaría muy difícil dar una definición específica de la filosofía global que yo considero necesaria para la liberación del pueblo negro en este país.

YOUNG SOCIALIST: ¿Es cierto, según se afirma con frecuencia, que usted está a favor de la violencia?

MALCOLM X: No estoy a favor de la violencia. Si pudiéramos lograr el reconocimiento y respeto para nuestro pueblo por medios pacíficos, tanto mejor. A todo el mundo le gustaría alcanzar sus objetivos pacíficamente. Pero también soy realista. Los únicos en este país a quienes se les pide ser no violentos son los negros. Jamás he oído de nadie que vaya a ver a los del Ku Klux Klan para enseñarles a ser no violentos, ni a los de la Sociedad [John] Birch y otros elementos derechistas. Solo al negro americano se le predica la no violencia. Y no estoy de acuerdo con nadie que quiera enseñarle a nuestro pueblo a ser no violento en tanto no eduquen al mismo tiempo a nuestros enemigos a ser no violentos. Creo que debemos protegernos por cualquier medio que sea necesario cuando los racistas nos atacan.

YOUNG SOCIALIST: ¿Cuál es, en su opinión, la causa de los prejuicios raciales en Estados Unidos?

MALCOLM X: La ignorancia y la codicia. Y un programa hábilmente diseñado de educación tergiversada, que encaja muy bien con el sistema americano de explotación y opresión.

Si toda la población americana estuviera debidamente educada —al decir debidamente educada quiero decir que se le dé un verdadero cuadro de la historia y de los aportes del negro— creo que muchos blancos serían menos racistas en sus sentimientos. Le tendrían mayor respeto al negro como ser humano. Al conocer los aportes que en el pasado ha hecho el hombre negro a la ciencia y a la civilización, los sentimientos de superioridad del blanco serían anulados, al menos parcialmente. Además, el sentimiento de inferioridad que tiene el negro se remplazaría con un conocimiento equilibrado de sí mismo. Se sentiría más como ser humano. Actuaría más como un ser humano, en una sociedad de seres humanos.

Así que hace falta educación para eliminarlo. Y el simple hecho que haya escuelas de enseñanza superior no significa que haya educación. En el sistema educativo americano, estas escuelas se utilizan diestramente para inculcar una enseñanza tergiversada.

YOUNG SOCIALIST: ¿Cuáles fueron los momentos más notables de su viaje a África?

MALCOLM X: Visité Egipto, Arabia, Kuwait, Líbano, Sudán, Etiopía, Kenia, Tangañika y Zanzíbar (actualmente Tanzania), Nigeria, Ghana, Liberia, Guinea y Argelia. Durante ese viaje tuve entrevistas con el presidente Nasser de Egipto, el presidente Nyerere de Tanzania, el presidente Jomo Kenyatta (entonces primer ministro) de Kenia, el primer ministro Milton Obote de Uganda, el presidente Azikiwe de Nigeria, el presidente Nkrumah de Ghana y el presidente Sékou Touré de Guinea. Creo que los momentos más notables fueron mis entrevistas con esas personas porque me dieron la oportunidad de apreciar su pensamiento. Me impresionaron con su análisis del problema y muchas de sus sugerencias contribuyeron en gran medida a que ampliara mi propia perspectiva.

YOUNG SOCIALIST: ¿Qué influencia tiene África revolucionaria en el pensamiento del pueblo negro en este país?

MALCOLM X: Toda la influencia del mundo. No se puede separar la combatividad que se manifiesta en el continente africano de la combatividad que manifiestan aquí mismo los negros americanos. La imagen positiva de los africanos que se está desarrollando también se va formando en la mente de los negros americanos, y por consiguiente ellos desarrollan una imagen más positiva de sí mismos. Después dan pasos más positivos: toman acción.

Entonces no se puede separar la revolución africana del estado de ánimo del negro en Estados Unidos. Como tampoco se podría separar la colonización de África de la posición sumisa con la que se contentó el negro americano por tanto tiempo. Ahora que África ganó su independencia por medios revolucionarios, se nota que en la comunidad negra arrecia el clamor en contra de la discriminación.

YOUNG SOCIALIST: ¿Cómo ve el papel de Estados Unidos en el Congo?[10]

---

10. El Congo declaró su independencia de Bélgica el 30 de junio de 1960. El primer ministro del nuevo gobierno independiente fue Patricio Lumumba, quien había dirigido allí la lucha de liberación. Washington y Bruselas tomaron medidas rápidas para preparar el derrocamiento de Lumumba. Organizaron ataques con soldados belgas, unidades de mercenarios y fuerzas del régimen secesionista —apoyado por el imperialismo— de Moisés Tshombé en Katanga, provincia sureña del Congo con mucha riqueza mineral. Ante esta arremetida, Lumumba tomó la medida fatal de solicitar ayuda militar de Naciones Unidas. A fines de 1960 el oficial del ejército congoleño Joseph Mobutu, instigado por Washington y Bruselas, depuso y arrestó a Lumumba. Mientras observaban las tropas suecas con las boinas azules de las "fuerzas de paz" de la ONU, Mobutu entregó a Lumumba a las fuerzas de Tshombé, las cuales asesinaron al dirigente

MALCOLM X: Es criminal. Probablemente no hay mejor ejemplo de actividad criminal contra un pueblo oprimido que el papel que Estados Unidos ha estado jugando en el Congo, a través de sus lazos con Tshombé y los mercenarios. No se puede ignorar el hecho que Tshombé recibe su dinero de Estados Unidos. El dinero que usa para contratar a esos mercenarios —esos asesinos a sueldo importados de Sudáfrica— viene de Estados Unidos. Los pilotos que tripulan esos aviones han sido entrenados por Estados Unidos. Las mismas bombas que destrozan cuerpos de mujeres y niños vienen de Estados Unidos. Por eso el papel de Estados Unidos en el Congo solo puedo verlo como un papel criminal. Y pienso que tendrá que cosechar los frutos de las semillas que está sembrando en el Congo. Tarde o temprano los vientos que ha sembrado por allá le traerán tormentas.

YOUNG SOCIALIST: ¿Y el papel de Estados Unidos en Vietnam del Sur?

MALCOLM X: Lo mismo. Muestra la verdadera ignorancia de los que controlan la estructura del poder en Estados Unidos. Si Francia, que con todo tipo de armamentos pesados y lo fuertemente atrincherada que estaba en lo que entonces se llamaba Indochina, no pudo quedarse allá,[11]

---

congoleño en enero de 1961.

En 1964 Tshombé fue instalado como primer ministro del Congo. Se rebelaron fuerzas que se orientaban a Lumumba, basadas en las provincias orientales del país. Mercenarios y soldados belgas ayudaron a Tshombé a aplastar el levantamiento. Washington organizó una fuerza de aviones norteamericanos tripulados por norteamericanos para efectuar misiones de bombardeos y ametrallamiento. Miles de civiles fueron muertos al suprimirse la rebelión.

11. De 1946 a 1954 el gobierno francés libró una guerra contra las fuerzas de liberación en Vietnam, que era entonces parte del imperio colonial francés. Ante la incapacidad de Francia de derrotar al movi-

no veo cómo alguien que esté en sus cabales pueda pensar que Estados Unidos sí puede meterse: es imposible. Eso revela su ignorancia, su ceguera, su falta de previsión y retrospección. Su derrota absoluta en Vietnam del Sur es solo cuestión de tiempo.

YOUNG SOCIALIST: ¿Qué piensa de las actividades de los estudiantes blancos y negros que fueron al Sur el verano pasado e intentaron inscribir a los negros para votar?

MALCOLM X: El intento fue bueno. Yo diría que la idea de inscribir a los negros en el Sur fue buena porque la única fuerza real que tiene un hombre pobre en este país es la fuerza de su voto. Pero no creo que haya sido inteligente mandarlos allí y decirles que sean no violentos. Coincido con las gestiones a favor de la inscripción, pero creo que se les debería permitir cualquier medio a su alcance para defenderse de los ataques del Ku Klux Klan, del Consejo de Ciudadanos Blancos y de otros grupos.

YOUNG SOCIALIST: ¿Qué piensa del asesinato de los tres activistas pro derechos civiles y lo que ha ocurrido con sus asesinos?[12]

---

miento independentista, la guerra terminó con la partición del país. Las fuerzas de liberación tomaron el poder en Vietnam del Norte, y bajo el gobierno de trabajadores y campesinos que se estableció ahí, el pueblo trabajador pasó a expropiar a los grandes terratenientes y capitalistas. Las fuerzas de ocupación francesas se retiraron, y en el sur se estableció un régimen neocolonial apoyado por Washington. Al enfrentar la reanudación de la lucha de liberación en Vietnam del Sur, para comienzos de los años 60 Washington había enviado miles de soldados, denominados inicialmente "asesores". Y para 1968 había 540 mil soldados norteamericanos en Vietnam.

12. En junio de 1964, tres trabajadores pro derechos civiles —dos blancos y un negro— fueron asesinados por el Ku Klux Klan en Filadelfia, Mississippi, aunque los cadáveres de Michael Schwerner, Andrew Goodman y James E. Chaney no se encontraron hasta el 4 de agosto. El estado de Mississippi nunca formuló cargos de homicidio

MALCOLM X: El hecho demuestra que la sociedad en la que vivimos no es realmente lo que pretende representar ante el resto del mundo. Fue un asesinato y el gobierno federal resulta impotente porque el caso tiene que ver con negros. Incluso los blancos involucrados estaban dedicados a ayudar a los negros. Y en esta sociedad, cuando se trata de algo que tiene que ver con ayudar a los negros, el gobierno federal se muestra incapaz de actuar. Pero sí puede actuar en Vietnam del Sur, en el Congo, en Berlín[13] y en otros lugares donde no tiene ningún derecho a estar. Sin embargo, en Mississippi no puede actuar.

YOUNG SOCIALIST: En un discurso reciente usted mencionó su encuentro en África con John Lewis del SNCC. ¿Cree usted que en el Sur los dirigentes más jóvenes y combativos estén ampliando su visión sobre toda la lucha en general?

MALCOLM X: Seguro. Cuando yo estaba en el movimiento de los Musulmanes Negros hablé en muchos recintos

---

por los asesinatos.

A fines de 1964, el gobierno federal encausó a 19 hombres acusándolos de conspiración federal en relación con los asesinatos, pero se desestimaron los cargos dos años después. En 1967 el FBI arrestó a 21 hombres, nuevamente bajo cargos de conspiración de acuerdo con las leyes federales de derechos civiles. Siete fueron declarados culpables y recibieron condenas de entre tres y diez años de prisión, aunque ninguno estuvo preso más de seis años.

En 2005 Edgar Ray Killen, uno de los organizadores del ataque del Ku Klux Klan, quien no había sido declarado culpable en el juicio de 1967, fue procesado en Mississippi bajo cargos estatales de homicidio sin premeditación. Killen, quien para entonces tenía 80 años, fue declarado culpable y condenado a 60 años de prisión.

13. Durante los años 60, Washington mantuvo una guarnición de más de 5 mil soldados en Berlín. En octubre de 1961, tanques estadounidenses y soviéticos se habían enfrentado entre sí, llegando a un impasse a lo largo del recién construido Muro de Berlín, en el corazón de esa ciudad dividida y ocupada.

escolares blancos y negros. Ya sabía en 1961 y 1962 que la nueva generación era muy diferente de las anteriores y que muchos estudiantes eran más sinceros en su análisis del problema y su deseo de encontrarle soluciones. En países extranjeros los estudiantes han contribuido a llevar a cabo la revolución: fueron los estudiantes quienes dieron pie a la revolución en Sudán, quienes tumbaron a Syngman Rhee en Corea y a Menderes en Turquía.[14] Los estudiantes no pensaban en términos de si las probabilidades estaban en su contra, y no se dejaban comprar.

En Estados Unidos los estudiantes se han destacado por sus redadas de pantaletas, por tragar peces dorados, por ver cuántos se pueden meter en una cabina telefónica, y no por sus ideas políticas revolucionarias o su deseo de transformar las condiciones injustas. Pero algunos estudiantes empiezan a parecerse más a sus hermanos en todas partes del mundo. Sin embargo, a los estudiantes los han engañado un poco sobre lo que se conoce como la lucha por los derechos civiles (cuyo objetivo nunca fue resolver el problema). A los estudiantes se les maniobró en el sentido de hacerles creer que el problema ya estaba analizado, así que no trataron de analizarlo por su propia cuenta.

En mi opinión, si los estudiantes en este país se olvidaran del análisis que les han ofrecido y conferenciaran y comenzaran a investigar ellos mismos el problema del racismo, independientemente de los políticos e independientemente de todas las fundaciones (que forman parte de la estructura del poder), y lo hicieran ellos mismos,

---

14. En 1960, manifestaciones iniciadas por estudiantes en Corea del Sur y en Turquía llevaron al derrocamiento del presidente sudcoreano Syngman Rhee y al primer ministro turco Adnan Menderes. El gobernante sudanés, el general Ibrahim Abboud, renunció en noviembre de 1964 tras un mes de manifestaciones estudiantiles.

descubrirían algunas cosas asombrosas, pero verían que jamás podrán darle solución al racismo en su país mientras sigan confiando en que lo hará el gobierno.

El propio gobierno federal es tan racista como el gobierno en Mississippi, y es más culpable de perpetuar el sistema racista. A nivel federal son más astutos y diestros para hacerlo, así como el FBI es más astuto que la policía estatal y la policía estatal es más astuta que la policía local.

Igual sucede con los políticos. El político a nivel federal es por lo general más hábil que el político a nivel local, y cuando quiere practicar el racismo, lo hace más diestramente que los que lo practican a nivel local.

YOUNG SOCIALIST: ¿Qué opina del Partido Demócrata?

MALCOLM X: El Partido Demócrata es responsable del racismo que existe en este país, junto con el Partido Republicano. Los principales racistas en este país son demócratas. Goldwater no es el principal racista: es racista, pero no el principal racista.[15] Los racistas que tienen influencia en Washington son demócratas. Si uno se fija, verá que, cada vez que se sugiere algún tipo de ley para mitigar las injusticias que padecen los negros en este país, los que se oponen son miembros del partido de Lyndon B. Johnson. Los *Dixiecrats* son demócratas. Los Dixiecrats no son más que una subdivisión del Partido Demócrata; y el mismo hombre que manda a los demócratas manda a los Dixiecrats.

YOUNG SOCIALIST: ¿Que aporte pueden hacer los jóvenes, particularmente los estudiantes a quienes les repugna el racismo en esta sociedad, a la lucha del pueblo negro por la libertad?

---

15. En las elecciones presidenciales de 1964, el candidato republicano Barry Goldwater fue derrotado por el candidato saliente demócrata Lyndon B. Johnson.

MALCOLM X: Los blancos que son sinceros no logran nada con unirse a organizaciones negras, convirtiéndolas en organizaciones integradas. Los blancos que son sinceros deben organizarse entre sí y buscar una estrategia para acabar con los prejuicios que existen en las comunidades blancas. Es ahí donde pueden actuar con mayor inteligencia y eficacia, en la misma comunidad blanca, y esto es algo que jamás se ha hecho.

YOUNG SOCIALIST: ¿Qué papel desempeña la juventud en la revolución mundial y qué lecciones pueden derivarse para la juventud americana?

MALCOLM X: Si uno analiza a los cautivos que son capturados por los soldados americanos en Vietnam del Sur, verá que estos guerrilleros son gente joven. Algunos apenas son niños, y otros ni siquiera llegan a la adolescencia. La mayoría son adolescentes. Los adolescentes en el exterior, en todo el mundo, son quienes realmente se dedican a luchar para eliminar la opresión y explotación. En el Congo, los refugiados señalan que muchos de los revolucionarios congoleños son niños. En efecto, cuando fusilan a los revolucionarios presos, fusilan de los siete años de edad para arriba —esa información proviene de la prensa— porque los revolucionarios son niños, son jóvenes. En esos países son los jóvenes quienes más rápidamente se identifican con la lucha y con la necesidad de eliminar las condiciones nefastas que existen. Y aquí en este país —es algo que yo he podido observar— cuando uno traba una conversación sobre el racismo, sobre la discriminación y la segregación, se nota que son los jóvenes quienes más se indignan al respecto, son quienes más ardientemente desean eliminarlo.

Creo que los jóvenes de este país pueden encontrar un ejemplo poderoso en los jóvenes *simbas* [leones] del Congo y en los jóvenes luchadores en Vietnam del Sur.

Algo más: a medida que se independizan las naciones de piel oscura, que se desarrollan y cobran más fuerza, quiere decir que el tiempo está a favor del negro americano. Hasta hoy el negro americano sigue siendo hospitalario, amable y comprensivo. Pero si constantemente lo timan y lo engañan, etcétera, y si aún no se encuentra solución a sus problemas, quedará completamente desilusionado, decepcionado y se disociará de los intereses de Estados Unidos y su sociedad. Ya muchos lo han hecho.

YOUNG SOCIALIST: ¿Qué opina de la lucha mundial que se libra hoy entre el capitalismo y el socialismo?

MALCOLM X: Es imposible que sobreviva el capitalismo, principalmente porque el sistema capitalista necesita sangre que chupar. El capitalismo solía ser como un águila, pero ahora es más bien como un buitre. Antes tenía la fuerza suficiente para ir a chuparle la sangre a cualquiera, fuesen o no fuertes. Pero ahora se ha vuelto más cobarde, como el buitre, y solo puede chuparles la sangre a los indefensos. A medida que las naciones del mundo se liberan, el capitalismo tiene menos víctimas, menos sangre que chupar, y se vuelve cada vez más débil. Su colapso definitivo, en mi opinión, es solo cuestión de tiempo.

YOUNG SOCIALIST: ¿Cuáles son las perspectivas de la lucha de los negros para 1965?

MALCOLM X: Son sangrientas. Fueron sangrientas en 1963, fueron sangrientas en 1964, y todas las causas que provocaron ese derramamiento de sangre aún existen. La Marcha en Washington fue diseñada como válvula de escape para la frustración que produjo este ambiente explosivo.[16] En

---

16. El 28 de agosto de 1963, la Marcha en Washington aglutinó a más de 250 mil personas en una concentración frente al Monumento a Lincoln. La marcha reivindicó la promulgación de una ley por los derechos civiles que entonces se estaba contemplando en el Congreso. Malcolm

1964 usaron el proyecto de ley de derechos civiles como válvula.[17] ¿A qué podrán recurrir en 1965? No hay truco que los políticos puedan emplear para contener el ambiente explosivo que existe aquí mismo en Harlem.

Miren a Murphy, el jefe de policía de Nueva York. Él aparece en los titulares, tratando de convertir en delito hasta el hecho de predecir que habrá líos.[18] Esto muestra la talla del pensamiento americano. Se va a producir una explosión, pero no hablen del asunto. Existen todos los ingredientes que producen las explosiones, pero él dice que no hay que hablar de eso. Es lo mismo que decir que los 700 millones de chinos no existen. Es la misma actitud. El americano tiene tal cargo de conciencia y está tan lleno de miedo que, en vez de encarar la realidad de una situación, hace como si la situación no existiera. Ya saben, en este país es casi un delito decir que hay un lugar que se llama China, a menos que uno se refiera a esa islita llamada Formosa.[19] En el mismo sentido, es casi un delito

---

X se oponía a las perspectivas políticas del liderazgo de la marcha, pero participó en la marcha. Esa noche, al hablar con un reportero del *Militant* que cubría la manifestación de Washington, Malcolm, quien en aquel momento aún era el principal vocero de la Nación, dijo que mientras los dirigentes de la marcha estaban "hablando de una 'revolución de derechos civiles'", lo cierto es que una revolución no es un proceso a medias. "Uno es libre o no es libre", dijo (*Militant*, 16 de septiembre de 1963).

17. La Ley de Derechos Civiles de 1964, suscrita por el presidente Johnson, prohibía la discriminación en la votación, las instalaciones públicas, las escuelas y el empleo.

18. El 10 de enero de 1965, el comisionado de policía de Nueva York, Michael J. Murphy, condenó severamente a dirigentes negros como Malcolm X, quienes habían señalado la creciente frustración entre los negros y habían predicho brotes de resistencia. Según implicaba Murphy, tales declaraciones estaban causando el problema.

19. Hasta principios de los años 70, el gobierno estadounidense le

decir que la gente aquí en Harlem va a estallar porque la dinamita social del año pasado aún sigue presente.[20]

Entonces creo que 1965 será mucho más explosivo, más explosivo de lo que fue en 1964 y en 1963. No hay nada que puedan hacer para contenerlo. Los dirigentes negros ya han perdido su control sobre el pueblo. Por eso, cuando el pueblo empieza a explotar —y su explosión está justificada, no injustificada— esos dirigentes negros ya no lo pueden contener.

---

negó el reconocimiento diplomático a la República Popular China, insistiendo en cambio que el gobierno capitalista de Taiwán (Formosa) representaba a China.

20. En lo que el gobierno y la prensa burguesa calificaron como "motín", la ira de los negros en Harlem y en el barrio de Bedford-Stuyvesant en Brooklyn había estallado en las calles por cinco días en julio de 1964 luego que la policía matara a un joven negro de 15 años de edad, James Powell. El levantamiento fue precipitado por las acciones de la policía de Nueva York. Esta había disuelto una manifestación que exigía el arresto del agente que mató a Powell. La policía detuvo a los organizadores de la protesta y luego desató un motín policiaco, en el cual agredió y arrestó a residentes de Harlem y mató a una persona.

Malcolm X:
dirigente revolucionario
de la clase trabajadora

por Jack Barnes
28 de marzo de 1987

Entre fines de febrero y principios de abril de 1987, Jack Barnes habló ante más de 700 personas sobre "Malcolm X, su vida y su significado para el día de hoy" en cinco ciudades de Estados Unidos (Atlanta, Georgia; Pittsburgh, Pennsylvania; Los Ángeles, California; Chicago, Illinois; y Nueva York). En ese entonces, según lo menciona en la charla que aparece aquí, Barnes ayudaba a la editorial Pathfinder con la preparación de *Malcolm X: The Last Speeches* (Malcolm X: Los últimos discursos). Por primera vez en más de 15 años, pronto estarían disponibles discursos de Malcolm antes inéditos.

A continuación aparecen la presentación que Barnes dio en el evento del 28 de marzo en Atlanta, ampliada y corregida para fines editoriales, así como fragmentos del período de discusión. Entre el público de 125 personas había muchos —sindicalistas, estudiantes y otros— que dos meses antes habían participado en una marcha de más de 30 mil personas en el condado de Forsyth, Georgia, para denunciar la segregación racial y la violencia del Ku Klux Klan contra manifestantes pro derechos de los negros. También asistían organizadores de una lucha contra la brutalidad policiaca en Chattanooga, Tennessee; David Ndaba, representante del Congreso Nacional Africano de Sudáfrica; estudiantes del Centro Universitario de Atlanta, de la Universidad de Emory y de la Universidad Estatal de Georgia; una decena de miembros de la Nación del Islam; activistas del Comité de Atlanta sobre América Latina; y un dirigente de la comunidad haitiana de Miami, Florida.

Hoy día el rostro de Malcolm X se ve por todo el mundo. Se puede encontrar en todas partes. Vi un retrato de Malcolm en un muro en Nicaragua cuando estuve allá en noviembre pasado para celebrar el 25 aniversario del Frente Sandinista de Liberación Nacional. Se ve su retrato en murales por toda Norteamérica (incluida Canadá, en las zonas tanto de habla francesa como inglesa). Al ver las noticias sobre las acciones de mineros del oro contra el apartheid, verán camisetas impresas con la imagen de Malcolm. En febrero asistí a una obra de teatro sobre Malcolm en Pittsburgh, y la ópera *X, The Life and Times of Malcolm X* (X, vida y época de Malcolm X) se estrenó el año pasado en funciones que colmaron la Ópera de la Ciudad de Nueva York. Si ustedes participaron hace unos meses en manifestaciones en el barrio neoyorquino de Howard Beach contra el linchamiento de Michael Griffith, de 23 años de edad, por una pandilla racista, habrán marchado junto a muchas personas que portaban pancartas con fotos de Malcolm. Cada mes de febrero, en torno al aniversario de su asesinato en febrero de 1965, hay artículos, eventos, exhibiciones de películas y otras actividades en torno a su vida y ejemplo.

Pero los que seguimos aprendiendo del ejemplo político de Malcolm, y nos organizamos para mantener vivo ese ejemplo en palabras y en hechos, tenemos la responsabilidad de reconocer que con cada aniversario que pasa, nos alejamos un año más de la *presencia viva* de Malcolm en la política y en la lucha de clases. Se desdibuja el mensaje de Malcolm, como el de otros mártires de las clases trabajadoras, y de todos los grandes dirigentes revolucionarios. Diferentes personas le dan un sentido político diferente, un contenido de clase diferente. Muchos pretenden domesticarlo, hacerlo compatible con una u otra estratagema ilusoria para reformar el capitalismo, para hacer "más pacífico" el imperialismo, para apoyar a uno u otro político burgués en los partidos Demócrata o Republicano. Pero Malcolm nunca dejó de denunciar tales conceptos. Hoy día, cuando no está Malcolm con nosotros para hablar y actuar a nombre propio, y al desvanecerse más en el pasado el impacto directo de su actividad política, les resulta más fácil a los que quieren tergiversar su trayectoria revolucionaria. El mensaje de Malcolm parece disolverse en una imagen, una simple mercancía a la venta.

Al suceder eso, lo que se pierde —a veces adrede— es el dirigente revolucionario moderno cuyo legado político concreto se necesita más que nunca cada vez que el pueblo trabajador comienza a luchar. Se empieza a difundir la idea, a menudo de forma tácita, de que, si bien Malcolm fue "profeta" en su época, lo que *dijo* y lo que *hizo* ya son menos "vigentes" en la actualidad. No es que Malcolm no fuera un gran dirigente, dirán los que promulgan tales conceptos. No es que sus cualidades como individuo no sigan siendo loables. Pero él estaba actuando en el pasado lejano de los años 60, bajo condiciones sociales y políticas distintas. Así que las conclusiones políticas que Malcolm comenzó a sacar, especialmente en los últimos meses de su vida, tienen poca vigencia para el mundo de hoy. El tiempo sigue avanzando.

"Malcolm sí era un orador eficaz", dice Barnes. "Era lo contrario de un demagogo. Hablaba como si estaba sosteniendo una conversación con uno: una conversación insistente, pero una conversación. Apelaba a la mente, a la voluntad y a la abnegación de las personas a quienes se dirigía, no a sus ideas preconcebidas, emociones o prejuicios. Trataba de que uno se concientizara de los hechos, de la verdad, incluso acerca de uno mismo". Arriba: Malcolm habla en mitin en Harlem, 23 de junio de 1963, parte de una serie de mítines callejeros sabatinos. Izquierda: miembros del público que lo escuchaba.

No importa cuán solapada o adornada, es una visión muy común sobre la importancia de Malcolm a más de dos décadas de su asesinato.

Otros se limitan al hecho que Malcolm era un magnífico orador. Pero eso también resulta una forma de devaluar el significado del legado político de Malcolm, de denigrar el curso estratégico que él había elaborado y que se estaba organizando para aplicar. Porque lo que Malcolm planteaba eran ideas *políticas* con implicaciones *prácticas*, ideas cuidadosamente razonadas que se basaban en décadas de experiencias en las luchas de los oprimidos y explotados no solo en Estados Unidos sino en revoluciones por todo el mundo.

Malcolm sí era un orador eficaz. Estar en el mismo salón con él, escucharlo desde un podio, tenía un efecto potente. Él se esmeraba en hablar claramente, porque sabía que era importante explicar ideas. Sabía que no era fácil desglosar y clarificar las relaciones sociales opresivas que son disimuladas y ofuscadas por la clase dominante. Pero Malcolm nunca fue un orador ostentoso. Tenía una voz callada pero poderosa. No pretendía ser un "predicador" revolucionario. Hablaba el "inglés del rey", no la jerga de la calle. No adornaba sus palabras con rimas, aliteraciones o ripios políticos para esquivar dificultades o distraer la atención de las incongruencias.

Malcolm hablaba como si estaba sosteniendo una conversación con uno: una conversación insistente, pero una conversación. Era lo contrario de un demagogo. Apelaba a la mente, a la voluntad y a la abnegación de las personas a quienes se dirigía, no a sus ideas preconcebidas, emociones o prejuicios. Trataba de que uno se concientizara de los hechos, de la verdad, incluso acerca de uno mismo. En ese sentido era como otros destacados dirigentes revolucionarios: desde Carlos Marx, V.I. Lenin y

León Trotsky hasta Patricio Lumumba, Maurice Bishop y Fidel Castro.

Pero ante todo, lo que Malcolm dijo debe estar disponible *por escrito*. Porque esa constancia documentada política hay que leerla, releerla, meditarla y estudiarla. Necesita ser accesible para que se pueda verificar frente a las diversas "memorias" o "interpretaciones" posteriores. Por eso es importante que tantos de sus discursos y entrevistas, especialmente desde fines de 1963 hasta su muerte en febrero de 1965, aparezcan impresos en centenares de páginas de libros y folletos. La editorial Pathfinder, que publica varias de estas colecciones, ha anunciado planes para sacar otro libro de Malcolm, con discursos inéditos, en los próximos meses.[21]

Después de nuestra discusión esta tarde, espero que muchos de nosotros busquemos y leamos los últimos discursos y entrevistas de Malcolm, quizás algunos de nosotros por primera vez. Porque si bien es tremendo escuchar grabaciones de las charlas de Malcolm, *leer* y *estudiar* lo que dijo es parte de la labor irremplazable de asimilar las lecciones de la lucha revolucionaria de siglos pasados, y de prepararse *para actuar* a partir de estas lecciones.

Malcolm no era un violento y desenfrenado predicador del odio como la prensa burguesa les ha enseñado a millones de personas, tanto durante su vida como después. Los que tenemos edad suficiente para haber participado en la política a fines de los años 50 o en los 60 podemos recordar cómo pintaban a Malcolm los diarios, las revistas como el *Saturday Evening Post* y las cadenas nacionales de televisión. Su objetivo era que la gente dejara de escucharlo,

---

21. La Pathfinder publicó *Malcolm X: The Last Speeches* a mediados de 1989.

y, al final, esa imagen falsa contribuyó a crear las condiciones que hicieron más fácil que fuera asesinado. Pero la caricatura que hacían de Malcolm fue falsa y engañosa cuando él aún era dirigente de la Nación del Islam, y lo fue más aún —si eso es posible— tras su ruptura con la Nación a principios de 1964.

Hay otra tergiversación más que, desde la muerte de Malcolm, algunos han empleado para diluir el impacto de su mensaje político revolucionario. Dan a entender que en los últimos meses de su vida, Malcolm estaba convergiendo con otros personajes prominentes que hicieron aportes importantes a la lucha por los derechos de los negros, incluidos algunos que hasta dieron la vida en el transcurso de esa lucha, pero que obraron con la convicción de que se podía presionar a la sociedad capitalista estadounidense, a su gobierno y a sus partidos políticos gemelos, para que promovieran los intereses de los oprimidos. El principal ejemplo, por supuesto, es el tema "Malcolm-Martin" del que tanto oímos hablar últimamente: desde canciones populares sentimentales hasta dibujos y tapices colgantes, desde los medios de prensa hasta las investigaciones académicas, escritos de ex revolucionarios, etcétera.

Malcolm ciertamente estaba dispuesto a demostrar su respeto y aprecio a cualquiera que dedicara su vida a la lucha contra el racismo y por la igualdad de los negros. Estaba listo para la acción unitaria para plantear reivindicaciones comunes ante las autoridades en la lucha por la liberación de los negros, la libertad anticolonial y otros objetivos. Pero Malcolm también estaba siempre dispuesto a exponer y rebatir no solo las mentiras sino los callejones sin salida políticos que ofrecían estos mismos individuos. Desinflaba las pretensiones de los maldirigentes cuya perspectiva, estrategia o táctica global desarmara políticamente

POST

THE SATURDAY EVENING POST JANUARY 26•1963 20c

Malcolm X, Muslim strong man, shows his power over an audience
with a demand for money to finance transportation to rallies.

Black Merchants of Hate

*Fanatic and well disciplined, Negro "Muslims" threaten to turn
resentment against racial discrimination into open rebellion.*

by ALFRED BALK and ALEX HALEY

One pleasant spring evening a few years ago in New York's swarming Negro ghetto, Harlem, a policeman broke up an argument in an old, time-honored way: He clubbed one of the participants over the head and hauled him to the station. There the man was cursed, insulted and beaten until his face and body were bloody.

and a tall, light-skinned Negro, Malcolm X, the sect's local leader. "That crowd's ready to explode," one police official told him. "Will you use your influence against violence?"

"Guarantee that our brother will get medical treatment," Malcolm said tersely. "Pledge that the men who beat him will be punished."

Who are the Black Muslims? Are they, as one columnist described them, "the Mau Mau of the American Negro world," and therefore a dangerous threat to our society? Or has the menace of this group been exaggerated?

We were assigned by *The Saturday Evening Post* as a biracial team to find out. For this report we interviewed

strators and th deride students attempt to int "Why should a self to try an university?" or Another maj Negroes away they call "a wh

"Los diarios, revistas como el *Saturday Evening Post* y cadenas nacionales de televisión pintaban a Malcolm como un violento y desenfrenado predicador del odio", dice Barnes. "Su objetivo era que la gente dejara de escucharlo, y, al final, esa imagen falsa contribuyó a crear las condiciones que hicieron más fácil que fuera asesinado. Pero su caricatura de Malcolm era falsa y engañosa cuando era dirigente de la Nación del Islam, y más aún —si fuera posible— tras su ruptura con la Nación a principios de 1964".

Arriba: Artículo especial del *Saturday Evening Post* (26 de enero de 1963), titulado "Mercaderes negros del odio". La leyenda para la foto de Malcolm dice: "Malcolm X, hombre fuerte de los musulmanes, demuestra su influencia sobre un público exigiendo fondos para costear el transporte a mítines".

a los oprimidos, o nos enseñara a confiar en las promesas y la "buena voluntad" de cualquier sección de los explotadores y sus partidos políticos, y nos dejara indefensos ante el terror racista, la violencia policiaca u otros horrores imperialistas. Concretamente, es simplemente falso decir que durante su último año Malcolm estuvo convergiendo políticamente con Martin Luther King: con el pacifismo burgués de King, sus ideas socialdemócratas, su dedicación a la reformabilidad del capitalismo, su apoyo al Partido Demócrata imperialista y a diversos políticos de ese partido.

El legado de Malcolm y la revolución socialista en Estados Unidos

La razón por la que necesitamos aprender acerca de Malcolm, la razón por la que necesitamos leer y discutir lo que dijo, no es simplemente para hacerle justicia a un gran revolucionario. Necesitamos comprender y asimilar el legado político de Malcolm porque es una poderosa herramienta política que debemos tener para ayudar a hacer una revolución socialista en Estados Unidos. Nos ayuda a atraer y unificar las fuerzas entre el pueblo trabajador y la juventud que forjarán un partido proletario capaz de dirigir esa revolución. Lo necesita toda persona, aquí o en cualquier parte del mundo, que quiera formar parte de un movimiento revolucionario internacional del tipo que Malcolm estaba tan empeñado en ayudar a forjar: un movimiento para librar a la humanidad de todas las formas de opresión y explotación.

Ustedes están viviendo en "tiempos de revolución", dijo Malcolm a un público joven en la Oxford Union, la sociedad de debates en esa universidad británica, en diciembre de 1964. Ese era el mensaje de Malcolm. La revolución, decía, era el problema fundamental que enfrentaba "la joven generación de blancos, negros, morenos y demás… Por mi parte, me uniré a quien sea, no me importa del color que seas, siempre que quieras cambiar esta situación miserable que existe en esta Tierra".[22]

Si no leemos lo que Malcolm dijo —las conclusiones que sacó de las experiencias que iba aclarando a un paso más y más acelerado en el último año de su vida— entonces todos seremos más débiles como seres políticos pensantes en las batallas que acometamos hoy y mañana. No menos enérgicos, no menos inspirados (también padeceremos eso), sino *menos políticos*.

La victoria del imperialismo norteamericano en la Segunda Guerra Mundial sentó las bases para una expansión capitalista durante un cuarto de siglo que alcanzó su cúspide a fines de los años 60. Junto con los efectos de la caza de brujas de la posguerra librada por los gobernantes norteamericanos, esa estabilización del capitalismo mundial reforzó la burocratización de la cúpula sindical que se había consolidado durante la guerra y sus secuelas. Aceleró el repliegue y debilitamiento político del movimiento sindical en Estados Unidos.

Como parte de su trayectoria colaboracionista de clases y proimperialista en general, los altos funcionarios de la AFL-CIO y sus filiales rehusaron movilizar el peso y el poder de los sindicatos como parte del masivo movimiento proletario pro derechos de los negros. Este movimiento estalló en la conciencia a nivel nacional con el boicot de autobuses en Montgomery, Alabama, en 1955 y 1956, y cobró impulso durante la década siguiente. La inacción de la cúpula sindical hizo más que minar los

---

22. "Todos los medios necesarios para lograr la libertad" (Universidad de Oxford, 3 de diciembre de 1964), en *Malcolm X habla a la juventud* (Pathfinder, 2002), pág. 53 [impresión de 2017].

intentos de sindicalizar el Sur bajo las leyes "pro derecho a trabajar" y de revertir el debilitamiento progresivo del movimiento sindical a nivel nacional.* Sobre todo, hizo que a los trabajadores y jóvenes les fuera más difícil reconocer cuestiones sociales y políticas como las luchas por los derechos de los negros, por la igualdad de la mujer y contra la guerra imperialista, como *cuestiones de clase* en las cuales el movimiento obrero tiene en juego intereses de vida o muerte y en las cuales se debe involucrar incondicionalmente.

"Los combatientes en estas batallas tuvieron que circundar el movimiento sindical debido a los obstáculos interpuestos por la burocracia sindical", explicó el Partido Socialista de los Trabajadores en 1979. "Tuvieron que organizarse contra la oposición de la cúpula sindical, la cual no solo defendía la política nacional e internacional de los imperialistas, sino que denunciaba y difamaba a los dirigentes intransigentes de las luchas contra la política de los gobernantes. Para millones de jóvenes activistas radicalizados, incluyendo obreros industriales, parecía utópica la estrategia de lucha de clases, consistente en transformar el movimiento sindical en un instrumento de lucha para movilizar a la clase obrera en batallas contra la explotación y opresión. Se logró disfrazar el conflicto fundamental entre las clases

---

* Con las leyes denominadas "pro derecho a trabajar" (*right-to-work*), que existen en 22 estados norteamericanos incluidos los de la antigua Confederación, se pretende usar el poder del gobierno para dificultar los intentos de los trabajadores de organizar a los no sindicalizados y de usar el poder sindical para luchar por sus intereses de clase y los de otros trabajadores oprimidos y explotados. Estas leyes prohíben los convenios sindicales bajo los cuales todos los trabajadores de un centro laboral o de una empresa son miembros del sindicato y pagan las cuotas. —NOTA DEL TRADUCTOR

que subyace toda la política".[23]

Sin embargo, desde mediados de los años 70 la estabilidad del orden capitalista mundial ha comenzado a estremecerse debido a las consecuencias políticas y sociales acumulativas de la caída de las tasas de ganancias y la competencia cada vez más intensa por mercados entre los patrones en Estados Unidos, demás países imperialistas y las naciones industrialmente más avanzadas del mundo colonial. Para aventajar a sus rivales, los patrones en una industria tras otra, y en un país tras otro, han lanzado una ofensiva contra el salario real, el salario social y las condiciones laborales del pueblo trabajador. Ante estos embates, la clase trabajadora y los sindicatos se han visto empujados hacia el escenario central de la política, donde se mantendrán hasta que las batallas decisivas no solo se hayan entablado sino que se hayan resuelto a favor de una u otra de las clases contendientes.

Al mismo tiempo, las conquistas de las reñidas batallas por la liberación de los negros, así como el estímulo que dieron a luchas por los derechos de la mujer, han tenido un profundo efecto político en la conciencia de la clase trabajadora en Estados Unidos. Estos logros han reducido —no han eliminado— las divisiones existentes desde hace mucho tiempo entre los trabajadores, fomentadas por los gobernantes capitalistas, y han sentado las bases para que los sindicatos puedan librar las luchas que vienen desde una posición más sólida.

Antes de la Segunda Guerra Mundial, las tres cuartas partes de los africano-americanos vivían en los estados de la antigua Confederación, la mayoría en zonas

---

23. Ver "Construir un partido revolucionario de trabajadores socialistas" en Jack Barnes, *El rostro cambiante de la política en Estados Unidos* (Pathfinder, 1997, 1999), págs. 268–69 [impresión de 2011].

rurales. Eso cambió rápidamente en el primer lustro de los años 40 a raíz de la escasez de mano de obra en las industrias bélicas. Los negros abandonaron las granjas y pueblos pequeños y migraron a las ciudades del Norte y del Oeste, así como en el Sur. Rehusando someterse a las presiones patrióticas para que subordinaran su lucha por la igualdad al esfuerzo bélico de los capitalistas, organizaron protestas a fin de abrirse paso en la contratación para las industrias de producción bélica y otras industrias de las que habían sido excluidos por mucho tiempo: luchas que los trabajadores socialistas apoyaron, en las cuales participaron, y que cubrieron ampliamente en el *Militant*.[24] Para mediados de los años 60 más de la mitad de la población negra vivía en el Norte, tres cuartas partes en las ciudades.

En una charla que Malcolm dio en febrero de 1965, apenas unos días antes de ser asesinado, describió el efecto que tuvo esta rápida concentración urbana y proletarización en la ciudad de Lansing, Michigan, donde él pasó buena parte de su juventud:

Hasta que llegó la guerra, ni siquiera podías entrar a una fábrica. Yo vivía en Lansing, donde estaban las plantas de la Oldsmobile y la Reo [empresa automotriz ya desaparecida]. Había como tres negros en toda la planta y cada uno tenía una escoba. Tenían estudios.

---

24. Para leer un recuento detallado de las luchas libradas durante la Segunda Guerra Mundial por negros y otros contra la barrera racista del color en las industrias, las fuerzas armadas y la sociedad estadounidense en general —tomado de las páginas del semanario socialista *The Militant*— ver *Fighting Racism in World War II* (La lucha contra el racismo en la Segunda Guerra Mundial; Pathfinder, 1980). Estas luchas ayudaron a sentar las bases para el ascenso del movimiento de masas pro derechos de los negros en las dos décadas siguientes.

Habían ido a la escuela. Creo que uno había ido a la universidad. Pero era "escobólogo".

Antes de la Segunda Guerra Mundial había muchos "escobólogos" entre el número relativamente pequeño de obreros fabriles que eran negros. Solo en las plantas del acero, en las empacadoras de carne y en las minas del carbón había un número importante de negros en la fuerza laboral industrial de aquella época.

Malcolm agregó:

> Cuando la situación se puso dura y escaseó la mano de obra, entonces nos dejaron entrar a la fábrica. No por esfuerzo nuestro. [Malcolm se equivocaba al respecto]. No fue por un repentino despertar moral de su parte. [En esto tenía toda la razón]. Nos necesitaban. Necesitaban mano de obra. Cualquier tipo de mano de obra. Y cuando se vieron desesperados y con tanta necesidad, abrieron el portón de la fábrica y nos dejaron entrar… Entonces empezamos a aprender a operar máquinas.[25]

En 1933 el exiliado dirigente bolchevique León Trotsky hizo una observación acertada de que en Estados Unidos en aquella época, en general no se producían "acciones comunes con la participación de trabajadores blancos y negros". Entre ellos no había "confraternización de clase", dijo.[26] No obstante, la situación que había imperado desde

---

25. "No solo un problema norteamericano sino un problema mundial" (16 de febrero de 1965), en *Habla Malcolm X*, págs. 191–223. También en Malcolm X, *February 1965: The Final Speeches*, págs. 177–210.

26. Las palabras de Trotsky, tomadas de una versión taquigráfica de una conversación que tuvo con el dirigente comunista estadounidense Arne Swabeck, aparecen en otra parte de este libro (ver págs. 273–92).

la derrota de la Reconstrucción Radical había empezado a cambiar gradualmente después de la Primera Guerra Mundial, primero con la extensión de las luchas de aparceros y arrendatarios por todo el Sur, y luego con el ascenso del movimiento social de masas que giró en torno a la lucha por forjar sindicatos industriales. Trabajadores que eran negros y trabajadores que eran blancos lucharon hombro a hombro en batallas que establecieron los sindicatos que conformaban el recién formado Congreso de Organizaciones Industriales (CIO). Sin embargo, los mayores cambios se dieron tras la Segunda Guerra Mundial, especialmente ante el poderoso impacto social y político de las luchas pro derechos de los negros desde mediados de los años 50 hasta principios de los 70. Las acciones comunes y la confraternización de clase entre trabajadores, independientemente del color de la piel, fueron más y más frecuentes en el transcurso de huelgas, campañas de sindicalización y otras batallas.

Los años después del asesinato de Malcolm también se vieron marcados por victorias revolucionarias en el mundo. En 1975 los combatientes por la liberación de Vietnam derrotaron al imperialismo estadounidense tras una guerra larga y sangrienta, reunificando su país. El imperio colonial portugués, el último en África, fue derrocado a mediados de los 70, y la historia de 12 años de solidaridad internacionalista cubana con el pueblo de Angola frente a las agresiones continuas de fuerzas sudafricanas —respaldadas por Washington— hoy día también está debilitando los cimientos del régimen del apartheid. Llegaron al poder gobiernos de trabajadores y agricultores mediante revoluciones populares en Granada y Nicaragua en 1979, y hemos aprendido ricas lecciones políticas al participar como partidarios en esas revoluciones. La revolución socialista en Cuba hoy está ahondando su trayectoria internacionalista proletaria con lo que llaman el Proceso de Rectificación.[27]

Por todas estas razones y más, todos estamos mejor preparados hoy para comprender y actuar a partir de las conclusiones políticas a las que Malcolm X estaba llegando al final de su vida. Y eso incluye a los muchos presentes esta tarde que nunca tuvieron la oportunidad de ver a Malcolm, reunirse con él o escucharlo hablar.

Vida temprana de Malcolm

No puedo relatar la vida de Malcolm esta tarde, por supuesto. Sería imposible, y no es el objetivo de este encuentro. Los contornos amplios los conocen muchos de ustedes que han leído la *Autobiografía*: algo que le recomendaría a cualquiera que no lo ha hecho.[28] Pero unos cuantos puntos sobre su vida temprana son importantes para valorar su desarrollo político posterior.

Malcolm nació en 1925 en el Medio Oeste, en Omaha, Nebraska. Su madre, Louise Little, nació en Granada. El padre de ella era blanco. De ahí provenía la tez de Malcolm, el color de su cabello y su apodo, "Rojo".

El padre de Malcolm, Earl Little, era un pastor bautista y, como explicó Malcolm en la *Autobiografía*, "un organizador muy entregado" de la Asociación Universal para el

---

27. Ver "Cuba's Rectification Process: Two Speeches by Fidel Castro" (El proceso de rectificación de Cuba: Dos discursos de Fidel Castro), en el número 6 de *New International*; "El legado proletario del Che y el proceso de rectificación en Cuba" por Mary-Alice Waters en el número 2 de *Nueva Internacional*; y "El imperialismo norteamericano ha perdido la Guerra Fría" por Jack Barnes en el número 5 de *Nueva Internacional*, págs. 158–71 [impresión de 2017].

28. La *Autobiografía* de Malcolm X se preparó con la ayuda de Alex Haley. Se publicó por primera vez en 1965, poco después de la muerte de Malcolm, y está disponible en diversas ediciones.

Mejoramiento del Negro, de Marcus Garvey.[29] Earl Little era un negro que se rehusaba simplemente aceptar las condiciones que se les decía a los negros que les incumbía. Poco antes de que nació Malcolm, el Ku Klux Klan en Omaha mandó jinetes nocturnos con antorchas a rodear el hogar de la familia y romper todas las ventanas con las culatas de sus fusiles.

Cuando Malcolm estaba por cumplir cuatro años, Earl y Louise Little y sus hijos se mudaron a Lansing, Michigan, donde Earl siguió predicando el evangelio y propagando el mensaje de Garvey. El padre de Malcolm provocó la ira del grupo supremacista blanco llamado la Legión Negra al negarse a vivir en la parte del pueblo donde se suponía que los negros debían vivir apartados. Entonces los de la Legión Negra redujeron a cenizas la casa de los Little. Un par de años más tarde, en 1931, cuando Malcolm tenía seis años, su padre fue hallado moribundo, atropellado por un tranvía y con la cabeza partida; falleció unas horas más tarde. Malcolm dice en la *Autobiografía* que los negros en Lansing estaban convencidos de que la Legión Negra le había dado una paliza a Earl Little y lo había echado sobre los rieles para que lo matara el tranvía.

Esa experiencia lo afectó para siempre a Malcolm.

Una segunda experiencia marcó muy, muy profundamente al joven Malcolm. Fue ver cómo su madre al final sucumbió a las presiones insoportables de tratar de sobreponerse a estos horrores racistas y mantener a una familia numerosa, apenas subsistiendo con una pequeña pensión,

---

29. La Asociación Universal para el Mejoramiento del Negro (UNIA), dirigida por Marcus Garvey, recibió el apoyo de cientos de miles de personas en Estados Unidos y el Caribe en los años 20. La solución que proponía a la opresión racista era que los negros se organizaran para regresar a África a fin de ayudar a liberar el continente de la dominación colonial y asentarse allí.

asistencia pública y "trabajando, cuando lograba encontrar trabajo de cualquier tipo". Cuando Malcolm era adolescente, ella ingresó a un hospital estatal, donde se pasó el cuarto de siglo siguiente. Louise Little jamás volvió a ser la misma persona.

Ya cuando Malcolm había terminado el octavo grado, las experiencias de su vida —como las de muchos jóvenes que eran negros o que provenían de familias obreras— le daban pocas razones para continuar en la escuela. Se encaminó por el único rumbo que parecía permitirle utilizar su talento, su habilidad, su inteligencia. Tras mudarse a Boston en 1941 para vivir con su hermana, pronto se vio profundamente involucrado en la vida de la calle. Fue fullero, ladrón, chulo. "Todos mis instintos de la selva callejera del ghetto, todos mis instintos de zorro fullero y lobo criminal" dominaron más y más los días y noches de Malcolm, como dijo en la *Autobiografía*.

Malcolm también aprendió sobre las realidades mortales de la vida de la calle. De haber continuado por ese camino, dijo, habría terminado como "un criminal muerto en una tumba", o "un recluso empedernido y amargado... en algún penal o manicomio. O en el mejor de los casos, habría sido un viejo y desvaneciente Rojo de Detroit, trapicheando, robando lo suficiente para comer y conseguir narcóticos, mientras era acechado como presa por fulleros más jóvenes y cruelmente ambiciosos, como había sido el Rojo de Detroit".[30]

Sucedió lo inevitable. La policía arrestó a Malcolm, un compañero suyo apodado Shorty y dos mujeres cómplices por varios robos a residencias en el área de Boston. En esa época la sentencia en Massachusetts por robo con

---

30. Malcolm X, *Autobiografía* (La Habana: Editorial de Ciencias Sociales, 1974), capítulo 15: "Ícaro".

allanamiento contra una persona sin antecedentes penales promediaba en un par de años, explicó Malcolm en la *Autobiografía*. Pero cuando el juez anunció las sentencias, a Malcolm le impusieron entre ocho y diez años de cárcel, a cumplirse de forma concurrente, para cada uno de tres cargos; su compañero recibió lo mismo; y las mujeres recibieron entre un año y cinco años. Según Malcolm, Shorty por poco se desplomó cuando el juez dictó las sentencias, porque no sabía qué significaba la palabra "concurrente".

Esas sentencias fueron la cuarta gran lección para Malcolm. Las primeras dos lecciones fueron lo que había aprendido sobre la realidad del racismo en Estados Unidos capitalista a raíz de lo que les había sucedido a su padre y madre. La tercera fue la ineludible autodestrucción, la pérdida de todo sentido de la autoestima, que resulta de la vida de la calle, en contraste con la integración a la actividad social y política, en contraste con vivir como parte de la historia. La cuarta fue la siguiente: ¡Que conozcas tu posición en la sociedad! La razón por la que Malcolm y Shorty recibieron sentencias largas fue que sus dos cómplices, sus novias, eran blancas. El juez dejó inequívocamente claro el precio que iban a pagar por esa trasgresión.

Así que de 1946 a 1952 Malcolm estuvo preso. Más tarde, cuando hablaba en público de esos años, le encantaba comentar: "No se espanten cuando les digo que estuve en la cárcel. Ustedes todavía están en la cárcel. Eso es lo que significa Estados Unidos: una cárcel".[31]

Adquirir conciencia de nuestra valía

Pero a Malcolm le pasó algo importante al cumplir su condena. Conoció a un reo que le instó a que aprovechara

---

31. "Yo soy un 'negro del campo'" (Detroit, 10 de noviembre de 1963), en *Habla Malcolm X*, pág. 38.

la biblioteca de la prisión y los cursos por correspondencia. "Cuando terminé el octavo grado en Mason, Michigan", recordó, "fue la última vez que se me había ocurrido estudiar algo que no implicara alguna forma de trapicheo. Y la calle había borrado todo lo que jamás aprendí en la escuela; no sabía distinguir un verbo de una casa". Así que se anotó para recibir lecciones de gramática inglesa por correspondencia y comenzó a leer un poco.

La Prisión Estatal de Charlestown, en Boston, dijo Malcolm, era un lugar infernal "construido en 1805 —en la época de Napoleón— y hasta se parecía a la Bastilla". El "inodoro era un cubo con una tapa", y desde su litera, con las manos y pies extendidos, Malcolm podía tocar las dos paredes de la celda apestosa. Gracias a las gestiones de su hermana Ella, Malcolm fue trasladado a la Colonia Penal de Norfolk a fines de 1948. La biblioteca de la nueva cárcel "era uno de sus rasgos notables", dijo. A diferencia de Charlestown, donde los reclusos tenían que escoger entre los títulos disponibles a partir de una lista mimeografiada, "En Norfolk, podíamos entrar a la biblioteca, con autorización, y recorrer los estantes, escoger libros. Había centenares de viejos tomos".

Malcolm describió cómo fue estudiando el diccionario, copiándolo literalmente en libretas, página por página, palabra por palabra. Al principio leía sin objetivo fijo, dijo, "hasta que aprendí a leer selectivamente, con un fin". Durante el resto de su tiempo en la cárcel, "cada momento libre que tenía, si no estaba leyendo en la biblioteca, estaba leyendo en mi litera. Ni con una cuña me podrían haber apartado de los libros". Después del "apaguen las luces" a las 10:00 en punto, Malcolm se sentaba en el piso, aprovechando la iluminación por la ranura en la puerta de su celda para poder leer, y saltaba de regreso a la litera cuando los guardias hacías sus rondas cada hora.

Malcolm leyó ampliamente: *Story of Civilization* (Historia de la civilización) por Will Durant, *Outline of History* (Esbozo de la historia) de H.G. Wells, *The Souls of Black Folk* (Las almas de los negros) de W.E.B. Du Bois, *Findings in Genetics* (Conclusiones en genética) de Gregor Mendel, *Negro History* (La historia de los negros) de Carter G. Woodson; libros sobre la esclavitud por Frederick Law Olmstead, Fanny Kemble y Harriet Beecher Stowe; obras de Homero, Shakespeare, así como Spinoza, Kant y otros "de los antiguos filósofos, occidentales y orientales", según dijo.

El dominio de la disciplina para leer, estudiar, *dedicarse* a pensar acerca de lo que estaba leyendo: todo esto cambió a Malcolm profundamente. Esta "educación casera", como la llamó, "despertó en mí ciertas ansias, dormidas desde hacía mucho, de estar mentalmente vivo". Contribuyó a hacer de Malcolm X uno de los políticos revolucionarios verdaderamente más educados y capaces de nuestros tiempos.

Fue de estas experiencias que Malcolm aprendió, tanto para sí mismo como para sus relaciones con otros, la importancia irremplazable de que uno llegue a reconocer y a creer en su propio valor como ser humano. Durante una de las últimas entrevistas antes de su muerte en 1965, una periodista le preguntó: ¿Es su objetivo despertar al negro en Estados Unidos para que descubra "su explotación"? "No", contestó Malcolm, para que descubra "su humanidad, su propia valía".[32] Su objetivo era convencer a los oprimidos y explotados de nuestra *valía*, despertarnos para que descubramos nuestra valía.

La Nación del Islam

Mientras Malcolm estaba en la cárcel, varios de sus familiares le dieron a conocer la Nación del Islam. Ni la

---

32. La entrevista se cita en *Malcolm X habla a la juventud*, pág. 157.

política ni la religión, según las consideramos normalmente, explicaron la conversión que realizó Malcolm. Más bien, él se vio atraído a lo que percibía como la autodisciplina, la concentración y el sentido de respeto propio que los miembros de la Nación se infundían mutuamente. Al recordar sus esfuerzos en la prisión por emular esa disciplina —junto con el impacto de sus estudios— Malcolm dijo en la *Autobiografía* que era "como si otra persona que yo conocía había vivido de la estafa y la delincuencia. Me asombraba cuando me encontraba pensando, de manera remota, en mi existencia anterior como si se tratara de otra persona".

En agosto de 1952, tras casi siete años de encierro, Malcolm fue puesto en libertad bajo palabra. A los 27 años, aún era un hombre joven. Al principio volvió a Michigan, donde trabajó unos meses en una mueblería y luego en las líneas de ensamblaje de una fábrica de camiones y en una planta de la Ford Motor Company. Desde mediados de 1953, se pasó los siguientes 11 años de su vida como dirigente activo y a tiempo completo de la Nación del Islam. Se mudó de Detroit a Boston, Filadelfia y después, en junio de 1954, a Nueva York. Para fines de esa década ya era el portavoz más prominente y más capaz de la Nación a nivel nacional, así como fundador y director de su periódico, *Muhammad Speaks*. A los ojos de decenas de millones de personas —por sus discursos en todo el país, su participación en programas de entrevistas en televisión y sobre todo su inconfundible energía, combatividad, valentía e integridad— se había convertido en la imagen de la Nación del Islam.

Sin embargo, ya para inicios de los años 60, Malcolm fue chocando más y más contra los límites del nacionalismo burgués de la Nación del Islam. La dirección de la Nación pretendía crearse un espacio para sí misma dentro del sistema capitalista estadounidense. En cambio, Malcolm se sentía más y más atraído políticamente a las luchas en ascenso por la libertad de los negros en Estados Unidos y a las batallas revolucionarias de los oprimidos y explotados por todo el mundo. Al hablar ante públicos en Harlem y en comunidades negras por todo Estados Unidos, así como en recintos universitarios, Malcolm denunciaba intransigentemente la política imperialista de Washington dentro y fuera del país. Condenaba el racismo antinegro, la discriminación y la violencia de los jinetes nocturnos, así como el saqueo y la opresión de África, Asia y América Latina impulsados por el afán de ganancias del capitalismo mundial.

La trayectoria de Malcolm condujo a choques gradualmente más fuertes con Elijah Muhammad y con el resto de la dirección de la Nación. Ante estos conflictos crecientes, Muhammad silenció a Malcolm a fines de 1963, usando como pretexto la respuesta pública que Malcolm dio a una pregunta sobre el asesinato del presidente John F. Kennedy. Al aludir a la intolerancia y violencia racista que dominaba las relaciones sociales en Estados Unidos, Malcolm simplemente había observado que la muerte de Kennedy era un caso de "cosecharás lo que siembras" (*chickens coming home to roost*).

Al reconocer que Elijah Muhammad realmente pretendía silenciarlo permanentemente, Malcolm anunció en marzo de 1964 que había dejado la Nación del Islam. La ruptura marcó un paso importante en lo que sería una evolución política acelerada durante los 11 meses siguientes. Al principio Malcolm se abstuvo de criticar en público a la Nación; hasta dijo inicialmente que aún aceptaba el "análisis" y la "solución" planteados por Muhammad ante el problema de la opresión de los negros. "No me separé voluntariamente", les dijo Malcolm a los reporteros en la conferencia de prensa que convocó. "Pero ya que ha sucedido, tengo la intención de aprovecharlo al máximo. Ahora que tengo más independencia de acción, pienso emplear un enfoque más flexible en la colaboración con otras personas para hallar una solución a este problema".[33]

A medida que Malcolm adquirió más experiencia al hacer precisamente eso —"colaborar con otras personas", a nivel tanto nacional como mundial— su visión revolucionaria se fue ahondando y habló más y más abiertamente sobre lo que lo llevó a romper con la Nación del Islam.

Su visión se fue ampliando, según lo expresó Malcolm a menudo.

Dos días antes de su asesinato en febrero de 1965, según lo relató el fotógrafo y escritor Gordon Parks, Malcolm dijo a Parks: "Hice muchas cosas como musulmán que ahora lamento. Entonces yo era un zombi… Me hipnotizaron. Me apuntaban en una cierta dirección y me decían que marchara".[34]

Malcolm había bloqueado de su mente el cuestionamiento de cosas que sabía que no eran ciertas, que él no quería enfrentar. No había encarado de frente las realidades que lo estaban persuadiendo más y más de que la Nación del Islam no ofrecía un camino a seguir. Durante la época en que él había sido portavoz de la Nación, según le dijo a Bernice Bass, presentadora de un programa radial, en diciembre de 1964, "Yo comenzaba mis declaraciones anteriores diciendo, 'El honorable Elijah Muhammad nos enseña así y así'. No eran mis declaraciones, eran sus declaraciones, y yo las repetía".

---

33. "Declaración de independencia", en *Habla Malcolm X*, págs. 51–52.

34. "One Big Force Under One Banner" (Una gran fuerza bajo una bandera), entrevista con Gordon Parks, 19 de febrero de 1965, en *February 1965: The Final Speeches*, págs. 284–85.

"Antes yo comenzaba mis declaraciones diciendo, 'El Honorable Elijah Muhammad nos enseña así y asá'. No eran mis declaraciones, eran sus declaraciones, y yo las repetía", dijo Malcolm a una entrevistadora en diciembre de 1964, refiriéndose a la época cuando era vocero de la Nación del Islam. Pero ahora, dijo Malcolm, "el loro ha saltado fuera de la jaula".

Malcolm en una librería de Harlem después de rueda de prensa el 12 de marzo de 1964 donde anunció que había salido de la Nación del Islam.

Pero ahora, añadió Malcolm, "el loro ha saltado fuera de la jaula".[35]

Las últimas 50 semanas

Después de marzo de 1964, Malcolm empezó a hablar y actuar por su propia cuenta, como dirigente político. Este es el Malcolm X cuyos discursos, entrevistas y declaraciones ustedes han leído en los libros de Pathfinder. Cuyos conceptos e ideas muchos de ustedes conocen en cierta medida. Pero este espacio de tiempo —resultó ser un total de 50 semanas, ni siquiera un año completo— fue valiosísimo para Malcolm. Tuvo 50 semanas para organizar, para pasar por nuevas experiencias, para reflexionar sobre esas experiencias y sacar lecciones, para colaborar con otros revolucionarios aquí y en otros países, para debatir y elaborar sus criterios, para mejorarlos y corregirlos, para afrontar contradicciones y comenzar a resolverlas. En breve, para emprender el camino que hizo de Malcolm X lo que fue. Para descubrir su valía.

Malcolm pasó más de la mitad de ese tiempo en el exterior: casi 26 semanas en África y el Medio Oriente, y un poco más de dos semanas adicionales en Gran Bretaña y Francia. Esos viajes tuvieron en él un tremendo impacto político.

Así que fue en el transcurso de apenas 22 semanas en Estados Unidos que Malcolm comenzó a construir dos organizaciones distintas: primero la Mezquita Musulmana, Inc., y después, en junio de 1964, la Organización de la Unidad Afro-Americana (OAAU). Fue durante esas semanas que dio la gran mayoría de los discursos y entrevistas

---

35. "Our People Identify with Africa" (Nuestro pueblo se identifica con África), entrevista con Bernice Bass, 27 de diciembre de 1964, en *Malcolm X: The Last Speeches*, pág. 106 [impresión de 2019].

donde explicó ante públicos cada vez más amplios su perspectiva revolucionaria, la cual fue evolucionando rápidamente.

Muchos de los criterios que Malcolm propugnó y explicó al final de su vida eran muy diferentes de los que aún había mantenido en un grado u otro en marzo de 1964. Lo que había atravesado no era fundamentalmente una evolución, sino múltiples *revoluciones* traslapadas, por así decirlo.

Malcolm X emergió en suelo norteamericano como el dirigente revolucionario más representativo de alcance de masas en la segunda mitad del siglo XX. Convergió políticamente con otros revolucionarios en el mundo, incluidos revolucionarios proletarios, comunistas, aquí en Estados Unidos. Él seguía el rumbo que seguía la revolución mundial: *contra* el colonialismo y el capitalismo, y *con* los que impulsaban luchas revolucionarias. Muchos individuos, en muchos países, que aspiran a dirigir revoluciones en sus propias tierras aún están por alcanzar a Malcolm en muchos ámbitos.

A veces la trayectoria de Malcolm durante estos meses finales se denomina una nueva forma de panafricanismo, y Malcolm mismo usó ese calificativo. Pero "panafricanismo" no capta ni la envergadura ni el carácter político revolucionario del internacionalismo y antiimperialismo de Malcolm. Por supuesto, Malcolm reconocía los aspectos compartidos de la opresión que enfrentan las personas de origen africano... y de su resistencia a esa opresión. Debido al legado combinado del colonialismo y la esclavitud, los negros compartían muchos de esos elementos, ya fuera que vivieran y trabajaran en África misma, el Caribe y América Latina, Europa, o lo que Malcolm, al parafrasear esa frase maravillosa de Elijah Muhammad, llamaba "esta selva de Norteamérica".

"Muchos nos dejamos engañar al creer que afroamericanos somos únicamente los que estamos aquí en Estados Unidos", dijo Malcolm en una de sus últimas charlas, apenas cinco días antes de ser asesinado. "Pero afroamericanos son ese gran número de personas del hemisferio occidental, desde el extremo sur de Sudamérica hasta el extremo norte de Norteamérica, todos los cuales, cuando uno se remonta en la historia de estos pueblos, tenemos una herencia común y un origen común... [Y cuando los africanos] emigran a Inglaterra, le plantean un problema a los ingleses. Y cuando emigran a Francia, le plantean un problema a los franceses".[36]

Al mismo tiempo, Malcolm se fue identificando crecientemente con las luchas revolucionarias de todo el mundo y las defendió y explicó más y más: desde la Revolución China hasta la Revolución Cubana y las batallas por la liberación nacional, sin importar dónde se libraran, y sin importar el matiz de la piel de los pueblos que las libraran.

No obstante, en el encuentro de esta tarde quiero intentar demostrar lo que quizás sea lo más importante de todo, no solo para los revolucionarios en este país sino para los de todo el mundo. Quiero plantear que *Malcolm X fue un dirigente revolucionario de la clase trabajadora en Estados Unidos.*

Puede que eso suene raro, por varias razones. Puede que suene raro por el grado reducido de apoyo que Malcolm tenía entre los trabajadores que eran caucásicos, al menos de los cuales tenía conocimiento. Puede que suene raro por la situación debilitada del movimiento obrero y las posiciones procapitalistas de la cúpula sindical que describí antes. Puede que suene raro, aunque sea simplemente

---

36. "No solo un problema norteamericano sino un problema mundial", en *Habla Malcolm X*, págs. 193–94.

porque el propio Malcolm nunca abordó esta cuestión directamente.

Pero lo cierto es que las transformaciones sociales y políticas que se forjarán con una revolución popular en Estados Unidos —una revolución que será dirigida por la vanguardia de la clase trabajadora, o de otra manera se verá aplastada en una derrota sangrienta— son decisivas para los oprimidos y explotados de todo el mundo. Entre otras cosas, la conquista del poder por la clase trabajadora y sus aliados —el establecimiento de la dictadura del proletariado— es el paso necesario que puede abrir el camino para que los negros, y todos los partidarios de los derechos de los negros, luchemos exitosamente para poner fin a la opresión racista de todo tipo, de una vez por todas.

En el liderazgo de las luchas proletarias revolucionarias en este país, los trabajadores que son negros ocuparán un papel y peso de vanguardia desproporcionados en relación a sus cifras en la población estadounidense. Es lo que nos enseña toda la historia moderna. Ese hecho se ve verificado en el historial de luchas sociales y políticas poderosas en Estados Unidos: desde las batallas de los últimos años de la propia Guerra Civil, hasta la Reconstrucción Radical y los intentos de impedir la imposición del peonaje entre los esclavos liberados; desde las luchas que forjaron los movimientos de agricultores y de sindicatos industriales en las décadas de 1920 y 1930, hasta el movimiento proletario de masas que derrocó la segregación del sistema Jim Crow, movimiento que alimentó una mayor confianza política y conciencia nacionalista entre los negros en los años 60 e inspiró lo que llegó a ser un movimiento de masas contra la guerra imperialista en Vietnam.

Malcolm X era un legítimo heredero político de todas estas luchas.

Pero, ¿quiénes son los herederos *de Malcolm*?

Tras su asesinato, algunos de los que se orientaban hacia Malcolm se desilusionaron porque la organización política que fundó y dirigió, la OAAU, murió con él. Dados los enemigos que enfrentaban, ninguno de los relativamente pocos cuadros de la OAAU que Malcolm se había llevado de la Nación del Islam supo salir al frente para mantener la lucha y cargar con el liderazgo para continuar la trayectoria política revolucionaria de Malcolm. Eso es un hecho.

Pero los herederos de Malcolm X sí saldrán al frente —en todo el mundo, incluso aquí mismo en Estados Unidos— a medida que avancen las luchas revolucionarias, a medida que los explotados y oprimidos se organicen para resistir las consecuencias devastadoras de las crisis capitalistas y de la dominación y guerra imperialista. Más dirigentes como Malcolm *van* a salir al frente, incluido en el movimiento obrero. Y van a necesitar saber quién fue Malcolm, qué defendió Malcolm, por qué luchó y por qué murió.

Emancipación de la mujer

Para demostrar la amplitud y el significado revolucionario de la evolución política de Malcolm, quizás convenga examinar un par de cuestiones sobre las que mucha gente podría suponer que sus opiniones cambiaron poco: la emancipación de la mujer y la religión.

Algunos podrían considerar "injusto" comenzar con la cuestión de los derechos de la mujer, la posición de la mujer en la vida social y política, su papel en las luchas revolucionarias y en la dirección de esas luchas. Después de todo, Malcolm fue asesinado antes del ascenso del movimiento de liberación de la mujer a fines de los años 60. El movimiento comunista moderno tiene una historia larga y orgullosa de apoyo a la emancipación de la mujer: desde su manifiesto de fundación, redactado por Marx y Engels y publicado en 1848, hasta la Internacional Comunista en la época de Lenin, hasta el día de hoy.[37] Pero antes del movimiento de la mujer, ninguno de nosotros —si somos honestos— veíamos las cosas de la manera en que las vemos ahora.

Quizá también sea injusto por los antecedentes religiosos de Malcolm y la condición de segunda clase que ocupa la mujer en todos los monoteísmos modernos: ya sea que se remonten a Abraham, a Pablo el evangelista o a Mahoma. Como explicó el propio Malcolm en su *Autobiografía*, el islam —que comprende la Nación del Islam, de la cual había sido portavoz hasta fines de 1963— tiene "leyes y enseñanzas muy estrictas respecto a la mujer; su esencia establece que la verdadera naturaleza de un hombre es ser fuerte y la verdadera naturaleza de una mujer es ser débil, y si bien un hombre debe respetar siempre a su mujer, al mismo tiempo necesita comprender que debe controlarla si espera que ella lo respete".[38] (Tales actitudes se extienden bastante más allá del islam, como bien sabemos).

Pero debiéramos de seguir la norma de Malcolm: en la política, afirmar la verdad nunca es "injusto". Y Malcolm puede resistir la prueba.

Cuando Malcolm abandonó la Nación, al principio no opinaba mucho sobre los derechos o la posición social de la mujer. Pero en la *Autobiografía* —cuyo borrador se había completado, con la ayuda del periodista Alex Haley, apenas poco antes del asesinato— Malcolm hace un relato que ayuda a aclarar la rapidez y el grado de su posterior evolución sobre esta cuestión. (Al leer la *Autobiografía*, siempre

---

37. Para leer un breve recuento de esa historia, ver *Feminism and the Marxist Movement* (El feminismo y el movimiento marxista; Pathfinder, 1972), por Mary-Alice Waters.

38. *Autobiografía*, capítulo 13: "El ministro Malcolm X".

debemos tener en mente dos cosas. Primero, que las entrevistas se comenzaron mientras Malcolm aún estaba en la Nación, con la aprobación de Elijah Muhammad. Y en segundo lugar, Malcolm no tuvo la oportunidad de revisar y editar la versión final, o hacer que concordara con sus criterios en esos momentos. Según Haley, los días que él y Malcolm habían apartado provisionalmente para esa revisión fueron el fin de semana del asesinato).

Hacia el final de la *Autobiografía*, Malcolm describe su visita a Beirut, Líbano, el último día de abril de 1964. Al salir a caminar, dice,

> de inmediato me llamaron la atención las costumbres y el atuendo de las libanesas. En Tierra Santa [Arabia Saudita] yo había notado a las mujeres árabes muy modestas, muy femeninas… y se daba este repentino contraste con las libanesas, mitad francesas y mitad árabes, que proyectaban con su vestimenta y sus gestos públicos más libertad, más intrepidez. Observé claramente la evidente influencia europea en la cultura libanesa. Esto me demostró cómo la fortaleza moral de un país, o su flaqueza moral, se puede medir muy pronto por el atuendo y la actitud pública de sus mujeres… en especial sus mujeres jóvenes. Dondequiera que los valores espirituales han sido rebajados, si no destruidos, por un énfasis en lo material, eso invariablemente se refleja en las mujeres. Vean a las mujeres, jóvenes y viejas, en Estados Unidos, donde apenas quedan valores morales.[39]

Entonces, es así como Malcolm enfocaba aún la cuestión de la posición social de la mujer, más o menos un mes después

---

39. *Autobiografía*, capítulo 18: "El-Hajj Malik El-Shabazz".

de su ruptura con la Nación. El énfasis se mantenía en las normas religiosas de modestia y moralidad sexual.

Más o menos en esa época, Malcolm aún se oponía inequívocamente a lo que denominaba "matrimonios mixtos". En la *Autobiografía*, nuevamente, Malcolm escribe: "Estoy del lado del blanco sureño que cree que no puede existir la llamada 'integración', al menos no por mucho tiempo, sin que aumenten los matrimonios mixtos. ¿Y de qué le sirve esto a alguien? Encaremos de nuevo la realidad. En un mundo tan hostil en cuanto al color como este, ¿qué quieren, sea hombre o mujer, negro o blanco, con una pareja de la otra raza?"[40] Y cuando el escritor A.B. Spellman entrevistó a Malcolm la misma semana que anunció su salida de la Nación, fue esto lo que dijo Malcolm sobre la postura de la nueva organización que él había iniciado, la Mezquita Musulmana, Inc.: "Sí nos oponemos a los matrimonios mixtos. Nos oponemos a los matrimonios mixtos tanto como nos oponemos a todas las demás injusticias que nuestro pueblo ha enfrentado".[41] Aún consideraba el matrimonio mixto como "una injusticia". Lo equiparaba con la violación y el concubinato involuntario a los que las mujeres de origen africano fueron sometidas bajo la esclavitud, la dominación colonial y condiciones más recientes de explotación y opresión racista.

Sin embargo, ya después del segundo viaje de Malcolm en 1964 a África y al Medio Oriente, entre principios de julio y finales de noviembre,[42] sus ideas habían sufrido un

---

40. *Autobiografía*, capítulo 15: "Ícaro".

41. "An Interview by A.B. Spellman" (Entrevista por A.B. Spellman, 19 de marzo de 1964), en *By Any Means Necessary*, pág. 31.

42. Los dos viajes de Malcolm a África y al Medio Oriente en 1964 fueron su segunda y tercera visita a esas regiones. En 1959, como di-

notable cambio, paralelo a la evolución de su manera de pensar y actuar respecto a otras cuestiones sociales y políticas. En una conferencia de prensa cuando hizo escala en París después de ese viaje, Malcolm dijo que una de las cosas que notó durante sus viajes fue que

> en cada país que uno visita, por lo general, el nivel de progreso no se puede separar nunca de la mujer. Si uno está en un país progresista, la mujer es progresista. Si uno está en un país que refleja la conciencia sobre la importancia de la educación, es porque la mujer está consciente de la importancia de la educación.
>
> Pero en todo país atrasado se observará que la mujer está atrasada, y en todo país donde no se hace hincapié en la educación, es porque las mujeres carecen de educación. Así que una de las cosas de las que quedé absolutamente convencido en mis viajes recientes es la importancia de darle libertad a la mujer, darle educación y darle estímulos para que vaya y transmita ese mismo espíritu y entendimiento a sus hijos. Y francamente estoy orgulloso de los aportes que nuestras mujeres han hecho en la lucha por la libertad, y yo sí estoy a favor de darles toda la libertad de acción posible, porque ellas han hecho un aporte mayor que el que hemos hecho muchos hombres.[43]

Malcolm llevó estos criterios un paso más lejos en la entrevista radial con Bernice Bass del 27 de diciembre que mencioné antes. "Una cosa que noté en el Medio Oriente

---

rigente de la Nación del Islam, había viajado a Egipto, Arabia Saudita, Irán, Siria y Ghana.

43. Fragmento de entrevista en París (noviembre de 1964), en *Habla Malcolm X*, págs. 120–21.

y en África", dijo Malcolm, era que "en todo país que era progresista, la mujer era progresista. En todo país subdesarrollado y atrasado, en la misma medida las mujeres no estaban desarrolladas, o estaban subdesarrolladas y atrasadas... Se nota que en este tipo de sociedades donde mantienen encerrada a la mujer, tratan de disuadirla de recibir suficiente educación y no la estimulan permitiendo su máxima participación en cualquier ámbito de la sociedad en el que ella esté calificada, le matan el estímulo".[44]

Este es un nivel muy avanzado de comprensión política: de que se puede medir el grado de avance y desarrollo de una sociedad por el papel que ocupa la mujer en su vida social, económica y política.[45] A diferencia de las palabras de Malcolm, apenas unos meses antes, sobre las mujeres en Beirut, donde la "modestia" y "moralidad" femenina había sido su punto de partida, ahora Malcolm empleaba criterios *políticos*. Superó los simples prejuicios —que es lo que reflejaban las opiniones anteriores de Malcolm, ya fuera que las expresara él u otra persona— y comenzó

---

44. "Our People Identify with Africa" (Nuestro pueblo se identifica con África), en *Malcolm X: The Last Speeches*, págs. 100–101.

45. En 1844, en una de las primeras obras en el trayecto que unos años más tarde lo llevó a ser uno de los dirigentes fundadores del movimiento obrero comunista moderno, Carlos Marx aplaudió la observación del socialista utópico Carlos Fourier, quien había dicho, "Los cambios en una época histórica se pueden determinar siempre en razón directa del progreso de las mujeres hacia la libertad". (*The Holy Family* [La Sagrada Familia] en Marx y Engels, *Collected Works* [Obras completas, en inglés] tomo 4, pág. 196). En el folleto *Del socialismo utópico al socialismo científico*, publicado en 1877, Federico Engels, colaborador político de Marx de toda la vida, nuevamente rindió tributo a Fourier por ser "el primero que proclama que el grado de emancipación de la mujer de una sociedad es la medida de la emancipación general". Marx y Engels, *Obras escogidas* (Moscú: Editorial Progreso, 1974, tomo III, pág. 128).

a remplazarlos con hechos sobre la posición social de la mujer. Empezó a hablar de lo que la mujer puede lograr y logra para impulsar el progreso humano, para impulsar cambios revolucionarios, cuando se comienza a derribar las barreras que se erigen contra ellas.

Malcolm también cambió de parecer respecto a los matrimonios interraciales. Cuando apareció en un programa de entrevistas por televisión en Toronto, a mediados de enero de 1965, el presentador, Pierre Berton, le preguntó a Malcolm si aún sostenía sus anteriores puntos de vista sobre esta cuestión. Malcolm contestó: "Creo en reconocer a cada ser humano como ser humano: ni blanco ni negro ni moreno ni rojo; y cuando uno ve a la humanidad como una familia, no se trata de integración o de matrimonios mixtos. Se trata simplemente de un ser humano que se casa con otro ser humano, o de un ser humano que vive con y al lado de otro ser humano".

Lo que hay que atacar, dijo Malcolm a Berton, es la sociedad racista que produce las actitudes hostiles "a la integración y a los matrimonios mixtos y a estos otros pasos hacia la unidad" de los seres humanos, no "la reacción que se desarrolla entre las personas que son víctimas de esa sociedad negativa".[46]

Al valorar la evolución de la actitud de Malcolm hacia los derechos de la mujer —incluido el papel que, según él había llegado a reconocer, la mujer ocuparía en las luchas revolucionarias venideras en Estados Unidos y el mundo entero— debemos observar también el efecto aplastante que tuvo para Malcolm el descubrir que Elijah Muhammad abusaba sexualmente de muchachas que eran miembros de la Nación del Islam. Según Malcolm, este fue el hecho

---

46. Fragmento de entrevista por Pierre Berton (19 de enero de 1965), *Habla Malcolm X*, pág. 177.

específico, más que un determinado conflicto político en sí, que marcó un punto decisivo en su relación con la Nación. Estremeció profundamente la confianza que Malcolm había tenido en la integridad religiosa, política y moral de Elijah Muhammad y de la propia Nación del Islam.[47]

Por sí solas, las diferencias políticas no bastan al principio, en muchos casos, para convencer a dirigentes experimentados de que rompan con un movimiento u organización al cual han dedicado sus esfuerzos, energías y convicciones por muchos años. Malcolm había tenido dudas crecientes sobre la trayectoria política de la Nación desde por lo menos el verano de 1962, cuando Elijah Muhammad puso fin a una campaña que Malcolm estaba dirigiendo para protestar contra un ataque policiaco mortal contra varios miembros de la Nación en Los Ángeles.[48] Pero según lo reconoció él

---

47. En abril de 1963, Malcolm se enteró, directamente del propio Elijah Muhammad, de que Muhammad había tenido relaciones sexuales con varias jóvenes que trabajaban como miembros del personal en la sede de la Nación del Islam en Chicago. Varias de ellas habían quedado embarazadas. Muhammad, abusando de su autoridad en la Nación, sometió a estas jóvenes a degradantes juicios internos por "fornicación" y suspendió su membresía. (Dos de las jóvenes entablaron demandas judiciales de paternidad contra Muhammad en Los Ángeles en 1964, pero nunca se entregaron las citaciones del tribunal y se desestimó la acción jurídica).

48. En abril de 1962, la policía de Los Ángeles disparó contra siete miembros desarmados de la Nación del Islam. Uno de los musulmanes murió y otro quedó inválido de por vida. La policía después arrestó a 16 miembros de la Nación bajo cargos fabricados de "asalto criminal contra la policía". Malcolm, enviado por Elijah Muhammad a Los Ángeles para organizar la respuesta a este ataque, lanzó una amplia campaña de protestas en California del sur que llegó mucho más allá de la Nación. "Ya seas blanco o negro, esta es tu lucha también", decían los materiales sobre la campaña de defensa. "Hoy fue nuestro templo", dijo Malcolm en un mitin de protesta en Los Ángeles, "pero mañana serán vuestras iglesias, logias y sinagogas". Sin embargo, en medio de

mismo, Malcolm seguía intentando cerrar los ojos ante esos conflictos, pensando que las posibilidades de cambiar este curso pudiesen mejorar con el tiempo. Hizo falta algo más profundamente grave —algo que corrompiera profundamente los cimientos mismos del movimiento que él creía defender— para precipitar la ruptura.

Cuando otro dirigente de la Alianza de la Juventud Socialista y yo entrevistamos a Malcolm para la revista *Young Socialist* en enero de 1965, nos dijo: "Yo opinaba que el movimiento venía arrastrando los pies en muchos ámbitos. No se involucraba en las luchas civiles, cívicas o políticas que afrontaba nuestro pueblo. No hacía más que recalcar la importancia de la reforma moral: no bebas, no fumes, no permitas la fornicación y el adulterio. Cuando descubrí que la propia jerarquía no ponía en práctica lo que predicaba, quedó claro que ese aspecto de su programa estaba en bancarrota".[49]

Por último, Malcolm ahondó su comprensión de la importancia de combatir la opresión de las mujeres al verlas ayudar a dirigir la lucha por los derechos de los negros en este país. Cuando Fannie Lou Hamer fue a Nueva York en diciembre de 1964 buscando apoyo para la lucha de

---

los preparativos que se hicieron ese verano para intensificar la campaña de defensa a nivel nacional, Muhammad ordenó que se suspendiera la campaña pública, limitando toda actividad posterior a los tribunales. Al volver la vista atrás sobre esta experiencia en una charla que ofreció a jóvenes activistas pro derechos civiles de Mississippi el Año Nuevo de 1965, Malcolm dijo: "Eso es lo que dividió al movimiento de los musulmanes… A varios de nuestros hermanos los hirieron, y no se hizo nada al respecto. A los que quisimos hacer algo se nos impidió hacerlo". ("Vean por sí mismos, escuchen por sí mismos, piensen por sí mismos: una discusión con jóvenes luchadores pro derechos civiles de Mississippi", en *Malcolm X habla a la juventud*, pág. 83).

49. Ver la entrevista en este libro, pág. 52.

liberación en Mississippi, Malcolm habló junto a ella en una manifestación en Harlem y le cedió la tribuna esa noche en la reunión de la OAAU.[50] Malcolm también admiró y trabajó con Gloria Richardson, quien había rehusado cancelar las manifestaciones en Cambridge, Maryland, ante la presencia de matones supremacistas blancos y la Guardia Nacional, así como ante las reprimendas en público de dirigentes negros conservadores. Richardson se solidarizó públicamente con el llamamiento de Malcolm a favor del derecho a la autodefensa contra el terror racista.

Mencioné antes que Malcolm insistía en que el objetivo del movimiento que él se dedicaba a forjar era que los

---

50. Fannie Lou Hamer era una veterana luchadora en Mississippi por los derechos de los negros y la dirigente central de la lucha por desbancar a la delegación segregacionista de ese estado en el congreso del Partido Demócrata en agosto de 1964. Sus relatos sobre la brutalidad racista en Mississippi recibieron publicidad nacional durante ese congreso. Cuando fue rechazado el intento de desbancar a la delegación segregacionista, el Partido Demócrata de la Libertad en Mississippi anunció sus propios candidatos para las elecciones de noviembre y después pidió que el Congreso estadounidense no permitiera que tomaran posesión los representantes electos por la lista electoral Jim Crow. El discurso que Malcolm dio en el mitin a favor de Hamer en Harlem el 20 de diciembre de 1964 se publica en inglés en el libro *Malcolm X Speaks* bajo el título "With Mrs. Fannie Lou Hamer" (Con la Sra. Fannie Lou Hamer). Fragmentos mayores de su discurso en la reunión de la OAAU donde Hamer habló esa tarde aparecen en español en *Habla Malcolm X* bajo el título "Lograr la libertad por todos los medios que sean necesarios".

El "jefe del Partido *Cracker*" reside en la Casa Blanca, no en Mississippi, dijo Malcolm en el mitin de Harlem. "Lo controlan aquí mismo desde el Norte... Estos *crackers* del Norte te sonríen en la cara, y te muestran los dientes y te apuñalan en la espalda cuando te das vuelta". (*Malcolm X Speaks*, pág. 147). "Cracker" es una palabra despectiva que se usaba a menudo para referirse a muchos blancos pobres en el Sur que apoyaban la segregación y que eran utilizados por los gobernantes capitalistas en contra de sus propios intereses para apuntalar el sistema Jim Crow.

negros despertaran para descubrir "su humanidad, su propia valía". Durante los últimos meses de su vida, Malcolm ahondó también su comprensión de que la lucha por liberar de la opresión a *mitad de la humanidad* y por reivindicar en la acción *su* valía política, aumentaba enormemente las fuerzas potenciales de la revolución en este país y por todo el mundo.

Dejar la religión en el ropero

¿Y respecto a la evolución de las ideas de Malcolm sobre la religión y la política revolucionaria?

Primero, para reducir a un mínimo los malentendidos sobre los puntos políticos que necesitamos aclarar, déjenme recalcar que no estoy poniendo en duda las afirmaciones que hizo Malcolm hasta los últimos días de su vida de que él seguía siendo musulmán.

Se trata de algo distinto. ¿Qué pensaba Malcolm sobre el papel de la religión en el desarrollo de un movimiento revolucionario moderno, de una organización revolucionaria? Repito, no existe una respuesta única que sea válida para las últimas 50 semanas de la vida de Malcolm. Pero es clara la posición a la que llegó antes de su asesinato.

Para empezar, cuando Malcolm hizo pública su ruptura con la Nación en marzo de 1964, la única medida organizativa que anunció fue el establecimiento de una organización religiosa. "Voy a organizar y encabezar una nueva mezquita en la ciudad de Nueva York, conocida como la Mezquita Musulmana, Inc.", dijo a la prensa. "Esto nos da una base religiosa, y la fuerza espiritual necesaria para librar a nuestro pueblo de los vicios que destruyen el temple moral de nuestra comunidad".[51]

Unos días después Malcolm le dijo a un entrevistador

---

51. "Declaración de independencia", en *Habla Malcolm X*, pág. 52.

que durante sus años en la Nación del Islam, "interpusieron muchos obstáculos en mi camino, no el Honorable Elijah Muhammad, sino otros a su alrededor, y como creo que su análisis del problema racial es el mejor y su solución es la única, "consideré que la mejor manera en que yo podía sortear esos obstáculos y facilitar su programa era permanecer fuera de la Nación del Islam y establecer un grupo musulmán que fuese un grupo de acción destinado a eliminar los mismos males que las enseñanzas del Honorable Elijah Muhammad han hecho tan evidentes en este país".[52]

Sin embargo, apenas unas semanas más tarde, Malcolm ya iba cambiando su énfasis. A medida que se ampliaron las oportunidades para que Malcolm colaborara con otros, él comenzó a subrayar que ser musulmán no era precondición para la acción política conjunta al combatir la opresión de los negros. No tenía una prueba definitiva en cuanto a la religión.

Eso lo dejó claro, por ejemplo, en un discurso que dio el 3 de abril en un encuentro en Cleveland, auspiciado por el capítulo local del Congreso por la Igualdad Racial (Congress of Racial Equality, CORE), sobre "La revuelta del negro: ¿qué viene ahora?" La actividad se celebró en una iglesia metodista. Al final de su charla, que Malcolm tituló "El voto o la bala", dijo que quería añadir "algunas palabras sobre la Mezquita Musulmana, Inc., que establecimos recientemente en la ciudad de Nueva York. Es cierto que somos musulmanes y que nuestra religión es el islam", dijo Malcolm, "pero no mezclamos nuestra religión con nuestra política ni con nuestra economía, como no la mezclamos con nuestras actividades sociales y civiles; ya no. Mantenemos nuestra religión en nuestra mezquita.

---

52. "Entrevista por A.B. Spellman", en *By Any Means Necessary*, pág. 26.

Cuando terminan nuestros servicios religiosos, entonces participamos como musulmanes en la acción política, la acción económica y la acción social y cívica. Nos sumamos a cualquiera, en cualquier lugar, a cualquier hora y de cualquier manera siempre que sea para eliminar los males, los males políticos, económicos y sociales que afligen al pueblo de nuestra comunidad".[53]

Menos de una semana después, cuando Malcolm habló en el Militant Labor Forum en Nueva York la primera de tres veces, planteó lo mismo. Malcolm dijo que aún era musulmán: "Sucede que esa es mi religión personal. Pero en la capacidad en la que estoy actuando hoy, no pretendo mezclar mi religión con los problemas de 22 millones de negros en este país".[54]

Y unos días más tarde, al hablar ante el Grupo sobre Liderazgo Avanzado en Detroit, Malcolm dijo: "Esta tarde no tenemos la intención de hablar de religión. Vamos a olvidarnos de la religión. Si traemos a colación la religión, nos vamos a meter en una disputa. Y la mejor forma de evitar las disputas y diferencias, como decía antes, es dejar tu religión en casa, en el ropero, guardarla entre tú y tu Dios". Como había varios pastores cristianos entre el público, Malcolm no se pudo contener y añadió: "Porque si no ha hecho por ustedes más de lo que ha hecho, entonces tienen que olvidarla de todos modos".[55]

---

53. "El voto o la bala" (Cleveland, 3 de abril, 1964), en *Habla Malcolm X*, pág. 69.

54. "Speech on 'Black Revolution'" (Discurso sobre la 'revolución negra'; Militant Labor Forum, 8 de abril de 1964), en *Two Speeches by Malcolm X*, pág. 11.

55. Fragmento de una charla en la reunión con el Grupo sobre Liderazgo Avanzado (12 de abril de 1964), en *By Any Means Necessary*, pág. 215. El Grupo sobre Liderazgo Avanzado era una organización

Prácticamente cada discurso durante esas primeras semanas tras su ruptura con la Nación parecía marcar un paso más. Pero fue únicamente cuando Malcolm regresó del primero de los dos viajes a África y al Medio Oriente ese año que emprendió la labor de construir una organización política que estuviera abierta a todos los africanoamericanos, sin importar la religión u otras creencias. A fines de junio de 1964 convocó a una reunión pública en Harlem para establecer la Organización de la Unidad Afro-Americana (OAAU). "Hasta ahora", dijo Malcolm, "estas reuniones han sido auspiciadas y sufragadas por la Mezquita Musulmana, Inc. A partir del próximo domingo, las va a auspiciar y sufragar la Organización de la Unidad Afro-Americana".[56]

Así que el primer paso que dio Malcolm, en marzo de 1964, fue de actuar resueltamente a partir de su convicción profunda de que aquellos —como Elijah Muhammad— cuya conducta individual contradecía sus creencias declaradas no estaban capacitados para servir de guía en el ámbito de la religión o de la política.

No obstante, para junio Malcolm había dado un paso más: que la religión en sí no puede servir de guía para la acción eficaz en la política moderna. Que hay que separar la religión y las organizaciones religiosas de la organización política, de modo que la gente pueda trabajar conjuntamente en la construcción de una organización política revolucionaria: una forma de actividad práctica que trasciende

---

nacionalista negra en Detroit, fundada en noviembre de 1961. Sus dirigentes más conocidos eran el reverendo Albert Cleage, Milton Henry y Richard Henry.

56. Extractos mayores de este discurso aparecen bajo el título "Fundación de la Organización de la Unidad Afro-Americana" (28 de junio de 1964), en *Habla Malcolm X*.

las creencias o afiliaciones religiosas. "Porque ya sea que fuera metodista o bautista o ateo o agnóstico, [al negro] lo sometían al mismo infierno",[57] como dijo Malcolm en un mitin en la Iglesia Metodista de Corn Hill en Rochester, Nueva York, apenas cinco días antes de ser asesinado.

Al reunirse con un grupo de jóvenes de Mississippi que visitaban Harlem el día de Año Nuevo de 1965, Malcolm explicó que él y otras personas que habían dejado la Nación del Islam habían reconocido que "nuestro pueblo en este país afrontaba un problema, que no tenía nada que ver con la religión y que estaba por encima e iba más allá de la religión. Una organización religiosa no podía atacar ese problema, por la magnitud y complejidad del problema. Entonces los que estábamos en ese grupo, después de ana-lizar el problema, vimos la necesidad de formar otro grupo que no tuviera absolutamente nada que ver con la religión. Y ese grupo es lo que se llama y lo que se conoce hoy como la Organización de la Unidad Afro-Americana".[58]

Este fue un avance decisivo. Porque si bien Malcolm, hasta donde sepamos, no dejó de ser musulmán, y por tanto siguió comprometido con una religión revelada cu-yos principios no son verificables, también llegó a la con-clusión de que tales revelaciones no son, y no pueden ser, criterios válidos para la política revolucionaria. Los crite-rios, objetivos y métodos de la actividad política deben poderse someter a la discusión, al debate y a la verifica-ción de manera objetiva y compartida por todos los que se suman a la lucha, independientemente de otras pers-pectivas, creencias o afiliaciones de cualquier índole, y él

---

57. "No solo un problema norteamericano sino un problema mundial" (16 de febrero de 1965), en *Habla Malcolm X.*

58. "Vean por sí mismos, escuchen por sí mismos, piensen por sí mis-mos" (1 de enero de 1965), *Malcolm X habla a la juventud*, pág. 89.

explícitamente incluía a los no creyentes. Es la única base sobre la cual más y más personas pueden verse atraídas a la lucha y descubrir —mediante la actividad política práctica, en el transcurso de batallas— las formas más eficaces de combatir y eliminar el racismo, la opresión y la explotación capitalista.

Como señalé antes, Malcolm no imitaba la retórica de un predicador cuando hablaba. Nunca intentaba que alguien aceptara lo que él decía por razones de autoridad. Él instó a los jóvenes de Mississippi a que aprendieran a "ver por sí mismos, escuchar por sí mismos y pensar por sí mismos. Entonces pueden llegar a una decisión inteligente por sí mismos".[59] Siempre trataba de reforzar la confianza política de las personas con las que hablaba.

"Se lo planteo de la manera más franca que puedo", dijo Malcolm a los jóvenes activistas pro derechos civiles de Mississippi. "Sin necesidad de interpretación".[60]

Sin necesidad de interpretación.

Esa es una oración muy importante. Malcolm era franco y directo. Hablaba claramente. Nadie tenía que "adivinar" lo que decía. Sus palabras podían ser mal empleadas. Pero no podían ser mal interpretadas por ambigüedades, ni hablar de "ironía" y el toque de cinismo que le acompaña.

Malcolm no tenía sueños que ofrecer. "No veo ningún sueño americano", dijo en abril de 1964. "Veo una pesadilla americana".[61] Buscaba explicar la fuente de esa pesadilla despierta, la cual él iba reconociendo más y más como el sistema capitalista de opresión y explotación, aquí y en el mundo. Y comenzó a organizarse a fin

---

59. "Vean por sí mismos", *Malcolm X habla a la juventud*, págs. 84–85.

60. "Vean por sí mismos", *Malcolm X habla a la juventud*, pág. 122.

61. "El voto o la bala", en *Habla Malcolm X*, pág. 59.

de iniciar una discusión sobre el camino a seguir para luchar y salir de esa pesadilla.

Malcolm tampoco intentó elaborar una "teología de la liberación", ya fuese islámica o de otra índole. Porque había llegado a la conclusión, basado en años de experiencia directa, que dicho intento no haría más que restringir, debilitar y desorientar un movimiento revolucionario. Si bien no hay pruebas de que Malcolm se había vuelto ateo durante el último año de su actividad política, sí se había vuelto *a-teísta* al llevar a cabo política revolucionaria y en toda actividad civil y laica. Mantenía su religión —como sea que estuviera evolucionando— "en el ropero", como decía.

Creo que hoy día valoramos el aporte de Malcolm en este sentido más plenamente que en esa época. Hablando a título personal, yo estaba convencido —y aún lo estoy— de que tarde o temprano Malcolm habría dejado atrás la religión. Pero eso es una cuestión distinta, por supuesto, que nunca se podrá resolver. Lo decisivo es la manera en que Malcolm evolucionaba, en sus palabras y sus hechos, para impulsar actividades políticas comunes por parte de revolucionarios.

Nacionalismo negro

¿Y qué con respecto al nacionalismo negro? La evolución de Malcolm aquí es más fácil de comprender hoy que hace 22 años, por lo que se ha conquistado en la clase trabajadora estadounidense desde entonces. Hoy tenemos en este país una clase trabajadora que es diferente, en sentidos notables, de la que Malcolm conoció. Refleja más las conquistas logradas por las luchas de los negros en los años 50 y 60, tanto en su composición como en sus actitudes sociales y políticas. Es más internacional en su composición e incorpora experiencias de luchas en otros países.

Es una clase trabajadora en la cual capas más amplias se han visto impactadas e inspiradas por los avances de la revolución mundial.

Cuando Malcolm comenzó sus últimas 50 semanas fuera de la Nación —y después más allá de ella— él se consideraba nacionalista negro. En eso no hay ambigüedades. Al hablar de la fundación de la Mezquita Musulmana, Inc., Malcolm dijo, "Nuestra filosofía política será el nacionalismo negro. Nuestra filosofía económica y social será el nacionalismo negro. Nuestro énfasis cultural será el nacionalismo negro".[62]

En esa época, Malcolm aún hablaba de vez en cuando de la separación como el objetivo final. "Todavía creemos en la solución del Honorable Elijah Muhammad como la separación completa", dijo al entrevistador A.B. Spellman a pocos días de anunciar que se había salido de la Nación. "Los 22 millones de llamados negros deberíamos separarnos completamente de Estados Unidos y se nos debería permitir regresar a casa a nuestra patria africana…"

Malcolm denominaba eso "un programa a largo plazo", un programa que, según lo reconocía él mismo, no tenía idea de cómo lograr. En efecto, más adelante en esa misma entrevista, le dijo a Spellman, "Una mejor palabra a emplear que separación es independencia. La palabra separación se emplea mal… Cuando eres independiente de los demás te puedes separar de ellos. Si no te puedes separar de ellos, significa que no eres independiente de ellos".[63]

Así que, a los pocos días de dejar la Nación, Malcolm ya estaba afirmando, en la práctica, el *derecho* de la oprimida

---

62. "Declaración de independencia", en *Habla Malcolm X*, pág. 52.

63. Entrevista por A.B. Spellman, en *By Any Means Necessary*, págs. 27–28, 31–32.

nacionalidad negra a determinar su destino independientemente de los dictados de sus opresores, incluso mediante la separación, si resultara necesario. No estaba presentando un plan para transportar a los negros a África, o para crear un estado-nación distinto a partir de territorio del Sur de Estados Unidos. La "filosofía política, económica y social del nacionalismo negro le inculca [al negro] la dignidad racial y el incentivo y la confianza que necesita para valerse por sí mismo y adoptar una postura propia", dijo Malcolm a Spellman.

El "programa a corto plazo", dijo Malcolm, "consiste en que necesitamos alimentarnos mientras sigamos aquí, necesitamos un lugar dónde dormir, necesitamos ropa con qué vestirnos, necesitamos mejores empleos, necesitamos una mejor educación… Necesitamos tener control completo sobre la política de la llamada comunidad negra…"[64]

Es eso lo que Malcolm quería decir con nacionalismo negro. Esa era su posición al momento de su ruptura abierta con la Nación.

Sin embargo, en los últimos meses de su vida, Malcolm ya había llegado a una conclusión diferente. Durante la entrevista por televisión del 19 de enero de 1965 en Toronto mencionada antes, Pierre Berton le preguntó a Malcolm si todavía propugnaba un estado negro en Norteamérica. "No", contestó Malcolm, "creo en una sociedad donde las personas puedan vivir como seres humanos sobre la base de la igualdad".[65]

Malcolm había explicado más a fondo las razones de los cambios en sus criterios respecto al nacionalismo negro

---

64. Entrevista por A.B. Spellman, en *By Any Means Necessary*, pág. 28.

65. Fragmento de entrevista por Pierre Berton, en *Habla Malcolm X*, pág. 177.

el día antes de volar a Toronto, durante una entrevista a la revista *Young Socialist* el 18 de enero de 1965. "¿Cómo define el nacionalismo negro, con el cual se le ha identificado?" le pregunté a Malcolm. Y yo no sabía de antemano cuál sería su respuesta probable.

Malcolm dijo que cuando había estado en Ghana durante el primero de sus viajes de 1964 a África, se había reunido con el embajador argelino allá, "quien es extremadamente combativo y es un revolucionario en el verdadero sentido de la palabra (y ganó sus credenciales como tal al dirigir una revolución victoriosa contra la opresión en su país)". Cuando comenzaron a conversar sobre el nacionalismo negro, dijo Malcolm, el embajador respondió, "¿Pues, eso dónde lo situaba a él? Porque él era blanco. Era africano, pero era argelino, y por su apariencia era blanco. Y me dijo que si yo definía mi objetivo como la victoria del nacionalismo negro, ¿dónde lo situaba eso a él? ¿Dónde situaba a los revolucionarios de Marruecos, Egipto, Iraq, Mauritania? Entonces me demostró que yo estaba alienando a personas que eran verdaderos revolucionarios dedicados a derrocar, por cualquier medio necesario, el sistema de explotación que existe en este mundo".

Y ese era el objetivo por el cual Malcolm ahora creía que se debía luchar y que había que conquistar: "derrocar, por cualquier medio necesario, el sistema de explotación que existe en este mundo". Entonces, nos dijo, "Eso me dio mucho que pensar y reevaluar sobre mi definición del nacionalismo negro. ¿Podemos decir que el nacionalismo negro comprende la solución de todos los problemas que enfrenta nuestro pueblo? Y si se han percatado, no he venido usando esa expresión desde hace varios meses".

Pueden encontrar la respuesta de Malcolm en *Malcolm X Talks to Young People*, que sacamos como folleto del *Young Socialist* en 1965 y hemos seguido produciendo y difundiendo desde entonces. Está a la venta en la mesa al fondo de la sala.[66]

Malcolm hizo un planteamiento similar al día siguiente en la entrevista por televisión con Pierre Berton en Toronto a la que me referí antes. Malcolm dijo estar convencido de que el mundo se encaminaba hacia "un enfrentamiento político decisivo, o hasta un enfrentamiento decisivo entre los sistemas económicos que existen en este planeta". Y debido a la actitud de las potencias coloniales "de superioridad hacia los pueblos de piel más oscura", dijo, las divisiones en el mundo frecuentemente "casi se definen en términos raciales". Pero entonces Malcolm agregó:

> Creo que al final habrá un choque entre los oprimidos y los que oprimen. Creo que habrá un choque entre los que quieren libertad, justicia e igualdad para todos y los que quieren continuar los sistemas de explotación. Creo que se dará ese tipo de choque, pero no creo que se basará en el color de la piel, según había enseñado Elijah Muhammad.[67]

Malcolm también había comenzado a pensar más y hablar más sobre las formas en que el racismo y la opresión

---

66. El folleto *Malcolm X Talks to Young People* (Malcolm X habla a la juventud), que nunca se ha dejado de mantener impreso durante casi medio siglo, posteriormente se amplió en forma de librito con el mismo título, y editado también en español. Los párrafos citados arriba de la entrevista de 1965 con la revista *Young Socialist* aparecen en las páginas 53–54 del presente libro. Una evaluación más extensa de los cambios en los criterios de Malcolm sobre el nacionalismo negro se puede encontrar en el artículo "La liberación de los negros y la dictadura del proletariado", en la cuarta parte.

67. Fragmento de entrevista por Pierre Berton, en *Malcolm X Speaks*, pág. 276.

nacional están arraigados en el propio funcionamiento del sistema capitalista. Al hablar en el Militant Labor Forum en mayo de 1964, justo después de regresar de su primer viaje a África y al Medio Oriente ese año, Malcolm señaló el ejemplo de las revoluciones china y cubana, donde los capitalistas y grandes terratenientes habían sido expropiados. En contraste, dijo, "El sistema en este país no puede producir la libertad para el afroamericano. Es imposible para este sistema, este sistema económico, este sistema político, este sistema social, este sistema punto".

Malcolm volvió a este punto en el período de preguntas, cuando le preguntaron qué sistema político y social propugnaba. "No sé", contestó. "Pero soy flexible". Y repitió: "No puede haber capitalismo sin racismo".[68]

Malcolm no lo dijo solo porque estaba hablando ante un público que, como él sabía, era socialista en su mayoría. Dijo cosas parecidas ante su propia organización, la OAAU. "No puedes manejar un sistema capitalista a menos que seas como un buitre", dijo en un mitin de la OAAU en Harlem en diciembre de 1964, tras regresar de su segundo viaje a África ese año. "Para ser capitalista hay que tener a quién chuparle la sangre. Muéstrame un capitalista y te mostraré un chupasangre".[69]

Y en su última charla pública, el 18 de febrero, tres días antes de ser asesinado, Malcolm dijo ante un público de 1 500 personas en los recintos universitarios de Barnard College y de la Universidad de Columbia en Nueva York que "es incorrecto clasificar la revuelta del negro como un

---

68. "Este sistema no puede producir libertad para el negro" (Militant Labor Forum, Nueva York, 29 de mayo de 1964), en *Habla Malcolm X*, pág. 93.

69. "Lograr la libertad por todos los medios que sean necesarios" (Nueva York, 20 de diciembre de 1964), en *Habla Malcolm X*, pág. 139.

simple conflicto racial de los negros contra los blancos o como un problema puramente americano". Más bien, dijo Malcolm, "lo que hoy contemplamos es una rebelión global de los oprimidos contra los opresores, de los explotados contra los explotadores".[70] Esa es la revolución que hay que ganar.

Esta evolución es importante, porque Malcolm tomaba el nacionalismo negro absolutamente en serio. Reconocía que los negros en Estados Unidos —descendientes, en su gran mayoría, de africanos negros secuestrados y traídos en servidumbre para ser vendidos como esclavos en el Nuevo Mundo— se habían forjado como nacionalidad durante el siglo posterior a la Guerra Civil, la emancipación y después el ascenso y la derrota de la Reconstrucción Radical. Al luchar contra esa opresión, los negros tenían derecho a la autodeterminación nacional: desde sus propias formas de organización política y el control de las escuelas y demás instituciones en sus propios barrios, hasta el establecimiento de un estado independiente en el territorio de este país, si se convencieran de que las condiciones habían alcanzado tal punto que la separación ofrecía la única manera de avanzar: *¡Basta ya!*

Sin embargo, Malcolm había llegado a comprender que hay una diferencia muy importante entre reconocer el *derecho* a un estado aparte —quien no lo reconozca no puede ser más que un apologista del imperialismo norteamericano y sus cimientos racistas— y *abogar* por esa perspectiva o *tomar acción* a partir de esa perspectiva. Porque si, para abrir el camino a fin de eliminar la opresión de los negros, es necesario hacer una revolución para derrocar el estado capitalista más poderoso

---

70. "Los oprimidos contra los opresores" (18 de febrero de 1965), en *Habla Malcolm X*, pág. 224.

del mundo —y Malcolm se iba convenciendo de que era así— entonces primero hay que pensar en serio acerca de las fuerzas y alianzas sociales necesarias para lograr dicha tarea histórica.

La decisión de Malcolm de dejar de definir su perspectiva política como el nacionalismo negro no tenía nada que ver con replegarse de una posición de alentar a los negros a enorgullecerse de su propia herencia e historia de lucha: de reconocer su propia valía como seres humanos, como iguales a todos los demás seres humanos. No tenía nada que ver con negar la culpabilidad histórica de los grandes terratenientes y capitalistas que gobernaban en Estados Unidos —quienes en su abrumadora mayoría eran caucásicos, y en gran parte aún lo son— por la esclavitud, la opresión nacional y la explotación. No tenía nada que ver con alejarse de una lucha intransigente contra el racismo antinegro que promueve la clase gobernante propietaria y que cala en todas las clases sociales e instituciones de este país, incluido el movimiento obrero. Para Malcolm habría sido inconcebible cambiar de opinión sobre cualquiera de estos puntos. Y *era* inconcebible.

Pero lo que sí era nuevo, lo que Malcolm sí cambió —y lo hizo abierta y francamente— fue su reconocimiento de que, para eliminar el racismo en Estados Unidos y a nivel mundial, hay que derrocar el sistema social internacional que, a fin de sobrevivir y expandirse, produce y reproduce esa explotación y opresión cada minuto de cada día de cada año. Malcolm llegó a comprender que *esta tarea* no se podría lograr sin un movimiento que se extendiera mucho más allá de Estados Unidos y mucho más allá de los pueblos de origen africano: sin una lucha que abarcara a todos los que no tuvieran nada que perder sino sus cadenas, a todos los que se organizaran para efectuar un cambio revolucionario, independientemente del color de su piel o de su origen nacional.

Una perspectiva mundial

La evolución de la lucha de clases durante el último cuarto de siglo sigue confirmando esta perspectiva revolucionaria internacionalista, que los miembros del Partido Socialista de los Trabajadores y de la Alianza de la Juventud Socialista compartieron con Malcolm. Sigue confirmando que las ideas políticas y el ejemplo de Malcolm no solo fueron valiosos para su época, sino que ofrecen una guía para los revolucionarios hoy y mañana. En última instancia es la única prueba con la que cualquiera puede juzgar un liderazgo revolucionario: una prueba *política*. Así se mide la verdadera talla de Malcolm como dirigente proletario internacional.

Las convicciones revolucionarias de Malcolm se han validado de muchas formas, pero empecemos con una en nuestro propio hemisferio. Comencemos con la Revolución Granadina del 13 de marzo de 1979.[71] Fue entonces que los trabajadores y agricultores de esa pequeña isla caribeña, bajo el liderazgo del Movimiento de la Nueva Joya, dirigido por Maurice Bishop, derrocó la dictadura de Eric Gairy, la cual era respaldada por Washington. Llevaron al poder un gobierno de trabajadores y agricultores que

---

71. Para leer una exposición de los logros de la Revolución Granadina —y su derrocamiento en octubre de 1983 por una facción estalinista encabezada por Bernard Coard, lo cual dio paso a una invasión por Washington una semana después— ver "El segundo asesinato de Maurice Bishop", por Steve Clark (Pathfinder, 2012), así como *Maurice Bishop Speaks: The Grenada Revolution and Its Overthrow, 1979–83* (Habla Maurice Bishop: La Revolución Granadina y su derrocamiento, 1979–83; Pathfinder, 1983), y *La Revolución Granadina, 1979–83: Discursos de Maurice Bishop y Fidel Castro* (Pathfinder, 1984).

los organizó y dirigió para quitarse de encima la bota de
la dominación imperialista estadounidense y británica,
y para comenzar a transformar las relaciones sociales
que por tanto tiempo habían perpetuado la explotación
y opresión capitalista. En breve, al pueblo trabajador de
Granada se lo dirigió para que comenzara a descubrir su
propia valía y se lo *organizó para que actuara* a partir de
ese conocimiento.

Maurice Bishop formó parte de la generación de revolucionarios, que tanto biológica como políticamente, vino
inmediatamente después de Malcolm. Como señalé antes,
Malcolm tiene muchos herederos y tendrá millones más,
incluso aquí mismo en Estados Unidos y en otros países
imperialistas. Pero es útil señalar a uno que ayudó a dirigir a los trabajadores y agricultores al poder, porque era
hacia la lucha de clases revolucionaria por el poder político que Malcolm se encaminaba durante el último año
de su vida, y esa era la meta más importante en torno
a la cual convergían Malcolm y otros revolucionarios
comprometidos.

Maurice Bishop se involucró en la política bajo el impacto del movimiento del "Poder Negro" en el Caribe,
que a su vez se vio profundamente influido por Malcolm
y la lucha de los negros en Estados Unidos. Bishop, siendo
un joven universitario en el Reino Unido, había leído y
estudiado a Malcolm. (Un ejemplo excelente del concepto de Malcolm de que si uno publica la verdad, esta
se difunde).

Dos años antes de la Revolución Granadina, en una entrevista en 1977 con la revista semanal cubana *Bohemia*,
Bishop dijo que el ímpetu político para fundar el Movimiento
de la Nueva Joya (NJM) provino de "las ideas del 'Poder
Negro' desarrolladas en Estados Unidos y la lucha libera-
dora de los pueblos africanos como Angola, Mozambique

y Guinea-Bissau". Y agregó que fue la Revolución Cubana la que llevó al NJM a "desenvolverse en una óptica marxista" y a reconocer "en el plano práctico de la lucha política cotidiana, la justeza del socialismo como única solución a nuestros problemas".[72]

Fue al emular la marcha revolucionaria hacia el poder estatal en Cuba que Maurice Bishop llegó a ser el dirigente proletario, el dirigente comunista que fue. Y así también llegó a entender —al igual que Malcolm, años antes— los límites del nacionalismo como guía para la acción política revolucionaria. Bishop indicó sus puntos de vista en una entrevista que concedió poco más de un año después de que el Movimiento de la Nueva Joya tomara el poder en Granada: una entrevista en julio de 1980 realizada por dirigentes de nuestro movimiento que se publicó en su totalidad en el *Militant* en septiembre de 1980. Bishop les recordó a nuestros lectores que, por la historia común de esclavitud, "hay un profundo sentido de identidad cultural que el pueblo de Granada experimenta automáticamente hacia los negros norteamericanos, y que estamos seguros es recíproco por parte de la comunidad negra norteamericana". Los revolucionarios en Granada, dijo Bishop, "experimentamos una afinidad muy particular con los negros norteamericanos y otras minorías oprimidas, con el movimiento obrero en Estados Unidos". Y concluyó la entrevista —"sin que resulte irrespetuoso", dijo— haciendo un llamado al pueblo trabajador en Estados Unidos, independientemente del color de la piel, a "que se unan y desarrollen una lucha consecuente contra el enemigo real. No malgasten

---

72. Maurice Bishop, "La lucha por la democracia y contra el imperialismo en Granada", en *Maurice Bishop: Discursos escogidos, 1979–1983* (La Habana: Casa de las Américas, 1986), págs. 415–23.

tiempo luchando unos contra otros".[73]

El hecho que la revolución granadina fue traicionada por una camarilla estalinista pequeñoburguesa en torno a Bernard Coard, que sirvió "en bandeja de plata" esa nación isleña al imperialismo estadounidense, según palabras de Fidel Castro: ¿disminuye de forma alguna la importancia del ejemplo de Bishop? La respuesta es no. Nosotros le ayudamos al pueblo trabajador en este país, en Granada y en todo el Caribe y el mundo a sacar las lecciones de ese golpe contrarrevolucionario.[74]

El ejemplo revolucionario de Cuba

¿Y respecto a la Revolución Cubana? Algunos de nosotros sabemos de la acogida que Malcolm dio al primer ministro cubano Fidel Castro cuando Fidel llegó a Nueva York en septiembre de 1960 para hablar por primera vez ante la Asamblea General de Naciones Unidas. Cuando numerosos hoteles en el centro de Manhattan que a menudo utilizan las delegaciones de la ONU rehusaron hospedar a la delegación cubana o pretendieron imponerle un humillante y oneroso "depósito contra daños y perjuicios", Castro y sus compañeros se trasladaron a Harlem y se registraron en el Hotel Theresa.

Malcolm X había ayudado a facilitar el traslado y había organizado una guardia de defensa para la delegación

---

73. Bishop, "La lucha de clases en Granada, el Caribe y Estados Unidos", en *Maurice Bishop: Discursos escogidos, 1979–1983*, págs. 447–48. También se publicó en el número del 22 de septiembre de 1980 de *Perspectiva Mundial*.

74. Además del artículo "El segundo asesinato de Maurice Bishop" en el número de agosto de 1987 de *Perspectiva Mundial*, ver el discurso de Fidel Castro del 14 de noviembre de 1983, en *La Revolución Granadina, 1979–83*.

en el Theresa. Miles de residentes de Harlem y partidarios de Cuba revolucionaria de todas partes de Nueva York se congregaron durante días frente al hotel para celebrar este acto de solidaridad de un jefe de estado visitante. "El primer ministro Castro se ha pronunciado contra los linchamientos, que es más que lo que ha hecho el presidente [norteamericano] Eisenhower", dijo Malcolm a la prensa neoyorquina tras reunirse con el dirigente cubano en su habitación. "Castro también ha adoptado una posición más abierta a favor de los derechos civiles de los cubanos negros".[75]

La bienvenida que Malcolm dio a la delegación cubana en 1960 fue genuina, pero en ese entonces todavía era un pastor prominente de la Nación del Islam y no habría hecho este gesto tan público sin que estuviera de acuerdo Elijah Muhammad. La Nación mantenía una posición de apoyo a las luchas de liberación nacional en el mundo colonial y en su prensa ofrecía reportajes sobre la Revolución Cubana que en general eran positivos.

Sin embargo, en los años posteriores, a medida que él se esforzó cada vez más ante el rechazo de la Nación a la acción política combativa, Malcolm se vio atraído más y más abiertamente al ejemplo *revolucionario* de Cuba. "La Revolución Cubana: esa sí es una revolución", dijo a un público predominantemente africano-americano en noviembre de 1963, el mes en que luego fue silenciado por Elijah Muhammad. "Derrocaron el sistema. Hay revolución en Asia, hay revolución en África, y el blanco está chillando porque ve una revolución en América Latina. ¿Cómo creen que va a reaccionar ante ustedes cuando aprendan lo que

---

75. Un relato del encuentro entre Malcolm X y Fidel Castro, basado en informes de prensa de la época, se encuentra en "La reunión de Malcolm X con Fidel Castro", en *Habla Malcolm X*, págs. 239–44.

es una verdadera revolución?"[76]

La atracción que Malcolm sentía por Cuba revolucionaria siguió creciendo tras su ruptura con la Nación. En sus discursos y entrevistas, a menudo señalaba a la Revolución Cubana, junto con las de China y Argelia, como ejemplos de lo que había que hacer en Estados Unidos.

En diciembre de 1964, cuando el dirigente cubano Ernesto Che Guevara arribó a Nueva York para hablar en la ONU, Malcolm lo invitó a ir al Salón Audubon para dirigirse a una reunión de la OAAU. Al principio Che aceptó la invitación, pero concluyó más tarde, como escribiera en un mensaje que Malcolm leyó a los asistentes, que las condiciones de seguridad "no son buenas para [mi participación en] esta reunión". Y Che añadió: "Reciban los cálidos saludos del pueblo cubano y, en especial, los de Fidel, que recuerda con entusiasmo su visita a Harlem hace unos pocos años. Unidos venceremos".

"Me encanta un revolucionario", dijo Malcolm al público en el Audubon esa noche, al prepararse a leer la nota de Che. "Y uno de los hombres más revolucionarios que están actualmente en el país iba a venir aquí... pero lo pensó mejor". Malcolm advirtió a los participantes que jamás deberían permitir que otros les escogieran sus amigos. "Yo no lo permito", dijo Malcolm. "Y ustedes tampoco deberían... Ustedes y yo debemos practicar la costumbre de evaluar a la gente y evaluar las situaciones, evaluar los grupos, evaluar los gobiernos nosotros mismos".

Malcolm leyó entonces el mensaje de Che, que fue recibido con aplausos entusiastas por la multitud. Malcolm dijo que le alegraba escuchar los aplausos "porque le hace saber al hombre en el poder que ahora no está en condiciones

---

76. "Yo soy un 'negro del campo'", en *Habla Malcolm X*, pág. 40.

de decirnos a quiénes debemos aplaudir y a quiénes no debemos aplaudir".[77]

Congo, Angola y el internacionalismo cubano

Che había hablado ante Naciones Unidas dos días antes. En ese discurso había defendido una de las luchas antiimperialistas que para Malcolm tenían mucha importancia: la lucha de liberación en el Congo. En junio de 1960, tras casi un siglo de dominio belga, que había sido increíblemente sangriento y explotador, el pueblo congoleño había conquistado su independencia y establecido un gobierno encabezado por el primer ministro Patricio Lumumba, principal dirigente de la lucha libertaria.

Washington y Bruselas inmediatamente se organizaron para destruir al gobierno de Lumumba y remplazarlo con un régimen del cual se sintieran seguros que protegería las vastas posesiones imperialistas de cobre y otros minerales. Usando la ONU de pantalla, maquinaron un golpe de estado contra Lumumba en septiembre de 1960 y su brutal asesinato en enero de 1961. En los años posteriores, los gobiernos de Estados Unidos y Bélgica apoyaron al nuevo régimen congoleño a combatir las fuerzas rebeldes antiimperialistas organizadas por partidarios de Lumumba. A partir de agosto de 1964, aviones suministrados por la CIA, que a veces se reabastecían de combustible en una base británica frente a la costa de África, bombardearon lo que llamaban "aldeas rebeldes" y transportaron tropas belgas y mercenarios al país, lo que resultó en la masacre de miles de congoleños. La mayoría de los mercenarios, todos blancos, habían sido reclutados de Sudáfrica y del estado colono-colonialista de Rodesia (hoy Zimbabwe), con

---

77. "Que no vengan a Harlem a decirnos a quién debemos aplaudir" (Nueva York, 13 de diciembre de 1964), en *Habla Malcolm X*, pág. 131.

una mezcla de Estados Unidos, diversos países de Europa y algunos exiliados cubanos contrarrevolucionarios.

Esos ataques asesinos alcanzaron un punto culminante en noviembre de 1964, justo antes del discurso de Che ante la ONU. Che le señaló a la Asamblea General —y ante todo, desde esa tribuna, al pueblo trabajador del mundo— que Washington y otras potencias imperialistas "utilizaron el nombre de las Naciones Unidas para perpetrar el asesinato de Lumumba" y de millares de pobladores congoleños. "Todos los hombres libres del mundo deben aprestarse a vengar el crimen del Congo", dijo.[78]

Che y toda la dirección cubana tenían la intención de *actuar* a partir de ese llamamiento. No era un *bluff* (farol); ellos *jamás* hacen faroles. En efecto, Che partió directamente de Nueva York a mediados de diciembre para hacer un recorrido de tres meses por África, durante el cual se reunió con dirigentes de las fuerzas lumumbistas, de gobiernos del continente que apoyaban a los rebeldes antiimperialistas congoleños y de los movimientos de liberación nacional en Angola y otros países que todavía estaban bajo la bota del colonialismo portugués.

La primera escala de Che fue Argelia, donde conversó sobre el frente congoleño y otros frentes de la lucha revolucionaria internacional con Ahmed Ben Bella, presidente del gobierno de trabajadores y agricultores que había llegado al poder en 1962 a través de una guerra revolucionaria que derrotó a la potencia colonial francesa. Asimismo, Che visitó Congo Brazzaville —que también había conquistado recientemente su independencia de Francia, y lindaba con la ex colonia belga— además de Tanzania,

---

78. "Discurso en la Asamblea General de las Naciones Unidas, 11 de diciembre de 1964", en Ernesto Che Guevara, *Escritos y discursos* (La Habana: Ciencias Sociales, 1985), tomo 9, págs. 290–92.

Guinea-Conakry, Ghana y varios países africanos más. Para mediados de 1965 la prensa imperialista cotorreaba acerca de la "desaparición" de Che, difundiendo su típica mentira (y deseo) que había ocurrido una escisión en el liderazgo revolucionario en Cuba, y que a Che lo habían encarcelado o hasta ejecutado. Qué lástima, su esperanza no había de materializarse. De hecho, entre abril y diciembre de 1965 Che estuvo en el Congo, encabezando una columna de voluntarios internacionalistas cubanos que ayudaron a armar e instruir a las fuerzas lumumbistas. Tras un breve retorno a Cuba para realizar más preparativos y capacitación, Che partió para Bolivia a fines de 1966, donde murió en combate en octubre del año siguiente, luchando junto a combatientes bolivianos, cubanos y de otros países latinoamericanos para derrocar a la dictadura apoyada por Washington en esa nación.

Dado lo que Malcolm había llegado a conocer y admirar políticamente acerca de Fidel Castro, Che Guevara y la Revolución Cubana, nada de esto lo habría sorprendido si hubiera alcanzado a vivir para verlo. Malcolm tampoco se habría sorprendido de que, una década más tarde, Cuba —en respuesta a una solicitud del nuevo gobierno independiente de Angola— enviaría a unos 36 mil voluntarios internacionalistas para ayudar a los angolanos a repeler una invasión lanzada por el régimen sudafricano del apartheid. El gobierno en Pretoria pretendía echar atrás la independencia que Angola le había arrebatado a Portugal en una cruenta lucha. Los combatientes internacionalistas realizaron el viaje de 7 mil millas (11 mil kilómetros) de Cuba a Angola en desvencijados aviones de pasajeros —aviones de turbohélice que habían sido retirados de flotas aéreas a nivel mundial y que ya ni los producía su fabricante británico— y en los dos únicos barcos interoceánicos cubanos de pasajeros así como buques de carga convertidos.

Solo al observar lo que ha sucedido en Sudáfrica en años recientes —desde el levantamiento de más de 10 mil personas en Soweto en 1976, hasta la consiguiente difusión y profundización de la lucha encabezada por el Congreso Nacional Africano para derrocar ese horror racista— podemos apreciar a plenitud lo que han logrado los combatientes voluntarios cubanos, batallando junto a los angolanos y namibios, al echar atrás al ejército del apartheid. El régimen sudafricano, alentado por Washington, hasta la fecha sigue lanzando invasiones a ese país y armando a grupos proimperialistas angolanos como la UNITA. Pero ¡qué golpe habría sufrido el pueblo trabajador en toda África y el mundo si el ejército de Pretoria hubiese arrollado a Angola unos días antes de celebrar su liberación de Portugal en 1975!

El gobierno cubano ha prometido que esos voluntarios se quedarán todo el tiempo que el pueblo angolano los pida y necesite: hasta la derrota final y definitiva de las fuerzas invasoras sudafricanas. ¡Qué día será ese también en Sudáfrica! Entonces los combatientes internacionalistas cubanos regresarán a casa con mucho gusto.[79]

---

79. A fines de 1987, a solo unos meses de pronunciarse este discurso, comenzó a perfilarse en el sur de Angola, en torno a la aldea de Cuito Cuanavale, lo que resultó ser la última batalla de importancia en una guerra de más de una década. Para fines de marzo de 1988, la fuerza combinada de soldados angolanos, voluntarios cubanos y combatientes de la Organización Popular de África Sudoccidental (South West Africa People's Organisation, SWAPO) había derrotado decisivamente a los invasores sudafricanos.

Ante el impacto de la victoria en Cuito Cuanavale, el régimen supremacista blanco retiró sus fuerzas de Angola y entabló conversaciones con los gobiernos cubano y angolano, al cabo de las cuales Pretoria tuvo que reconocer la independencia de su colonia, Namibia. Entre las primeras batallas a fines de 1975 y la partida de los últimos soldados cubanos en mayo de 1991, 375 mil combatientes voluntarios internacionalistas habían cumplido misión en Angola y habían caído 2 mil.

A principios de 1990, menos de dos años después de Cuito Cua-

Cabe observar que Nelson Mandela, Oliver Tambo y otros dirigentes del ANC pasaron por luchas que los llevaron, de manera semejante en ciertos sentidos al desarrollo de Malcolm, a alejarse del nacionalismo negro como su eje político. Durante los años 40, siendo dirigentes de la Liga Juvenil del ANC, Mandela y otros al principio habían enarbolado la bandera de lo que llamaban "nacionalismo africano" como forma de presionar al liderazgo conservatizado del ANC de esa época para que emprendiera acciones combativas. Sin embargo, ellos se vieron transformados políticamente por sus propias experiencias a principios y mediados de los años 50 al movilizar a miles de africanos, mestizos llamados "de color", indios y blancos contra las "leyes de pases" —los degradantes pasaportes internos que todos los africanos negros estaban obligados a portar consigo en todo momento— y por otros objetivos de la Campaña de Desafío dirigida por el ANC.

---

navale, las crecientes luchas del pueblo trabajador en Sudáfrica obligaron a Pretoria a levantar la proscripción del Congreso Nacional Africano y liberar a su dirigente, Nelson Mandela, tras casi 28 años de encarcelamiento. El régimen del apartheid se desmoronó ante el ascenso de protestas masivas en los años siguientes, y en 1994 Mandela fue elegido presidente en las primeras elecciones celebradas en ese país con sufragio universal.

En julio de 1991 Mandela visitó Cuba, y junto a Fidel Castro habló ante decenas de miles de cubanos e invitados internacionales. "Los internacionalistas cubanos hicieron una contribución a la independencia, la libertad y la justicia en África que no tiene paralelo por los principios y el desinterés que la caracterizan", dijo Mandela. "... ¡Cuito Cuanavale marca un hito en la historia de la lucha por la liberación de África austral! ¡Cuito Cuanavale marca un punto álgido en la lucha por librar al continente y a nuestro país del azote del apartheid!" El discurso de Mandela se encuentra en *¡Qué lejos hemos llegado los esclavos! Sudáfrica y Cuba en el mundo de hoy* (Pathfinder, 1991).

El ANC, aprovechando las conquistas de esas batallas, abrió primero sus filas, y luego sus organismos directivos, a todos los que habían demostrado su valía en la lucha contra el sistema racista del apartheid. Fue en base a esas lecciones arduamente aprendidas que el ANC declaró en su Carta de la Libertad de 1955 "que Sudáfrica pertenece a todos los que viven en ella, negros y blancos" y que solo un estado organizado sobre esa base "les puede asegurar a todos sus derechos patrimoniales sin distinción de color, raza, sexo o credo".

El Congreso Nacional Africano "no es una organización comunista, y no trata de llegar a serlo", escribimos en la revista *New International* hace casi dos años. Pero es solo a través "de la lucha revolucionaria dirigida por el ANC [que] se forjará y se pondrá a prueba una creciente vanguardia comunista sudafricana". ¿De dónde más podría surgir una dirección proletaria en Sudáfrica?[80]

'Renovación o muerte'

La misión voluntaria en Angola también está teniendo un impacto político al interior de Cuba. Eso se pudo apreciar el año pasado en el Tercer Congreso del Partido Comunista de Cuba, donde Fidel Castro —en su discurso a los delegados con que presentó al recién electo Comité Central— explicó que el partido había subestimado el legado del racismo antinegro en Cuba, y delineó mayores medidas políticas que se podían tomar para impulsar la lucha por eliminar los vestigios de prejuicios y desigualdad raciales.

Fidel señaló que los negros en Cuba —a quienes "los

---

80. Ver Jack Barnes, *Sudáfrica: La revolución en camino* (Pathfinder, 1986), pág. 64 [impresión de 2011]. En inglés, "The Coming Revolution in South Africa" en el número 5 de la revista *New International*.

sacaron de África y los esclavizaron para realizar labores que los blancos no se atrevían a hacer en este clima tropical abrasador"[81]— habían apoyado la revolución de forma *abrumadora*. La abolición de la esclavitud en Cuba en la segunda mitad del siglo XIX había estado totalmente entrelazada con la lucha contra el dominio colonial español; los negros participaron a todos los niveles del Ejército Libertador cubano (llegando hasta el propio general Antonio Maceo). Sin embargo, en la "seudorepública" —según se conocía popularmente en Cuba— que oficialmente era independiente pero estaba dominada por Washington, los negros habían seguido siendo objeto de la discriminación, y a veces del terror abierto, "por el color de la piel".[82]

En notable contraste, el nuevo gobierno revolucionario, a partir de enero de 1959, combatió activamente la discriminación racista. Lo hizo no solo con decretos y leyes sino, sobre todo, con las milicias para hacer cumplir estas medidas con rapidez y vigor, en cualquier tienda, en cualquier playa, en cualquier actividad social, en cualquier entrevista de empleo, o en cualquier otro lugar donde se les negara igual trato o acceso a negros o mestizos. Toda distinción basada en la raza "se borró de nuestra constitución, y con razón", dijo Fidel.[83]

No obstante, el hecho de que el gobierno y el partido en Cuba trataran de hacer caso omiso del color de la piel en su forma de actuar, no bastaba, por sí solo, para superar

---

81. Fidel Castro, "Renewal or Death" (Renovación o muerte), en el número 6 de *New International*, pág. 395 [impresión de 2014]. Estas citas del discurso se retradujeron del inglés.

82. Fidel Castro, *New International* no. 6, pág. 397.

83. Fidel Castro, *New International* no. 6, pág. 401.

el legado histórico de la esclavitud y la discriminación racista, dijo Fidel. Eso lo había demostrado la experiencia durante más de un cuarto de siglo en Cuba revolucionaria. "No podemos dejar al azar la rectificación de las injusticias históricas", dijo Fidel a los delegados en el congreso. "Para establecer realmente la igualdad completa hace falta más que simplemente decretarla como ley. Hay que promoverla en las organizaciones de masas, en la [organización de la] juventud, en el partido... No podemos dejar al azar la promoción de las mujeres, de los negros y de los mestizos. Tiene que ser obra del partido; tenemos que enderezar lo que ha torcido la historia".[84]

Y el capitalismo mundial, durante siglos, ha torcido todo a su paso, incluidas las diferencias raciales.

El gobierno y el partido revolucionario jamás le habían preguntado a nadie acerca de su raza "y con razón", dijo Fidel. Él señaló a varios dirigentes conocidos del partido que, a pesar de su apariencia exterior, tenían un abuelo negro o chino. "¿Para qué andar haciendo esas preguntas? Antes era para discriminar, hoy es por la razón contraria: entonces preguntamos".[85]

"Aquí sencillamente se trata del color de la piel", dijo Fidel. En Cuba, agregó, "todos somos producto de una mezcla de razas". Pregunten a los imperialistas "si esta mezcla ha sido fácil de disolver, de dividir o de aplastar. No lo han logrado". Y precisamente por esa razón, dijo Fidel, el nuevo Comité Central elegido por el congreso incluía —además de más trabajadores, "y no solo a obreros que han llegado a ser dirigentes sino a obreros de fábrica"— "una fuerte inyección de mujeres, una fuerte inyección de

---

84. Fidel Castro, *New International* no. 6, pág. 397–98.

85. Fidel Castro, *New International* no. 6, pág. 401–02.

negros y de mestizos".[86]

Este avance político para la revolución en Cuba se deriva, por lo menos en parte, del impacto de la operación internacionalista en Angola. Es una afirmación de los objetivos por los cuales luchaba Malcolm y de su confianza en la Revolución Cubana y su dirección. Y es una verificación —para los trabajadores comunistas en Estados Unidos y otros países imperialistas— de nuestro compromiso estratégico con la acción afirmativa, no como una cuestión de postura moral o de sacrificio, sino para *unir* a la clase trabajadora en su conjunto para luchar con más efectividad contra nuestros explotadores y opresores comunes, la clase capitalista.

Continuidad del comunismo

Al igual que estos ejemplos relativamente recientes, el desarrollo y legado de Malcolm X durante el último año de su vida están entretejidos en los hilos de la continuidad política proletaria iniciada, en nuestro siglo, por el triunfo de la revolución dirigida por los bolcheviques en octubre de 1917 en Rusia y por los primeros cuatro congresos de la Internacional Comunista bajo el liderazgo de V.I. Lenin. Al dar un informe en 1920 a la sesión inaugural del Segundo Congreso de la Comintern, según se llamaba, Lenin celebró la composición inaudita de ese encuentro, diciendo que realmente "merece el calificativo de congreso mundial". En este congreso, dijo, se está produciendo "la unión de los proletarios revolucionarios de los países capitalistas, de los países avanzados, con las masas revolucionarias de los países que carecen o casi carecen de proletariado".

"El imperialismo mundial deberá caer", añadió Lenin, "cuando el empuje revolucionario de los trabajadores explotados y oprimidos de cada país, venciendo la resistencia

---

86. Fidel Castro, *New International* no. 6, pág. 390–91.

de los elementos pequeñoburgueses y la influencia de la insignificante élite constituida por la aristocracia obrera, se funda con el embate revolucionario de centenares de millones de seres que hasta ahora habían permanecido al margen de la historia y eran considerados solo objetos de esta".[87]

Las reverberaciones políticas de la revolución bolchevique desataron, durante el medio siglo siguiente, luchas de liberación nacional en las cuales los trabajadores y agricultores se transformaron en *protagonistas de la historia* en partes crecientes del mundo colonial. Ellos están demostrando que la dirección del movimiento obrero revolucionario no es y no será mayoritariamente europea o norteamericana, sino que reflejará la composición del pueblo trabajador de todo el mundo.

Durante el último medio siglo, la clase trabajadora y el proletariado industrial han crecido de forma explosiva en muchos países del mundo semicolonial. Además, como estamos apreciando hoy día en Burkina Faso,[88] dirigentes de una talla política excepcional pueden surgir y surgen en países, como dijo Lenin, "que carecen o casi carecen de proletariado", y sin embargo las masas trabajadoras de estos países suman cientos de millones.

Malcolm X —al hablar y actuar desde el seno de la potencia imperialista más fuerte y más rica del mundo, y

---

87. V.I. Lenin, "Informe sobre la situación internacional y las tareas fundamentales de la Internacional Comunista" (19 de julio de 1920), en *Obras completas* (Moscú: Editorial Progreso, 1986), tomo 41, págs. 239–40.

88. En 1983 los campesinos y trabajadores de Burkina Faso (una antigua colonia francesa llamada Alto Volta), bajo el liderazgo de Thomas Sankara, establecieron un gobierno popular revolucionario y comenzaron a combatir las causas del hambre, del analfabetismo y del atraso económico. Ese gobierno fue derrocado en octubre de 1987, y Sankara fue asesinado. Ver Thomas Sankara, *Somos herederos de las revoluciones del mundo: Discursos de la revolución de Burkina Faso, 1983–87* (Pathfinder Press, 2007).

Quiero plantear que Malcolm X fue un dirigente revolucionario de la clase trabajadora en Estados Unidos.

JACK BARNES, MARZO DE 1987

Malcolm X habla a 300 jóvenes resueltos el 4 de febrero de 1965 en Selma, Alabama, donde militantes pro derecho a votar encararon brutales ataques policiales y violencia racista. A insistencia de los jóvenes manifestantes, colegas de Martin Luther King accedieron a regañadientes a que Malcolm hablara. "Amplíen su visión", instó a los jóvenes. Busquen "entender los problemas del mundo y dónde encajan ustedes" en él. Señalando la cobardía de los racistas, demostrada por las sábanas con las que a menudo se cubrían, Malcolm dijo a los jóvenes: "Llegará la hora cuando se les arrancará esa sábana. Si el gobierno federal no se la arranca, se la arrancaremos nosotros".

**La lucha por la libertad de los negros
en Estados Unidos es parte de una lucha
internacional, insistía Malcolm, una lucha
por derechos humanos, no solo derechos
civiles. Su punto de partida era desde
el seno de los oprimidos y explotados
de todo el mundo.**

JACK BARNES, MARZO DE 1987

"Afroamericanos", dijo Malcolm X, "son ese gran número de personas desde el extremo sur de Sudamérica hasta el extremo norte de Norteamérica con una herencia común y un origen común". **Arriba:** Unas 10 mil personas marchan a Caroni, Trinidad, marzo de 1970, pidiendo acciones unidas de los de ascendencia africana e india. El acto fue parte de movilizaciones masivas de "Poder Negro" a través del Caribe.

"No hay mejor ejemplo de actividad criminal contra un pueblo oprimido que el papel de Estados Unidos en el Congo", dijo Malcolm X en 1965. **Recuadro:** Mientras supuestamente estaba bajo protección de "fuerzas de paz" de la ONU a fines de 1960, el dirigente independentista y ex primer ministro Patricio Lumumba (derecha) fue arrestado y asesinado en enero de 1961 por fuerzas congoleñas apoyadas por Washington.

"La derrota absoluta de Estados Unidos en Vietnam es solo cuestión de tiempo", dijo Malcolm X en 1965, cuando recién empezaba la escalada masiva de tropas norteamericanas. **Página opuesta:** Unidad antiaérea defiende a Vietnam de asesinos bombardeos norteamericanos.

Ustedes están viviendo en "tiempos de revolución", dijo Malcolm a jóvenes en el Reino Unido en diciembre de 1964.

Página opuesta, arriba:
Independentistas en Kenia, llamados
Mau Mau por los gobernantes imperialistas
británicos, lanzaron lucha a principios de
los años 50 que finalmente expulsó a la
potencia colonial. **Arriba:** Trabajadores
en Zagreb saludan a tropas de partisanos
yugoslavos que liberan ciudad de la
ocupación alemana, mayo de 1945.
Los trabajadores y campesinos lograron
derrocar el dominio capitalista en
Yugoslavia. **Página opuesta, abajo:**
Campesinos en China queman títulos
de propiedad de ex latifundistas durante
reforma agraria de 1951 tras la victoria
revolucionaria que tumbó al régimen
capitalista de Chiang Kai-shek.

"Creo que 1965 será más explosivo que
1964 y 1963", dijo Malcolm X en enero de
ese año. "La dinamita social aún permanece
aquí. No hay nada que puedan hacer para
contenerla". **Derecha:** Guardia Nacional
movilizada a zona de Watts en Los Ángeles,
agosto de 1965, cuando la comunidad
negra se rebeló contra indignidades racistas
y brutalidad policiaca.

> **"La dirección de la Nación del Islam me echó por mi posición intransigente ante problemas que debían y podían resolverse. Yo opinaba que el movimiento venía arrastrando los pies. No se involucraba en las luchas civiles o políticas que afrontaba nuestro pueblo".**
>
> MALCOLM X, ENERO DE 1965

Arriba: Entrevistan a Malcolm en obra de construcción en Brooklyn, Nueva York, donde se sumó a protesta en julio de 1963 contra discriminación en el empleo convocada por CORE y la Liga Urbana. "Donde fuera que musulmanes participaban en una acción", dijo Malcolm en febrero de 1965, "era una acción en la que yo participaba, porque yo creía en la acción". **Página opuesta, arriba:** Malcolm X habla en mitin en julio de 1962 en Nueva York convocada por el Local 1199 del sindicato de trabajadores de hospitales para apoyar lucha por reconocimiento sindical. **Centro:** Malcolm en una corte en Los Ángeles muestra foto de Ronald Stokes, muerto por la policía. En respuesta a ataques asesinos policiacos ahí contra miembros de la Nación, Malcolm organizó campaña de protestas hasta que Elijah Muhammad le mandó retirarse. **Abajo:** Malcolm habla ante mitin en Harlem en apoyo a boicot estudiantil del sistema escolar segregado de la ciudad, 15 de marzo de 1964.

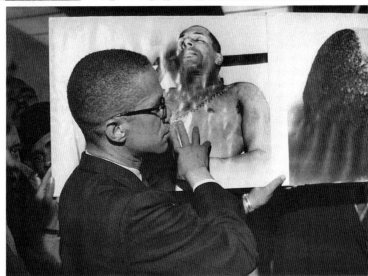

"**En Ghana hablé con el embajador argelino, un revolucionario en el verdadero sentido de la palabra. Cuando le dije que mi filosofía era el nacionalismo negro, me preguntó con franqueza, ¿dónde lo situaba eso a él? Porque por su apariencia era blanco. Me demostró que yo estaba alienando a personas que eran verdaderos revolucionarios. Eso me dio mucho que reevaluar. No he usado la expresión 'nacionalismo negro' desde hace varios meses".**

MALCOLM X, ENERO DE 1965

"Creo que habrá un choque entre los que quieren libertad, justicia e igualdad y los que quieren continuar los sistemas de explotación", dijo Malcolm en enero de 1965. "Pero no creo que se basará en el color de la piel, según enseña Elijah Muhammad". **Arriba:** Malcolm en la tarima con el dirigente de la Nación del Islam en Harlem, agosto de 1961.

Página opuesta, arriba: Algunos de los 3 mil delegados al Congreso del Pueblo, Kliptown, Sudáfrica, junio de 1955, que aprobó la Carta de la Libertad del Congreso Nacional Africano, proclamando, "Sudáfrica pertenece a todos los que viven en ella, negros y blancos". "Parecidos en ciertos sentidos al desarrollo de Malcolm", dice Barnes, Nelson Mandela y otros jóvenes dirigentes del ANC pasaron por luchas que los llevaron a alejarse del nacionalismo negro como eje político.

THERE SHALL BE **WORK** AND **SECURITY**
ALL SHALL ENJOY EQUAL **HUMAN RIGHTS**

AFRICA MAYIBUYE

Tras verse forzado a salir de la Nación del Islam a principios de 1964, Malcolm llegó a rechazar su oposición al matrimonio interracial. "Creo en reconocer a cada ser humano como ser humano: ni blanco ni negro ni moreno ni rojo", dijo Malcolm en enero de 1965. "Cuando uno ve a la humanidad como una familia, no se trata de integración o de matrimonio mixto. Se trata simplemente de un ser humano que se casa con otro ser humano". No fue sino hasta 1967 que la Corte Suprema estadounidense finalmente decretó anticonstitucionales las leyes que prohibían el matrimonio interracial, tras la lucha de Mildred y Richard Loving **(recuadro)** para anular su condena en Virginia.

> **"Una de las cosas de las que quedé absolutamente convencido en mis viajes recientes es la importancia de la libertad para la mujer".**
>
> MALCOLM X, NOVIEMBRE DE 1964

"Francamente estoy orgulloso de los aportes que nuestras mujeres han hecho en la lucha por la libertad". **Arriba:** Gloria Richardson dirigió campaña en la comunidad negra de Cambridge, Maryland, en 1962–64, negándose a suspender protestas a pesar de la ocupación de la ciudad por la Guardia Nacional por un año, o a instar a la no violencia ante matones supremacistas blancos. **Página opuesta, derecha arriba:** Fannie Lou Hamer, ex aparcera, encabezó lucha para expulsar a delegación segregacionista de Mississippi de la convención del Partido Demócrata en agosto de 1964. Malcolm X colaboró con Richardson y Hamer.

"Una cosa que noté en el Medio Oriente y África, en todo país que era progresista, la mujer era progresista. En todo país que estaba subdesarrollado y atrasado, en esa misma medida eran mantenidas las mujeres". **Página opuesta, abajo:** Mujeres en clase de alfabetización en un establo de ganado en Marruecos central, 2004, donde el 90 por ciento de las mujeres aún son analfabetas. Bajo monarquía proimperialista, el analfabetismo entre mujeres adultas alcanza el 60 por ciento en todo el país. **Página opuesta, izquierda arriba:** Mujeres soldados marchan en Burkina Faso, África Occidental, agosto de 1985, dos años después de que tomó el poder el gobierno revolucionario popular dirigido por Thomas Sankara.

"Jamás he oído a nadie enseñarle la no violencia al Ku Klux Klan. Y no estoy de acuerdo con nadie que quiera enseñarle a nuestro pueblo a ser no violento en tanto no se lo enseñen a nuestro enemigo. Debemos protegernos por cualquier medio que sea necesario cuando los racistas nos atacan".

MALCOLM X, ENERO DE 1965

Izquierda: Inscripción para votar en el condado de Lowndes, Alabama, 1966. En una zona donde los negros no habían podido votar en 60 años, la Organización pro Libertad del Condado de Lowndes realizó una campaña independiente del Partido Demócrata y se organizó para defender a sus candidatos y partidarios. **Arriba:** Autobús en un Viaje por la Libertad atacado con bomba incendiaria por racistas cerca de Anniston, Alabama, mayo de 1961. Los viajeros exigían que el gobierno federal tomara acción para eliminar la segregación racial en el transporte público interestatal.

CAROLINA
EDITION

Journal and Guide

ASIAN FLU--
"What To Do"
Helpful Advice from an Expert
Page 20

VOL LVII No. 41   NORFOLK, VIRGINIA, SATURDAY, OCTOBER 12, 1957   20 PAGES   PRICE 15 CENTS

CITIZENS FIRE BACK AT KLAN

Ku Kluxers Use Guns At Monroe, NC

Shots Exchanged Near Residence Of NAACP Head

Arriba: En un acto en enero de 1966, Charles Sims, dirigente de Diáconos por la Defensa en Bogalusa, Louisiana, advierte al Klan que se acabaron los días cuando los negros no se defendían. Los Diáconos, muchos de ellos veteranos del ejército, se organizaron para defender sus comunidades contra ataques racistas.

Abajo: Una de las unidades de autodefensa organizadas por veteranos del ejército que repelieron el terror del Ku Klux Klan en Monroe, Carolina del Norte, 1957. "Ciudadanos devuelven fuego al Klan", reza titular del *Journal and Guide,* semanario en la región de Virginia cuyos lectores en su gran mayoría son negros.

"Son los jóvenes quienes más rápidamente se identifican con la lucha y la necesidad de eliminar las condiciones nefastas que existen".

MALCOLM X, ENERO DE 1965

"Creo que los jóvenes encuentran un ejemplo poderoso en los jóvenes *simbas* [leones] del Congo y los jóvenes luchadores en Vietnam del Sur", dijo Malcolm a jóvenes socialistas. **Página opuesta, arriba:** La pancarta dice que jóvenes vietnamitas de la aldea Chi Lang "se alistan como voluntarios en guerra de salvación nacional contra Estados Unidos".

Arriba, derecha: Malcolm X habla con estudiantes en Universidad Tuskegee, febrero de 1965. Ellos insistieron en que Malcolm les acompañara y hablara en mitin en Selma, Alabama, el día siguiente.

Arriba, centro: En abril de 1967, 400 mil marchan en Nueva York contra la Guerra de Vietnam exigiendo, "¡Regresen los soldados a casa ya!" Letrero a la derecha dice, "Hombres negros deben combatir racismo blanco, no a luchadores libertarios vietnamitas".

Página opuesta, abajo: Andrew Goodman, James Chaney y Michael Schwerner, activistas pro derechos civiles asesinados por el Ku Klux Klan en Filadelfia, Mississippi, junio de 1964. El gobierno de Mississippi nunca formuló cargos de homicidio.

La Revolución Cubana: esa sí es una revolución. Derrocaron el sistema".

MALCOLM X, NOVIEMBRE DE 1963

"El compromiso de Cuba con la erradicación sistemática del racismo no tiene paralelo", dijo Nelson Mandela a decenas de miles en Matanzas, Cuba, 26 de julio de 1991, donde habló junto al presidente cubano Fidel Castro. "Pero la lección más importante que ustedes pueden ofrecernos es que no importa cuáles sean las adversidades, las dificultades, ¡no puede haber claudicación! ¡Es un caso de libertad o muerte!"

"Para el pueblo cubano, el internacionalismo no es simplemente una palabra, sino algo que hemos visto puesto en práctica en beneficio de grandes sectores de la humanidad", dijo Mandela en Matanzas. "En la historia de África no existe otro caso de un pueblo que se haya alzado en defensa de uno de nosotros".

Derecha: Tropas cubanas en Angola ayudan a derrotar a fuerzas invasoras sudafricanas del apartheid, 1981.

Los intentos de Washington de derrocar al gobierno revolucionario cubano empezaron en reacción a la reforma agraria de mayo de 1959 y se intensificaron cuando el pueblo trabajador cubano tomó otras medidas a favor de sus intereses, como la expropiación de refinerías de petróleo norteamericanas. **Arriba:** Milicianos campesinos, con rifles de madera, participan en marcha masiva en La Habana en respuesta a ametrallamientos de la ciudad y ataques incendiarios de cañaverales, abril de 1960. **Abajo:** Cubanos en acto masivo al cierre del Primer Congreso Latinoamericano de Juventudes votan a favor de la expropiación de grandes industrias de propiedad norteamericana, agosto de 1960.

"No anden correteando tratando de hacerse amigos de quienes los están privando de sus derechos", dijo Malcolm a jóvenes luchadores pro derechos civiles de Mississippi. "Ellos no son sus amigos, son enemigos. Trátenlos como tales y luchen contra ellos, y lograrán su libertad."

MALCOLM X, ENERO DE 1965

Arriba: En una "cumbre" en Nueva York, julio de 1964, Martin Luther King y dirigentes de otros grupos pro derechos civiles pidieron la suspensión de protestas por la libertad de los negros hasta después de los comicios de noviembre. "Se han vendido y convertido en directores de la campaña de Lyndon B. Johnson en la comunidad negra", dijo Malcolm X. Aquí, participantes en la cumbre (desde la izquierda): Bayard Rustin, Jack Greenberg, Whitney Young, James Farmer, Roy Wilkins, King, John Lewis, A. Philip Randolph, Courtland Cox.

Arriba, derecha: "Cada año tienen un truco nuevo", dijo Malcolm en un mitin del Militant Labor Forum, enero de 1965. "Van a tomar a uno de sus muchachos negros y ponerlo en el gabinete, para que pueda pasearse por Washington con un habano: fuego en una punta y un tonto en la otra". Aquí, Robert Weaver, primer negro nombrado a un puesto de gabinete —secretario de vivienda y desarrollo urbano— recibe pluma del presidente Lyndon Johnson para firmar ley que creó el departamento, septiembre de 1965.

"Tenían a todo el mundo, incluso a gente que se autodenomina marxista [referencia al Partido Comunista de Estados Unidos entre otros], postrada de rodillas esperando que Johnson saliera electo, porque supuestamente es un hombre de paz", dijo Malcolm en noviembre de 1964. "¡Y en esos momentos estaba invadiendo con tropas el Congo y Vietnam del Sur!" Malcolm X y el Partido Socialista de los Trabajadores fueron las únicas voces en la clase obrera que rehusaron apoyar a Johnson contra Goldwater como un "mal menor".

Recuadro, derecha: Clifton DeBerry, candidato del PST a presidente en 1964, exige que el gobierno federal defienda a luchadores pro derechos civiles en St. Augustine, Florida, contra violencia de la policía y del Ku Klux Klan.

Malcolm dijo la verdad a nuestra generación de revolucionarios. Era el rostro y la voz auténtica de la revolución norteamericana que viene.

JACK BARNES, FEBRERO DE 1965

Los Ocho de Fort Jackson, en una base militar de Carolina del Sur en 1968, estaban entre los miles de soldados radicalizados por las luchas pro derechos de los negros y contra la Guerra de Vietnam. Varios terminaron en el calabozo militar bajo cargos amañados tras asistir a actividades donde escucharon grabaciones de Malcolm X, discutieron la guerra y organizaron una petición al jefe de la base pidiendo permiso para una reunión en la base "donde todos los interesados puedan debatir libremente las cuestiones legales y morales en torno a la guerra en Vietnam y los derechos civiles de ciudadanos norteamericanos dentro y fuera de las fuerzas armadas". En el transcurso de estas actividades se fundó y extendió a otras bases el grupo Soldados Unidos Contra la Guerra. La defensa de los 8 de Fort Jackson ganó un amplio apoyo nacional y mundial, y al final les retiraron los cargos.

Desde la izquierda: Andrew Pulley, José Rudder (parcialmente tapado), Delmar Thomas, Edilberto Chaparro, Tommie Woodfin, Dominick Duddie, Joe Cole, Curtis Mays. Cole era miembro del Partido Socialista de los Trabajadores antes de ser conscripto. Pulley se unió a la Alianza de la Juventud Socialista y al PST después de que le dieron de baja del ejército, y fue candidato del partido para vicepresidente de Estados Unidos en 1972.

desde una nacionalidad oprimida fuertemente proletaria en su composición— era representativo de esta internacionalización del liderazgo proletario. No es artificial hablar de Malcolm X al mismo tiempo que de V.I. Lenin, de León Trotsky, de Fidel Castro y Che Guevara, de Maurice Bishop, de Thomas Sankara, de dirigentes del movimiento comunista en Estados Unidos como James P. Cannon y Farrell Dobbs. Hacer esto indica algo real. No porque *queramos* que así sea, sino porque es lo que el curso de la lucha de clases mundial ha *demostrado*. Otros dirigentes revolucionarios, desde Nicaragua hasta Sudáfrica, están siendo sometidos a la misma prueba: y muchos más lo serán, por todo el mundo.

Malcolm correctamente insistía en que la lucha por la libertad de los negros en Estados Unidos forma parte de una lucha internacional, una lucha por los derechos humanos, no solo por los derechos civiles. Rehusaba ver Estados Unidos con ojos norteamericanos, o ver el mundo con ojos norteamericanos. Asumía su postura desde el seno de los oprimidos y explotados de todo el mundo. Ese era su punto de partida. Y ese es el principio de la sabiduría para cualquier revolucionario hoy día.

Malcolm rechazaba cualquier concepto de que los oprimidos pudieran depender de alguna humanidad común compartida con los opresores, o con un sector "bien intencionado" de los opresores. No existe una reserva latente de amor en el "alma" de todos los seres humanos, independientemente de clases, que se pueda hacer brotar si se les avergüenza o se les presiona, o si se los cabildea o se vota por ellos. No existe una "humanidad" carente de clases, abstracta; solo existe la solidaridad humana conquistada en la lucha como producto social de la solidaridad de clase, de la solidaridad en la acción política entre los explotados y oprimidos a nivel mundial. La tarea de los revolucionarios no es actuar "responsablemente", lo que en una sociedad dividida en clases solo puede significar "responsablemente" hacia la clase dominante, o al menos hacia los liberales burgueses y socialistas burgueses entre ellos. Los revolucionarios tenemos la responsabilidad de avanzar por la línea de marcha hacia el poder de los trabajadores y agricultores, que constituyen la gran mayoría de la humanidad.

No anden "correteando... tratando de hacerse amigos de quienes los están privando de sus derechos", insistió Malcolm a los jóvenes de Mississippi que mencioné anteriormente. "Ellos no son amigos de ustedes. No, son enemigos de ustedes. Trátenlos como tales y luchen contra ellos, y entonces lograrán su libertad".[89]

Por eso Malcolm era un opositor intransigente de los partidos Demócrata y Republicano, opositor del sistema bipartidista (con sus esporádicas erupciones de un tercer partido como válvula de escape) que ha atado al pueblo trabajador a la política capitalista desde mucho antes del ascenso del imperialismo estadounidense a fines del siglo XIX. Durante el último año de Malcolm, estaban en plena campaña las elecciones norteamericanas de 1964, y al presidente saliente, el demócrata Lyndon Baines Johnson, lo desafiaba el republicano Barry Goldwater. Con la excepción del Partido Socialista de los Trabajadores y de Malcolm X, prácticamente todas las corrientes políticas en Estados Unidos que decían hablar y actuar en nombre del pueblo trabajador y de los oprimidos hacían todo lo posible por derrotar a Goldwater. Aseveraban que eso era necesario para impulsar la lucha por la "paz" en Vietnam. Algunos hasta advertían sobre el triunfo del "fascismo" si salía elegido Goldwater. El Partido Comunista de Estados Unidos

---

89. "Vean por sí mismos", en *Malcolm X habla a la juventud*, págs. 116–17.

encabezaba la manada. Por supuesto, como sabemos ahora, el "candidato de la paz" Johnson, elegido en noviembre, escaló la Guerra de Vietnam. Aumentó el nivel de soldados norteamericanos *más de 30 veces* de unos 16 mil hasta 537 mil para fines de su mandato en enero de 1969 e inició una sostenida campaña asesina de bombardeos y guerra química.

En julio de 1964, mientras se encontraba en África, Malcolm supo que luego de una "reunión cumbre" de derechos civiles en Nueva York, Martin Luther King y los dirigentes de otras tres organizaciones habían llamado a una suspensión de las manifestaciones por la libertad de los negros hasta después de las elecciones de noviembre. En una declaración sobre la cual informaron el *New York Daily News* y otros medios de prensa, Malcolm comentó que ellos se habían "vendido y convertido en los directores de la campaña de Lyndon B. Johnson en la comunidad negra".[90] Precisamente.

Al comentar unos meses después sobre la reelección de Johnson, Malcolm dijo en una rueda de prensa en París en noviembre de 1964, durante su viaje de regreso de África, que los capitalistas norteamericanos "sabían que la única manera de hacer que la gente corriera hacia la zorra sería mostrándole un lobo... Tenían a todo el mundo —incluso a gente que se autodenomina marxista" (una referencia al Partido Comunista de Estados Unidos)— "lleno de esperanzas de que Johnson le ganara a Goldwater". Malcolm agregó: "Los que se reclaman enemigos del sistema estaban postrados de rodillas esperando que Johnson saliera electo, porque supuestamente es un hombre de paz. ¡Y *en esos momentos* él estaba invadiendo con tropas el Congo y Vietnam del Sur!"[91]

---

90. *New York Daily News*, 31 de julio de 1964.

91. Respuesta a una pregunta en una reunión en París (23 de noviembre

Y a principios de 1965, cuando la administración Johnson comenzó a hacer sondeos sobre el posible nombramiento de un negro a su gabinete, Malcolm dijo al público en un Militant Labor Forum en Nueva York, "Sí, cada año tienen un ardid nuevo. Van a tomar a uno de sus muchachos, a uno de sus muchachos negros, y ponerlo en el gabinete, para que pueda pasearse por Washington con un habano que, como dicen, es fuego en una punta y un tonto en la otra".[92]

¿Una convergencia 'Malcolm-Martin'?

Como observé al comienzo de esta charla, es sencillamente falso hablar de una convergencia política entre Malcolm X y Martin Luther King. King fue un individuo valiente que ayudó a dirigir poderosas movilizaciones por los derechos de los negros, desde la época del boicot de autobuses de Montgomery en 1955 hasta su asesinato en 1968.

(A propósito, el organizador *central* del boicot de autobuses no fue Martin Luther King sino un experimentado militante sindical llamado E.D. Nixon, veterano dirigente de la Hermandad de Maleteros de Coches-Cama y de la NAACP en Montgomery. Nixon sí creía en estar preparado para la defensa propia y ponía en práctica sus creencias prudentemente; en medio de sus gestiones había jóvenes trabajadores y veteranos. En 1965 los organizadores de un evento por el décimo aniversario en Montgomery ni siquiera invitaron a Nixon a participar y hablar. En

---

de 1964), en *Malcolm X Speaks*, pág. 258.

92. "Perspectivas para la libertad en 1965" (Militant Labor Forum, Nueva York, 7 de enero de 1965), en *Malcolm X Speaks*, pág. 196. Al año siguiente Johnson nombró al primer africano-americano al gabinete, Robert Weaver, como secretario de vivienda y desarrollo urbano.

cambio, en diciembre de ese año, el Militant Labor Forum en Nueva York organizó una cena y un programa para honrarlo a él y a Arlette Nixon, su esposa. En la actividad hablaron E.D. Nixon y los dirigentes del partido Farrell Dobbs, Fred Halstead y Clifton DeBerry. Ay, si Malcolm hubiese estado vivo aún para participar, ¡qué reunión! Pero ese es otro tema).

No se trata de la valentía de Martin Luther King como individuo. Estamos hablando de dos perspectivas de *clase* opuestas, dos trayectorias políticas irreconciliables.

Una de las "pruebas" que se muestran una y otra vez para respaldar el mito "Malcolm-Martin" es una foto donde están juntos, sonriendo, después de toparse por casualidad en el Capitolio norteamericano en Washington en marzo de 1964: apenas dos semanas después de que Malcolm anunciara su ruptura con la Nación del Islam. Pero ese encuentro casual no tuvo contenido político en absoluto. Como dijera más tarde el propio King en una entrevista con Alex Haley, "Me encontré con Malcolm X una vez en Washington, pero las circunstancias no me permitieron hablar con él más de un minuto". Y después, en esa misma entrevista en enero de 1965, King condenó lo que calificó como la "oratoria fogosa y demagógica" de Malcolm, alegando que "en su letanía que expresa la desesperación del negro sin ofrecer una opción positiva y creativa, pienso que Malcolm ha hecho a sí mismo y a nuestro pueblo un gran perjuicio".[93]

Esa fue la evaluación política que Martin Luther King hizo acerca de la persona que, se podría decir, fue el mayor dirigente revolucionario de masas de Estados Unidos en la segunda mitad del siglo XX.

Las verdaderas relaciones políticas entre Malcolm X y

---

93. Entrevista a Martin Luther King, *Playboy*, enero de 1965.

Martin Luther King quedaron demostradas unos meses después de su encuentro casual, cuando King viajó a St. Augustine, Florida, en junio de 1964. King fue a apoyar a activistas que habían sido agredidos repetidamente por el Ku Klux Klan y arrestados por la policía por organizar sentadas en comedores y otras protestas pro derechos civiles. La administración demócrata de Lyndon Johnson había rechazado desdeñosamente el llamado de King a que se enviaran tropas federales para proteger a los manifestantes y hacer valer sus derechos.

En nombre de la recién formada Organización de la Unidad Afro-Americana, Malcolm le mandó un telegrama a King en esa ocasión que decía: "Si el gobierno federal no enviará soldados para ayudarles, dígannos nomás y de inmediato despachamos para allá algunos de nuestros hermanos para que organicen unidades de autodefensa entre nuestra gente y entonces el Ku Klux Klan recibirá una dosis de su propia medicina. Se acabaron los días de darles la otra mejilla a esas bestias salvajes".[94]

King rechazó tajantemente la oferta de Malcolm, calificándola como un "grave error" y "un enfoque inmoral".

Ese abismo político tampoco se cerró en los meses siguientes. A principios de febrero de 1965, Malcolm habló ante un grupo de 300 jóvenes en una iglesia en Selma, Alabama. Desde principios de 1965, la organización de King, la Conferencia de Líderes Cristianos del Sur (SCLC), había dirigido manifestaciones en Selma y sus alrededores a favor del derecho a votar, en las cuales los manifestantes habían sido sometidos a la brutalidad policiaca y unas 3 400 personas había sido arrestadas. Después de que

---

94. Se puede encontrar una fotocopia del telegrama de Malcolm por la Internet, en: www.brothermalcolm.net/mxwords/letters/telegramtomartin.gif.

Arriba: Martin Luther King y Malcolm X se encontraron solo una vez, por un breve momento, en el Capitolio federal, donde ambos observaron cómo los *Dixiecrats* obstaculizaban la aprobación de la Ley de Derechos Civiles, el 26 de marzo de 1964.

"Malcolm respetaba y apreciaba a cualquiera que dedicara su vida a la lucha contra el racismo y por la igualdad de los negros", dice Barnes. "Estaba listo para la acción unitaria para plantear reivindicaciones comunes. Pero es simplemente falso decir que durante su último año Malcolm estuvo convergiendo políticamente con Martin Luther King: con el pacifismo burgués de King, sus ideas socialdemócratas, su dedicación a la reformabilidad del capitalismo, su apoyo al Partido Demócrata imperialista y a diversos políticos de ese partido".

Malcolm habló en un mitin de varios miles de personas el 3 de febrero en el cercano Instituto Tuskegee en Alabama, los estudiantes allí insistieron en que los acompañara a Selma al día siguiente, y Malcolm aceptó. King se encontraba preso entonces en la cárcel en Selma.

Cuando habló a los jóvenes en Selma, Malcolm nuevamente condenó a la administración Johnson por negarse a movilizar tropas federales para proteger a los negros que luchaban por sus derechos. Malcolm dijo que apoyaba en un "100 por ciento el esfuerzo que están haciendo los negros aquí" y que creía que "tienen el derecho absoluto de utilizar los medios que sean necesarios para lograr el voto". Pero añadió que no creía en practicar la no violencia frente a la violencia de las fuerzas racistas organizadas. Concluyó: "Espero que ustedes crezcan en lo intelectual, para que puedan entender los problemas del mundo y dónde encajan ustedes en ese cuadro mundial" —una vez más el punto de partida internacionalista— "ampliando su visión", la cual Malcolm siempre se dedicaba a fomentar. Y luego agregó:

"Y espero que todo el miedo que jamás hayan abrigado en sus corazones desaparezca, y cuando miren a ese hombre, si saben que no es más que un cobarde, ya no le teman. Si no fuera cobarde, no los atacaría en grupo... Se cubren con una sábana para que ustedes no sepan quiénes son: eso es ser cobarde. ¡No! Llegará la hora cuando se les arrancará esa sábana. Si el gobierno federal no se la arranca, se la arrancaremos nosotros".[95]

---

95. Algunas partes del discurso de Malcolm en Selma que se transcribieron de grabaciones que se habían conservado pueden encontrarse en "The House Negro and the Field Negro" (El negro doméstico y el negro del campo, 4 de febrero de 1965), en *February 1965: The Final Speeches*.

Lo que dijo Malcolm sobre las luchas en St. Augustine, Selma y otros lugares me hace recordar la respuesta de Che Guevara, durante su visita a Nueva York en diciembre de 1964, cuando le preguntaron cómo concebía la lucha por los derechos de los negros en Estados Unidos. "Parece que la violencia racial está ascendiendo en unos estados norteamericanos", contestó Che. "Frente a esto hay varios recursos: agachar un poquito más el hombro a ver si duele menos el golpe, protestar enérgicamente, recibir más golpes, o responder golpe por golpe. Pero eso se dice fácil y es muy difícil de hacer. Y hay que prepararse para hacerlo".[96]

Los jóvenes en Selma respondieron a la charla de Malcolm con aplausos clamorosos. Pero esa no fue la respuesta de los dirigentes de la SCLC. Malcolm describió la reacción de *estos* en un discurso a la reunión de la OAAU en el Salón Audubon en Harlem el 15 de febrero, menos de una semana antes de ser abatido a tiros en esa misma sala.

"El hombre de King no quería que yo les hablara [a los jóvenes]", dijo Malcolm. Malcolm se refería en particular al actual alcalde demócrata de esta misma ciudad, Andrew Young, ex congresista de aquí y embajador de Estados Unidos ante la ONU durante la administración Carter. En Selma ese día, Young había tramado en vano con Coretta Scott King para impedir que a Malcolm le cedieran el micrófono.

"Me dijeron que no les molestaba que yo llegara y todo eso", dijo Malcolm en la reunión de la OAAU, pero no querían que él hablara porque "sabían lo que yo iba a decir".

---

96. De la versión taquigráfica de una conversación del 16 de diciembre de 1964 con partidarios norteamericanos de la Revolución Cubana, transmitida por la estación radial WBAI de Nueva York. Citada por Mary-Alice Waters en *Che Guevara y la realidad imperialista* (Pathfinder, 1998), pág. 24 [impresión de 2018].

Sin embargo, los jóvenes, tanto de Selma como de Tuskegee, "insistieron en que se me escuchara... Es la única manera en que tuve la oportunidad de hablarles".[97]

Uno no tiene que aceptar la versión de Malcolm. King, quien estaba preso cuando Malcolm fue a Selma, dijo poco después del asesinato: "Yo no podía impedir que viniera, pero mi filosofía era tan antitética a la filosofía de Malcolm X, tan diametralmente opuesta, que jamás habría invitado a Malcolm X a Selma cuando estábamos en medio de una manifestación no violenta, y esto no contradice mi respeto personal hacia él. Yo discrepaba con su filosofía y sus métodos".[98]

Y en una columna que escribió unas semanas después del asesinato de Malcolm para el *Amsterdam News*, semanario basado en Harlem, King dijo que cuando su esposa Coretta había hablado con Malcolm en Selma, él había "expresado interés en trabajar más estrechamente con el movimiento no violento, pero aún no estaba dispuesto a renunciar a la violencia y a superar la amargura que la vida le había infundido... Como el asesinato de Lumumba, el asesinato de Malcolm X priva al mundo de un gran dirigente en potencia. Yo no podía coincidir con ninguno de estos dos hombres..."[99]

Así que no, no hubo ninguna convergencia "Malcolm-Martin" durante ese último año. Al contrario, la divergencia

---

97. "There's a Worldwide Revolution Going On" (Está ocurriendo una revolución mundial, Nueva York, 15 de febrero de 1965), en *February 1965: The Final Speeches*, pág. 143.

98. Testimonio de King en el caso *Williams versus Wallace*, una demanda judicial de acción colectiva contra el gobernador de Alabama, George Wallace, durante las protestas de Selma.

99. "Nightmare of violence" (Pesadilla de violencia), en el número del 13 de marzo de 1965 del *Amsterdam News*.

se ensanchó, puesto que hubo una aclaración de la convicción de Martin Luther King de que se podía reformar el capitalismo y sus injusticias. Entretanto, Malcolm nunca dejó de avanzar en su compromiso con la necesidad de que los oprimidos y el pueblo trabajador de todos los colores de piel, de todos los continentes y países, se unieran en una lucha revolucionaria contra el orden mundial capitalista que es responsable del racismo, la violencia derechista, la opresión de la mujer, la explotación económica y la guerra.

Un movimiento de iguales políticos

Por último, Malcolm estaba comprometido políticamente con acercarse a la juventud. Sin hacerlo, él comprendía, era imposible construir un movimiento revolucionario. Esa era una lección de toda revolución moderna.

"Nuestro énfasis será con la juventud", dijo en una de las primeras entrevistas que dio tras romper con la Nación del Islam. La juventud, dijo, "tiene menos en juego en este sistema corrupto y por tanto puede verlo de una forma más objetiva, mientras que los adultos normalmente tienen un interés en este sistema corrupto y pierden su capacidad de verlo objetivamente, por lo que tienen en juego".[100]

Malcolm estaba señalando algo que el movimiento comunista ha reconocido por mucho tiempo, aun si él usaba un lenguaje diferente: que existe una base material para el papel que ocupan los jóvenes en las luchas revolucionarias. La juventud está en una situación de cambio constante, con toda una vida por delante. Por un período de tiempo relativamente breve, tienen menos ataduras con familias, presiones financieras, hipotecas, enfermedades, desilusiones y otros estorbos que los hagan más conservadores. Tienden a responder más rápida

---

100. "Entrevista por A.B. Spellman", en *By Any Means Necessary*, pág. 28.

y fácilmente frente a los males sociales y políticos a su alrededor. Como señaló Lenin, hasta la posición de clase de los jóvenes no está completamente decidida. Además, en general, los jóvenes son más fuertes, más ágiles, más enérgicos, más aptos para el combate.

Por eso, aun cuando Malcolm estaba en la Nación, siempre buscaba un público joven para hablarle: en escuelas o en reuniones de jóvenes militantes políticos. Es una de las razones por las que respondió con tanta presteza a nuestra solicitud de hacer una entrevista para la revista *Young Socialist* a principios de 1965. Yo regresé a la oficina de Malcolm unos días después con la entrevista transcrita y lista para que él la corrigiera y aprobara con fines de publicación. Le dije que yo salía para Argelia en unos meses como parte de la delegación de la Alianza de la Juventud Socialista a un festival juvenil internacional allá. Él respondió de inmediato y con entusiasmo. Malcolm estaba deseoso de ponernos en contacto con jóvenes revolucionarios que había conocido —él también los llamaba "contactos"— durante sus viajes a África y al Medio Oriente y de asegurar que, entre otras cosas, ellos recibieran ejemplares del *Young Socialist* donde iba a aparecer la entrevista con él.

Le habíamos preguntado a Malcolm en la entrevista, "¿Qué papel desempeña la juventud en la revolución mundial y qué lecciones pueden derivarse para la juventud americana?" Yo no había anticipado el primer punto que señaló. Empezó hablando de los prisioneros capturados por los soldados estadounidenses durante la Guerra de Vietnam. La mayoría son jóvenes, indicó, "la mayoría son adolescentes", pero algunos "ni siquiera llegan a adolescentes". Algo parecido sucedía en el Congo, añadió. Por eso, cuando los soldados imperialistas "fusilan revolucionarios presos", a menudo "fusilan de los siete años de edad para arriba".

En Vietnam, el Congo y otros países en las primeras filas de la lucha, dijo Malcolm, "son los jóvenes quienes más rápidamente se identifican con la lucha y con la necesidad de eliminar las condiciones nefastas que existen. Y aquí en este país —es algo que yo he podido observar— cuando uno traba una conversación sobre el racismo, sobre la discriminación y la segregación, se nota que son los jóvenes quienes más se indignan al respecto, son quienes más ardientemente desean eliminarlo".[101]

Pero Malcolm también veía la "juventud" como una cuestión práctica, política, no solo biológica; no solo se trataba del número de años que una persona lleva en la Tierra.

"No son los viejos quienes propician el cambio", había dicho Malcolm en el mitin de bienvenida de la OAAU a fines de noviembre de 1964, después que regresó de su segundo viaje africano. Esa es una lección que había constatado dondequiera que viajaba. Pero Malcolm muy pronto formuló su observación más precisamente: "No estoy diciendo esto contra nadie que sea viejo... porque si estás listo para la acción, entonces no estás viejo. No me importa qué edad tengas. Pero si no estás dispuesto para la acción, no me importa lo joven que seas, estás viejo... Siempre que empiezas a mostrarte indeciso, y te empieza la tembladera porque temes que se está produciendo mucha acción, entonces estás demasiado viejo, tienes que apartarte del camino. Algunos de nosotros envejecemos demasiado cuando aún somos adolescentes".[102]

Las palabras de Malcolm me recuerdan más que nada el llamado que hizo Jim Cannon en octubre de 1941 a los

---

101. "Entrevista con el 'Young Socialist'" (18 de enero de 1965), en *Malcolm X habla a la juventud*, pág. 134.

102. "Mitin de la OAAU de bienvenida a casa" (Nueva York, 29 de noviembre de 1964), en *By Any Means Necessary*, págs. 173–74.

dirigentes y a los miembros de fila del Partido Socialista de los Trabajadores para que empezaran a llevar a cabo una política más audaz en nuestro trabajo sindical. Era en la víspera del ingreso del imperialismo norteamericano a la Segunda Guerra Mundial, y apenas unas semanas antes de que él y otros 17 dirigentes del PST y de la campaña de sindicalización de los Teamsters en el Medio Oeste fueran condenados a la cárcel, objeto de un caso fabricado por oponerse a los objetivos imperialistas norteamericanos en esa guerra. "No conozco nada más vergonzoso para un joven revolucionario que el hecho de echar raíces y quedar tan enredado en un lugar que no se puede mudar", dijo Jim. "Qué bien le vendría un incendio para que acabara con un poco de la propiedad que le pesaba encima y nuevamente lo hiciera libre y revolucionario".[103]

Esa verdad se aplica a los revolucionarios de cualquier edad.

Ese es el espíritu y el ejemplo político que Malcolm X ofrece a los trabajadores y a los jóvenes en Estados Unidos y en todo el mundo.

Del período de discusión

PREGUNTA: Mencionaste que relativamente pronto saldrá un nuevo libro de discursos de Malcolm, basado en algunas grabaciones que no habían sido transcritas previamente

---

103. James P. Cannon, "It Is Time for a Bolder Policy in the Unions" (Es hora de una política más audaz en los sindicatos, 11 de octubre de 1941), en James P. Cannon, *The Socialist Workers Party in World War II* (El Partido Socialista de los Trabajadores en la Segunda Guerra Mundial; Pathfinder, 1975), pág. 237 [impresión de 2019].

[*Malcolm X: The Last Speeches*]. ¿Contiene algo nuevo que no conocíamos antes sobre Malcolm o sobre sus ideas, o que no se conocía ampliamente? Además, ¿qué pasó con la esposa de Malcolm X, Betty Shabazz? ¿Qué ha pasado con ella desde el asesinato de Malcolm?

BARNES: Permítanme contestar las preguntas en orden inverso.

¿Qué de Betty Shabazz? No la conozco a nivel personal, pero les diré lo que sé. Después de la muerte de Malcolm, ella crió a sus seis hijas, y después volvió a la universidad. Hoy tiene un puesto administrativo en la universidad Medgar Evers en Brooklyn. Desde el principio, poco después del asesinato de Malcolm en 1965, ella ayudó a facilitar el trabajo de la editorial Pathfinder para que los discursos y entrevistas de Malcolm se impriman y sigan impresos.

Betty Shabazz escribió recientemente un breve artículo para la revista *Essence*, en que habló un poquito de cómo era Malcolm como persona, incluidos sus gustos musicales, mucho de lo cual para mí era nuevo. A Malcolm "le encantaba todo tipo de música", dijo. "Sus preferidos eran Max Roach y Abbey Lincoln Aminata Moseka, pero también escuchaba sinfonías. Fuimos a conciertos de Duke Ellington y fue Malcolm quien me llevó a mis dos primeras óperas: *La Traviata* y *La Bohème*".

Eso me llamó la atención en particular, ya que en lo musical tengo flaquezas en los mismos sentidos. El amor de Malcolm por el jazz es muy conocido, por supuesto ("*Ustedes* no pueden bailar a su son..."). Pero no me había percatado de que le gustaba la ópera, especialmente óperas románticas del siglo XIX. Las dos que menciona Betty Shabazz, de Verdi y de Puccini, son muy distintas del Malcolm político: como telenovelas en su argumento, acerca de amores no correspondidos, enfocadas en personajes cuyos valores morales y cuyo papel en la sociedad no eran los suyos. Por supuesto, se puede decir algo parecido, de maneras diferentes, en cuanto a los gustos musicales y artísticos de la mayoría de nosotros. En todo caso, después de leer su relato, me divertí tratando de imaginarme a Malcolm —que trabajaba intensamente, bajo condiciones exasperantes— tratando de robarse unas horas de distracción, de inspiración, escuchando a *Don Carlo*, hundido en una butaca en la Ópera Metropolitana tratando de que no lo reconocieran por un rato.

¿Hay algo nuevo?

Ahora, sobre la primera parte de la pregunta. ¿Hay algo nuevo sobre Malcolm o sus ideas en el libro que está por publicarse?

No, no hay mucho que sea nuevo, si es que uno se refiere a cosas que políticamente resulten sorprendentes o imprevistas para los que ya estamos familiarizados con los discursos y la evolución política de Malcolm. Una vez que dirigentes revolucionarios destacados alcanzan cierta etapa en su vida política —ya sea Lenin, Che o Malcolm X— es muy improbable que se vaya a encontrar algo que cambie mucho nuestro entendimiento de lo que ellos propugnaban y por lo que luchaban.

Por ejemplo, hace unos cuantos años, en 1980, en la Biblioteca Houghton de Harvard se puso una gran cantidad de escritos inéditos de León Trotsky a disposición del público por primera vez. La editorial Pathfinder, la principal editora de los escritos de Trotsky, envió un equipo para examinar los archivos, y por supuesto que había materiales valiosos: cartas, artículos y otros documentos que añaden a la riqueza de la explicación que dio Trotsky sobre el legado político del comunismo. Pero nada "nuevo" en el sentido que acabo de explicar. ¿Cómo podría haberlo?

A lo largo de su vida adulta, Trotsky escribió y habló sobre las cuestiones más importantes de la política mundial. Personalmente estuvo en medio de estas cuestiones. Escribió sobre el impacto y el reflejo de esos sucesos en el seno del movimiento comunista y entre diversos individuos y corrientes. Están impresas decenas de colecciones y miles de páginas de sus escritos. ¿Cómo nos sorprenderíamos?

Algo parecido ocurre con Malcolm. Sus discursos inéditos contienen un material estupendo; he hablado esta tarde un poco al respecto. Pero Malcolm nunca planteaba en un discurso algo que consideraba importante y después no lo volvía a tratar. No acostumbraba decir cosas diferentes para congraciarse con públicos distintos. Hablaba sobre los mismos temas y usaba los mismos ejemplos referentes a los acontecimientos del día.

No tienen por qué depender de mí para constatarlo. Los discursos y las entrevistas de Malcolm, ante muchos públicos diferentes, están disponibles para que cualquiera los pueda leer. Por ejemplo, cuando vino al *downtown* [al sur de la comunidad negra de Harlem] tres veces, en 1964 y a principios de 1965, para hablar en el Militant Labor Forum, alabó el periódico *Militant* por divulgar la verdad, incluida la verdad acerca de él y del movimiento que estaba tratando de forjar. Pero Malcolm dijo lo mismo en una reunión de la OAAU en el Salón Audubon en Harlem en enero de 1965: "Ninguno de los periódicos habla jamás de nuestras reuniones; no nos ayudan a divulgarlas de ninguna forma, salvo el *Militant*… el *Militant* sí".[104] Y mantenía una pila del número más reciente del *Militant*

---

104. "Speech at Audubon Ballroom" (Discurso en el salón Audubon, 24 de enero de 1965), en *Malcolm X on Afro-American History* (Malcolm X sobre la historia afroamericana; Pathfinder, 1967, 1970, 1990), pág. 61 [impresión de 2018].

a la venta enfrente de su oficina en el Hotel Theresa: entonces costaba 10 centavos.

Así que en los nuevos discursos no van a descubrir a un Malcolm "desconocido".

Habiendo dicho eso, hay una cosa que hemos sabido desde las últimas semanas de su vida pero que nunca antes se había detallado por escrito con las propias palabras de Malcolm. Es su relato sobre los tratos secretos que Elijah Muhammad sostuvo a principios de los años 60 con dirigentes de los racistas y ultraderechistas Ku Klux Klan, Partido Nazi Americano y Partido Nacional pro Derechos de los Estados. Malcolm lo relató en un discurso que dio en el Salón Audubon el 15 de febrero, una charla que se publicará por primera vez en el nuevo libro.

El día antes, la casa de Malcolm en Queens había sido atacada con bombas incendiarias en medio de la noche. Alguien había arrojado los explosivos por varias ventanas, incluso al cuarto donde dormían tres de sus hijas. Afortunadamente ni Malcolm ni Betty ni las niñas resultaron heridos, pero la casa sufrió severos daños.

Los dirigentes de la Nación del Islam muy pronto difundieron el rumor de que Malcolm mismo había organizado el ataque incendiario para lograr un efecto publicitario. "Cuando el Klan dinamita la iglesia de ustedes, dicen que ustedes lo hicieron", dijo Malcolm a los participantes en la reunión de la OAAU. "Cuando dinamitan la sinagoga, dicen que los judíos dinamitaron su propia sinagoga. Esta es la táctica del Klan", dijo. Y Malcolm añadió, "Voy a decirles por qué el movimiento de los Musulmanes Negros ahora está adoptando las mismas tácticas contra gente negra".[105]

---

105. "There's a Worldwide Revolution Going On" (Está ocurriendo una revolución mundial), en *Malcolm X: The Last Speeches,* pág. 114.

En febrero, por primera vez en varios meses, Malcolm comenzó a hablar en público sobre lo que él sabía que era cierto desde tiempo atrás: que los dirigentes de la Nación del Islam no solamente querían verlo muerto sino que activamente intentaban lograr ese objetivo. Y Malcolm sabía que el gobierno de Estados Unidos y la policía de Nueva York estaban muy conscientes de ese hecho y estaban dispuestos, sin necesidad de mucha persuasión, a hacerse de la vista gorda.

"¿Por qué quieren dinamitar mi casa?" preguntó Malcolm al público. "¿Por qué no dinamitan al Klan? Les voy a decir por qué".

Y entonces Malcolm relató las relaciones que mantuvo la dirección de la Nación con el Klan. Dijo que en diciembre de 1960 Elijah Muhammad lo había enviado a Atlanta, Georgia —esta misma ciudad donde nos reunimos esta noche— para negociar cara a cara con altos dirigentes del Ku Klux Klan. "Me da vergüenza decirlo, pero les voy a decir la verdad", dijo Malcolm. "Yo mismo me senté a la mesa con los jefes del Ku Klux Klan".

Elijah Muhammad, explicó Malcolm, estaba solicitando ayuda de los dirigentes del Ku Klux Klan para obtener un terreno en Georgia o Carolina del Sur del tamaño de un condado, "de modo que su programa de separación les pareciera más factible a los negros y por tanto redujera la presión que los integracionistas le estaban poniendo al blanco. Estuve sentado allí. Lo negocié. Escuché sus ofertas. Y fui yo el que regresó a Chicago y le dijo a Elijah Muhammad lo que habían ofrecido…

"A partir de ese día", dijo Malcolm, "el Klan jamás interfirió con el movimiento de los Musulmanes Negros en el Sur". En efecto, Malcolm confirmó las versiones aparecidas

---

También en *February 1965: The Final Speeches*, pág. 135.

Al hablar en un mitin en Harlem en febrero de 1965, casi un año tras su ruptura pública con la Nación del Islam, Malcolm recordó que en 1961 Elijah Muhammad había invitado a George Lincoln Rockwell, líder del Partido Nazi Americano, a que asistiera a un mitin de la Nación en Washington. En esos momentos, los nazis de Rockwell conducían un "Autobús del Odio" por el Sur para obtener apoyo a los ataques del Ku Klux Klan contra los "Viajeros de la Libertad" que se movilizaban para acabar con la segregación racial en el transporte interestatal. (Rockwell se ve sentado al centro, en una reunión de la Nación, y parado, a la derecha, al lado del "Autobús del Odio", en Seven Corners, Virginia).

En el mismo mitin de Harlem, Malcolm dijo a sus partidarios: "Me da vergüenza decirlo, pero les voy a decir la verdad". Reveló que en 1960 Elijah Muhammad lo había enviado a negociar con dirigentes del Ku Klux Klan en Georgia y pedirles ayuda en obtener un terreno grande en el Sur para que su "programa de separación les pareciera más factible a los negros".

en la prensa burguesa de que dirigentes de la Nación del Islam habían asistido a mítines del Ku Klux Klan. Malcolm dijo que Elijah Muhammad mantenía correspondencia regular con George Lincoln Rockwell, jefe del Partido Nazi Americano, y que a invitación de Muhammad, Rockwell había participado en un mitin de la Nación del Islam. Malcolm añadió que los dirigentes de la Nación también mantenían buenas relaciones con J.B. Stoner, presidente del Partido Nacional pro Derechos de los Estados, un partido supremacista blanco.[106]

En los días después de esa reunión, Malcolm mencionó brevemente, en diversas entrevistas publicadas o transmitidas por radio, los vínculos entre Elijah Muhammad y derechistas, a lo cual se ha hecho referencia en escritos posteriores sobre Malcolm. Pero el recuento detallado de Malcolm nunca se había publicado. Entonces eso es nuevo.

PREGUNTA: Yo soy miembro de la Nación del Islam. Quiero decir algo sobre su afirmación de que Malcolm X usó la palabra "abuso" al referirse a cómo el Honorable Elijah Muhammad trataba a mujeres jóvenes. Soy mujer y siempre me han tratado con respeto en la Nación del Islam. Nunca he sido abusada ni he oído de abusos. ¿Cómo pudo él haber dicho esto, con las pruebas de todos los hombres y mujeres —hasta el mismo Malcolm X— a quienes la Nación del Islam levantó y transformó, de chulos, prostitutas y drogadictos en personas independientes, inteligentes y productivas? Usted mismo lo describió en su charla. En mi religión se nos enseña que cuando uno instruye a un hombre, ha instruido a un individuo, pero

---

106. "There's a Worldwide Revolution Going On", en *Malcolm X: The Last Speeches*, págs. 126, 137–38. Este discurso y otros materiales sobre las relaciones entre la Nación del Islam y el Ku Klux Klan y ultraderechistas afines se encuentra en *February 1965: The Final Speeches*.

cuando instruye a una mujer, instruye a toda una nación. Así que no comprendo cómo alguien puede decir que el Honorable Elijah Muhammad abusó de mujeres.

BARNES: La palabra "abuso" fue mía. No puedo jurar que la usó Malcolm. Pero sí es el contenido que Malcolm le da a la conducta de Elijah Muhammad, como lo sabe cualquiera que haya leído lo que Malcolm expresó sobre el trato de estas mujeres.

No le cuestiono lo que dice sobre el impacto que la Nación del Islam ha tenido en muchos individuos, ayudándoles a rehacer sus vidas. Tampoco he leído nada que me haga pensar que Malcolm cambió de parecer sobre esto. El hecho de integrarse por primera vez a una organización o a una causa —sea religiosa, cívica o política— a veces puede tener, y tiene, un efecto transformador en la vida de un individuo. Depende de la persona.

Soluciones políticas, no individuales

Pero Malcolm llegó a reconocer que esas transformaciones individuales no bastan para cambiar las condiciones económicas, sociales y políticas miserables que enfrentan los negros y todo el pueblo trabajador aquí y a nivel mundial.

Primero, Malcolm insistía en que los dirigentes de *cualquier* organización tenían que ser fieles a sus principios en su propia vida y en su conducta; de otra manera el núcleo moral de la organización se pudre y corrompe todo lo que toca. Por eso Malcolm se vio tan sacudido por lo que descubrió, de la propia boca de Elijah Muhammad, sobre la conducta hipócrita del principal dirigente de la Nación del Islam.

Segundo, y lo más importante, es que Malcolm reconoció que los oprimidos y explotados tenían que organizarse y luchar por *soluciones políticas revolucionarias*, y que esa es una lucha internacional. No importaba dónde uno nació. No importa de qué color sea su piel. No importa el idioma que uno hable. No importan las creencias religiosas que uno abrigue o no abrigue. Los oprimidos necesitan organizarse juntos en una lucha revolucionaria política para "cambiar esta situación miserable que existe en esta Tierra", como dijo.

¿Cómo es que los seres humanos quedamos agobiados en primer lugar? No es porque nacimos así. No es algo genético. No es el producto inevitable de la pigmentación de la piel. Malcolm no era un cristiano calvinista: no creía que algunas personas nacen en estado de gracia y otras no.

Lo que agobia a la gente, lo que nos degrada, es el funcionamiento de un sistema social explotador —un sistema cuyos gobernantes capitalistas dependen de la discriminación y opresión racista, antimujer y de otra índole— que nos niega la posibilidad de desarrollar y utilizar nuestras capacidades. Que nos niega nuestra dignidad, nuestro sentido de valor como miembros creativos y productivos de la sociedad. Así que la gente se ve agobiada y a menudo sucumbe a la rabia. Cuando nos niegan vías por las cuales emplear nuestra inteligencia, entonces hallamos formas de depender de nuestra astucia, simplemente para sobrevivir.

En la *Autobiografía* Malcolm dice que Elijah Muhammad "prácticamente me había levantado de los muertos. Todo lo encomiable que había en mí se lo debía a él".[107] Sin embargo, a partir de su propia experiencia en la Nación, Malcolm llegó a entender que una vez que te han levantado de entre los muertos —no es una mala metáfora, una versión de eso nos ocurre a muchos en el camino a ser revolucionarios— una vez que te has erguido, una vez que

---

107. Malcolm X, *Autobiografía*, capítulo 16: "Fuera".

has empezado a reconocer tu valía, todavía te despiertas por la mañana sabiendo que no hay una sola persona hambrienta menos en el mundo. Aún despiertas sabiendo que no ha cambiado ni una sola de las causas económicas y sociales de la opresión, ni aquí en Estados Unidos, ni en África, el Caribe, América Latina, Europa, Asia ni en ningún otro lugar.

Esto requiere acción política revolucionaria, y una organización que no tema combatir y esté dedicada a ese objetivo.

La historia no se repite

PREGUNTA: Usted describió la evolución política de Malcolm X como revolucionario, como dirigente de la clase trabajadora. En el proceso de buscar formas de luchar con efectividad contra los opresores y por los derechos de los negros, él desarrolló un entendimiento político nuevo y diferente, así como mejores métodos. ¿Piensa que ese mismo tipo de evolución puede ocurrir una y otra vez?

BARNES: No creo que las luchas sociales y políticas profundas simplemente se repiten, y menos aún el desarrollo de un liderazgo político proletario de clase mundial.

Las luchas avanzan, muchas veces frente a enormes dificultades, y luego se ven echadas atrás. Ante nuevas experiencias y nuevos ataques de los explotadores, el pueblo trabajador vuelve a avanzar, logramos conquistas y nos organizamos para defender esas conquistas y valernos de ellas. Bajo ciertas condiciones surgen dirigentes y direcciones de un calibre político extraordinario.

Eso sucedió en Alemania a fines de la década de 1840. Sucedió en Rusia en las primeras décadas de este siglo. Sucedió durante las batallas de los Teamsters en Minneapolis y en el Medio Oeste en los años 30. Sucedió en Cuba a fines de los años 40 y en los 50. Ustedes podrán recordar otros ejemplos. Esto implica un elemento importante del azar, del accidente histórico. Pero cuando sucede y en los lugares donde sucede, esas direcciones dejan un legado político que se suma al patrimonio político de la clase trabajadora y de sus aliados a nivel mundial, independientemente de su raza, color y antecedentes.

Además de la dirección africano-americana en las luchas populares por todo el Sur durante la Reconstrucción Radical,[108] incluidas batallas en las que participaron trabajadores y agricultores que eran blancos, hubo ejemplos notables desde fines del siglo XIX hasta bien entrado el siglo XX de luchas conjuntas que cruzaron la línea del color, especialmente entre los agricultores endeudados y entre los mineros del carbón. Trabajadores que eran negros formaron parte del movimiento social con liderazgo obrero en los años 30 que forjó los sindicatos industriales, especialmente en las minas, plantas de acero, textileras y fábricas de tabaco. A su vez, esas batallas sentaron las bases para las luchas por los derechos de los negros durante toda la Segunda Guerra Mundial, incluida la resistencia a ser "escobólogos", según decía Malcolm.

Las experiencias iniciales en el trabajo de fábrica, en aprender nuevas habilidades de trabajo y en las luchas sindicales —¡adquiriendo nuevas habilidades ahí también!— aumentaron la confianza entre capas de negros. Lo mismo pasó con las experiencias en las fuerzas armadas, incluso en las unidades segregadas. Todo eso fue la levadura que hizo posible el ascenso de la lucha con liderazgo

---

108. Para leer acerca de los logros y la derrota sangrienta de la Reconstrucción Radical, y sugerencias para más lectura, ver otros dos artículos en este libro: "La Reconstrucción Radical" en la segunda parte y "La liberación de los negros y la dictadura del proletariado" en la cuarta parte.

proletario por los derechos de los negros tras la Segunda Guerra Mundial y que se extendió hasta los años 50 y 60. Además, la lucha formó parte del avance de una ola de victorias revolucionarias contra la dominación imperialista y la explotación capitalista que se propagó desde Asia y África hasta el Medio Oriente, el Caribe y América Latina.

La conciencia y actitudes sociales y políticas de decenas de millones de trabajadores en este país —negros, blancos, mexicanos, puertorriqueños, salvadoreños, guatemaltecos y muchos otros— se transformaron. La combatividad que se manifestó en aquellas batallas animó a jóvenes y a otros a desarrollar el movimiento contra la Guerra de Vietnam en los años 60, como también a iniciar una nueva etapa en la lucha por la emancipación de la mujer.

Todas estas batallas nos han legado un mundo diferente hoy, y con una clase trabajadora diferente: más grande, con un número bastante mayor de inmigrantes, con un componente negro de mucho mayor peso. Sin embargo, por esa misma razón, no vamos a ver *una simple repetición* de ninguna de estas luchas. Partiremos de lo que hemos conquistado: en nuestros sindicatos, en nuestros triunfos sobre importantes aspectos de los prejuicios racistas y antimujer. No obstante, esas victorias aumentan lo que está en juego en la batalla del movimiento obrero contra el capital, en la lucha obrera revolucionaria por el poder político. Crece aún más la necesidad de una dirección proletaria con conciencia de clase: una dirección en la que el peso social y político de los trabajadores que son negros, que son latinos, que son mujeres, será mucho mayor que nunca antes.

Los trabajadores no tenemos por qué ceder nada de lo que hemos conquistado en la lucha. Pero podemos añadir más. Debemos añadirle. En ese sentido —incluso con el grave debilitamiento del movimiento obrero a raíz de la trayectoria proimperialista, colaboracionista de clases de la cúpula sindical— la clase trabajadora es más fuerte que nunca en la historia, tanto en este país como a nivel mundial.

Eso no significa que hoy día estemos siquiera cerca de las batallas de clases revolucionarias en Estados Unidos. No significa que no habrá reveses y derrotas en el camino hacia una revolución socialista victoriosa. Pero sí aumentan nuestras posibilidades de vencer, si es que logramos forjar una dirección obrera lo suficientemente fuerte, templada en las batallas de clases e instruida en las lecciones estratégicas y programáticas de las batallas de los que nos precedieron.

Todo depende de *lo que hagamos*. Recientemente asistí a un almuerzo en Nueva York en honor a Oliver Tambo, dirigente del Congreso Nacional Africano. "Ya vencimos en Sudáfrica. El régimen del apartheid será derrocado", dijo Tambo. "Eso lo ha determinado la historia. Pero cuántos miles y decenas de miles tendrán que dar la vida en ese proceso se determinará por lo que nosotros hagamos allá y por lo que ustedes hagan aquí".

Esa doble lección es la que me parece ser la más importante.

¿Una pugna por el poder en la Nación?

PREGUNTA: Me parece equivocado hablar del desarrollo de Malcolm X como ser humano y de su ideología como dirigente, sin atribuírselo al Honorabilísimo Elijah Muhammad. Fue a partir de esas enseñanzas que Malcolm —estando todavía preso— supo por primera vez del islam y comenzó a pensar como pensaba. Antes de orientarse hacia esas enseñanzas, Malcolm solo se amaba a sí mismo, no pensaba en términos de amar al pueblo negro.

Así que quiero hacerle una pregunta. ¿No piensa que

Malcolm X solo estaba enfrascado en una pugna por el poder con el Honorabilísimo Elijah Muhammad?

BARNES: Estoy de acuerdo de que es imposible hablar del desarrollo de Malcolm como ser humano sin tomar en cuenta la influencia de Elijah Muhammad. Malcolm dijo que antes de conocer la Nación, no solo no le tenía respeto al pueblo negro, sino que no le tenía respeto a *ningún* pueblo... y, sobre todo, no se tenía respeto a *sí mismo*. Es un hecho.

Pero no es el único hecho. Malcolm habló de haber sido "levantado de los muertos" en la misma sección de la *Autobiografía* donde describe el efecto terrible que le causó enterarse de la conducta sexual de Elijah Muhammad con varias jóvenes de la Nación en Chicago. Esa experiencia devastadora le ayudó a Malcolm a enfrentar la realidad. Le hizo afrontar el hecho que él había estado siguiendo un rumbo político distinto del de Elijah Muhammad durante cierto tiempo. Ya he señalado numerosos ejemplos, y hay muchos más. Malcolm llegó a reconocer que estas no eran diferencias tácticas. Su curso era lo opuesto del de Elijah Muhammad. Seguían trayectorias *de clase* diferentes.

No hay prueba en absoluto de que Malcolm X haya lanzado una pugna por el poder contra Elijah Muhammad. Elijah Muhammad tenía *todo* el poder en la Nación del Islam; Malcolm no tenía *ninguno*. Así estaba estructurada la Nación del Islam, y Malcolm nunca intentó desafiar eso. Sí, Elijah Muhammad se volvió envidioso y resentido hacia Malcolm. Temía más y más la capacidad de Malcolm de llegar a jóvenes negros y atraerlos.

Pero la atracción que suscitaba Malcolm era una atracción política. Malcolm no era profeta. No era demagogo. No tenía *carisma*: busqué esa palabra en el diccionario; no es un halago, no es algo que quieras que se diga de ti.

La divergencia no era en torno al poder, era en torno a

qué hacer. No era simplemente sobre el trato respetuoso de la mujer, sino sobre la plena participación de la mujer en la lucha social y política por la liberación. La divergencia era sobre si jamás es defendible o no, bajo cualquier circunstancia, el hecho de sentarse y pactar acuerdos con el Ku Klux Klan. Si se organiza o no una campaña de masas en las calles —contra la policía y contra el gobierno— cuando la policía abate a tiros a africano-americanos, como había sucedido con miembros de la Nación en Los Ángeles. Si los blancos son "una raza de demonios" o si los revolucionarios juzgan a todo ser humano por lo que *hacen*, no por el color de su piel.

Cuando Elijah Muhammad le ordenó sentarse con el Klan, puede que Malcolm haya justificado la reunión como "solo una táctica" en el camino hacia la liberación de los negros. Pero Malcolm terminó comprendiendo que no todas las tácticas son aceptables para los revolucionarios. Las "tácticas" que desmovilizan, desmoralizan, desorientan y educan mal al pueblo trabajador —las tácticas que disminuyen nuestra confianza en nuestra propia capacidad de hacer cambios revolucionarios, que infunden el culto de los "líderes", que socavan nuestro sentido de valía— esas tácticas *nunca* son aceptables.

Cuando el director del FBI, J. Edgar Hoover, calumnió en público a Martin Luther King en 1964 como el "mentiroso más notorio" en Estados Unidos, no fue una "táctica" inteligente el que King emitiera un comunicado diciendo que Hoover "al parecer había vacilado ante el peso abrumador, la complejidad y las responsabilidades de su cargo". No fue una "táctica" inteligente por parte de King el decir que no sentía "más que simpatía por este hombre que ha servido tan bien a su país". Mucho menos era aceptable que el dirigente más conocido de una organización prominente por los derechos de los negros organizara entonces una reunión con el director de la agencia policial más importante del imperialismo estadounidense y luego le informara a la prensa que las conversaciones habían sido "muy amistosas, muy amigables". King anunció que él y J. Edgar Hoover —¡sí, J. Edgar Hoover!— habían alcanzado "nuevos niveles de comprensión".[109]

Esa fue una mala educación desorientadora para todos los que seguían a King debido a las manifestaciones pro derechos civiles que él había ayudado a organizar y dirigir. Fue un golpe contundente a la confianza, al respeto propio, a la combatividad de todos ellos. Sobre todo, minaba su comprensión política del hecho que el gobierno capitalista de Estados Unidos y sus policías son *enemigos* de los oprimidos: pero, por supuesto, esa no era la opinión de Martin Luther King. Sin embargo, sí era la conclusión a la que había llegado Malcolm. Malcolm creía que era necesaria una revolución para derrocar ese gobierno, sus cuerpos represivos —la policía, los tribunales, las fuerzas armadas— y a la clase capitalista que esas instituciones servían y defendían.

Durante los últimos meses de su vida, Malcolm ya no estaba de acuerdo, según conversábamos con la otra hermana, en que la religión puede ser una respuesta a todas las cuestiones, un modo de vida completo, y hasta un medio para combatir la opresión y la explotación. Tu religión, o falta de religión, decía Malcolm, es cosa tuya. Pero tu vida política como revolucionario —tu compromiso de derrocar el sistema que lleva a los seres humanos hasta tal

---

109. El telegrama de King a Hoover y su declaración a la prensa tras su reunión con Hoover se encuentran en David J. Garrow, *Bearing the Cross: Martin Luther King, Jr. and the Southern Christian Leadership Conference* (Con la cruz a cuestas: Martin Luther King hijo y la Conferencia de Líderes Cristianos del Sur; Nueva York: William Morrow, 1986).

punto que tienen que ser "levantados de los muertos"— es algo distinto. Malcolm echó su suerte con todos los que, sobre todo, anticipaban la acción revolucionaria. Ese es el camino para la transformación, no de uno u otro individuo, sino de millones y cientos de millones, a medida que nos incorporamos a la actividad política revolucionaria y comenzamos entonces a reconstruir la sociedad sobre nuevas bases.

Malcolm llegó a ver que la Nación del Islam no practicaba el islam auténtico. Pero esa no fue la causa de su creciente frustración con Elijah Muhammad y la trayectoria de la Nación. Fueron las barreras que la Nación ponía para impedir que sus miembros se involucraran en la lucha por los derechos de los negros, participaran en la política, colaboraran con otros revolucionarios, en Estados Unidos y el resto del mundo. Fue la brecha enorme entre las palabras y los hechos de la dirección de la Nación. Malcolm se orientaba cada vez más hacia dirigentes revolucionarios como Patricio Lumumba en el Congo, Ahmed Ben Bella en Argelia, Fidel Castro y Che Guevara en Cuba, como ejemplos de cómo vivir su vida, y no hacia Elijah Muhammad.

El asesinato

PREGUNTA: Hay quienes dicen que los principales dirigentes de la Nación del Islam organizaron el asesinato de Malcolm X. La fiscalía dijo que fueron los tres hombres que arrestaron, todos musulmanes en la actualidad o en el pasado, y que el móvil fue la ruptura de Malcolm con la Nación. Los tres fueron declarados culpables y les impusieron largas condenas. Otros dicen que fue el gobierno federal y la policía de Nueva York. Me gustaría escuchar su opinión.

BARNES: Hay mucho que aún no se sabe y que tal vez

nunca se sepa sobre el asesinato de Malcolm. Tanto el gobierno como aquellos en el seno y en torno a la dirección de la Nación del Islam están decididos a mantenerlo así.

Dicho eso, el mejor punto de partida podría ser un par de cosas de las que hablamos antes esta tarde. Los gobiernos de Estados Unidos y de Bélgica querían deshacerse de Lumumba en el Congo. Según resultó, no tuvieron que hacerlo directamente. Más bien, bajo la bandera de Naciones Unidas enviaron tropas imperialistas a ese país y se mantuvieron al margen mientras las fuerzas derechistas congoleñas perpetraron el hecho. Washington quería deshacerse de Maurice Bishop y destruir el gobierno de trabajadores y agricultores en Granada. De nuevo, les ahorró la molestia una camarilla estalinista en el Movimiento de la Nueva Joya dirigida por Bernard Coard, la cual organizó un golpe de estado contrarrevolucionario y asesinó a Bishop y a muchos otros revolucionarios y trabajadores granadinos. Entonces, el gobierno de Estados Unidos envió sus tropas y ocupó la isla prácticamente sin encarar resistencia por parte de una población devastada y desmoralizada.

En mi opinión, algo parecido fue claramente lo que aconteció también en el asesinato brutal de Malcolm X.

He dicho que hay mucho que no sabemos. ¿Qué es lo que sabemos?

Sabemos que Talmadge Hayer fue herido por uno de los guardaespaldas de Malcolm en el salón Audubon y fue arrestado allí, y que luego detuvieron e instruyeron de cargos a otros dos hombres, Norman 3X Butler y Thomas 15X Johnson, ambos miembros conocidos de la Nación del Islam. Sabemos que Hayer confesó durante el juicio e insistió en que no había sido miembro de la Nación en aquel momento. Sabemos que Hayer declaró que ni Butler ni Johnson estaban involucrados de forma alguna. El testimonio de Hayer lo corroboraron los colaboradores cercanos de Malcolm que estuvieron presentes en el Audubon, quienes dijeron que no habían visto ni a Butler ni a Johnson en la sala y que jamás habrían admitido a estos dos conocidos matones de la organización paramilitar de la Nación, "Fruto del Islam", si los hubieran visto. Sabemos que a pesar de todo eso la fiscalía continuó su caso, y que a los tres los declararon culpables y les impusieron condenas de entre 20 años de prisión y cadena perpetua. A Butler lo pusieron en libertad condicional hace un par de años; a Johnson le dieron libertad condicional hace unas semanas; y Hayer todavía sigue preso.[110]

También sabemos que hace 10 años, a fines de 1977 y principios de 1978, Hayer nuevamente presentó declaraciones juradas ante el tribunal en que no solo reafirmó que Butler y Johnson no tuvieron nada que ver con el asesinato de Malcolm, sino que nombró a cuatro miembros de la mezquita de la Nación en Newark, Nueva Jersey, como sus cómplices en el asesinato. Una vez más el gobierno se negó a reabrir el caso o a hacerles un nuevo juicio a Butler y Johnson.

Y sabemos que la fiscalía nunca puso a Gene Roberts —uno de los guardaespaldas de Malcolm en el Audubon esa tarde— en el banco de los testigos durante el juicio, y que cinco años más tarde se reveló que él había sido un policía encubierto de la ciudad de Nueva York.

No se trata de una simple disyuntiva. Desde los años 70 ha salido muchísimo a la luz sobre el espionaje, hostigamiento e infiltraciones que han llevado a cabo las agencias policiacas a nivel federal, estatal y local contra

---

110. A Butler le otorgaron libertad condicional en 1985. Johnson recibió libertad condicional en febrero de 1987. Hayer ha estado fuera de la cárcel bajo un programa de licencia para trabajar desde 1988, aunque repetidamente le han negado la libertad condicional.

los sindicatos, organizaciones socialistas y comunistas, y grupos e individuos que han luchado por los derechos de los negros, contra la Guerra de Vietnam y en oposición a la política del gobierno. Sabemos cómo las agencias policiales a todos los niveles ayudaron a fomentar venganzas faccionales asesinas en el seno de los Panteras Negras, y también entre los Panteras y organizaciones rivales: intentos de interferencia por parte del gobierno que resultaron mucho más fáciles gracias al cóctel tóxico del maoísmo y nacionalismo pequeñoburgués que marcó la política y los métodos de estos grupos durante los años 60 y principios de los 70.

Mucha de la información sobre este tipo de operativos de la policía se reveló durante la lucha política que libraron el Partido Socialista de los Trabajadores y la Alianza de la Juventud Socialista por 13 años contra el espionaje y el acoso por el FBI y otras agencias y funcionarios del gobierno. Esa lucha, organizada en torno a una demanda judicial contra estas agencias policiales, terminó el año pasado en un fallo a favor nuestro en un tribunal federal. ¡Una verdadera victoria![111]

Sí, hay buenos motivos para creer que individuos dentro o en torno a la Nación estuvieron directamente implicados en el asesinato de Malcolm X y que dirigentes de la Nación alentaron o ayudaron a organizar esos planes. Al mismo tiempo, la clase dominante capitalista de Estados Unidos y su gobierno y agencias policiales odiaban y temían

---

111. Ver *FBI on Trial: The Victory in the Socialist Workers Party Suit against Government Spying* (Juicio contra el FBI: La victoria en la demanda del Partido Socialista de los Trabajadores contra el espionaje del gobierno, 1988), por Margaret Jayko, y *Cointelpro: The FBI's Secret War on Political Freedom* (Cointelpro: La guerra secreta del FBI contra la libertad política; 1975, 1988), por Nelson Blackstock, ambos publicados por Pathfinder.

a Malcolm y su ejemplo político. Y conocemos, por la historia, los métodos brutales que usan para defender sus intereses de clase, aquí y en todo el mundo. A veces eso se logra mejor sencillamente si "reaccionan" de manera "lenta".

Con lo que sí sabemos, las dos "explicaciones" me parecen complementarias, no excluyentes.

Convergencia con otros revolucionarios

PREGUNTA: A Malcolm X a menudo lo presentan como alguien que contraponía el nacionalismo negro y el movimiento por los derechos civiles. Pero los logros de ese movimiento social de masas pusieron a toda la clase trabajadora en este país en una mejor posición para luchar. ¿Hubo una evolución política en las ideas de Malcolm X sobre esta cuestión también?

BARNES: Malcolm tenía las manos atadas en tanto permanecía en la Nación. Cada vez que tomaba una iniciativa hacia la acción en las calles —como hizo no solo en Los Ángeles sino varias veces también en Nueva York— Elijah Muhammad le llamaba la atención. Por eso, como nos dijo en la entrevista con el *Young Socialist*, se indignó políticamente de que la Nación "no se involucraba en la política", ni participaba "en las luchas por los derechos civiles".[112]

Durante el período de discusión en la última reunión de la OAAU en la que habló Malcolm, a mediados de febrero, le preguntaron, "¿No cree que la organización debería hacer algunas manifestaciones directas, por ejemplo, contra la discriminación en la vivienda?" Malcolm respondió: "Apoyo lo que sea que tú apoyes, siempre que dé resultados… Mientras sea inteligente, mientras sea disciplinado,

---

112. "Entrevista con el *Young Socialist*", pág. 50 en este libro.

mientras apunte en el sentido correcto, lo apoyo".[113]

Pero Malcolm siempre insistía en varias cosas.

En primer lugar, los negros tenían el derecho y la responsabilidad de defenderse contra los ataques de los racistas y la policía.

Segundo, no se podía depender de los opresores ni de sus partidos políticos: basta de declarar moratorias a las protestas con el fin de ayudar a que se elija a un demócrata o republicano o lo que sea.

Tercero, las líneas de piquetes, las manifestaciones y otras acciones de protesta formaban *parte* de una estrategia más amplia rumbo a forjar una organización revolucionaria, rumbo a hacer una revolución que derrocaría el sistema social y político que es responsable del racismo y la opresión.

Y cuarto, que lo que mucha gente llamaba un movimiento por los derechos civiles en Estados Unidos era en realidad solo un frente —aunque un frente muy importante— en una lucha mundial por los derechos humanos, en una revolución a nivel mundial.

Ya hemos hablado de la iniciativa que Malcolm tomó en respuesta a los ataques racistas contra las manifestaciones pro derechos de los negros en St. Augustine, Florida, y su viaje a Selma, Alabama. Hemos hablado sobre las discusiones que organizó en Harlem con jóvenes activistas pro derechos civiles que habían ido a Nueva York desde McComb, Mississippi. Hemos hablado de su apoyo a los esfuerzos de la dirigente pro derechos civiles de Mississippi, Fannie Lou Hamer, y a los de Gloria Richardson y otros en Cambridge, Maryland. Malcolm respaldó las gestiones de los luchadores por los derechos de los negros y sus partidarios

---

113. "There's a Worldwide Revolution Going On", en *February 1965: The Final Speeches*, pág. 168.

en Michigan para postular candidatos que fueran independientes de los partidos Demócrata y Republicano, en la nómina del Partido Libertad Ya (Freedom Now Party). Alentó a Clifton DeBerry, quien se presentó para la presidencia en 1964 como candidato del Partido Socialista de los Trabajadores y fue el primer negro en postularse para ese cargo.

Malcolm siempre estaba ansioso de estar en las trincheras junto a cualquiera que luchara de una forma eficaz y pudiera avanzar aunque fuese un solo paso hacia la victoria contra el racismo, la opresión y la explotación.

Al mismo tiempo, Malcolm tenía que tomar las decisiones que los dirigentes y cuadros de toda organización revolucionaria pequeña tienen que tomar. Tenía que decidir cómo usar el tiempo y los escasos recursos de su movimiento, un movimiento que apenas estaba emergiendo cuando le segaron la vida. Dada la influencia tanto de la Nación del Islam como de los maldirigentes colaboracionistas de clases de las principales organizaciones pro derechos civiles, Malcolm correctamente le asignó una gran importancia al papel de la propaganda, de explicar la verdad sobre las raíces de la opresión de los negros y la necesidad de una organización revolucionaria y un cambio revolucionario.

Malcolm sopesó todas estas consideraciones cuidadosamente durante las 22 semanas que tuvo para organizar y realizar sus actividades en Estados Unidos. Sabía que sin una organización de cuadros que supieran para qué luchaban, cómo y por qué lo estaban haciendo, y cómo ser disciplinados, el simple "activismo" no lograría adelantar el objetivo. Pero también sabía que sin una participación activa en las luchas centrales del día, no se podría forjar y probar en la acción a estos cuadros.

Libre de las ataduras de la Nación del Islam, Malcolm

se iba orientando hacia el movimiento más amplio por los derechos de los negros y hacia las luchas para frenar las guerras imperialistas contra los pueblos del mundo semicolonial. Vio la necesidad de trabajar y luchar al lado de quienes estaban enfrascados en luchas, estuviera de acuerdo o no con la política y la estrategia de sus dirigentes actuales.

Pero Malcolm *no* iba convergiendo con el liderazgo del movimiento por los derechos civiles en aquellos años. De hecho, su trayectoria política revolucionaria durante los meses después de su ruptura con la Nación hicieron que acelerara su *divergencia política* de aquellos que actuaban a partir de la falacia de que se podía reformar y mejorar el orden capitalista. Era posible luchar por los millones de trabajadores y jóvenes que estaban siendo mal dirigidos por ese rumbo y, con el tiempo, captarlos políticamente: esa era la convicción y el objetivo que tenía Malcolm.

En cuanto a la gran mayoría de los que *llevaban a cabo* la desorientación, a ellos no se los captaría. Había que hacerles frente y derrotarlos políticamente. No había ni un milímetro de convergencia con esas fuerzas.

Malcolm convergía políticamente con otros revolucionarios, *a nivel mundial.* Por eso lo que Malcolm dijo, y lo que hizo, continúa siendo tan importante en el día de hoy, y lo seguirá siendo hasta que los trabajadores y los oprimidos en este país y en el resto del mundo hayamos logrado las metas por las cuales él luchó y vivió.

El historial de vanguardia de los negros en las luchas de los trabajadores y agricultores

La Reconstrucción Radical: Sus conquistas y las consecuencias de su derrota

por Jack Barnes
agosto de 1984

El papel de vanguardia que ocupan los trabajadores que son negros al dirigir amplias batallas sociales y políticas basadas en el proletariado en Estados Unidos se constata ampliamente en la historia de la lucha de clases. Ese historial se remonta a los últimos años de la Guerra Civil estadounidense y especialmente a la batalla, después de la guerra, por la Reconstrucción Radical, en la cual los negros brindaron liderazgo en importantes partes del Sur, tanto a los esclavos liberados como a los agricultores y trabajadores explotados que eran blancos. Eso ha continuado desde entonces con las batallas del pueblo trabajador urbano y rural, tanto negro como blanco.

La siguiente evaluación de las conquistas de la Reconstrucción Radical y del fuerte revés que su derrota le asestó a todo el pueblo trabajador en Estados Unidos se toma del artículo "La lucha por un gobierno de trabajadores y agricultores en Estados Unidos", el cual repasa las lecciones que el movimiento comunista ha aprendido a través de un siglo y medio de esfuerzos a nivel mundial para forjar una alianza de los trabajadores y los productores rurales, que es esencial para una lucha exitosa por el poder estatal.

El movimiento obrero internacional sabe algo de los efectos devastadores entre el pueblo trabajador que acompañan el despojo forzoso de la tierra. Así nació el proletariado hereditario moderno: mediante la ruina sistemática de los productores rurales a lo largo de varios siglos. La clase capitalista ascendente tuvo que quitarles las tierras y terrenos comunes a las masas de pequeños agricultores y productores rurales y privarlos de sus herramientas. Tuvo que privarlos de cualquier medio de ganarse el sustento salvo por la venta de su fuerza de trabajo al capitalista.[1]

En Estados Unidos, el desarrollo de un proletariado hereditario asumió una forma distinta de lo que pasó en Europa y en muchas otras partes del mundo. Durante la mayor parte de los siglos XVIII y XIX, la clase trabajadora en este país fue creada en gran medida a través de la inmigración, frecuentemente de familias campesinas expulsadas de sus tierras en Europa. Muchos inmigrantes se convirtieron en pequeños agricultores. En consecuencia, el crecimiento de la clase trabajadora estadounidense a lo largo del siglo XIX estuvo acompañado de la expansión de la población agrícola. Esto a pesar de que muchos pequeños agricultores ya estaban siendo expulsados de la tierra en el este de Estados Unidos. Algunos de ellos se mudaban a las ciudades en busca de trabajo y otros partían hacia el oeste para establecer un *homestead*: reclamar el derecho a una de las parcelas otorgadas por el gobierno federal a los que aceptaban radicarse en ella y cultivarla por lo menos

---

1. Una de las mejores descripciones de este proceso se encuentra en Carlos Marx, *El capital*, tomo 1, capítulo 24, sección titulada "Expropiación de la población rural, a la que se despoja de la tierra".

durante cinco años (una de las medidas que el Congreso promulgó a fines de 1862 y que Carlos Marx consideró señal de que la etapa "de librar [la Guerra Civil] revolucionariamente está cerca").

No fue sino desde principios del siglo XX, especialmente desde los años 30, que el crecimiento de la clase trabajadora mediante la ruina de los pequeños agricultores en Estados Unidos llevó a la caída del número de productores independientes de mercancías en la tierra.

Después de la abolición revolucionaria de la esclavitud, la creación del proletariado negro también estuvo íntegramente ligada al problema de la tierra. Sin embargo, en este caso la proletarización no implicó principalmente el despojo de los agricultores negros (aunque eso sí ha sido el destino de millones de familias agricultoras negras en los últimos 100 años).

Más bien, a los esclavos libres en su gran mayoría se les negó la propiedad de la tierra. En los primeros dos años después de la Guerra Civil, se obligó a la mayoría de los ex esclavos a integrar cuadrillas de trabajo en plantaciones bajo los infames Códigos Negros aprobados por la mayoría de los gobiernos estatales de la derrotada esclavocracia de la Confederación. Estas leyes reaccionarias se aplicaron sin oposición real del republicano Andrew Johnson, quien asumió la presidencia tras el asesinato de Abraham Lincoln en abril de 1865. Los negros se organizaron en el Sur para resistir ese intento de los dueños de las plantaciones de restaurar condiciones prácticamente de trabajo esclavo. Obtuvieron el apoyo tanto de sectores pequeños del movimiento obrero del Norte como de una parte de los capitalistas industriales y sus representantes en el Congreso que se alarmaron ante los intentos de los ex esclavistas de reimponer su influencia política.

A raíz de esta lucha en la posguerra, ya para 1867 se

habían establecido regímenes de Reconstrucción Radical en todo el Sur, con el mandato del Congreso norteamericano y respaldados con el poder del Ejército de la Unión. Estos nuevos gobiernos revocaron los Códigos Negros y promulgaron leyes que prohibían algunas de las condiciones más onerosas de los contratos laborales que se les había impuesto a los trabajadores agrícolas negros.

Sin embargo, los ex esclavos proletarizados querían algo más que mejores contratos y reformas a las leyes laborales. Libraron una lucha por la tierra: por una reforma agraria radical que desmantelara las viejas haciendas de los ex esclavistas y repartiera la tierra entre los esclavos liberados y otros pequeños productores rurales. Lucharon por las herramientas, el ganado, el crédito barato y otras cosas que necesitarían para salir adelante como agricultores libres. "Cuarenta acres y una mula" fue su grito de batalla, que resonó alrededor del mundo y a través de los años.

Agricultores explotados y otros productores en el Sur que eran blancos también lucharon por tierra, herramientas, mejores condiciones. Al principio muchos se sumaron a luchas con esclavos negros liberados. Los pequeños agricultores y el pueblo trabajador rural sin propiedad eran la gran mayoría de la población en todos estos estados. En cinco estados los negros eran mayoría.

En Carolina del Sur, en particular, durante varios años después de 1867 los productores explotados, encabezados por negros, dieron grandes pasos hacia la formación de un gobierno popular revolucionario que, con las tropas de la Unión en el trasfondo pero claramente visibles, impulsara los intereses de clase de los esclavos liberados, pequeños agricultores y otros trabajadores. Durante la mayor parte de la Reconstrucción Radical, la legislatura en Carolina del Sur contó con una mayoría negra, y la base social del gobierno estatal entre los esclavos liberados y otros trabajadores se organizó a través de capítulos de la Liga de la Unión en muchas comunidades y una extensa milicia popular.

La Segunda Revolución Norteamericana no terminó en 1865 con el triunfo de la Unión sobre los esclavistas. No, continuó por más de una década, con el ascenso de la Reconstrucción Radical. Ya para 1870 se había ganado la lucha por la aprobación de las enmiendas 13, 14 y 15 a la Constitución, y los negros y otros trabajadores habían empezado a dar vida a estos derechos arduamente conquistados a la emancipación, a la ciudadanía y al sufragio.[2]

Debemos recordar que a los africano-americanos no se les otorgó el derecho a votar en Estados Unidos *por casi cinco años* después de la derrota de la Confederación en Appomattox Court House en abril de 1865. Los requisitos para votar siguieron siendo prerrogativa de cada gobierno estatal hasta febrero de 1870, cuando se ratificó la Enmienda 15, la cual afirma, "El derecho de los ciudadanos de Estados Unidos a votar no será negado o disminuido por Estados Unidos o por cualquier estado por motivos de raza, color o estado anterior de servidumbre".

En abril de 1865, en su último discurso, Lincoln por primera vez había propuesto en público un sufragio muy limitado para los negros. Dijo: "Yo prefiero que [el sufragio] se otorgue ahora a los muy inteligentes, y a los que

---

2. La Enmienda 13, ratificada en 1865, abolió la esclavitud y la servidumbre involuntaria en Estados Unidos. La Enmienda 14, ratificada en 1868, garantizó la ciudadanía estadounidense a los esclavos liberados. La Enmienda 15, ratificada en 1870, garantizó a los africano-americanos el derecho a votar. Desde el fin de la Segunda Guerra Mundial, las cláusulas de "debido proceso" e "igualdad de protección" de la Enmienda 14 se han usado como fundamento para leyes y fallos judiciales logrados por el pueblo trabajador que protegen los derechos civiles de los negros, los inmigrantes y las mujeres.

sirven nuestra causa como soldados". John Wilkes Booth, quien estuvo entre el público para ese discurso y asesinó a Lincoln apenas unos días más tarde, escribió que incluso esa insinuación le había reforzado la decisión de llevar a cabo el asesinato.

Dos años más tarde, cuando el Congreso promulgó la Ley de Reconstrucción de marzo de 1867, se decretó que el sufragio para hombres negros era precondición para que los antiguos estados de la Confederación fuesen readmitidos a la Unión. Pero resultó que la readmisión de los estados sureños no fue garantía para el sufragio de los negros varones.

Entre 1863 y 1870, cuando se aprobó la Enmiendas 15, se derrotaron propuestas para otorgar el sufragio a los negros ¡en más de 15 estados y territorios norteños! Fuera del Sur, solo Iowa y Minnesota habían aprobado el sufragio universal para hombres. De hecho, cuando se presentó la Enmienda 15 a los estados a principios de 1869 para ser ratificada, al principio fue rechazada por las legislaturas de Nueva York, Nueva Jersey, Ohio, California y Delaware, entre otras.

La clase dominante de Estados Unidos, sus escuelas y sus historiadores burgueses pretenden ocultar o tergiversar lo que ocurrió durante la Reconstrucción Radical. Pero esta experiencia revolucionaria de las clases productoras es una historia que necesita ser relatada por un partido proletario en Estados Unidos, como ejemplo del objetivo por el cual muchos de nuestros antecesores lucharon hace un siglo: un precursor del tipo de alianza combativa de trabajadores y agricultores por la que estamos luchando hoy. Esta historia encontrará un público receptivo entre luchadores en las fábricas y en las fincas.

Los más avanzados de estos regímenes de Reconstrucción Radical, como los de Carolina del Sur y de Mississippi,

"En Carolina del Sur, el régimen de Reconstrucción Radical durante la mayor parte de esta época tuvo una legislatura con mayoría negra", dijo Barnes, "y su base social entre los esclavos liberados y otros trabajadores se organizó a través de capítulos de la Liga de la Unión y una extensa milicia popular en muchas comunidades". Arriba: Miembros de la legislatura de Carolina del Sur, 1868. Cincuenta eran africano-americanos, 13 eran blancos.

En la fila del centro se destaca al vicegobernador y presidente del senado estatal Lemuel Boozer y al presidente de la cámara de representantes Franklin Moses, ambos republicanos blancos y oriundos de Carolina del Sur. Moses es conocido como el "que izó la bandera de la Confederación en el Fuerte Sumter", al comienzo de la Guerra Civil. Las palabras al lado de la foto de Boozer dicen: "40 acres y una mula", la demanda popular a favor de tierra para los esclavos liberados y otros pobres del campo.

"La experiencia revolucionaria de las clases productoras durante la Reconstrucción Radical es una historia que necesita ser relatada por un partido proletario en Estados Unidos", dice Barnes. Es un ejemplo del objetivo por el cual muchos de nuestros antecesores lucharon hace un siglo: un precursor del tipo de alianza combativa de trabajadores y agricultores por la que estamos luchando hoy". Arriba, recuadro: Cámara de Representantes y Senado estatales de Mississippi, 1874–75. La ampliación muestra a algunos de los representantes republicanos (derecha), varios representantes demócratas (abajo, izquierda) y unos senadores (arriba, izquierda). A medida que las tropas federales se retiraron y creció el terror de la Liga Blanca, el número de legisladores africano-americanos en Mississippi bajó de 64 de los 153 miembros en 1873 (42 por ciento) a 21 (14 por ciento) en 1876. Poco después, no hubo ni uno solo durante gran parte del siguiente siglo.

aprobaron reivindicaciones inmediatas y democráticas que beneficiaban al pueblo trabajador. Esta legislación social progresista incluía la proscripción de la discriminación racial, sufragio universal para los hombres sin importar la raza; impuestos a la propiedad que gravaban más a los dueños de plantaciones y a las clases adineradas, las primeras escuelas públicas gratuitas en estos estados (incluida la enseñanza universitaria gratuita en Carolina del Sur), hospitales y atención medica públicos, sistemas de asistencia pública, la eliminación del azote y de otros castigos crueles e inhumanos, y la ampliación de los motivos con los cuales una mujer podía obtener un divorcio.

Los pequeños agricultores y artesanos que eran blancos enfrentaban los mismos explotadores que los esclavos liberados. Muchos se habían opuesto a escindirse de la Unión, detestaban a la esclavocracia privilegiada que gobernaba la Confederación, y apoyaban la emancipación. Durante la Guerra Civil, Marx y Engels estudiaron cuidadosamente los reportajes de la prensa sureña sobre la resistencia de los agricultores y de los trabajadores en pueblos pequeños y ciudades contra la conscripción y la imposición de impuestos. Un número considerable de estas masas trabajadoras acogieron con agrado las medidas que se llevaron a cabo durante la Reconstrucción Radical y se sumaron a su defensa.

Sin embargo, ninguno de los gobiernos de Reconstrucción tenía la voluntad o el poder para hacer cumplir una expropiación de los grandes dueños de plantaciones, lo cual hubiese posibilitado una reforma agraria radical, ya que los comandantes del Ejército de la Unión designados en cada estado tenían poder de veto efectivo sobre las leyes y su aplicación. Si bien algunos de estos oficiales eran más radicales que otros, ninguno estaba dispuesto a contemplar un ataque amplio contra la propiedad de los terratenientes sureños.

Hasta en Carolina del Sur, donde mayor alcance tuvieron las leyes destinadas a satisfacer la sed de tierras entre los esclavos liberados, nunca fueron más allá de una ley *homestead* que asignaba fondos relativamente escasos para *comprar* tierra a ser distribuida, junto con leyes de impuestos a la propiedad que sí resultaron en la cesión de grandes propiedades al gobierno estatal por hacendados que incumplieron en sus pagos.

Sin embargo, en general la mayoría de los esclavos liberados no recibieron tierras, y fueron sometidos a la aparcería, al arrendamiento o al trabajo asalariado en los campos y los pueblos. A menudo trabajaban para los grandes dueños de plantaciones prácticamente en condiciones de peonaje por deudas. De los agricultores blancos y los pocos agricultores negros que poseían sus propias parcelas, muchos se fueron sumiendo más y más en la esclavitud por deudas. A menudo perdían su tierra y acababan en la misma situación que la mayoría de los esclavos liberados y de los blancos más pobres.

Las aspiraciones de los negros liberados y proletarizados, y de sus aliados entre el pueblo trabajador blanco del Sur se vieron frustradas por el poder creciente de la clase capitalista estadounidense, la cual en esos mismos años de la posguerra estaba asestando golpes fuertes contra la clase trabajadora y el joven movimiento obrero. Para la derrota final de la Reconstrucción Radical hizo falta una contrarrevolución sangrienta. El pacto entre los partidos Demócrata y Republicano para retirar del Sur a las tropas de la Unión en 1877 aceleró un reino de terror que desataron el Ku Klux Klan, los Caballeros de la Camelia Blanca y otras bandas racistas comprometidas con los intereses de los explotadores.[3]

---

3. En las elecciones presidenciales de 1876, el candidato del Partido Demócrata, Samuel Tilden, ganó más del 51 por ciento del

Farrell Dobbs explicó este capítulo culminante de la derrota de la Reconstrucción Radical en el primer tomo de *Revolutionary Continuity: Marxist Leadership in the U.S.* (Continuidad revolucionaria: Liderazgo marxista en Estados Unidos). Farrell escribió:

> Para 1877 la Reconstrucción Radical había terminado en una derrota sangrienta, y no solo los afroamericanos sino toda la clase trabajadora había sufrido el peor revés de su historia. La derrota fue orquestada por los sectores dominantes del capital industrial y del capital bancario ascendente, una clase que era incapaz de llevar a cabo una reforma agraria radical en la vieja Confederación y con justa razón temía el ascenso de una clase trabajadora unida en la cual los artesanos y obreros industriales negros y blancos se juntaran como una poderosa fuerza opositora, aliada a los pequeños agricultores libres.
>
> Los pobres del campo y la clase trabajadora se vieron divididos a la fuerza en términos de color en los años después de 1877. Se redujo el valor de la fuerza de trabajo y quedó lisiada la solidaridad de clase. Se legalizó Jim Crow, el sistema extenso de segregación. El racismo se propagó a un ritmo acelerado por todo Estados Unidos.[4]

---

voto popular, pero ni Tilden ni el republicano Rutherford Hayes recibieron los 185 votos electorales requeridos para ser presidente. Con un pacto confeccionado por una comisión de miembros demócratas y republicanos del Congreso norteamericano, se entregó la Casa Blanca a Hayes a cambio de una promesa de retirar todas las tropas de la Unión del Sur, promesa que Hayes cumplió con mucha presteza.

4. Farrell Dobbs, *Revolutionary Continuity: Marxist Leadership in the U.S., The Early Years, 1848–1917* (Continuidad revolucionaria: Liderazgo

Esta derrota ocurrió no solo porque a los esclavos liberados, quienes aspiraban a obtener tierra para ser pequeños agricultores, fueron traicionados por la burguesía y ambos partidos políticos capitalistas. Ocurrió también porque la clase trabajadora norteamericana y sus organizaciones eran aún demasiado débiles y políticamente inexperimentadas como para brindar un liderazgo obrero para el tipo de movimiento social de lucha de clases que podría haber permitido la expropiación y redistribución masiva de tierras a los esclavos liberados.

La derrota de la Reconstrucción Radical fue devastadora para las perspectivas de forjar una alianza combativa de trabajadores y agricultores, negros y blancos, en este país. Todo intento de acción unida de los oprimidos y explotados tuvo que afrontar más y más el desarrollo del imperialismo estadounidense durante las últimas décadas del siglo XIX. Los barones ladrones del capital financiero en ascenso fomentaron el veneno del racismo como parte de sus justificaciones ideológicas para imponerles la dominación norteamericana a los pueblos de piel negra, morena y "amarilla" en Puerto Rico, Cuba, Filipinas y Hawai.[5]

Los golpes que derrotaron la Reconstrucción Radical se sintieron en las décadas de 1880 y 1890, con las crisis financieras y condiciones de depresión que llevaron a una oleada de protestas entre los agricultores en el Sur y el

---

marxista en Estados Unidos: Los primeros años, 1848–1917; Pathfinder, 1980), págs. 69–70 [impresión de 2019].

5. En 1898, en los albores de la época imperialista, Washington se apoderó de Puerto Rico, Cuba y Filipinas, ex colonias de España, como botín del vencedor en lo que la clase dominante norteamericana llama la Guerra Hispano-Americana. Ese mismo año, el imperialismo estadounidense ocupó militarmente, y más tarde se anexó, Hawai que entonces era un país independiente.

Los gobernantes norteamericanos pretenden ocultar la historia de la Reconstrucción Radical, igual que tratan de ocultar la historia de las luchas obreras. La verdad hace añicos todo concepto racista y antiobrero de lo que pueden lograr los negros, de las posibilidades de forjar alianzas combativas entre trabajadores y agricultores que son negros y blancos y mucho más.

JACK BARNES, 2006

"Ya para 1870, se había ganado la lucha por las enmiendas 13, 14 y 15 de la Constitución. Los negros y otros trabajadores comenzaron a dar vida a estos derechos arduamente conquistados a la emancipación, a la ciudadanía y al sufragio", dijo Barnes. Para ejercer su derecho al voto durante la Reconstrucción, los afroamericanos a menudo necesitaban organizarse y defenderse de forma disciplinada. **Arriba:** Negros recién emancipados en el condado de Lincoln, Georgia, cruzan arroyo rumbo a las urnas con el fusil en la mano.

La segunda revolución norteamericana no terminó en 1865. Continuó por más de una década, incluido el ascenso de la Reconstrucción Radical.

JACK BARNES, 1985

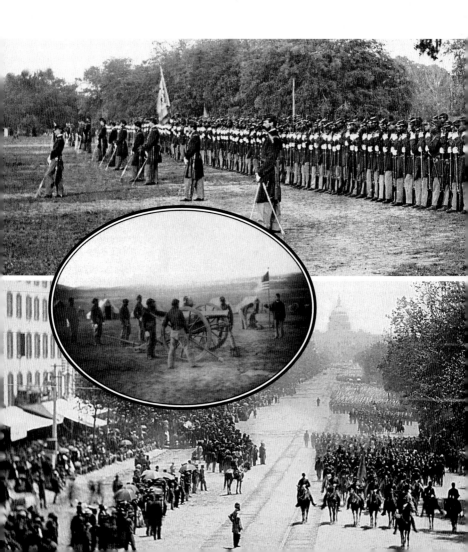

I de enero de 1863. Abajo: Los Primeros Voluntarios de Carolina del Sur, un regimiento negro de combate del Ejército de la Unión, escucha lectura de la Proclama de la Emancipación, que liberó a todos los esclavos en los estados de la Confederación y los animó a alistarse. Durante la Guerra Civil, unos 200 mil negros sirvieron en el Ejército de la Unión como soldados y suboficiales (los oficiales eran blancos); otros 300 mil sirvieron en el ejército como trabajadores, espías y sirvientes. **Recuadro:** Soldados de la Artillería de Color de Estados Unidos hacen prácticas de tiro. A los soldados negros de la Unión les pagaban menos, y en muchos casos les daban armas y atención médica inferiores.
Abajo, izquierda: Desfile triunfal de tropas del Ejército de la Unión en Washington, mayo de 1865, un mes después de la rendición de las fuerzas de la Confederación. **Abajo, derecha:** Tropas de la Unión bajo el mando del general William Sherman en Georgia. La "Marcha hacia el Mar" de mayo a diciembre de 1864 partió a la Confederación en dos y le propinó un golpe mortal.

Después de 1867, los productores explotados, encabezados por negros antes esclavizados y con el respaldo de tropas de la Unión, dieron grandes pasos hacia la creación de gobiernos populares democráticos que impulsaran los intereses de clase de los negros liberados, los pequeños agricultores y otros trabajadores. JACK BARNES, 1985

Gobiernos de Reconstrucción aplicaron leyes que prohibieron la discriminación racial y establecieron escuelas públicas gratuitas, impuestos a los grandes terratenientes, sufragio universal para los hombres, derechos ampliados para la mujer y asistencia pública. Milicias organizaron la defensa contra ataques contrarrevolucionarios. Las conquistas sociales gozaban de apoyo entre las masas trabajadoras de todos los colores de la piel.

Esta página, arriba: Negros se enfrentan a turba contrarrevolucionaria, según lo presenta simbólicamente la revista *Harper's Weekly* de julio de 1868. El hombre al centro representa un funcionario del Buró de Libertos, creado en 1865, encabezado al principio por un general del Ejército de la Unión.
Página opuesta, arriba: Hombres y mujeres participaron en mítines de campañas electorales en el Sur durante la Reconstrucción, como este en 1868. **Centro:** Las escuelas públicas, como esta en Vicksburg, Mississippi, estaban abiertas a negros de todas las edades y ambos géneros.
Abajo: 19 de mayo de 1870. Marcha masiva en Baltimore, Maryland, para celebrar aprobación de la Enmienda 15 a la Constitución, que garantizó el derecho del hombre negro a votar. En el Norte, solo en Iowa y Minnesota se había aprobado el sufragio universal para los hombres; medidas similares habían sido derrotadas en más de 15 estados y territorios del Norte.

> "Para 1877 la Reconstrucción Radical, traicionada por la burguesía del Norte, había sufrido una derrota sangrienta, y no solo los afroamericanos sino toda la clase trabajadora había sufrido lo que sigue siendo el peor revés de nuestra historia".
>
> FARRELL DOBBS, 1980

Arriba: Ejército contrarrevolucionario de la Liga Blanca desfila triunfante en la plaza Lafayette de Nueva Orleans, enero de 1877, mientras tropas federales abandonan al gobierno electo de Reconstrucción en Louisiana. Por casi un siglo tras esta derrota, la segregación "legal" de *Jim Crow* en el Sur, bastión de la segregación racial que en la práctica existía en todo el país, dividió a los pobres del campo y a la clase trabajadora en términos raciales.

En las últimas décadas del siglo XIX, la acción unida de los oprimidos y explotados tuvo que afrontar la creciente hegemonía del capital financiero norteamericano. Los gobernantes anexaron a Hawai y en 1898, en la primera guerra de la época imperialista, mandaron tropas contra España por el control de Cuba, Puerto Rico, Filipinas y Guam.

Arriba: Fuerza invasora norteamericana en Puerto Rico, que hasta el día de hoy es una colonia de Washington.

Los ex esclavos libraron una lucha por la tierra. "Cuarenta acres y una mula" llegó a ser su grito de guerra. La burguesía industrial del Norte y el alto mando del Ejército de la Unión se opusieron a un ataque amplio contra la propiedad de los terratenientes del Sur. Los negros se vieron forzados a ser aparceros, arrendatarios o trabajadores asalariados en el campo y los pueblos. **Abajo:** Recogen algodón en una plantación del Sur, a mediados de la década de 1870. Muchos ex esclavos trabajaron para grandes hacendados prácticamente en condiciones de servidumbre por deudas.

> "La clase gobernante capitalista, incapaz de llevar a cabo una reforma agraria radical en la antigua Confederación, con razón temía el ascenso de una clase trabajadora unida en que los artesanos y obreros industriales negros y blancos se juntaran, aliados a los pequeños agricultores libres".
>
> FARRELL DOBBS, 1980

Trabajadores en Baltimore, Maryland, se enfrentan a tropas estatales el 20 de julio de 1877, al convertirse la lucha de los obreros ferroviarios en la primera huelga nacional en la historia de Estados Unidos. "Este primer estallido contra la oligarquía del capital asociado que ha surgido desde la Guerra Civil", escribió Carlos Marx, fue un presagio de las fuerzas de clase —la clase trabajadora, los trabajadores negros y los agricultores explotados— que tendrían que estar al centro de cualquier revolución exitosa en Estados Unidos.

Medio Oeste de Estados Unidos. Este movimiento emergente de agricultores, conocido como el movimiento populista, dio unos pasos iniciales importantes para involucrar a agricultores negros y a organizaciones como la Alianza de Agricultores de Color (Colored Farmers' Alliance). Sin embargo, estos esfuerzos finalmente se vieron abortados por la expansión simultánea de Jim Crow en Estados Unidos y del Tío Sam en el exterior. Muy pocos dirigentes populistas pudieron resistir estas presiones de la clase dominante, y para mediados de la década de 1890 muchos se habían sumado al coro de racismo y patriotería orquestado por los capitalistas.

El movimiento obrero estadounidense en esa época aún no era capaz de desarrollar una dirección política que pudiera presentar un programa y una estrategia anticapitalista y antiimperialista a las filas del movimiento obrero, de los agricultores explotados y de los proletarios negros sin tierra.[6]

En 1877 Marx había anticipado que las poderosas huelgas nacionales que los obreros ferroviarios en Estados Unidos habían desencadenado ese año, aun si no resultaran exitosas,[7] podrían suscitar mayor claridad entre los

---

6. Farrell Dobbs se refiere a los factores objetivos que subyacían en estas limitaciones políticas del movimiento obrero estadounidense a fines del siglo XIX en su libro *Revolutionary Continuity: Marxist Leadership in the U.S., The Early Years, 1848–1917*. Ver especialmente los capítulos "Indigenous Origins" (Orígenes autóctonos) y "Gains and Setbacks" (Logros y reveses), así como los artículos y cartas afines de Marx y Engels en el apéndice de ese libro.

7. Una huelga, iniciada por obreros ferroviarios en Martinsburg, Virginia del Oeste, en julio de 1877, se extendió en las semanas siguientes a 14 estados. Unos 100 mil obreros en los ferrocarriles y otras industrias llevaron a cabo lo que resultó ser la primera huelga nacional en la historia de Estados Unidos. Para principios de agosto, estas batallas

explotados sobre las consecuencias nefastas de estar atados políticamente a los patrones y grandes terratenientes. Podrían crear condiciones en las cuales una vanguardia de la clase trabajadora en Estados Unidos pudiera ofrecer liderazgo a los agricultores explotados y esclavos liberados. "Este primer estallido contra la oligarquía del capital asociado que ha surgido desde la Guerra Civil será suprimido, por supuesto", escribió Marx a Engels, "pero muy bien podría constituir el punto de partida para el establecimiento de un partido obrero serio en Estados Unidos".

Marx agregó que la decisión del recién electo presidente Rutherford Hayes de retirar las tropas de la Unión que defendían a los gobiernos de Reconstrucción en el Sur "convertirá a los negros en aliados de los trabajadores, y las grandes expropiaciones de tierras (especialmente de tierras fértiles) a favor de las compañías ferroviarias, mineras, etcétera, convertirán a los campesinos del Oeste, ya muy desilusionados, en aliados de los trabajadores".[8]

Pero esto no habría de suceder. Las reservas económicas y políticas de la burguesía industrial estadounidense en ascenso estaban lejos de agotarse, y por lo tanto las ilusiones colaboracionistas de clases entre el pueblo trabajador aún tenían raíces profundas. El liderazgo de lucha de clases de los trabajadores y su núcleo revolucionario aún eran demasiado pequeños numéricamente y carecían de suficiente experiencia de combate de clases. Durante el siguiente medio siglo, Estados Unidos llegaría a ser la

---

obreras habían sido aplastadas por la fuerza combinada de matones patronales, policías municipales y estatales y, ante todo, tropas norteamericanas movilizadas por el presidente republicano Rutherford Hayes.

8. Carta de Carlos Marx a Federico Engels, 25 de julio de 1877, en Marx y Engels, *Collected Works* (Obras completas; Moscú: Editorial Progreso, 1991), tomo 45, pág. 251.

potencia imperialista más poderosa del mundo, y la cúpula del movimiento obrero llegaría a ser la sirvienta del Tío Sam.

Además, la derrota de la Reconstrucción Radical asestó un golpe devastador contra los negros y el resto del pueblo trabajador norteamericano. La clase trabajadora en Estados Unidos quedó más profundamente dividida por la opresión nacional de los negros que se institucionalizó sobre nuevas bases después del desenlace sangriento de 1877. El primer paso de gigante del movimiento obrero norteamericano hacia la formación de grandes sindicatos industriales no llegó sino seis décadas más tarde, y la formación del partido obrero que Marx anticipó hace 108 años sigue siendo hasta la fecha una tarea incumplida de nuestra clase.

Sin embargo, Marx no pudo estar más acertado respecto a la alianza de fuerzas sociales que tendrían que ser parte integral de una revolución exitosa en Estados Unidos: la clase trabajadora, los trabajadores que son negros y los agricultores explotados.

Jim Crow, la bandera de batalla de la Confederación y la lucha por la tierra

por Jack Barnes
junio de 2001

Los agricultores que son negros enfrentan las mismas condiciones onerosas que otros productores explotados del agro en Estados Unidos. Para ganar lo suficiente para vivir, muchos de ellos, al igual que otros pequeños agricultores, también tienen que mantener otro empleo asalariado. Se ven atrapados en unas tijeras entre los precios fluctuantes que deben pagar por semillas, fertilizantes, combustible y demás insumos que necesitan comprar mucho antes de cosechar y vender sus cultivos, por un lado, y los precios que al final reciben por los productos de su trabajo. Son esclavos de las deudas sometidos a gigantescas agroempresas proveedoras y a intermediarios, y sobre todo a los bancos.

Ya sea que arrienden tierra por hectáreas, o estén encadenados a hipotecas y al pago de otros préstamos respaldados con tierras, edificios y equipos, más y más pequeños agricultores desde el fin de la Segunda Guerra Mundial han enfrentado ventas hipotecarias y han sido expulsados de la tierra. Según cifras del gobierno, el número de dueños de fincas en Estados

Unidos ha bajado en casi dos tercios desde 1940. Entretanto, la extensión de tierras agrícolas ha bajado solo en un 13 por ciento y la producción agropecuaria se ha multiplicado más de dos veces y media.

Además de las cargas que pesan sobre todos los agricultores explotados, los que son negros también sufren discriminación racista por parte de los bancos, monopolios agrícolas y agencias agrícolas federales al buscar préstamos. Desde mediados del siglo XX, la decaída en el número de dueños de fincas que son negros —más del 90 por ciento— ha sido mucho más elevada que la caída en general. En las últimas décadas los agricultores negros no solo se han unido a otros agricultores en caravanas de tractores y protestas de todo tipo. También se han movilizado para exigir reparaciones e indemnizaciones por las consecuencias de esta discriminación histórica.

A continuación aparecen extractos de una charla que Jack Barnes dio en una conferencia socialista celebrada en 2001 en Oberlin, Ohio, organizada por el Partido Socialista de los Trabajadores y la Juventud Socialista.

Los trabajadores comunistas debemos tomar en serio la *historia* de las luchas actuales de los agricultores que son negros. Necesitamos reconocer el papel que ocupan en una continuidad que se remonta a la Guerra Civil y a la Reconstrucción Radical en Estados Unidos —la Segunda Revolución Norteamericana— y a las posteriores décadas de reacción en el campo, los pueblos y las ciudades de todo el Sur.

Muchos de estos agricultores están luchando para poder seguir cultivando la tierra que sus parientes han cultivado durante generaciones.[9] Para que una familia negra en el Sur

---

9. En 1999 un juez federal aprobó un acuerdo en el caso *Pigford versus Glickman*, una demanda de acción colectiva contra la discriminación

de Estados Unidos haya retenido la tierra por tanto tiempo, significa que generaciones anteriores resistieron y sobrevivieron el terror de turbas linchadoras por parte de jinetes nocturnos organizados que promovían la supremacía blanca. Ese terror continuó y en muchos casos se aceleró tras la derrota de la Reconstrucción Radical posterior a la Guerra Civil. Esto se asemejó más a la violencia fascista en amplia escala, y por un tiempo prolongado, que cualquier otro fenómeno jamás visto en este país.

En la década después de la derrota de la esclavocracia en 1865, la ascendente burguesía industrial del Norte —que ahora restablecía sus lazos con poderosos intereses terratenientes y comerciales así como intereses manufactureros

---

racista de agricultores que son negros en los préstamos y otros servicios subvencionados por el gobierno. Washington aceptó brindarle a cada agricultor —con tal que pudiera ofrecer pruebas de discriminación ocurrida entre 1981 y 1996— un pago libre de impuestos de 50 mil dólares, la condonación de deudas y trato preferente en futuras solicitudes de préstamos. Aunque las organizaciones de agricultores que dirigían la lucha rechazaron el acuerdo por considerarlo insuficiente, el juez dictaminó un decreto de consentimiento y nombró a un interventor para que revisara los reclamos de los agricultores. En 2008, según la oficina del interventor, de los 22 500 agricultores que solicitaron indemnización, un árbitro nombrado por el tribunal había aprobado a unos 14 mil. Puesto que el plazo para presentar la solicitud fue tan breve y la mayoría de los agricultores negros no se enteraron del acuerdo con tiempo suficiente para entablarla, unos 65 mil reclamos fueron rechazados con el argumento de que los agricultores no cumplieron la fecha tope de octubre de 1999. En 2008, se presentó un proyecto de ley ante el Congreso estadounidense para reanudar el proceso de indemnizaciones. Sin embargo, a mediados de 2009, después de más protestas de los granjeros negros, la administración Obama anunció que propondría un fondo de 1 25 mil millones de dólares para "cerrar el capítulo" sobre el acuerdo: una cifra límite muy inferior a los 2 ó 3 mil millones de dólares que se necesitarían para pagarles a los granjeros las indemnizaciones que se exigían bajo la orden de consentimiento.

emergentes por todo el Sur— resolvió de una vez por todas que no tenía la menor intención de satisfacer las aspiraciones de los esclavos liberados a favor de una reforma agraria radical, la cual se expresaba en la consigna popular de "40 acres y una mula". Primero que nada, dicha medida habría privado a estos explotadores de una fuente barata de trabajadores desempleados. Más aún, la burguesía temía, con razón, que una alianza de agricultores libres, negros y blancos, junto con la creciente clase obrera industrial en las ciudades, podría significar un serio desafío a la explotación intensificada en la ciudad y el campo, tanto en el Sur como en el Norte.

En 1877 los gobernantes norteamericanos retiraron las tropas federales de los estados de la antigua Confederación. Estos soldados habían sido la fuerza armada de último recurso que separaba a los trabajadores negros emancipados, por un lado, de las bandas de reaccionarios fuertemente armados, por el otro. En las últimas décadas del siglo XIX y bien entrado el siglo XX, generaciones sucesivas de organizaciones como los Caballeros de la Camelia Blanca, la Liga Blanca, el Ku Klux Klan, los Consejos de Ciudadanos Blancos y muchos grupos más —con nombre, anónimos o con nombre nuevo— llevaron a cabo un implacable reino de terror contra la población negra en el Sur.

Esta violencia sistemática les ayudó a los capitalistas a someter a los trabajadores que eran negros a condiciones prácticamente de peonaje como aparceros y arrendatarios y permitió la imposición del sistema Jim Crow de segregación racial, codificado en leyes estatales en un estado sureño tras otro. Estas bandas también se organizaron en todo el Sur para doblegar a cualquier trabajador o agricultor con conciencia de clase que no fuera negro —"*nigger lovers*" ("ama-niches")— e impedir que se juntara con trabajadores que eran negros en luchas comunes por la tierra, educación pública, tarifas ferrocarrileras y créditos baratos, derechos sindicales o cualquier otra cosa que beneficiara los intereses de los oprimidos y explotados.

Algunos de ustedes ya habrán visto la exposición de fotos de linchamientos en la Sociedad Histórica de Nueva York que ha estado este año en Manhattan y que viajará a otras ciudades. Si no, se la recomiendo.[10] Muchas de las fotos en realidad son tarjetas postales de estas atrocidades, hechas por los organizadores de las turbas linchadoras y distribuidas ampliamente para popularizar y legitimar los linchamientos como "actividad familiar". (Sí, como actividad familiar. Los linchadores y sus "vecinos" traían a sus niños a un "encuentro comunitario" para que pudieran observar al "niche" retorcerse en el viento, y luego disfrutar un picnic). El objetivo de este terror oficialmente autorizado era de tratar de limitar la resistencia de los negros por todo el Sur. Las fotos son un recordatorio impactante de la historia que hemos estado discutiendo aquí, y el texto que las acompaña y otros materiales expositivos señalan que la decisión de robarles tierras a los agricultores negros muchas veces precipitaba los linchamientos.

Al trabajar junto con agricultores que luchan por permanecer en la tierra, debemos conocer esta historia: *nuestra* historia. La tierra no es simplemente una forma de ganarse la vida. Tampoco es simplemente un símbolo. La actual resistencia es a menudo un eslabón en las batallas que se remontan más de un siglo y cuarto atrás. Junto con las luchas de trabajadores y del movimiento obrero,

---

10. Se refiere a la exposición, "Sin santuario: Fotografías y postales de linchamientos en Estados Unidos". Ver también James Allen y otros, *Without Sanctuary: Lynching Photography in America* (Sin santuario: fotografías de linchamientos en Estados Unidos; Santa Fe, Nuevo México: Twin Palms, 2000).

estas recias batallas que libraron generaciones de granjeros ayudaron a frenar algunas de las consecuencias más reaccionarias de la derrota de la Reconstrucción Radical que habrían echado atrás —mucho más de lo que sucedió— las luchas del pueblo trabajador en Estados Unidos. Y contribuyeron a hacer posible una nueva ola de luchas, décadas más tarde, que para fines de los años 60 tumbaron el sistema de segregación Jim Crow.

Las batallas por la libertad de los negros en condados rurales, pueblos pequeños y ciudades por todo el Sur, a su vez, ayudaron a transformar las posibilidades para los trabajadores y agricultores por todo este país y en otras partes del mundo que son objetos de los ataques de Washington. Entre otras cosas, las conquistas de este movimiento de masas con base proletaria allanaron el camino para una lucha común y reivindicaciones comunes junto a los pequeños agricultores en Estados Unidos hoy día, como parte de una alianza de trabajadores y agricultores para resistir la trayectoria de la clase capitalista impelida por las ganancias. Ese movimiento atrajo, politizó e infundió de valor a varias generaciones de jóvenes que brindarían la energía para las luchas contra la Guerra de Vietnam, contra la discriminación en todos los empleos del gobierno y en las fuerzas armadas, por la defensa y extensión de las libertades civiles y los derechos civiles, para la emancipación de la mujer y para la radicalización política que le acompañó.

Los resultados de la historia se mantienen vivos para nosotros: contradicciones no resueltas que nunca desaparecen del todo mientras las cuestiones de clase planteadas por gigantescos conflictos políticos y sociales continúen sin resolverse y aún no sean un arma en manos de los militantes de hoy. Las plenas consecuencias de la derrota de la Reconstrucción Radical se desarraigarán únicamente después del triunfo de una revolución proletaria en este país. Por eso las luchas en torno a si los gobiernos estatales despliegan o no la bandera de batalla de la Confederación, o en torno a monumentos o días feriados en honor a dirigentes políticos o militares de la rebelión de los esclavistas, siguen incidiendo en la lucha de clases muchas décadas después —en efecto, casi siglo y medio después— de que fue vencida en una sangrienta guerra civil.[11]

La esencia de estas luchas en Carolina del Sur, Mississippi y otros estados no es que los negros y los partidarios de los derechos civiles estén tratando mal a alguien en el Sur cuyo bisabuelito fue un soldado confederado que "luchó con valentía" y era "un hombre bueno". Aceptemos eso. Muchos soldados confederados lucharon con valentía

---

11. La más grande de estas luchas se dio en Carolina del Sur. El 17 de enero de 2000, unas 50 mil personas marcharon en Columbia, Carolina del Sur, para exigir que se arriara del capitolio estatal la bandera de batalla de la Confederación. En 1962 la legislatura estatal, compuesta exclusivamente de blancos, había izado esa bandera sobre el edificio como acto de apoyo desafiante a la segregación Jim Crow y de aliento a los que realizaban ataques violentos contra manifestaciones por los derechos de los negros. Entre los organizadores de la marcha en Columbia había miembros del Local 1422 de la Asociación Internacional de Estibadores (ILA) en Charleston. Tres días después, unos 600 policías con equipo antimotines agredieron a piquetes de la ILA que protestaban en los muelles porque una empresa naviera utilizaba mano de obra esquirol. Varios sindicalistas resultaron heridos, ocho fueron arrestados y cinco fueron instruidos de cargos de delito grave, acusados de instigar un disturbio. En noviembre de 2001, ante una creciente campaña de defensa que involucró a miles de trabajadores en el país, la fiscalía retiró los cargos fabricados de delito grave y los remplazó con cargos de delito menor; los estibadores optaron por no disputar los cargos, recibiendo una multa de 100 dólares cada uno.

En julio de 2000, por voto de la legislatura estatal, la bandera de la Confederación fue arriada y trasladada a un asta en los terrenos del capitolio al lado de un monumento a los soldados caídos de la Confederación.

y eran hombres buenos; en su gran mayoría eran hijos de trabajadores y agricultores, como la mayoría de los soldados en cualquier ejército moderno, especialmente los de infantería. ¿Eso qué tiene que ver con el significado político asesino del estandarte de guerra del ejército de la Confederación, un ejército derrotado y aplastado para siempre hace 136 años?

Cuando se despliega hoy, esa bandera es emblema y aliento para las fuerzas reaccionarias que están empeñadas en preservar cuanto puedan de las consecuencias de una sangrienta contrarrevolución que definió el curso de la lucha de clases en Estados Unidos en el siglo XX. Es una causa de movilización para fuerzas que están *actuando* a partir de ese empeño. Es un símbolo de la lucha de los enemigos mortales del movimiento obrero para echar atrás los logros del movimiento pro derechos civiles y para dividir y debilitar a la clase trabajadora en este país. Es la bandera de cobardes en las carreteras, que asaltan la dignidad de los negros, día tras día, con calcomanías y medallones en sus espejos retrovisores, ventanas y paragolpes. Es la bandera bajo la cual, hace apenas unos años, se lanzaban ataques brutales y sangrientos contra los negros. Y, lo que es más importante, sigue siendo un estandarte bajo el cual estos ataques —contra africano-americanos, inmigrantes, judíos, clínicas de abortos y otros blancos de la reacción— a menudo *se están* lanzando y *se van* a lanzar, hasta que las raíces capitalistas de ese trapo de Dixie sean arrancadas del suelo por el pueblo trabajador de este país y remplazadas por la dictadura del proletariado.

Los trabajadores y agricultores con conciencia de clase siempre tratamos de actuar en el presente como parte de la historia en curso. No abordamos el presente simplemente como un *momento*. No abordamos los fenómenos sociales y la actividad política como una colección de fotos instantáneas que se miran una por una. Eso significaría ceder al pragmatismo inculcado en la conciencia del pueblo trabajador por el propio funcionamiento e historia del sistema capitalista en Estados Unidos, pragmatismo que guía el funcionamiento de la burguesía misma. Lo último que se espera que los trabajadores y agricultores hagamos en este país es pensar en términos históricos —contradictorios y complejos—, ni hablar de tomar acción a partir de este entendimiento. La única historia que supuestamente debemos conocer y creer puede resumirse así: "Estados Unidos es la tierra de las oportunidades. Si trabajas duro y no te metes en líos, puedes salir adelante, convertirte en tu propio jefe y tal vez algún día poner un negocio y contratar tú mismo a unos trabajadores". Eso es todo.

A menudo participamos en batallas que datan de varias generaciones, ya sea una lucha de agricultores negros, una lucha de mineros del carbón o del uranio para defender derechos sindicales y beneficios médicos financiados por el gobierno que se conquistaron en arduas luchas, o batallas en plantas textileras o empacadoras de carne que han durado décadas. Siempre que nos encontremos en medio de estas batallas, deberíamos sentir un placer especial con estas experiencias y extraerles todo lo que podamos.

Entre otras razones, el hecho de conocer esa historia viva puede ser una fuente de humildad proletaria, así como un recordatorio de nuestra responsabilidad. Porque ayuda a los trabajadores —incluidos nosotros— a entender que las acciones individuales no sirven de mucho a menos que formen parte de un trabajo sostenido, disciplinado y colectivo a lo largo del tiempo. A menos que formen parte de una cronología histórica de combate de la cual estemos plenamente conscientes. Nos hace recordar que la irresponsabilidad o la indisciplina resulta en el derramamiento innecesario de sangre que ya se había derramado.

Robert F. Williams, la Revolución Cubana y la autodefensa contra la violencia racista

por *Jack Barnes*
octubre de 1996, marzo de 2001

En junio de 1964, Malcolm X ofreció enviar a miembros de la Organización de la Unidad Afro-Americana (OAAU) a St. Augustine, Florida, a fin de ayudar a organizar guardias de defensa para los manifestantes pro derechos civiles en esa ciudad. Estos estaban participando en sentadas en comedores y otras actividades para exigir el fin de la segregación de las instalaciones públicas. Repetidamente estaban siendo agredidos por matones del Ku Klux Klan y encarcelados por la policía municipal. "Si el gobierno federal no enviará soldados para ayudarles", le escribió Malcolm a King en un telegrama citado antes, "dígannos nomás y de inmediato despachamos para allá algunos de nuestros hermanos [ex miembros de la Nación y de su Fruto del Islam, entrenados por Malcolm en Nueva York] para que organicen unidades de autodefensa entre nuestra gente". King, indignado, rechazó la oferta.

Un cuarto de siglo antes, en marzo de 1938, el dirigente bolchevique León Trotsky, exiliado a la fuerza en México, había ofrecido un consejo parecido —en este caso a oídos más receptivos— a una delegación de la dirección del Partido Socialista de los Trabajadores que lo visitó. En esa época, pistoleros, esquiroles, policías municipales y otros matones movilizados por el fascista incipiente Frank Hague, alcalde demócrata de Jersey City, Nueva Jersey, estaban desatando un reino de terror contra sindicalistas y otros militantes en el condado de Hudson. Ante estos ataques derechistas, Trotsky instó a los comunistas a que dijeran a los trabajadores allá: "Si el poder federal no puede controlar al alcalde, entonces los trabajadores, para protegernos, debemos organizar una milicia obrera y luchar por nuestros derechos".

En agosto de 1938, unos meses después de esa discusión con Trotsky, y como resultado directo de esa discusión, los cuadros del PST que por casi cinco años habían formado parte del Local 544 de los Teamsters en Minneapolis, Minnesota, ayudaron a organizar una Guardia de Defensa Sindical con 600 integrantes para afrontar las crecientes amenazas de fuerzas fascistas en esa ciudad. Un grupo de cuadros fascistas llamado Camisas Plateadas había sido invitado a los condados de Hennepin y Ramsey, financiado por los patrones, para atacar a militantes y desbaratar allí el movimiento sindical, que se había vuelto cada vez más poderoso y se había convertido en el centro organizativo de batallas obreras por toda la zona norte del Medio Oeste, desde Seattle en el oeste hasta Oklahoma y Texas en el sur. Después de movilizaciones disciplinadas de las unidades de defensa sindical, los matones fascistas abandonaron la ciudad y suspendieron sus esfuerzos organizativos.

Entrenados y templados con ese ánimo, en los años 60 el Partido Socialista de los Trabajadores y la Alianza de la Juventud Socialista ayudaron a divulgar la verdad y se sumaron a las actividades en defensa de luchadores pro derechos de los negros que se organizaban para proteger sus comunidades y sus acciones de protesta contra el Ku Klux Klan, los Consejos de Ciudadanos Blancos y otros grupos racistas. Los más prominentes de estos militantes eran los Diáconos para la Defensa y la Justicia en

Louisiana y Mississippi, y el capítulo de la NAACP en Monroe, Carolina del Norte, dirigido por Robert F. Williams.

Ed Shaw, miembro del Partido Socialista de los Trabajadores y compañero de fórmula de Clifton DeBerry como candidato vicepresidencial del partido en 1964, había tenido la oportunidad de conocer a Robert F. Williams a principios de los años 50 cuando ambos trabajaban el turno de noche en la fábrica de turbinas de avión de la Curtiss-Wright en Woodbridge, Nueva Jersey. Williams acababa de regresar de la Guerra de Corea, donde había servido en los Marines. Durante la Segunda Guerra Mundial, Shaw había sido marinero en la marina mercante, incluidos los "convoyes a Murmansk" que transportaban materiales bélicos, bajo el plan "Lend Lease" (de préstamo y arriendo), a los puertos árticos en la Unión Soviética. Estos dos jóvenes trabajadores congeniaron en seguida.

Unos años más tarde Williams volvió a Monroe, donde había nacido, y poco después encabezó el capítulo de la NAACP allí. Bajo su dirección el capítulo reclutó a cientos de miembros y libró una lucha intransigente contra la discriminación Jim Crow. Entre otras cosas organizaron a negros a defenderse, incluso con armas cuando fuera necesario, de los violentos ataques del Ku Klux Klan y otras fuerzas racistas.

Williams, defensor de la Revolución Cubana, fue también fundador y portavoz del Comité pro Trato Justo a Cuba en 1960.

A continuación aparece un mensaje que Jack Barnes mandó en 1996 al Comité de Tributo a Robert Williams, que estaba organizando un evento para celebrar la vida de Williams. La actividad, celebrada en Detroit el 1 de noviembre de ese año, originalmente tenía por objetivo rendirle tributo a Williams mientras estaba vivo. Sin embargo, Williams murió el 15 octubre. Barnes escribió la carta antes de la muerte de Williams.

El Partido Socialista de los Trabajadores acoge esta oportunidad para saludar y rendirle honor a Robert F. Williams.

Su integridad y valentía como dirigente de la lucha contra el racismo, la explotación y la opresión sentaron un ejemplo importante para una generación que se incorporaba a la política a fines de los años 50 y principios de los 60. Las luchas que él ayudó a iniciar y dirigir para acabar con la segregación de las instalaciones públicas en el Sur bajo Jim Crow, y para organizar la autodefensa de la comunidad negra contra los jinetes nocturnos del Ku Klux Klan, convirtieron a Monroe, Carolina del Norte, en esos años en un emblema de resistencia a la intolerancia e injusticia social, no solo en Estados Unidos sino por todo el mundo.

En 1958 y 1959, Robert F. Williams salió a la defensa de dos escolares en Monroe —un niño de siete años y otro de nueve, ambos negros— que fueron arrestados y encarcelados bajo cargos falsos de "agredir y abusar de una hembra blanca". ¿Su "crimen"? Que una niña blanca de siete años había besado a uno de los niños en presencia del otro muchacho (a este último lo declararon culpable de "cómplice"). Williams y otros militantes en Monroe crearon el Comité para Combatir la Injusticia Racial, en el que participaron miembros del Partido Socialista de los Trabajadores y de la Alianza de la Juventud Socialista junto a muchos otros en todo el país. Muchos de los partidarios del comité luego formaron el Comité para Ayudar a los Acusados de Monroe en 1961, cuando a Williams mismo le fabricaron cargos de secuestro y lo forzaron al exilio durante ocho años.[12]

---

12. En agosto de 1961, en medio de movilizaciones de turbas racistas blancas en Monroe e intentos de la comunidad negra de defenderse, un auto que llevaba a una pareja blanca dobló en una calle equivocada y terminó en el centro de la comunidad negra de Monroe. Para garantizar la seguridad de la pareja luego que algunos individuos amenazaron con hacerles daño, Williams los llevó a su casa por va-

Yo conocí a Robert Williams en persona a principios de 1961, cuando partidarios de los derechos de los negros y miembros del Comité pro Trato Justo a Cuba en la universidad Carleton College en Minnesota organizaron un evento en que él fue el orador principal,[13] junto a Ed Shaw, un dirigente del Medio Oeste del Comité pro Trato Justo a Cuba que además era dirigente de la rama de Detroit del PST en aquella época.[14] Williams realizaba una gira nacional de charlas en defensa de la Revolución Cubana y en apoyo a la lucha de masas intensificada por los derechos de los negros. El evento tuvo un enorme impacto político en todos nosotros. Recuerdo que durante el período de discusión me impresionó el hecho que ambos oradores se mostraban igualmente cómodos al contestar preguntas ya fuera sobre la revolución socialista que se desarrollaba en Cuba o sobre las batallas en este país por los derechos de los negros, o ambas cosas.

---

rias horas hasta que no hubiera peligro para que se fueran. Entonces le fabricaron cargos de secuestro y fue objeto de una cacería humana por parte del FBI. Williams y su familia lograron eludir la persecución, y al final logró salir hacia Cuba, donde recibió asilo político. En 1965 Williams se trasladó a China, donde permaneció hasta su regreso a Estados Unidos en 1969.

13. Williams fue uno de los ocho africano-americanos entre los 30 firmantes de un anuncio de página completa que se puso en el *New York Times* para lanzar el Comité pro Trato Justo a Cuba. Entre los otros firmantes estaban el reportero de televisión Richard Gibson y los novelistas James Baldwin, Frank London Brown, John O. Killens y Julian Mayfield.

14. Shaw y Williams se habían mantenido en contacto desde principios de los años 50. Mientras trabajaba en la fábrica de turbinas en Woodbridge, Nueva Jersey, Williams fue un lector sistemático del *Militant*. En el número del 13 de abril de 1953, el *Militant* reprodujo un poema sobre la lucha contra Jim Crow que Williams había enviado al periódico.

Hoy día el pueblo trabajador y los jóvenes necesitamos aprender y volver a aprender esta historia para que podamos emular estos ejemplos. Así estaremos todos más preparados para resistir los ensayos de ataques contra nuestros derechos democráticos, a medida que los gobernantes bipartidistas se empeñan en arrebatarnos logros sociales conquistados en las luchas obreras y de derechos civiles en épocas anteriores de este siglo. En el transcurso de esas batallas, como decía Malcolm X, los jóvenes luchadores reconocerán y afirmarán su propia valía y se transformarán en el proceso de transformar la sociedad. Estos militantes son y serán el mejor tributo para aquellos como Robert F. Williams cuyos pasos siguen.

Nuevamente, en nombre del Partido Socialista de los Trabajadores mando saludos a Robert Williams, a Mabel Williams y a los otros participantes en el evento en Detroit que su comité está organizando.

En solidaridad y con un afectuoso saludo,

Jack Barnes
SECRETARIO NACIONAL
PARTIDO SOCIALISTA DE LOS TRABAJADORES

Uno de los primeros actos de la Revolución Cubana a principios de 1959 fue prohibir la discriminación racial en el empleo y en las instalaciones públicas, poniendo fin a las prácticas tipo Jim Crow que se habían impuesto en Cuba con la ocupación norteamericana de la isla en 1898. Otras de las medidas que marcaron la trayectoria proletaria de la revolución fueron una reforma agraria radical que acabó con el sistema de enormes latifundios y que entregó títulos de propiedad a más de 100 mil campesinos sin tierra, así como una campaña de alfabetización que enseñó a leer y escribir a casi un millón de personas, eliminando el analfabetismo en un solo año. En la segunda mitad de

1960, las principales empresas capitalistas de propiedad imperialista y nacional fueron expropiadas mediante movilizaciones masivas del pueblo trabajador por toda la isla, con lo cual se señaló el fin de la dictadura del capital y el establecimiento de la dictadura del proletariado en Cuba, el comienzo de la revolución socialista en América.

Jack Barnes estuvo en Cuba durante esos días de estremecimiento revolucionario. Estaba ahí con una beca universitaria para estudiar la reforma agraria en curso. Al hacer eso participó en otras actividades más, incluido el Primer Congreso Latinoamericano de Juventudes, que se celebró en La Habana en julio de 1960. Al igual que miles de jóvenes en el mundo, en los meses precedentes él se había visto atraído a la trayectoria revolucionaria del nuevo gobierno cubano. Y durante los meses de verano en Cuba, resolvió regresar con un conocimiento de primera mano acerca de la Revolución Cubana para compartirlo con otras personas en Estados Unidos.

Cuando Barnes regresó a la universidad en Minnesota en el otoño, ayudó a formar un capítulo universitario del Comité pro Trato Justo a Cuba, que entre otras actividades organizó el evento para Robert F. Williams al que se refiere el tributo arriba. Barnes se afilió a la Alianza de la Juventud Socialista y al Partido Socialista de los Trabajadores y simultáneamente comenzó a trabajar para captar a otros a la perspectiva de emular el ejemplo de Cuba y hacer una revolución socialista en Estados Unidos.

El fragmento que sigue, que describe ese período, es de *Cuba y la revolución norteamericana que viene* por Jack Barnes, publicado en 2001.

A medida que los trabajadores y agricultores cubanos impulsaban su revolución socialista y que aumentaba la agresión estadounidense en reacción a sus logros, las lecciones transformaban también la forma en que veíamos las batallas por los derechos de los negros en Estados

Unidos. La lucha proletaria de masas para derrocar el sistema Jim Crow de segregación racial establecida por ley en todo el Sur, con sus diversas formas de discriminación que se extendían por todo el país, marchaba hacia sangrientas victorias a la vez que avanzaba la Revolución Cubana. Podíamos constatar en la práctica que dentro de Estados Unidos existían fuerzas sociales poderosas capaces de llevar a cabo una transformación social revolucionaria como la que el pueblo trabajador de Cuba estaba haciendo realidad.

El núcleo de los activistas que defendían la Revolución Cubana eran jóvenes que habían adquirido experiencia política participando en las batallas por los derechos civiles, apoyando las sentadas en los comedores de Woolworth's[15] y apoyando o sumándose a marchas y otras protestas en Alabama, Georgia, Mississippi y otras partes del Sur.

Los numerosos rostros de la reacción —con capuchas del Ku Klux Klan algunos, protegidos tras uniformes de sheriff y chaquetas del FBI otros—; los linchamientos y los asesinatos en carreteras rurales aisladas; los perros y los cañones de agua con que atacaban a los manifestantes: todo esto se quedó grabado en nuestra conciencia, como parte de las lecciones que estábamos aprendiendo sobre la violencia y la brutalidad de la clase dominante

---

15. El 1 de febrero de 1960, cuatro estudiantes universitarios negros dirigieron una protesta organizada en un comedor solo para blancos en un almacén de Woolworth's en Greensboro, Carolina del Norte. Se sentaron y pidieron servicio. Les rechazaron la solicitud y ellos permanecieron sentados hasta que la tienda cerró. En cuestión de días, se extendieron sentadas similares a otras ciudades sureñas, y se pusieron líneas de piquete de apoyo frente a las tiendas Woolworth's por todo Estados Unidos. Al poco tiempo, miles de personas estaban participando en estas protestas, que al final lograron poner fin a la segregación racial de los comedores en la cadena Woolworth's y otros lugares por todo el Sur.

estadounidense y hasta qué extremos llegará a fin de defender su propiedad y sus privilegios.

Y también estábamos aprendiendo lecciones de la autodefensa armada organizada por veteranos negros en Monroe, Carolina del Norte, y en otras partes del Sur. Inmediatamente después de la derrota de Washington en Bahía de Cochinos, durante un debate en uno de los seis comités de la Asamblea General de Naciones Unidas, el ministro del exterior cubano Raúl Roa leyó un mensaje que el antiguo presidente de la NAACP en Monroe, Robert F. Williams, le había pedido que transmitiera al gobierno de Estados Unidos.

"Ahora que Estados Unidos ha proclamado su apoyo militar a pueblos dispuestos a rebelarse contra la opresión", escribió Williams, "los negros oprimidos en el Sur pedimos urgentemente tanques, artillería, bombas, dinero, el uso de pistas aéreas estadounidenses y mercenarios blancos para aplastar a tiranos racistas que han traicionado la Revolución Norteamericana y la Guerra Civil".

Pronto llegamos a comprender que la violencia legal y extralegal dirigida contra los que luchaban por sus derechos y dignidad como seres humanos aquí en Estados Unidos eran lo mismo que la creciente agresión abierta y encubierta desatada contra el pueblo de Cuba. Participamos en la lucha por los derechos de los negros como parte de la lucha de clases *mundial*. Para nosotros llegó a estar completamente entrelazada con lo que estaba en juego en la defensa de la Revolución Cubana.

Esto se manifestó sobre todo en la convergencia de la Revolución Cubana y Malcolm X, cuya voz de lucha revolucionaria intransigente —por los medios que fuesen necesarios— se hacía escuchar más y más en ese entonces. Malcolm dio la bienvenida a Fidel Castro al Hotel Theresa en Harlem cuando la delegación cubana viajó a Naciones

Unidas en 1960. Malcolm invitó a Che Guevara a hablar ante una reunión de la Organización de la Unidad Afro-Americana cuando Che hizo su viaje a Nueva York en 1964.[16]

Para nosotros, estas y otras expresiones del creciente respeto y solidaridad mutuos que caracterizaron las relaciones entre Malcolm X y la dirección cubana confirmaron aún más la visión mundial que nos íbamos formando.

---

16. Tanto el encuentro de Fidel Castro con Malcolm X en 1960 como la invitación de Malcolm a Guevara en 1964 se describen en la primera parte de este libro en "Malcolm X: dirigente revolucionario de la clase trabajadora", págs. 117–19.

La 'meritocracia' cosmopolita y la estructura de clases cambiante de la nacionalidad negra

por Jack Barnes
noviembre de 2008 y abril de 2009

Este capítulo se basa en informes que Jack Barnes presentó a una conferencia de la dirección del Partido Socialista de los Trabajadores celebrada del 11 al 13 de abril de 2009 en Nueva York y en una charla que Barnes dio el 22 de noviembre de 2008, en un evento público de unos 375 participantes en Newark, Nueva Jersey, patrocinado por el PST y la Juventud Socialista.

La designación irónica de William Jefferson Clinton como "primer presidente negro" de Estados Unidos en una cena de entrega de premios del Caucus Negro Congresional en septiembre de 2001 no fue simplemente una broma después de los cócteles. Indicó la consolidación de una capa social aburguesada de africano-americanos, producto derivado de la creciente estratificación de clases de la población negra y una deformación inevitable de las victorias que conquistó el movimiento por los derechos de los negros en los años 50 y 60. Este proceso se vio reforzado por la "prosperidad" y los "buenos tiempos" capitalistas impulsados por el crédito, fenómeno que apenas recién comenzó a desmoronarse en la segunda mitad de la primera década del siglo XXI.

Entre la nacionalidad negra se había producido un crecimiento importante de capas de clase media y profesionales, y hasta una capa burguesa, en un grado que habría sido impensable para personas de todas las clases y razas en Estados Unidos hace apenas un cuarto de siglo. Mucho antes de comenzar su mandato en la Casa Blanca en 1993, Clinton había reconocido la importancia de este fenómeno para la estabilidad del dominio capitalista en Estados Unidos, y especialmente su importancia para el Partido Demócrata a nivel local, estatal y federal. Clinton nombró a muchos más negros a su administración que cualquiera de los 41 presidentes que le precedieron o, hasta el momento, los dos que le siguieron. Nombró a nueve africano-americanos para puestos a nivel del gabinete y a nueve como ayudantes presidenciales, sin mencionar los miles de nombramientos a otros puestos en la burocracia federal.

Los miembros del Caucus Negro le estaban rindiendo honor a Clinton por aportar a la promoción de la carrera de los pares sociales de estos, no por fomentar el avance económico y social de la mayoría trabajadora de los africano-americanos o del conjunto de los trabajadores y agricultores en Estados Unidos.

Es importante que el movimiento proletario entienda el alcance y el ritmo de la expansión de esta capa de la población negra en las décadas recientes.

La proporción de los negros en Estados Unidos con ingresos familiares anuales entre 50 mil y 100 mil dólares (en dólares constantes de 2006) ha saltado del 12 por ciento en 1967 al 23 por ciento en 2006. En la actualidad, casi una de cada 10 familias negras —el 9.1 por ciento— tiene ingresos anuales de más de 100 mil dólares (nuevamente, en dólares de 2006), comparado con menos del 2 por ciento hace solo 40 años.

Hasta fecha tan reciente como 1988, no había habido ni un solo director ejecutivo (CEO) en ninguna de las principales empresas o divisiones empresariales de Estados Unidos que fuera negro. *Ni uno solo.* Hoy hay más de 20. Y no de empresas pequeñas de las cuales "el americano medio" no ha oído hablar nunca. En el último lustro, empresas reconocidas en todo el mundo que han tenido un director ejecutivo negro incluyen: American Express, Merrill Lynch, Time Warner, Sears, Fannie Mae, Duke Energy, Dun and Bradstreet, Symantec, Aetna, Oracle, Xerox y Avis. La más reciente, la nueva directora ejecutiva de la Xerox, es mujer y es negra.

Esta es la punta de una nueva *capa social* de la población africano-americana, una capa (a diferencia de un puñado grande de individuos) que ha existido a lo sumo durante una o dos generaciones. Es diferente de la reducida clase media que ha existido entre los africano-americanos durante la mayor parte del siglo XX: maestros, predicadores de iglesias grandes, dueños de funerarias, concesionarios de autos y otras pequeñas empresas que atendían a negros; y un puñado de abogados y médicos que ejercían casi exclusivamente en barrios negros y servían a empresas de propiedad negra.

Un indicio de lo nuevo que es esta clase media en la nacionalidad africano-americana es el retraso que hay entre el crecimiento del *ingreso* medio anual de sus miembros —que se expandió muy rápidamente una vez que el movimiento por los derechos de los negros tumbó ciertas barreras racistas— y su *riqueza* media, que tarda mucho más en acumularse y en traspasarse libre de impuestos mediante herencias y fondos y fundaciones familiares.

Hoy día el ingreso medio anual de los negros es un 62 por ciento del de los blancos, comparado con el 56 por ciento en los años 60. Para los negros casados, el ingreso medio familiar ahora es un 80 por ciento de la cifra para familias comparables en las que ambos adultos son blancos. Pero el valor neto medio de las familias negras (no solo el de los casados) —es decir, su riqueza acumulada— sigue por debajo del 20 por ciento del nivel de los blancos. Y un porcentaje mucho mayor de la riqueza que tienen los negros es una casa y no acciones, bonos u otros capitales. En ese sentido los negros, en comparación con los blancos, siguen siendo "ricos de casa y pobres de dinero", según dice el viejo refrán.

Pero eso también ha venido cambiando. De hecho, tomando las cifras del gobierno, poco más del 10 por ciento de los clasificados como "no blancos o hispanos" hoy día poseen acciones directamente (es decir, no solo de forma indirecta —y para la mayoría, de forma insegura— mediante limitados derechos de participación en un fondo de jubilación, un plan médico, etcétera), un aumento de casi el 60 por ciento comparado a un cuarto de siglo atrás. La cifra respectiva para los clasificados como "blancos no hispanos" es 24.7, es decir, aproximadamente dos veces y medio el porcentaje de los "no blancos o hispanos" propietarios de acciones.

Unos cientos de miles de africano-americanos, alrededor del 0.4 por ciento de los hogares negros, poseen bonos. En este caso la cifra respectiva para los blancos no hispanos es 3.8 por ciento, es decir, casi 10 veces más que el porcentaje de tenedores de bonos africano-americanos. (Para el puñado minúsculo de familias dominantes acaudaladas, las obligaciones —del gobierno, de agencias y corporativas— son el depósito individual más grande de la riqueza "permanente" que obtienen de su tajada de la plusvalía total que exprimen del trabajo social de los trabajadores, agricultores y otros productores en todo el mundo).

Esta acomodada capa social de la población africano-americana también ejerce mucho más peso que nunca entre los titulares y funcionarios del Partido Demócrata. Actualmente, 43 miembros de la Cámara de Representantes de Estados Unidos son negros —el 10 por ciento— comparado con apenas cuatro miembros, o menos del 1 por ciento, en 1963. El número de legisladores estatales que son africano-americanos se ha triplicado desde 1970, y casi un tercio de ellos fueron elegidos en distritos con poblaciones predominantemente blancas. Hoy día hay alcaldes negros en unas 50 de las 600 ciudades estadounidenses con poblaciones de 50 mil habitantes o más, mientras que antes de 1967 no había habido un solo alcalde africano-americano en una de las principales ciudades en casi 100 años... desde la supresión sangrienta de la Reconstrucción Radical.

De hecho, esta capa privilegiada de la población negra se ha convertido en la tercera pata de la "coalición" que moviliza los votos para los imperialistas que manejan el Partido Demócrata; las otras dos son la cúpula sindical y los aparatos políticos basados en clientelismo en las principales ciudades de Estados Unidos. Los representantes políticos de esta capa han remplazado a los "Dixiecrats", los funcionarios del Partido Demócrata de los estados de la antigua Confederación, quienes antes de la derrota de la segregación racial Jim Crow en los años 60 habían constituido durante muchas décadas el baluarte institucional de ese sistema racista y habían garantizado la viabilidad de los demócratas como partido a nivel nacional.

Obama y la 'meritocracia'

Este crecimiento de las clases medias negras y de la burguesía negra recién acrecentada, que surgió en la cresta de la expansión capitalista impulsada por deudas de los años 80 y 90, es un cambio que mayormente ya quedó en el pasado. Políticamente culminó durante la administración Clinton de 1993 a 2000.

A pesar de lo que a menudo se dice en los medios de difusión capitalistas y otros medios, la elección de Barack Obama a la presidencia no indica la existencia de esta capa social entre los africano-americanos; más bien indica algo diferente en la evolución de las relaciones de clases en Estados Unidos. No es "un fenómeno negro". El ascenso de la administración Obama se debe al crecimiento explosivo, en décadas recientes, de un nuevo estrato de profesionales de mentalidad burguesa e individuos de clase media —*de todos los matices de la piel*— en ciudades, suburbios y pueblos universitarios por todo el país.

Desde el comienzo de sus años en la política estatal de Arkansas a mediados de los años 70, Clinton había reconocido oportunistamente lo que los resultados derivados de las conquistas de las luchas por los derechos de los negros les ofrecían a políticos del Partido Demócrata como él. Desde el principio *se esforzó* activamente para asegurarles a él y a su partido un "voto negro" más y más amplio. La relación de Clinton con el Caucus Negro Congresional y con los maldirigentes burgueses de las organizaciones de derechos civiles, obreras y de la mujer era hasta cierto punto simbiótica, pero sin duda él necesitaba a estos "hermanos y hermanas" tanto, si no más, de lo que ellos lo necesitaban a él.

El fenómeno Obama ocurrió más tarde y es bastante diferente. Obama no solo no necesitó hacer mucho esfuerzo durante su campaña electoral para captar el voto negro, sino que prácticamente no hay nada que realmente podría haber hecho para *perderlo*. Lo mismo sucedió, aunque en menor grado, entre los latinos, y hasta entre la juventud estudiantil, incluida una mayoría considerable de estudiantes que son blancos. Por lo tanto, la relación de Obama con el Caucus Negro y con los maldirigentes de derechos civiles y otros maldirigentes definitivamente no es simbiótica; *ellos* lo necesitan a *él* y no viceversa. (El "liderazgo" demócrata más amplio en el Congreso es un problema distinto y más difícil para la nueva administración).

Esta creciente capa de las clases medias acomodadas —cuyo papel en la sociedad burguesa sí se ve en los resultados de las elecciones presidenciales de 2008— está compuesta de miembros del personal muy generosamente remunerado de las llamadas fundaciones sin fines de lucro, organizaciones caritativas, "grupos comunitarios" y "organizaciones no gubernamentales" (ONG), tanto en Estados Unidos como a nivel mundial; de profesores bien ubicados y de personal administrativo universitario de alto nivel; de abogados, cabilderos y otros más. La vida y los medios de sustento de estas crecientes capas de la sociedad capitalista que se basan en fundaciones y universidades —y que, junto a banqueros y pequeños empresarios, se van reciclando al ocupar y dejar puestos del gobierno— están desligados en gran medida de la producción, reproducción o circulación de la riqueza social. Su existencia es cada vez más ajena a las condiciones de vida del pueblo trabajador de *cualquier* origen racial o nacional.

Esta realidad se reflejó en los resultados de las elecciones presidenciales en noviembre. Obama, por supuesto, afianzó en gran parte el llamado voto negro. Sin embargo, eso no es lo que le dio una victoria tan decidida en la contienda contra el republicano John McCain. Uno de los cambios más notables en comparación con elecciones anteriores es el hecho que Obama ganó el 52 por ciento de los votos de los que tienen ingresos anuales por encima de 200 mil dólares, mientras que el demócrata John Kerry había ganado el 35 por ciento de esta capa solo cuatro años antes.

Y por primera vez en muchas décadas, el candidato presidencial demócrata en 2008 ganó más del 50 por ciento de los votos en los suburbios predominantemente blancos de la nación, comparado con el 41 por ciento y el 47 por ciento que ganó Clinton en 1992 y 1996. Por otra parte, si bien los republicanos aún dominaron muchos suburbios poblados por la "riqueza vieja" más establecida —lugares como New Caanan y Darien, Connecticut; Saddle River y Englewood Cliffs, Nueva Jersey; o Sunfish Lake y North Oaks, Minnesota— Obama obtuvo márgenes sustanciales en pueblos con concentraciones mayores de profesionales de ingresos elevados, los usuarios parásitos de riqueza: lugares como Westport (65 por ciento), West Hartford (70 por ciento) y Greenwich (54 por ciento), Connecticut; Montclair (84 por ciento), Tenafly (64 por ciento) y Ridgewood (56 por ciento), Nueva Jersey; Edina (56 por ciento), Minnesota; y muchos más. Más del 65 por ciento de los votantes en Scarsdale, uno de los suburbios más exclusivos de Nueva York, votó por Obama, y el condado de Westchester —el segundo condado más rico del estado y el duodécimo más rico de Estados Unidos— le correspondió a Obama por un margen del 63 por ciento (superando el 58 por ciento para Kerry en 2004 y el 56 por ciento para Clinton en 1996).

La capa social aspirante de la que forma parte Obama es *burguesa* en cuanto a sus intereses de clase, sus valores y su óptica mundial. Pero no es una sección naciente de la clase capitalista. No es "empresarial". No está integrada por los dueños, altos gerentes o grandes tenedores de deudas de nuevas empresas capitalistas que van creciendo rápidamente, ya sean fábricas, fincas, compañías tecnológicas o empresas financieras o comerciales. El prolongado "boom" capitalista, alimentado por deudas, de las tres últimas décadas se caracterizó por el estancamiento de las inversiones en fábricas y equipos que aumentan la capacidad productiva, y por la lentitud de la incorporación de mano de obra productiva en la creación de riqueza social. Este estancamiento de la acumulación de capital, junto con el crecimiento de la capa de clase media de la que estamos hablando, son en realidad dos caras de la misma moneda. Sus miembros gozan de elevados ingresos, pero muy pocos pueden o van a traspasar mucho capital a través de fondos familiares a las próximas generaciones.

Por el contrario, se trata de una autonombrada "meritocracia ilustrada", resuelta a embaucar al mundo con el mito de que el progreso económico y social de sus miembros es la recompensa justa por su inteligencia, educación y "servicio" individual. Sus miembros realmente creen que su "brillantez", su "presteza", sus "aportes a la vida pública", sus "sacrificios" (humildemente señalan que podrían estar ganando mucho más en el comercio o la banca) les dan el derecho de tomar decisiones, de administrar la sociedad en nombre de la burguesía: en nombre de lo que según ellos son los intereses "del pueblo". A cambio de eso, adquieren casas mejores y más grandes, una educación obscenamente cara para su linaje desde el jardín de infantes hasta el posgrado universitario, "necesidades" de consumo caras, además de lo que equivale a un "descuento para policías" en todas las grandes transacciones financieras. (El tremendo beneficio que sacaron los Obama de su mansión y terrenos en el distrito Hyde Park de Chicago, subvencionados generosamente por uno de los grandes recaudadores de fondos del aparato político de Daley, no es más que un ejemplo típico de estos ámbitos). Y aunque no lo crean, estos aspirantes a burgueses consideran todo esto como sofisticación social, no como el consumo ostentoso de cachivaches.

Si bien la existencia y la expansión de estas capas están mayormente divorciadas del proceso de producción, sí están muy ligadas a la producción y reproducción de *relaciones sociales capitalistas*. Tienen una existencia *parásita*. Para mantener sus altos ingresos y niveles de vida dependen de la extracción de una parte de la plusvalía —"renta"— creada por los trabajadores y apropiada por la burguesía. Sin embargo, en su gran mayoría no aportan nada a la creación de ese valor, ni siquiera en formas despilfarradoras o socialmente dañinas.

Más bien, muchos de ellos siguen carreras —en universidades, medios de difusión, "tanques pensantes" y otras— que fabrican justificaciones ideológicas para la explotación y desigualdad de clases (al tiempo que se esfuerzan por "reformarla", por supuesto). Otros, ya sea como personal de supervisión, empleados o abogados muy bien remunerados, administran las gestiones de la clase dominante a través de fundaciones, "grupos de apoyo" (*advocacy groups*), ONG, organizaciones caritativas y otras instituciones "sin fines de lucro", aquí y por todo el mundo, para aplazar y amortiguar las explosivas respuestas sociales y políticas del pueblo trabajador al deterioro de nuestras condiciones de vida y trabajo.[17]

Esta es una capa social que se siente insegura de su posición de clase. Le falta la confianza que exhibe la burguesía, incluso la burguesía de los nuevos ricos. La clase dominante acaudalada —que comprende solo centenares

---

17. La cúpula sindical, a pesar de su estilo de vida pequeñoburgués y óptica burguesa, realmente no forma parte de esta capa. Aún está demasiado vinculada —por el carácter de su base de cuotas y su función en la sociedad capitalista— al polvo y la mugre del trabajo.—JB

de familias, no miles— sí es una clase con confianza (salvo durante crisis prerrevolucionarias o momentos de un descalabro acelerado en el orden capitalista). No solo poseen, controlan y mantienen la deuda a perpetuidad desde las cimas dominantes de las industrias, la banca, la tierra y el comercio. También dominan el estado y todos los aspectos de la vida social y política, y financian la producción de la cultura y las artes, incluidas sus tendencias "de avanzada".

En cambio, la meritocracia *no* tiene confianza. Estos privilegiados aspirantes a la comodidad burguesa —estilo de vida que, según su firme convicción, la "sociedad" *se lo debe*— dependen de gorronearles a los capitalistas una parte de la riqueza creada por los productores explotados, pero no obstante temen que en determinado momento se vean echados de nuevo hacia las condiciones de las clases trabajadoras. Por un lado, debido a su propio tamaño como estrato de la sociedad —*son millones, o hasta decenas de millones* en Estados Unidos hoy día— reconocen que a la clase dominante le resultan útiles para promover ilusiones en las supuestamente ilimitadas "carreras que están abiertas al talento" en el capitalismo. Al mismo tiempo, y a pesar de su desvergonzada autopromoción, muchos de ellos también se dan cuenta que, puesto que no cumplen una función económica o política *esencial* en la producción y reproducción de plusvalía, viven gracias a la tolerancia de la burguesía. Al final, muchos de ellos resultan desechables, sobre todo en tiempos de crisis social cada vez más profunda.

La clase dominante capitalista es *absolutamente pragmática* en su política, pero sí tiene una política de clase. Hacen lo que consideren necesario para defender sus ganancias, su propiedad y los privilegios que les acompañan, y ante todo su dictadura de clase. Ellos *utilizan* esa dictadura, *utilizan* su poder estatal: sus policías, sus tribunales, sus fuerzas armadas, su moneda y sus controles fronterizos.

En contraste, esta capa media "meritocrática" no tiene un curso propio de política de clase. En la medida que se comprometen con una línea de acción —que se disfraza a menudo de atenta, sensible, considerada y sobre todo muy inteligente— estas políticas se derivan en realidad de las necesidades y exigencias de sus patrones burgueses. Por ejemplo, a pesar de la mantra de "cambio" que coreaba la *campaña* de Obama, la *administración* Obama depende de exactamente los mismos banqueros y financieros de alto nivel de Wall Street que sus predecesores; de hecho, de los mismísimos intereses adinerados —hasta los mismos individuos— que han sido los arquitectos de la crisis económica y financiera capitalista que hoy día se va acelerando. Y más que cualquier otra administración en la historia del imperialismo estadounidense, su política exterior, militar y de "seguridad nacional" está marcada por una deferencia casi total hacia los altos niveles de la oficialidad profesional de las fuerzas armadas norteamericanas.

Esa es la capa social de la que surgió Barack Obama. No de la nacionalidad negra mayoritariamente proletaria. No del entorno de la pequeña empresa productora y empresarial, la pequeña burguesía. Y tampoco de la burguesía. Es con los intereses de clase y la óptica mundial de esta "meritocracia" más y más multinacional que se identifica Obama.

La principal "personalidad" pública que fingen es la de empatía mesurada, barniz tras el cual yace su hipocresía social. Ellos realmente "sienten nuestro dolor", pero nos sermonean —nos regañan— más de lo que Clinton jamás se atrevió a intentar. Su pretensión principal es la supuesta claridad de su pensamiento y su habilidad para captar a su público ("Permítanme decirlo con toda claridad...").

Ellos resienten su vulnerabilidad frente a los que realmente poseen el capital. Los irrita y les infunde un cinismo apenas solapado hacia valores burgueses tradicionales como el patriotismo, el ahorro, la fe y la familia (es decir, valores *fomentados* por la burguesía como pilares esenciales del orden social, no necesariamente algo en lo que creen en general las clases acaudaladas). Y ya que, como explicó Marx hace más de 150 años, "Las ideas de la clase dominante son las ideas dominantes en cada época",[18] ese cinismo también pone a esta élite de "inteligencia" y ventajas en contradicción con los valores y las normas de amplios sectores de la clase trabajadora en Estados Unidos.

Como otros miembros de su entorno social —sean blancos, negros, latinos u otra cosa— Obama se considera cosmopolita en el sentido en que el diccionario define esa palabra: *"que posee una amplia sofisticación internacional, de mucho mundo"*. Rotundamente distinto del nacionalismo burgués sencillo (que normalmente se llama "patriotismo").

Después de varias victorias en las elecciones primarias a comienzos de 2008, Michelle Obama dijo que "por primera vez en mi vida adulta me siento orgullosa de mi país". El mismo Barack Obama al principio decidió no lucir un broche con la bandera norteamericana (decisión que luego cambió cuando la contienda con Hillary Clinton se volvió angustiosamente reñida en Pennsylvania). Y cuando el candidato demócrata habló ante una multitud de 200 mil en Berlín en julio pasado,

---

18. Carlos Marx, "La ideología alemana", en Marx y Engels, *Obras escogidas*, tomo I, pág. 45 (Moscú: Editorial Progreso, 1973).

anunció que era "un ciudadano orgulloso de Estados Unidos y conciudadano del mundo". La derecha republicana puso el grito en el cielo por cada uno de estos incidentes y —dado lo que desde hace mucho tiempo se ha considerado aceptable desde la óptica de su clase— tenían motivos para quejarse.

El nuevo presidente, por supuesto, ahora está demostrando en Iraq, Afganistán, Pakistán, Corea del Norte y donde sea que su administración va a desatar la masiva fuerza económica y el mortífero poderío militar del imperialismo norteamericano para "defender" las fronteras nacionales, la moneda y los intereses más amplios de la clase dominante de este país. Eso es cierto. Pero Obama y muchos otros de la meritocracia, independientemente del color de la piel, *no* se consideran, primero y sobre todo, norteamericanos.

Eso no significa que los de esta capa sean internacionalistas, ni siquiera internacionalistas burgueses, mucho menos internacionalistas proletarios. Pero los cosmopolitas sí se identifican con sus homólogos sociales privilegiados en el mundo. Ellos sí tienen una identificación de clase con estas capas. A los Obama sí les preocupa lo que piensan de ellos los profesores, empleados de las ONG, abogados y otros "listos"(*brights*)[19] en París, Berlín,

19. En artículos publicados en 2003 en el *New York Times* y en las revistas *Wired* y *Free Inquiry*, Daniel Dennett y Richard Dawkins —profesores de filosofía y biología evolucionista, respectivamente, así como autores de libros de mayor venta bastante rentables entre la reciente cosecha de libros "ateos"— se proclamaron pioneros de un "electorado" global compuesto de "cualquier individuo cuya visión mundial esté libre de fuerzas y entidades sobrenaturales o místicas". (Todos "nosotros" sabemos quiénes son esas personas, y quiénes *no lo son*, ¿verdad?). En su columna inicial publicada en el *New York Times*, Dennett proclamaba con disimulada ingenuidad: "No hay que confundir el sustantivo con el adjetivo: 'Soy un listo' no es alarde sino un reconocimiento orgu-

Roma y Londres. Ellos sí dependen de ese apoyo como contrapeso a las familias de la clase dominante en este país que a fin de cuentas les dicen lo que van y lo que no van a hacer.

Ante todo, les mortifica que se los identifique con trabajadores en Estados Unidos, sean blancos, negros o latinos; nacidos en Estados Unidos o en el extranjero. Sus actitudes hacia los que producen la riqueza de la sociedad —fundamento de toda cultura— abarcan desde la condescendencia empalagosa hasta el esporádico e improvisado desprecio abierto, en tanto nos regañan por nuestros modales y costumbres. Sobre todo temen que algún día sean gobernados por los que —según les preocupa— podrían convertirse en la "gran turba": la mayoría trabajadora y productora. De hecho, Obama pretende proteger a la meritocracia en todo el mundo de aquellos que, según lo perciben sus círculos pequeñoburgueses, son "populistas" ignorantes, malhumorados, patrioteros, abraza-pistolas, centrados en la familia, religiosos... en efecto, estúpidos.

Es una cuestión de clases

Lo que he denominado "meritocracia" por falta de una palabra mejor, es, en gran parte, lo que Richard J. Herrnstein y Charles Murray describían a mediados de los años 90 en su libro *The Bell Curve* (La curva de campana).[20] Como

---

lloso de una visión mundial inquisitiva". Tan "orgulloso" que cuando uno se inscribe por Internet para "autoidentificarse como listo", el sitio web de Dennett le promete confidencialidad.—JB

20. Richard J. Herrnstein y Charles Murray, *The Bell Curve: Intelligence and Class Structure in American Life* (La curva de campana: Inteligencia y estructura de clases en la vida americana; Nueva York: Free Press, 1994). Para leer una discusión sobre el libro al momento de su publica-

da a entender el subtítulo del libro, *Inteligencia y estructura de clases en la vida americana*, ellos intentaban ofrecer una justificación "científica" de los privilegios de clase y los ingresos rápidamente crecientes de esta capa social de la clase media en Estados Unidos, estrato que eufemísticamente, aunque no modestamente, llamaron "la élite cognoscitiva".

Los autores escribieron que, si bien las diferencias ideológicas, al menos de palabra, continuarían diferenciando a los "liberales" de los "conservadores", y a los "intelectuales" de "los prósperos" ("los prósperos", según su jerga, son la clase capitalista y sus principales gerentes y profesionales), estas "viejas divisiones" en realidad habían empezado a "desdibujarse" en cuanto a las cuestiones de clase más fundamentales.

"Existen intereses teóricos e intereses prácticos", escribieron los autores de *The Bell Curve*. "Puede que el libro de mayor venta de un profesor de Stanford sea una diatriba contra el sistema de justicia criminal punitivo, pero eso no significa que él no vote con sus pies mudándose a un barrio seguro. O puede que su libro sea un ataque fulminante contra normas familiares anticuadas, pero no significa que él no actúe como un padre chapado a la antigua cuando vela por los intereses de sus hijos... y si eso significa mandar a sus hijos a una escuela privada blanca como la nieve para que reciban una buena educación, pues que así sea. Mientras tanto, puede que el dueño de una cadena de zapaterías se sitúe políticamente a la derecha del profesor de Stanford, pero él busca el mismo barrio seguro y las mismas buenas escuelas para

---

ción, ver "La 'curva de campana': el escándalo del privilegio de clase" en Jack Barnes, *El desorden mundial del capitalismo: Política obrera al milenio*, (Pathfinder, 2000).

sus hijos... Tal vez él y el profesor no estén tan alejados en cuanto a cómo quieren vivir su propia vida personal y cómo el gobierno podría servir estos intereses conjuntos e importantes".

Lo que podemos agregar —cosa que Herrnstein y Murray ya sabían— es que ni la escuela privada ni el "barrio seguro" necesitan ser ya "blancos como la nieve". En efecto, aun mucho antes de que se publicara *The Bell Curve*, se puede decir con seguridad que no era así en el barrio de clase media de Hyde Park en Chicago de donde provienen recientemente Barack y Michelle Obama, y donde inscribieron a sus dos hijas en una escuela primaria privada con un costo combinado de matrícula de casi 40 mil dólares al año (una suma mayor que el ingreso anual de casi la mitad de las familias de Chicago, y de por lo menos el 40 por ciento de las familias en Estados Unidos).

Las pocas "metidas de pata" que Obama cometió durante la campaña presidencial de 2008 se deben a su cómoda inmersión en este entorno arrogante, autoelogioso y de mentalidad burguesa. En comparación con otros candidatos demócratas y republicanos en las elecciones primarias, Obama fue cuidadoso y disciplinado durante la campaña. Estaba resuelto a no dejar que la falta de cuidado frustrara sus ambiciones. Por eso sus yerros fueron tan reveladores.

Por ejemplo, tomemos sus palabras ampliamente difundidas en un evento para recaudar fondos en abril de 2008, donde estaba hablando ante un pequeño grupo de partidarios en una casa en el exclusivo barrio de Pacific Heights en San Francisco. El candidato demócrata estaba tan cómodo en esa compañía que bajó la guardia. Salieron sus prejuicios de clase para que todos los escucharan.

Obama dijo que desde hacía mucho tiempo venían

reduciéndose las oportunidades de empleo para los trabajadores en los pueblos pequeños de Pennsylvania donde acababa de hacer campaña, y en "muchos pueblos pequeños del Medio Oeste". "Disminuyeron a lo largo de la administración Clinton y de la administración Bush, y cada administración sucesiva ha dicho que de alguna forma estas comunidades se van a revitalizar y eso no ha sucedido. Y no sorprende, entonces, que se amarguen, que se aferren a las armas o a la religión o a la antipatía hacia gente que no se les parece o a sentimientos en contra de los inmigrantes o en contra del comercio [exterior] como forma de explicar sus frustraciones".

Los trabajadores, pues, seremos unos "amargados", intolerantes aferrados al fusil, fanáticos de la biblia y patrioteros, pero eso "no sorprende", ¡ya que somos tan provincianos, abatidos y desmoralizados! (A propósito, ¿cuesta imaginarse un "pueblo pequeño" más provinciano que San Francisco? ¿O que el Noroeste de Manhattan? ¿O que el mismo Hyde Park de Obama en Chicago?)

Deformación burguesa de conquistas obreras

El hecho que hoy día un número creciente de personas en esta capa social de la "élite cognoscitiva" son africano-americanos es algo que habría sido imposible hace 30 años. Eso demuestra la expansión de la clase media negra y la evolución de las actitudes sociales de las cuales ya hemos hablado. Lo que para la segunda mitad de los años 60 se llegó a conocer como acción afirmativa —es decir, no simplemente el concepto de igualdad de justicia bajo la ley burguesa, conquistada y codificada más ampliamente a través de las luchas masivas por los derechos civiles, sino *cuotas* explícitas y transparentes en la contratación, el ingreso a las universidades y las promociones— fue lo que derribó las barreras que por mucho tiempo habían impedido que muchos africano-americanos obtuvieran esa posición social. Y fueron las rebeliones urbanas de proletarios que eran negros durante esos mismos años —en Harlem, Watts, Chicago, Newark, Detroit y ciudades más pequeñas por todo el país— y el ascenso de la conciencia nacionalista negra y de organizaciones nacionalistas negras en esa misma época, lo que convenció a los gobernantes de Estados Unidos de que tenían que conceder algo más que la igualdad formal. Al menos durante cierto tiempo tuvieron que aceptar la necesidad de las cuotas.

Hoy día las capas privilegiadas de las que forma parte Obama están orgullosas de ser ciegas a los colores en un sentido que es nuevo para la sociedad burguesa en Estados Unidos. El pegamento que los une no es el color sino la clase social, o, para ser más preciso, su afianzamiento en una *determinada sección* de una clase social. Sea cual sea su origen racial o nacional o su género, casi ninguno de ellos percibe la acción afirmativa, según ha evolucionado hoy, como un peligro para *su* condición, y no es inusual que algunos de los que son negros, latinos o mujeres comenten que, en sus propios casos, *ellos* llegaron hasta donde *ellos* están sin necesidad de cuotas.

Se ha integrado la acción afirmativa —en las formas desfiguradas en que la han ido aplicando los gobernantes capitalistas— más y más al avance de la meritocracia en la medida que la burguesía lo considera necesario para mantener y reproducir relaciones sociales burguesas que sean estables. Dado este carácter supraclase, la principal función de la acción afirmativa según la ha venido aplicando la burguesía en Estados Unidos es la de reforzar las ilusiones en la democracia imperialista. Se utiliza para dividir más a los africano-americanos y otras capas nacionalmente oprimidas en términos de clase, y para

"Lo que se llegó a conocer como acción afirmativa —cuotas explícitas y transparentes en la contratación, en el ingreso a universidades y en las promociones— ayudó a derrumbar las barreras que por mucho tiempo habían impedido que los africanoamericanos lograran un trato de iguales", dijo Barnes. "Sin embargo, si la lucha de clases no avanza, lo que la clase obrera conquistó con victorias como el fallo en el caso Weber se deforma en programas que ofrecen una llave de oro para que algunos entren a un club más y más exclusivo, subiendo unos peldaños más arriba en la escalera de ingresos de la sociedad estadounidense".

Arriba: Huelguistas forman línea de piquete en el astillero de Newport News, Virginia, febrero de 1979. La exitosa batalla para que se reconociera el sindicato del acero USWA indicó el fortalecimiento de la clase trabajadora y del movimiento obrero en el Sur y a nivel nacional gracias a los avances para los derechos de los negros. Recuadro: Folleto con que los trabajadores socialistas hicieron campaña para responder al intento iniciado por Brian Weber, empleado de la Kaiser Aluminum, de eliminar las disposiciones de acción afirmativa en el convenio sindical que fijaron cuotas en la capacitación laboral para negros y mujeres. Muchos sindicatos defendieron estas medidas, y en junio de 1979 la Corte Suprema rechazó los alegatos de Weber de "discriminación a la inversa".

ahondar las divisiones dentro de la clase trabajadora en su conjunto.

Si bien los comunistas y otros trabajadores de vanguardia nos oponemos incondicionalmente a echar atrás cualquiera de los logros que los trabajadores han conquistado al combatir pautas racistas o antimujer en el empleo, los ascensos, los despidos o el ingreso a las universidades, no damos apoyo político a la forma en que la burguesía ha puesto en práctica lo que *ellos* llaman acción afirmativa durante las dos últimas décadas. El terreno que la clase trabajadora conquistó con victorias como el fallo judicial del caso *Weber* en 1979[21] es como

---

21. En junio de 1979 la Corte Suprema confirmó un convenio negociado entre el Sindicato Unido de Trabajadores del Acero (USWA) y la Kaiser Aluminum. Para mejorar los empleos de los que por mucho tiempo habían sido objeto de discriminación, el convenio establecía una cuota, en que la mitad de las plazas en un nuevo programa de capacitación laboral se reservaría para negros y mujeres. La corte rechazó los alegatos de los abogados de Brian Weber, un trabajador en la planta de la Kaiser en Gramercy, Louisiana, de que a él lo habían excluido ilegalmente del programa de capacitación por ser blanco. Anteriormente, aunque el 39 por ciento de los trabajadores en la planta de Gramercy eran africano-americanos, los trabajadores negros ocupaban apenas 5 de los 273 empleos especializados en la planta, y las mujeres ninguno. En esos momentos los trabajadores socialistas y otros realizaron una campaña activa por todo el país y en todo el movimiento sindical con un folleto de la Pathfinder, *The Weber Case: New Threat to Affirmative Action; How Labor, Blacks, and Women Can Fight for Equal Rights and Jobs for All*. (El caso Weber: Nueva amenaza a la acción afirmativa; cómo los trabajadores, negros y mujeres pueden luchar por igualdad de derechos y empleos para todos). Costaba 75 centavos. Ver también Jack Barnes, *El rostro cambiante de la política en Estados Unidos* (Pathfinder, 1994), especialmente las págs. 378–80, 448–49.

Sin embargo, una década más tarde, la Corte Suprema comenzó a emitir fallos que progresivamente fueron restringiendo —según lo expresó un dictamen en enero de 1989 (*Ciudad de Richmond versus Croson*)— "el uso de una cuota racial inflexible". Después de otro fallo similar de la Corte Suprema en 1995 (*Adarand Constructors, Inc. versus*

otros logros del pueblo trabajador. Si la lucha de clases deja de avanzar, esos logros se verán deformados por las operaciones mismas de las relaciones sociales capitalistas. Se convertirán en programas que ofrecen una llave de oro para que algunos puedan ingresar a un club exclusivo en peldaños más altos de ingresos de la sociedad norteamericana.

Ante la situación actual en que aumenta rápidamente el desempleo, y que la tasa de desempleo para los trabajadores que son negros es más del 75 por ciento mayor que para los trabajadores que son blancos, se ven crecientemente amenazadas las victorias que la clase trabajadora ha logrado a través de décadas de lucha contra las divisiones raciales, divisiones que son parte integral de las operaciones del capitalismo y que los patrones fomentan conscientemente para enfrentarnos entre nosotros mismos y debilitar al movimiento obrero. Mientras existan las relaciones capitalistas, la lucha por las *cuotas* en la contratación, los ascensos y el ingreso a las universidades —es decir, objetivos numéricos declarados abiertamente o listas distintas para los que enfrentan discriminación por raza o género— seguirá siendo un elemento imprescindible para forjar la solidaridad de clase en el camino hacia la lucha revolucionaria del

---

Peña), la administración Clinton emitió un memorando destinado a acentuar las divisiones entre los trabajadores al proponer la eliminación de todo programa que establezca "una cuota", "preferencias para individuos no calificados", o "discriminación a la inversa": tres viejos gritos de guerra de los opositores de la decisión *Weber* y de otras victorias anteriores. En un fallo emitido en 2003 (*Grutter versus Bollinger*), la Corte Suprema, si bien concedió que la Facultad de Derecho de la Universidad de Michigan podía seguir tomando medidas discrecionales para mantener "un estudiantado diverso", a la vez dictaminó que las "universidades no pueden establecer cuotas para miembros de ciertos grupos raciales o étnicos, ni ubicarlos en vías de ingreso distintas".

pueblo trabajador para tomar y mantener el poder estatal, y para ayudar a los que luchan por hacer lo mismo en todas partes del mundo.[22]

Desprecio hacia trabajadores que son negros

Lo que resulta tan instructivo sobre la identificación de clase de Obama —y de los de su entorno, independientemente de su raza o género— no es simplemente, ni siquiera principalmente, su actitud paternalista hacia los trabajadores que son blancos. Cuando se trata de trabajadores que son negros, las actitudes de Obama, en todo caso, son hasta más desdeñosas.

Tomemos, por ejemplo, las palabras que pronunció por el Día del Padre en junio de 2008 en la Iglesia Apostólica de Dios en Chicago, que tiene una feligresía africanoamericana en su abrumadora mayoría. Gran parte de

---

22. En las primeras décadas del siglo XX, el dirigente bolchevique V.I. Lenin, al responder a la creciente manifestación de una política chovinista rusa por parte de una casta social privilegiada en ascenso en el aparato del gobierno y del partido de la joven república soviética de trabajadores y campesinos, explicó el carácter proletario de las medidas que van dirigidas a superar el legado de la opresión nacional en un estado obrero. En una carta en diciembre de 1922 al congreso del Partido Comunista que estaba por celebrarse, Lenin escribió que el internacionalismo "por parte de las naciones opresoras, o así llamadas 'grandes' (aunque sean grandes solo por su violencia, grandes solo como lo es el matón del barrio), debe consistir, no solo en el respeto a la igualdad formal de las naciones, sino también en una desigualdad que compense, por parte de la nación opresora, de la gran nación, la desigualdad que en la vida se establece de hecho. Quien no comprende esto no ha entendido tampoco la actitud verdaderamente proletaria en relación con el problema nacional: sigue siendo esencialmente pequeñoburgués en su punto de vista, y, por consiguiente, no puede dejar de caer continuamente en el punto de vista burgués". De "Carta al congreso", en *La ultima lucha de Lenin* (Pathfinder, 1997, 2010), pág. 255 [impresión de 2016].

las noticias sobre ese servicio religioso se concentró en los comentarios que Obama hizo sobre los padres ausentes, pero él dijo mucho más que eso. Increpó a los miembros de la congregación diciendo que no se quedaran "no más sentados en casa mirando el [programa deportivo de televisión] 'SportsCenter'... Remplacen de vez en cuando el juego de video o el control remoto con un libro". (En febrero de 2008, dirigiéndose de nuevo a un público mayormente africano-americano, sermoneó a los presentes por darles a sus hijos "[pollo] Popeyes frío" de desayuno... a diferencia de él y Michelle, hemos de suponer).

"No hay que entusiasmarse mucho con esa graduación del octavo grado", dijo Obama en la iglesia de Chicago. "Se *supone* que hay que graduarse del octavo grado". (Para los trabajadores y agricultores eso es menos dañino que entusiasmarse con un diploma de derecho en Yale o Harvard, pero eso ya es otro asunto).

Entonces, lleno de desprecio, agregó, "Necesitamos que los padres reconozcan que la responsabilidad no termina con la concepción. Eso no te hace padre. Lo que te hace hombre no es la capacidad de tener un hijo. Cualquier tonto puede tener un hijo. Eso no te hace padre. Es la valentía de criar un hijo lo que te hace padre".

Demasiados padres, dijo Obama, "han abandonado sus responsabilidades, portándose como muchachitos y no como hombres. Y por eso los cimientos de nuestras familias son más débiles", agregó. "Ustedes y yo sabemos que eso es cierto en la comunidad africano-americana".

Era asqueroso. *Iba dirigido a los votantes de "América blanca".* Obama estaba responsabilizando principalmente a miembros individuales de familias negras por la calidad de la educación, la nutrición y la atención médica que reciben sus hijos. "Si los padres cumplen con su parte...", dijo, "entonces nuestro gobierno debería salir a encontrarlos a mitad de camino". ¡A mitad de camino! Y solo "si..."[23]

Las condiciones de los trabajadores decaen... y convergen

Si bien los ingresos de la capa social de mentalidad burguesa de la que forma parte Obama han subido rápidamente desde los años 60, durante esa misma época han decaído aún más bruscamente las condiciones de vida y de trabajo de una creciente mayoría del proletariado, de todos los colores de la piel.

El carácter hipócrita y fraudulento de las inquietudes de Obama en el Día del Padre del año pasado acerca de "los cimientos de nuestras familias" que se están poniendo "más débiles" se manifestó aún más claramente unas semanas después, cuando participó en un foro presidencial por televisión en California del sur, en la iglesia Saddleback del reverendo Rick Warren. Cuando Warren le preguntó acerca de "la opinión más importante que usted sostenía hace 10

---

23. El mismo mensaje condescendiente sobre "responsabilidad familiar", con sus prejuicios de clase, fue un hilo central de las palabras que Obama ofreció en el congreso nacional del grupo pro derechos de los negros NAACP, celebrado en Nueva York en julio de 2009, seis meses después de su investidura. Solo porque "ustedes son africanoamericanos" y "la probabilidad de crecer rodeado de delincuencia y bandas delictivas es mayor", y "viven en un barrio malo", dijo Obama, "no es razón para sacar malas notas, no es razón para faltar a las clases, no es razón para abandonar esperanzas en su educación y salirse de la escuela... No hay excusas. No hay excusas".

Al hablar ante un público de padres que son negros, Obama continuó diciendo, "No se puede contratar a otra gente para que críe a los hijos. Eso significa quitar el Xbox, hacer que nuestros hijos se acuesten a una hora razonable... Nuestros hijos no pueden aspirar todos a ser LeBron o Lil Wayne. Quiero que aspiren a ser científicos e ingenieros, médicos y maestros, no solo bailarines de ballet y raperos".

años que hoy ya no sostiene", Obama inmediatamente señaló su apoyo actual a la abolición del programa de Ayuda a Familias con Niños Dependientes (AFDC) por la administración Clinton y el Congreso en 1996. Obama dijo que estaba "mucho más preocupado hace 10 años, cuando el presidente Clinton firmó inicialmente el proyecto de ley, de que eso podría tener resultados desastrosos". Pero dijo que hoy, en agosto de 2008, estaba "absolutamente convencido" de que la "reforma de la asistencia social" tenía que mantenerse como "pieza clave de cualquier política social".

¿Cuáles han sido los resultados de esta "pieza clave" liberal, aun antes de la reducción prolongada de la tasa de crecimiento económico y de los ingresos de los trabajadores —la depresión— que comenzó en 2007? Desde que fue destruida la "asistencia social según la conocemos" — la frase despiadada con que Clinton describió su blanco de ataque— el número de personas que reciben ayuda en efectivo —administrada hoy por los gobiernos estatales bajo el sucesor de la AFDC, la Asistencia Temporal para Familias Necesitadas (TANF)— ha caído al punto más bajo en más de 40 años. Sin embargo, lejos de contar con empleos productivos y buenos salarios, los expulsados de la AFDC que tuvieron la suerte de encontrar algún tipo de trabajo —en 2005 eran solo la mitad de ellos, según un estudio reciente[24]— se vieron obligados a aceptar empleos

---

24. Ver "Welfare Reform in the Mid-2000s: How African American and Hispanic Families in Three Cities Are Faring" (Reforma de la asistencia social a mediados de la década de 2000: Cómo les va a familias africano-americanas e hispanas en tres ciudades) por Andrew Cherlin y otros, en Douglas Massey y Robert J. Sampson, *The Moynihan Report Revisited: Lessons and Reflections after Four Decades* (Reexaminando el informe Moynihan: Lecciones y reflexiones después de cuatro décadas), número especial de la revista *Annals of the American Academy of Political and Social Science* (enero de 2009).

mal remunerados, sin sindicato y con mínimos —o sin— beneficios médicos, pensiones y otras prestaciones.

En 2005, el 50 por ciento de los ex beneficiarios de la AFDC eran negros y desempleados. Sus ingresos habían caído otro 30 por ciento por debajo del nivel de pobreza oficial del gobierno federal, comparado a lo que había sido en 1999. Y esto, también, fue bastante antes de la actual crisis capitalista que se va profundizando. Además, si bien los pagos en efectivo a las mujeres que cumplían los requisitos para recibir la AFDC aumentaron durante las recesiones de 1974–75, 1981–82 y 1990–91, a fines de 2008 las prestaciones en efectivo ya se habían *reducido* en 8 de los 12 estados donde más había crecido el desempleo en los primeros meses de la fuerte contracción actual. La tasa oficial de desempleo para las mujeres negras mayores de 20 años —que como sabemos está muy por debajo de la verdadera tasa de desempleo— se ha disparado: del 7.8 por ciento al 10.5 por ciento en solo los 12 meses desde el comienzo de 2008.

Ya sea la destrucción de la AFDC, los recortes a los fondos médicos y de jubilación, la reducción de los programas de cuidado infantil y preescolares —ya deplorablemente insuficientes— o ataques contra otros aspectos del salario social de los trabajadores, los golpes afectan con más fuerza a las *mujeres* de la clase trabajadora, y sobre todo a las trabajadoras negras o de otras nacionalidades oprimidas. La nueva administración Obama no tardó más de una semana tras la toma de posesión del 20 de enero en indicar que estos ataques continuarían. A consecuencia de la reaccionaria Enmienda Hyde promulgada en 1976, el aborto desde entonces ha sido el procedimiento médico del cual están excluidas de recibir fondos federales todas las mujeres inscritas en el programa de Medicaid, actualmente un 12 por ciento de todas las mujeres en edad reproductiva. A los pocos días de asumir la presidencia, Obama logró eliminar una cláusula en el llamado plan de estímulo del Congreso que habría aumentado el acceso al apoyo financiero para el control de la natalidad en el caso de mujeres que de otra forma no cumplirían los requisitos para recibir el Medicaid.[25]

Sí se ha reducido la brecha desde los años 60 en las condiciones económicas y sociales entre los trabajadores que son blancos y los que son negros. Pero no es porque las cosas hayan mejorado para la mayoria de los africano-americanos. La razón es que los salarios y niveles de vida *han bajado* para una mayoría creciente de la clase trabajadora de todos los colores de la piel.

Si bien la tasa de nacimientos para las adolescentes no casadas ha subido bruscamente tanto entre blancas como africano-americanas desde los años 60, por ejemplo, la brecha entre las jóvenes negras y las jóvenes blancas ha disminuido: de una proporción de 12 a uno, a la actual

---

25. Al hablar en la ceremonia de graduación del 17 de mayo de 2009, en la Universidad de Notre Dame en South Bend, Indiana, Obama planteó que había que hallar un "terreno común" con los opositores del derecho de la mujer al aborto. La decisión de someterse a este procedimiento médico, dijo, es "una decisión desgarradora para cualquier mujer", con "dimensiones tanto morales como espirituales". El presidente dirigió sus comentarios a los opositores del derecho de la mujer a optar por un aborto, al decir: "Trabajemos juntos para reducir el número de mujeres que procuran un aborto".

Apenas dos semanas más tarde, un militante de inclinación fascista que odia los derechos de la mujer, entró a la Iglesia Luterana de Reformación en Wichita, Kansas, y asesinó al doctor George Tiller. Tiller era el director y médico en una clínica en Wichita que realizaba abortos, y además era uno del puñado de médicos en Estados Unidos que practican abortos tardíos. Obama respondió al asesinato con apenas una declaración de dos oraciones. Dijo, "No importan cuán profundas sean nuestras diferencias como americanos en torno a temas difíciles como el aborto" —otra vez: el aborto no es un derecho de la mujer sino "un tema difícil"— "no se pueden resolver con actos atroces de violencia".

proporción aproximada de dos a uno.[26]

Una reducción comparable de las condiciones de todo el pueblo trabajador —y que afecta más duramente a los africano-americanos— se registra en el aumento colosal de la población penal en Estados Unidos en las tres últimas décadas. En 2005, más de 700 residentes norteamericanos de cada 100 mil se encontraban en prisiones o cárceles en este país. Estados Unidos tiene apenas el 5 por ciento de la población mundial, pero casi el 25 por ciento de todos los presos del mundo: más de 2.2 millones de personas! La mayor tasa de encarcelamiento de cualquier país del mundo. ¡Sí, *cualquier* país! Y si uno suma a todos los que están presos o en libertad condicional o probatoria, la cifra llega a más de 7 millones de personas: más del 3 por ciento de la población adulta de Estados Unidos.

El mayor incremento se ha dado entre los africano-americanos. Unos 577 mil negros estaban en prisiones o cárceles en 2005, un aumento del 58 por ciento desde apenas el año 1990. Los hombres negros tienen una probabilidad ocho veces mayor que los hombres blancos de encontrarse tras las rejas. Un 14 por ciento de los hombres negros entre las edades de 20 y 29 estaban presos en algún momento en 2004. Y los números se disparan cuando se agrega a los que están en libertad condicional o probatoria, o que hacen "servicio comunitario".

Asimismo, desde 1980 se ha triplicado la tasa de

---

26. La misma tendencia se puede apreciar en el creciente porcentaje de los niños nacidos fuera del matrimonio. Si bien el porcentaje de niños africano-americanos nacidos de madres no casadas subió del 24 por ciento en 1965 al 72 por ciento en 2007, la proporción aumentó del 6 por ciento al 28 por ciento para los niños blancos durante ese mismo lapso. El porcentaje de los niños latinos nacidos de madres no casadas creció del 37 por ciento en 1990 al 51 por ciento en 2007.

encarcelamiento de los hombres blancos de veintitantos años. Tres veces mayor.

Encadenan al pueblo trabajador con deudas

Los trabajadores y agricultores en Estados Unidos, especialmente los de ingresos más bajos, también están siendo golpeados duramente por las desastrosas consecuencias de la campaña patronal en el último cuarto de siglo para mantener a flote su tasa de ganancias en un mar de deudas, un mar en el cual nos dejan a *nosotros* a que nos ahoguemos. A medida que bajaron lentamente los salarios reales durante todo este tiempo, a los trabajadores les resultó cada vez más difícil pagar por las necesidades básicas sin recurrir al crédito. Este proceso ha llegado a tal punto en años recientes que ahora, para un número creciente de trabajadores, al final del mes no nos queda nada, o muy poco, para pagar los intereses y el principal de los préstamos. Sencillamente no podemos pagar las cuentas.

¿Cómo ocurrió esta situación? Desde fines de los años 60, los capitalistas han experimentado presiones sobre su tasa media de ganancia, la cual ha sufrido una gradual tendencia bajista. La primera recesión mundial después de los años 30 ocurrió en 1974–75. Ante esta desaceleración de la acumulación capitalista durante más de tres décadas, los gobernantes han contenido los gastos para la expansión de la capacidad productiva y la contratación de mano de obra en gran escala. Para contrarrestar este estancamiento, los sirvientes políticos de los gobernantes acaudalados en la Casa Blanca y el Congreso, tanto demócratas como republicanos, acompañados de la Junta de la Reserva Federal, han expandido masivamente el uso del crédito. Esto lo hicieron no solo aumentando la cantidad de fondos prestados a niveles inauditos, sino ampliando el uso del crédito de manera muy profunda entre la clase trabajadora, hasta entre los de ingresos más bajos. Como dice la vieja canción de Tennessee Ernie Ford, durante el último siglo y más, muchos trabajadores les han "debido nuestra alma a la tienda de la compañía". Pero nunca antes en la historia se habían extendido las raíces enredadoras de esta deuda tan *ampliamente* entre la clase trabajadora como ha sucedido en años recientes. O tan extensamente entre sectores de las masas trabajadoras en el mundo semicolonial.[27]

Desde mediados de los años 80, Washington no solo abarrotó los bancos con billones (millones de millones) de dólares, sino que por todo el sistema financiero imperialista ha estimulado un grado de apalancamiento que haría sonrojar a Las Vegas. La clase dominante estadounidense ha intervenido continuamente en los mercados mundiales para mantener las tasas de interés a niveles históricamente bajos.[28] Esta combinación de medidas ha mante-

---

27. Ver "El legado antiobrero de los Clinton: Raíces de la crisis financiera mundial de 2008", en *Nueva Internacional* no. 8, así como *El desorden mundial del capitalismo* por Jack Barnes, "Ha comenzado el invierno largo y caliente del capitalismo" en *Nueva Internacional* no. 6 (2005) y "Lo que anunció la caída de la bolsa de valores de 1987", en *Nueva Internacional* no. 4 (1994).

28. No se ha logrado mantener barato el costo de los préstamos en Estados Unidos —y no se podía lograr— simplemente con que la Reserva Federal fijara a un nivel más bajo las tasas de interés de sus propios préstamos a bancos estadounidenses, de los préstamos a un día que se efectúan entre bancos, etcétera. La clase dominante norteamericana también intervino activamente en los mercados mundiales para mantener bajas las tasas de interés al contener los precios mundiales del oro (al mismo tiempo que negaba estarlo haciendo); promovió acuerdos con el régimen estalinista burgués en Beijing para que siguiera comprando cantidades enormes de bonos del Tesoro de Estados Unidos; y aprovechó el grado obsceno de derechos de "acuñación" del imperialismo norteamericano: es decir, su capacidad —debido a que se acepta el dólar como "moneda de reserva del mundo"— de simplemente *imprimir dinero* para saldar

nido a los bancos en Estados Unidos inundados de fondos que necesitaban para hacer préstamos y así elevar sus tasas de ganancia por encima de las de sus competidores a nivel mundial. El resultado ha sido una cascada de "crisis crediticias" impulsadas por los bancos. Entre las primeras víctimas de los bancos estaban los pequeños agricultores en Estados Unidos y los gobiernos de naciones oprimidas por toda América, África y Asia, que más y más se vieron empujados hacia el incumplimiento y, en el caso de los agricultores, a las ejecuciones hipotecarias y la pérdida de la tierra que labraban.

Este espolón y carnada simultáneo, que llevó a que más y más capas de la clase trabajadora cayeran en un endeudamiento cada vez más profundo —las deudas de tarjetas de crédito, los préstamos a estudiantes, el "financiamiento" de autos, las hipotecas y los préstamos respaldados por el valor de la casa (*home equity loans*)— se aceleró bruscamente en los años 90 y los primeros años del siglo XXI. La suma total de la deuda del consumidor, según cifras del gobierno, ha aumentado en casi el 400 por ciento desde 1985. La deuda de tarjetas de crédito casi se ha duplicado apenas en la última década, y lo que los bancos y otras instituciones financieras llaman "moras" ha subido en más de un tercio apenas desde 2006; casi el 12 por ciento de los préstamos en tarjetas de crédito estaban atrasados más de 90 días a principios de 2009. Asimismo, promueven estos pedazos de plástico de alto interés insistentemente entre el pueblo trabajador: enviaron por correo 5 mil millones de ofertas de tarjetas en Estados Unidos solo en 2001: aproximadamente 50 por cada hogar. ¡Y no se las envían a la burguesía!

---

las deudas estadounidenses a los capitalistas y gobiernos por todo el mundo.

La deuda por préstamos a estudiantes, que se ha vuelto imposible de quitarse de encima, ni siquiera declarándose en bancarrota (persiste más allá de la tumba), se ha más que duplicado desde 1995. En 2007, casi dos tercios de los graduados universitarios terminaban sus estudios cargando con una deuda. Y para colmo, un 15 por ciento de los padres de graduados universitarios (según cifras de 2004) también habían asumido préstamos. En 2007 la deuda media de los estudiantes que se graduaban y que habían obtenido préstamos para pagar sus estudios era de más de 22 mil dólares. Además, ese promedio encubre la situación de los millones de estudiantes que se gradúan con deudas mucho más profundas —un 10 por ciento debía más de 33 mil dólares en 2004— para no mencionar los que después van a escuelas de medicina u otro posgrado.

Entretanto, las administraciones universitarias —tanto estatales como privadas— hacen más que aumentar el costo de la matrícula y de casa y comida (una verdadera "burbuja"). También sale al descubierto que más y más de estas administraciones se acuestan —por una cuota— con las "compañías financieras de préstamos para estudiantes", embolsando pagos de intereses abusivos. Esa ocupación tiene un nombre que ofende a los funcionarios universitarios cuando se les pone ese rótulo.

¿Recuerdan esas propagandas por televisión de préstamos para autos, hace apenas un año y pico? "¿No tiene trabajo? ¡No hay problema! ¿Tiene crédito malo? ¡No hay problema! ¿Tiene pagos de pensión matrimonial? ¡No hay problema!" Pues bien, los incumplimientos en los préstamos para autos aumentaron en un 25 por ciento en 2008, y cada mes un número mayor de trabajadores están perdiendo sus autos, confiscados por el agente embargador de bienes. ¡Sí hay problemas!

Se podría seguir con la lista, y eso ni siquiera incluye

las masivas deudas que han contraído los pequeños negocios, empresas y el gobierno. En el último cuarto de siglo la deuda total en Estados Unidos —privada y pública— ha aumentado en más de 45 billones de dólares, mientras que el producto interno bruto estadounidense ha crecido en menos de 11 billones de dólares.

Un gran porcentaje de la deuda del gobierno federal —una parte que ha crecido abruptamente desde que la Casa Blanca y el Congreso lanzaron sus ataques sangrientos contra los pueblos de Afganistán e Iraq a principios de esta década— se usa para financiar las guerras de Washington. Esto incluye no solo mayores desembolsos anuales para el presupuesto militar sino crecientes pagos de intereses y de principal a los más ricos obligacionistas por la deuda nacional de guerras anteriores.

Las familias acaudaladas de Estados Unidos no han tenido mucho éxito en los últimos 60 años en mantener apoyo popular para sus guerras destinadas a continuar la dominación, explotación y opresión de los pueblos del mundo. Las guerras contra los pueblos de Corea y Vietnam fueron impopulares. Los gobernantes no consiguieron un respaldo patriótico sostenido para la Guerra del Golfo en 1990–91, para el bombardeo y la intervención en Yugoslavia durante los años 90 o en los más recientes ataques contra Iraq, Afganistán (salvo inmediatamente después del 11 de septiembre) y ahora en las regiones fronterizas de Pakistán. Al carecer de un amplio fervor nacionalista para este tipo de guerras, la clase dominante enfrenta más problemas para justificar —bajo la bandera del "sacrificio patriótico"— las consecuencias inevitablemente inflacionarias del gasto militar masivo.

Por ejemplo, en los años 60, a medida que crecía una amplia oposición popular a la Guerra de Vietnam, incluso entre los soldados que estaban en el frente, el presidente demócrata Lyndon Johnson intentó crear una cortina de humo para encubrir el costo inflacionario que los crecientes gastos militares inevitablemente iban a significar para el nivel de vida de los trabajadores. Para lograrlo, y para mantener vivo el mito de la "Gran Sociedad" según el cual se podía financiar sin dificultades las "armas" y la "mantequilla" al mismo tiempo, Johnson tomó varias medidas para que *pareciera* que se reducía el tamaño del presupuesto federal. En uno de los mayores actos de prestidigitación, el gobierno demócrata quitó la deuda de la Asociación Nacional Hipotecaria Federal (Federal National Mortgage Association) —Fannie Mae— del balance general del gobierno en 1968. Al simplemente declarar que ya no era una agencia federal, Fannie Mae fue denominada "una empresa patrocinada por el gobierno" (*government-sponsored enterprise*, o GSE), cuyos dueños y administradores eran accionistas privados. Dos años más tarde, en 1970, se lanzó una segunda GSE, la Corporación Federal de Préstamos Hipotecarios para Viviendas (Federal Home Loan Mortgage Corporation), o Freddie Mac, que también se quitó del balance federal.

A partir de los años 80, Fannie Mae y Freddie Mac, a su vez, llegaron a ubicarse entre las instituciones predilectas de los capitalistas para someter al pueblo trabajador con una gama aún más amplia de grilletes de crédito: hipotecas de casas y luego "préstamos sobre el valor de la casa". Esta campaña de la clase dominante para hacer que pensemos y actuemos como "propietarios de casa" con un interés en el sistema capitalista se aceleró a un grado vertiginoso en las últimas décadas. En este proceso, la parte de la deuda hipotecaria residencial en Estados Unidos que les correspondía a Fannie y a Freddie se disparó: del 7 por ciento en 1980 a casi el 50 por ciento al comienzo de la crisis de la vivienda de 2007; las dos empresas juntas emitieron un 75 por ciento de los llamados "títulos respaldados por hipotecas".[29]

Por ejemplo, las administraciones Clinton y Bush presionaron incesantemente a los trabajadores para que se endeudaran a fin de comprar casas y apartamentos, especialmente a los trabajadores que son negros o latinos. Clinton ordenó que Fannie Mae y Freddie Mac incrementaran el tráfico de lo que ahora se llaman préstamos *subprime* (de "alto riesgo"), enfocándose en trabajadores, especialmente negros. Bush —quien estableció una meta de expandir la "propiedad de casas de minorías", especialmente de mexicano-americanos, en por lo menos 5.5 millones antes de 2010— dijo en un encuentro de constructores comerciales de viviendas en Ohio en 2004, "Para crear una sociedad de propietarios, vamos a ayudar a aún más norteamericanos a que compren casas. Algunas familias pueden pagar una hipoteca sin dificultades pero no tienen ahorros para el pago inicial".

Ese mismo año, el entonces presidente de la Junta de la Reserva Federal, Alan Greenspan, en un discurso que pronunció en febrero a la Asociación Nacional de Cooperativas

---

29. El principio del auge en el porcentaje de los trabajadores, independientemente del color de la piel, que, en vez de alquilar, eran "dueños" del techo sobre sus cabezas ocurrió durante la expansión capitalista después de la Segunda Guerra Mundial. Aterrorizada por la idea de que volvieran a las condiciones de depresión de antes de la guerra y estallaran nuevamente las luchas obreras, la clase dominante promulgó la Ley del Soldado (GI Bill), no solo para ayudar a financiar la inscripción universitaria de los veteranos de guerra que de otra manera quedarían desempleados, sino para ofrecerles subsidios de hipotecas a fin de estimular la construcción de viviendas. Más del 20 por ciento de todas las casas unifamiliares construidas durante las dos décadas después de la guerra se financiaron en parte con préstamos propiciados por la Ley del Soldado. Desde los años 50, la brecha porcentual entre blancos y negros se ha ido cerrando gradualmente. En 2008 el 48 por ciento de hogares negros y el 75 por ciento de hogares blancos eran "dueños" de casas.

de Crédito, dio su visto bueno a estos préstamos de alto riesgo. "Muchos dueños de casa habrían podido ahorrarse decenas de miles de dólares si hubieran tenido hipotecas de tasa ajustable en vez de hipotecas de tasa fija durante la última década", dijo Greenspan. Él añadió que "los consumidores americanos podrían beneficiarse si los prestamistas ofrecieran más alternativas en productos hipotecarios a la tradicional hipoteca de tasa fija".

Los bancos, las "compañías de financiamiento de viviendas" y otros usureros originadores de hipotecas se mostraron más que dispuestos a aprovechar las oportunidades de ventas, mientras que los grandes bancos e intermediarios financieros empaquetaron la deuda y con mucha confianza la agregaron a sus libros de contabilidad como "activos" apalancados. Durante la última década y pico, han embaucado a muchos trabajadores para que nos encadenemos a nosotros y a nuestras familias con préstamos de "pago inicial bajo" (o incluso "sin pago inicial"), con financiamiento de "tasa ajustable" y con otras formas de servidumbre por deudas de alto riesgo. Han solicitado y facilitado, en grandes cantidades, lo que cínicamente llamaron "préstamos de mentirosos" (es decir, el prestamista y el prestatario intercambian mentiras y guiños mutuos al llenar las solicitudes de hipoteca, y al final los deudores quedan aplastados mientras que los acreedores se van con el botín como los bandidos que son).

"Creemos que los prestatarios de bajos ingresos" —palabras en clave que significan trabajadores— "serán nuestros principales clientes al comenzar al siglo XXI", dijo cínicamente y sin rodeos un ejecutivo de la Norwest Mortgage (que ahora se fusionó con el Wells Fargo) a la prensa en 1998.

Durante la administración Clinton, solo entre los años 1993 y 1997, se dio un salto importante en el número de africano-americanos que asumieron deudas para comprar —o, lo que era la mayor de todas las mentiras, para "invertir" en— casas y apartamentos, y el ritmo se aceleró hasta que la disponibilidad del crédito se paralizó a principios de 2007. Por consiguiente, en los últimos años se ha producido un fuerte aumento en los procesos de ejecuciones hipotecarias de bienes raíces, triplicándose desde 2006 hasta alcanzar, a fines de 2008, una tasa del 1.8 por ciento de las hipotecas a nivel nacional. Los trabajadores —sobre todo los que tienen las casas más pequeñas, construidas con los materiales más baratos— han sido los más afectados, y nuevamente los trabajadores que son negros o latinos han sufrido golpes desproporcionadamente duros.

Mientras tanto, la administración Obama no hace nada para ayudar al pueblo trabajador ante esta creciente crisis social, excepto proponer otro plan más que "exhorta" a los bancos a que "voluntariamente" renegocien las condiciones de las hipotecas que inevitablemente se han echado a perder. El resultado será que los bancos extenderán por un año o un poco más su flujo de ingresos por concepto de pagos de intereses y principal, antes de llevar a cabo, *entonces*, la ejecución hipotecaria contra estos trabajadores —quienes enfrentan un aumento del desempleo y la caída de los salarios reales— y embargarles sus casas.[30]

¿Cuál es la ventaja política más amplia que sacan los gobernantes norteamericanos y las dos principales alas del partido del capital, los demócratas y los republicanos, al apoyar a los banqueros (sus patrones) para promover y

---

30. Un informe en mayo de 2009 de Fitch, una de las principales agencias de "clasificación crediticia" de Wall Street señaló, como "proyección conservadora", que al cabo de un año de "renegociar" el principal y los intereses de un préstamo, entre el 65 y el 75 por ciento de los deudores de hipotecas *subprime* nuevamente quedarán atrasados 60 días o más en sus pagos.

facilitar el fenómeno de que los trabajadores sean "propietarios" de bienes inmuebles? Ellos entienden que en el capitalismo, el ser propietario de una casa también tiene un efecto conservador sobre el pueblo trabajador y los oprimidos. Fomenta la ilusión de que nosotros también somos "dueños de propiedad".

Como escribió Greenspan francamente en 2007 al defender su anterior promoción de los préstamos de "tasa ajustable": "Yo estaba consciente de que al flexibilizar las condiciones del crédito hipotecario para los prestatarios *subprime* se aumentaba el riesgo financiero, y que las iniciativas de propiedad de vivienda subvencionada distorsionan los resultados del mercado. Pero yo creía entonces, y creo ahora, que los beneficios de una ampliación de la propiedad de viviendas merecen el riesgo [*¡para los gobernantes!*—JB]. La protección de los derechos de propiedad, tan vital para una economía de mercado, requiere una masa crítica de propietarios que sostenga el apoyo político".[31]

El ser propietario de una casa maniata al trabajador con pagos de hipotecas onerosos y gastos interminables de tiempo y de dinero para el mantenimiento y las reparaciones. Mina nuestros hábitos de solidaridad de clase al elevar las relaciones y problemas que compartimos con otros "co-propietarios" y "propietarios contribuyentes de impuestos" por encima de los que compartimos con otros trabajadores.

Nos hace menos móviles. Nos hace menos *libres*, como subrayaba Engels, más atados a la tierra sobre la cual descansa el inmueble. En su folleto de 1873, *Contribución al problema de la vivienda*, Engels explicó que un título de

---

31. Alan Greenspan, *The Age of Turbulence: Adventures in a New World* (La era de la turbulencia: Aventuras en un mundo nuevo; Nueva York: Penguin, 2007), pág. 233.

propiedad inmobiliaria (que con sentimentalismo denominan propiedad del "hogar" [*home ownership*] sus defensores burgueses, quienes con total cinismo le dan un toque sensiblero a toda su terminología) es una "atadura" para los trabajadores en la sociedad capitalista. "Proporcionadles casas que les pertenezcan en propiedad, encadenadlos de nuevo a la tierra, y romperéis su fuerza de resistencia" durante "una huelga seria o una crisis industrial general", escribió Engels.[32]

Ya somos testigos de estos pasos modernos hacia atrás, hacia una mayor servidumbre. Ya en marzo de 2008, un menor número de personas en Estados Unidos se había mudado en el último año que en cualquier otro año desde 1962, ¡cuando la población era un 40 por ciento menor!

Conquistas sociales de la lucha por los derechos de los negros

Una de las conquistas más importantes en la lucha de masas con dirección proletaria por los derechos de los negros en los años 50 y 60 fue la *ampliación* considerable del salario social de los trabajadores que se había conquistado como producto derivado de las batallas obreras que forjaron los sindicatos industriales en los años 30. Como resultado directo del movimiento que derrocó al sistema Jim Crow y de las rebeliones urbanas que estremecieron el país y la confianza de la clase dominante, se conquistó el Medicare y el Medicaid en 1965. Y en 1972 —35 años después de las leyes originales de la Seguridad Social— se estableció el programa de Ingreso Suplementario de Seguridad (Supplemental Security Income, SSI) para los

---

32. Federico Engels, "Contribución al problema de la vivienda", en Marx y Engels, *Obras escogidas* (Moscú: Editorial Progreso, 1976), tomo II, pág. 350.

ciegos, los minusválidos y las personas mayores.

La Ley de Seguridad Social de 1935 había incluido pequeños pagos suplementarios de jubilación para muchos trabajadores, seguro por desempleo e indemnización al trabajador obligatorios a nivel federal, así como ayuda para niños dependientes (que se paga a las madres que cumplen los requisitos). Es importante recordar que esta ley había sido redactada por la administración Roosevelt para cumplir las necesidades del capital al *limitar* las concesiones lo más posible. Por ejemplo, no solo se financiaba parcialmente las prestaciones por jubilación con un impuesto por nómina a los trabajadores (una medida regresiva y antiobrera), sino que la intención era que las cantidades mínimas que se pagaban fuesen apenas un pequeño suplemento a lo poco que los trabajadores lograran ahorrar para la vejez (nada, en la mayoría de los casos) o consiguieran de sus hijos adultos.

Es más, ya que en 1935 la esperanza de vida promedio era menos de 62 años, y menos de 60 años para los hombres, la suma que se anticipaba que pagaría el gobierno en prestaciones de pensión a partir de los 65 años sería muy pequeña; en efecto, en casi la mayoría de los casos ¡no sería ni un centavo!

Los pagos de la Seguridad Social no tenían por objetivo defender y fortalecer a la clase trabajadora. Se devolvía a los trabajadores apenas una suma simbólica por la riqueza producida con nuestro trabajo social. La Seguridad Social tenía como objetivo reforzar la responsabilidad de la familia pequeñoburguesa de satisfacer las necesidades de los jóvenes, los ancianos, los discapacitados y los enfermos; entre otras cosas, se buscaba fortalecer la norma social de que el lugar que le correspondía a las mujeres de la clase trabajadora con hijos dependientes era el hogar. (Digo mujeres de la clase trabajadora, porque la familia burguesa

siempre ha contratado o mantenido todo un tropel de no-
drizas, niñeras, tutoras y hasta paseadores de perros: en
este último caso, el sustituto cómico en el siglo XXI del
mozo de cuadra del viejo establo burgués).

Todo el cotorreo mojigato de los gobernantes capitalistas y sus portavoces acerca de "defender a la familia obrera"
se usa solo para opacar las relaciones sociales burguesas y
absolver a las familias dominantes capitalistas y a sus instituciones gubernamentales de la responsabilidad *social* por
la alimentación y el vestido, la educación, la atención médica, la vivienda, el transporte y más. Es la bandera bajo
la cual se impone estas responsabilidades a los trabajadores individuales, es decir, principalmente a las mujeres.

Estas relaciones de propiedad capitalistas son la fuente
de tanta miseria personal y "familiar" hoy día. Solo cuando
sean desarraigadas por la acción revolucionaria de las clases
trabajadoras, por nosotros mismos, solo cuando la compul-
sión económica —el "nexo del dinero"— deje de ser la base
de toda interacción social, surgirán finalmente nuevas relaciones humanas. Ni siquiera podemos empezar a imagi-
narnos lo que serán esas relaciones, pero de lo que sí podemos estar seguros es que esas relaciones tendrán muy poco
en común con la familia pequeñoburguesa de hoy, mucho
menos con la familia acaudalada de la clase capitalista.[33]

---

33. Al contrario de las aseveraciones interesadas de los ideólogos capitalistas, no existe tal cosa como la "familia obrera". La palabra familia
viene del latín y significa el conjunto de los esclavos que son propiedad de un hombre. Desde el origen de la sociedad de clases, la función
principal de la familia ha sido siempre la de preservar la riqueza acumulada y propiedad privada de la clase dominante —ya sea ganado,
esclavos y haciendas, o capital en tierras, minas, plantas y fábricas— y
garantizar su transferencia ordenada de una generación a otra.

La contrapartida actual de esta institución entre las masas trabajadoras sin propiedad (que también, de manera confusa, se conoce
en el hablar cotidiano como la "familia") desciende de la familia pe-

El pueblo trabajador tiene un interés vital no solo en defender el salario social por el cual hemos luchado y que hemos conquistado, sino sobre todo en forjar un movimiento

---

queñoburguesa del campesinado: una unidad productiva en la que cada hombre, mujer y niño de todas las generaciones trabajaba bajo el dominio del padre para suplir las necesidades de la vida. La supervivencia de los miembros individuales de esta unidad de producción dependía de los aportes mutuos de todos.

Con el ascenso del capitalismo industrial, nació un proletariado hereditario al ser despojado forzosamente el campesinado de la tierra. Los miembros de la familia campesina anteriormente productiva —ante todo los niños y las mujeres— ahora se veían obligados a vender su fuerza de trabajo como individuos en el mercado a un empleador, con toda la brutalidad que eso producía. Así fue destrozada la familia pequeñoburguesa. En *La situación de la clase obrera en Inglaterra*, publicado en 1845, el joven Federico Engels, con mucha elocuencia y compasión, describió las consecuencias terribles de este despojo y proletarización a medida que ocurría ahí y en toda Europa occidental.

La clase trabajadora en todas partes se organizó y luchó para limitar el grado de esa explotación, al exigir una jornada laboral más corta, la limitación del trabajo infantil, salarios más altos y leyes para regular las condiciones en las fábricas. Entretanto, ejércitos de reformadores burgueses y pequeñoburgueses se dedicaron a reimponerles a los trabajadores y agricultores como individuos, y sobre todo a las mujeres, la responsabilidad de reproducir y mantener a la clase trabajadora, incluidos los que son demasiado jóvenes, viejos o enfermos para vender su fuerza de trabajo. Las complejidades concretas de esta transición histórica en la propiedad y las relaciones sociales —de las precapitalistas a las capitalistas— han variado de una parte del mundo a otra. Pero hoy día, la forma moderna de la familia pequeñoburguesa puede ser reconocida universalmente tanto por el obrero de fábrica en Shanghai como su compañero de clase en Manchester, Atlanta, Cairo, Johannesburgo o Ciudad de México.

Para leer más sobre el origen de la familia en la sociedad de clases, ver "Socialist Revolution and the Struggle for Women's Liberation" (La revolución socialista y la lucha por la liberación de la mujer), resolución aprobada por el congreso nacional del Partido Socialista de los Trabajadores (agosto de 1979), en Mary-Alice Waters (ed.), *Communist Continuity and the Fight for Women's Liberation* (La continuidad comunista y la lucha por la liberación de la mujer), primera parte (Pathfinder, 1992).

social y político de la clase trabajadora, de carácter masivo, *para extender estas conquistas a todos como derechos universales*, no como beneficencia que se otorga solo a los que pueden probar que la necesitan. Con nuestro trabajo, la clase trabajadora, en este país y a nivel mundial, produce riqueza más que suficiente para brindar la educación, la atención médica, la vivienda y la jubilación a todos los seres humanos en el mundo, para toda la vida.

Ninguna de estas cuestiones es nueva para los trabajadores con conciencia de clase. En el documento de fundación del movimiento obrero revolucionario moderno, el Manifiesto Comunista, Carlos Marx y Federico Engels reconocieron el verdadero carácter de "la charlatanería burguesa sobre la familia y la educación, sobre los sagrados lazos que unen a los padres con los hijos".[34] Es la justificación para rechazar la responsabilidad del gobierno por las necesidades sociales de las clases trabajadoras. Es la excusa ideológica de la clase capitalista para imponer esas obligaciones a las familias individuales de los trabajadores. Es un pretexto para mantener a las mujeres como segundo sexo.

Cada paso hacia una política social "centrada en la familia", en vez de una trayectoria proletaria independiente para impulsar los intereses históricos del pueblo trabajador, incluido el derecho de cada mujer a la libertad reproductiva...

Cada paso de los jóvenes "talentosos" de la clase trabajadora hacia "una carrera" como escalera para subir (y *salirse* de su clase)...

Cada paso hacia obras de beneficencia financiadas por el estado y "de base religiosa" (y la nueva administración,

---

34. Carlos Marx, Federico Engels, *El manifiesto comunista* (Pathfinder, 1992, 2008), pág. 54 [impresión de 2016].

ahora que pasaron las elecciones, le sigue los pasos a Bush en cuanto a esto último), en vez de educación, atención médica y pensiones garantizadas por el gobierno como *derechos sociales universales de la clase trabajadora...*

Cada paso dirigido a apretar más la trampa de la esclavitud por deudas hipotecarias (es decir, "la propiedad de la casa"), en vez de un movimiento social revolucionario del pueblo trabajador que exija la nacionalización de la tierra y de las viviendas, a la vez que luchamos por un alojamiento agradable, espacioso y costeable para todos...

Cada paso en ese sentido debilita a la clase trabajadora y al movimiento obrero, a la vez que fortalece la mano de los gobernantes, quienes pretenden culpar a sectores de nuestra clase y otros chivos expiatorios de los males del orden capitalista mundial que se intensifican.

Cada paso en ese sentido atenta contra las cosas por las cuales el pueblo trabajador, incluidos los negros, las mujeres y los nacidos en el exterior, han luchado y las que han conquistado a partir de la Guerra Civil y la Reconstrucción Radical, pasando por el movimiento social de masas que forjó los sindicatos industriales, y las luchas dirigidas por los negros en los años 50, 60 y a principios de los 70, las cuales le clavaron una estaca en el corazón al sistema Jim Crow y transformaron de manera fundamental las relaciones sociales en Estados Unidos.

TERCERA PARTE

Lo que nos enseñó
la Revolución Bolchevique

Todo lo nuevo y progresista provino de la revolución de 1917

por James P. Cannon
1959

La revolución bolchevique de octubre de 1917 en Rusia sentó una nueva base a nivel mundial para la labor dirigida a forjar partidos proletarios revolucionarios. Ante el ejemplo de esa revolución, una capa de trabajadores de disposición de lucha de clases empezó a reconocer que, entre otras cosas, una lucha intransigente suya contra la opresión nacional es esencial para la lucha por conquistar el poder arrebatándolo de los explotadores capitalistas y terratenientes. Los bolcheviques, dirigidos por V.I. Lenin, no solo llevaron a cabo esta trayectoria internacionalista dentro de la prisión de naciones del antiguo imperio zarista, sino que insistieron, cuando se fundó la Internacional Comunista en 1919, en que la lucha contra la opresión nacional debía ser parte íntegra de su estrategia.

"Toda la política de la Internacional Comunista" en la lucha contra la opresión nacional "debe consistir fundamentalmente en unir a los proletarios y a las masas trabajadoras de todas las naciones y de todos los países para la lucha revolucionaria conjunta por el derrocamiento de los terratenientes y la burguesía", explicó Lenin en las "Tesis sobre los problemas nacional y colonial" que redactó para el Segundo Congreso de la Internacional Comunista en 1920. "Solo una unidad de este tipo garantiza el triunfo sobre el capitalismo, sin el cual es imposible suprimir la opresión y la desigualdad nacionales".

Una lucha intransigente "contra los prejuicios nacionales pequeñoburgueses más arraigados (que se ven expresados en todas las formas posibles, tal como el racismo, el chovinismo nacional y el antisemitismo)", dijo Lenin, "debe pasar más a primer plano en la medida que adquiera más actualidad la tarea de transformar la dictadura del proletariado, para que deje de ser nacional (es decir, existente en un solo país e incapaz de determinar una política mundial independiente) y se convierta en internacional (es decir, una dictadura del proletariado existente, por lo menos, en varios países avanzados y capaz de influir de manera decisiva en toda la política mundial)".

Por esa razón, recalcó Lenin, es preciso que "todos los partidos comunistas presten una ayuda directa al movimiento revolucionario en las naciones dependientes o que no gozan de igualdad de derechos (por ejemplo, en Irlanda, entre los negros de Estados Unidos,[1] etc.) y en las colonias… El reconocimiento verbal del internacionalismo y su sustitución efectiva, en toda la propaganda, la agitación y la labor práctica, por el nacional-

---

1. En su artículo "Estadística y sociología" de enero de 1917, Lenin escribió que los negros en Estados Unidos "deben ser considerados como nación oprimida, por cuanto la igualdad conquistada en la Guerra de Secesión de 1861–1865 y respaldada por la Constitución de la República fue restringiéndose cada vez más, en muchos aspectos, en los sitios de mayor densidad de población negra (en el Sur). Ello está vinculado a la transición del capitalismo progresivo, premonopolista, de los años 1860–1870 al capitalismo reaccionario, monopolista (imperialismo), de la época contemporánea, delimitada en América con particular claridad por la guerra imperialista (es decir, provocada por el reparto del botín entre dos bandidos) que sostuvieron España y Estados Unidos en 1898". V.I. Lenin, *Obras completas*, tomo 30, pág. 360.

ismo y el pacifismo pequeñoburgueses es un fenómeno común no solo entre los partidos centristas de la II Internacional, sino también entre los que abandonaron esta organización y, con frecuencia, incluso entre los que ahora se llaman comunistas".[2]

El joven movimiento comunista en Estados Unidos, la mayoría de cuyos cuadros se habían escindido del Partido Socialista en 1919 para afiliarse a la Internacional Comunista, al principio no siguió la trayectoria de Lenin. Los comunistas percibían las demandas de los negros "por la igualdad económica, política y social como una forma más de reformismo", apunta Farrell Dobbs en *Revolutionary Continuity: Birth of the Communist Movement, 1918–1922* (Continuidad revolucionaria: Nacimiento del movimiento comunista, 1918–1922). Muchos cuadros "no apreciaban el vínculo entre los objetivos proletarios revolucionarios y las metas y luchas de las nacionalidades oprimidas [y eran incapaces de] definir una trayectoria que solidarizara a los comunistas con las aspiraciones democráticas de estas masas superexplotadas y que también infundiera un contenido político revolucionario a sus luchas. No se hizo ningún esfuerzo especial para reclutar al movimiento comunista a militantes entre los afroamericanos y otras nacionalidades oprimidas".[3]

James P. Cannon, quien formó parte de la dirección fundadora del movimiento comunista en Estados Unidos y fue partícipe directo de estas experiencias tempranas, relató lecciones de estas en *The First Ten Years of American Communism: Report of a*

---

2. Lenin redactó el borrador original de las "Tesis sobre los problemas nacional y colonial". Ver *V.I. Lenin, Obras completas*, tomo 41, págs. 167–175. Aparece en inglés en *Workers of the World and Oppressed Peoples, Unite! Proceedings and Documents of the Second Congress, 1920* (Trabajadores del mundo y pueblos oprimidos, ¡Uníos! Actas y documentos del Segundo Congreso, 1920; Pathfinder, 1991), págs. 360–68 [impresión de 2017].

3. Farrell Dobbs, *Revolutionary Continuity: Birth of the Communist Movement, 1918–1922* (Pathfinder, 1983), pág. 123 [impresión de 2019].

Participant (Los primeros diez años del comunismo americano: Informe de un partícipe; Pathfinder, 1973). A continuación se reproducen extractos mayores del relato de Cannon.

... En cuanto a la cuestión negra, los comunistas americanos a principios de los años 20, como todas las demás organizaciones radicales de esa época y otras anteriores, no tenían nada con qué empezar más que una *teoría* inadecuada, una *actitud* errónea o indiferente y la adherencia de unos pocos negros individuales de inclinación radical o revolucionaria.[4]

---

4. Algunos de los primeros cuadros africano-americanos del Partido Comunista habían estado entre el número muy reducido de miembros negros del Partido Socialista. Otros habían sido miembros de la Hermandad de Sangre Africana (African Blood Brotherhood, ABB), fundada en 1919 en Harlem por Cyril Briggs, un inmigrante de la isla caribeña de Nieves. La Hermandad reivindicaba plena igualdad y el derecho a votar para los negros en el Sur, el derecho a la autodefensa frente a la violencia del Ku Klux Klan y la organización de los negros en los sindicatos. La ABB se solidarizaba con Rusia soviética, condenaba los actos de ultraje de las potencias coloniales europeas en África, defendía la lucha irlandesa contra el dominio británico y se pronunciaba contra el antisemitismo y la exclusión racista de los inmigrantes chinos y japoneses por parte de Washington. La ABB organizó ramas en Nueva York —la más grande de lejos— así como en Chicago; Omaha, Nebraska; Tulsa, Oklahoma; las zonas mineras de carbón en Virginia del Oeste; y otras localidades.

Dos miembros del PC que eran negros, y también miembros de la Hermandad de Sangre Africana, asistieron al Cuarto Congreso de la Internacional Comunista en Moscú en 1922. Otto Huiswoud fue delegado del PC y de la ABB, y el poeta Claude McKay fue como invitado. Los dirigentes de la Comintern le pidieron a Huiswoud que presidiera la Comisión Negra y diera el informe a los delegados acerca de las "Tesis sobre la cuestión negra" redactadas por la comisión, las cuales se aprobaron el 30 de noviembre. McKay se quedó en Moscú seis meses más después del congreso. La respuesta de León Trotsky a las preguntas de McKay sobre el papel que ocupaba la lucha contra la opresión de los negros en la lucha proletaria mundial se publicó en

El movimiento socialista anterior, del cual se formó el Partido Comunista, nunca reconoció la necesidad de un programa especial sobre la cuestión negra. Eso se consideraba pura y simplemente un problema económico, parte de la lucha entre los trabajadores y los capitalistas; no se podía hacer nada acerca de los problemas especiales de discriminación y desigualdad antes de llegar al socialismo.

Los mejores de los primeros socialistas estaban representados por [Eugene V.] Debs, quien era amistoso hacia todas las razas y puramente libre de prejuicios. Pero lo limitado de la perspectiva de ese gran agitador sobre este problema nada sencillo se expresó en su afirmación: "No tenemos nada especial que ofrecerle al negro, y no podemos hacer llamamientos separados a todas las razas. El Partido Socialista es el partido de toda la clase trabajadora, sin importar el color: de toda la clase trabajadora de todo el mundo" (Ray Ginger: *The Bending Cross*).[5] Esa se consideraba una posición muy avanzada en aquel entonces, pero no contemplaba el apoyo activo a la demanda especial de los negros de un poco de igualdad aquí y ahora, o en el futuro, rumbo al socialismo.

Y hasta Debs, con su fórmula general que perdía de vista el punto fundamental —el problema candente de la discriminación omnipresente contra los negros dondequiera que fueran— era muy superior en este aspecto, como en

---

la prensa soviética y se encuentra en el tomo 2 de *The First Five Years of the Communist International* (Los primeros cinco años de la Internacional Comunista; Pathfinder, 1952, 1972).

5. Ray Ginger, *The Bending Cross: A Biography of Eugene Victor Debs* (La cruz que se dobla: Una biografía de Eugene Victor Debs; New Brunswick: Rutgers University Press, 1949). Ver también "On Race Prejudice" (Sobre los prejuicios raciales), en *Eugene V. Debs Speaks* (Habla Eugene V. Debs; Pathfinder, 1970).

todos los demás, a Victor Berger [dirigente del Partido Socialista en Milwaukee, Wisconsin], quien era un supremacista blanco declarado. He aquí un pronunciamiento sumario tomado de un editorial de Berger [en 1902] en su periódico de Milwaukee, el *Social Democratic Herald*: "No puede haber dudas de que los negros y los mulatos constituyen una raza inferior". Eso era el "socialismo de Milwaukee" en cuanto a la cuestión negra, según lo exponía su ignorante e insolente dirigente-cacique. Un negro acosado y perseguido no podía mezclar eso muy bien con su cerveza de Milwaukee, aun si tenía un quinto y podía hallar un bar de blancos donde beber un vaso de cerveza... al fondo del bar.

El chovinismo no disimulado de Berger nunca fue la posición oficial del partido. Había otros socialistas, como William English Walling, quien fue promotor de la igualdad de derechos para los negros, y uno de los fundadores de la Asociación Nacional para el Avance de la Gente de Color (NAACP) en 1909. Pero estos individuos eran una reducida minoría entre los socialistas y radicales antes de la Primera Guerra Mundial y la Revolución Rusa.

La insuficiencia de la política socialista tradicional sobre la cuestión negra está ampliamente documentada por los historiadores del movimiento, Ira Kipnis y David Shannon.[6] Shannon resume así la actitud general imperante del Partido Socialista hacia los negros:

"No eran importantes en el partido, el partido no hacía ningún esfuerzo especial para atraer a miembros negros, y

---

6. Ira Kipnis, *The American Socialist Movement, 1897–1912* (El movimiento socialista americano, 1897–1912; Nueva York: Columbia University Press, 1952). David Shannon, *The Socialist Party of America: A History* (El Partido Socialista de América: Una historia; Nueva York: Macmillan, 1955).

en general el partido se mostraba indiferente —si no hostil— hacia los intentos de los negros de mejorar su situación en la sociedad capitalista americana". Y además: "El partido sostenía que la única salvación del negro era la misma y única salvación del blanco: 'el socialismo'".

Entretanto, no se podía hacer nada sobre la problemática negra como tal, y mientras menos se dijera al respecto mejor. A barrerlo bajo la alfombra.

Esa era la posición tradicional que heredó el primer Partido Comunista del anterior movimiento socialista del cual había surgido. La política y práctica del movimiento sindical era aún peor. Los IWW [Obreros Industriales del Mundo] no prohibían la afiliación de nadie por motivos de "raza, color o credo". Pero los sindicatos predominantes de la AFL [Federación Americana del Trabajo], con pocas excepciones, eran *trusts* de empleos exclusivamente blancos. Tampoco tenían nada especial que ofrecerles a los negros; en efecto, no les ofrecían absolutamente nada.

La diferencia —y era una *profunda* diferencia— entre el Partido Comunista de los años 20 y sus antecesores socialistas y radicales se representó en su ruptura con esta tradición. Los comunistas americanos en los primeros días, ante la influencia y la presión de los rusos en la Comintern, estaban aprendiendo lenta y dolorosamente a cambiar su *actitud;* a asimilar la nueva teoría del problema negro como problema *especial* de ciudadanos de segunda clase doblemente explotados, que requería un programa de demandas especiales como parte de un programa global... y a empezar a hacer algo al respecto.

La verdadera importancia de este cambio profundo, en todas sus dimensiones, no se puede valorar adecuadamente por los resultados en los años 20. Los primeros 10 años deben considerarse principalmente como el período preliminar de reconsideración y discusión, y de cambio de actitud y de política respecto a la cuestión negra: en preparación para futuras actividades en esta esfera.

Los efectos de este cambio y de esta preparación en los años 20, provocados por la intervención rusa, se manifestarían de forma explosiva en la década siguiente.

Todo lo nuevo y progresista en torno a la cuestión negra provino de Moscú, después de la revolución de 1917, y como resultado de la revolución: no solo para los comunistas americanos que respondían directamente, sino para todos los demás que se interesaban en este problema.

Por sí solos, los comunistas americanos nunca concibieron nada nuevo o distinto de la posición tradicional del radicalismo americano sobre la cuestión negra. Esta, como indican las citas anteriores de las historias de Kipnis y de Shannon, era muy débil en cuanto a la teoría y más débil aún en cuanto a la práctica. La fórmula simplista de que el problema negro era meramente económico, parte del problema capital-trabajo, nunca despertó ardor entre los negros, quienes sabían muy bien que no era así, aunque no lo dijeran; tenían que aguantar la discriminación brutal diariamente y a toda hora.

Esta discriminación nada tenía de sutil ni de solapado. Todo el mundo sabía que a todo momento a los negros les tocaba siempre lo peor, pero casi nadie se preocupaba por ello ni quería hacer algo para tratar de mitigar o cambiarlo. El 90 por ciento de la mayoría blanca de la sociedad americana, incluido su sector obrero, tanto del Norte como del Sur, estaba saturado de prejuicios contra el negro; y el movimiento socialista reflejaba bastante esos prejuicios, aunque, por respeto al ideal de la hermandad humana, la actitud socialista era apagada y se expresaba como una evasión. La vieja teoría del radicalismo americano resultó ser, en la práctica, una fórmula para no tomar acción sobre el frente negro y, a propósito, una pantalla muy conveniente para los prejuicios raciales latentes de los propios radicales blancos.

La intervención rusa cambió todo eso, y lo cambió de forma rotunda, y para el bien. Aun antes de la Primera Guerra Mundial y de la Revolución Rusa, Lenin y los bolcheviques se distinguieron de todas las demás tendencias en el movimiento socialista y obrero internacional por su interés en los problemas de las naciones y minorías nacionales oprimidas, y por su apoyo afirmativo a sus luchas por la libertad, la independencia y el derecho a la autodeterminación. Los bolcheviques brindaron ese apoyo a todo "pueblo sin igualdad de derechos" de manera sincera y seria, pero eso no tenía nada de "filantrópico". Reconocieron también el gran potencial revolucionario de la situación de los pueblos y naciones oprimidos, y los vieron como aliados importantes de la clase trabajadora internacional en la lucha revolucionaria contra el capitalismo.

Después de noviembre de 1917, esta nueva doctrina —con especial énfasis en los negros— empezó a ser transmitida al movimiento comunista americano, respaldada con la autoridad de la Revolución Rusa. Los rusos en la Comintern enfrentaron a los comunistas americanos con la demanda severa e insistente de que se libraran de sus prejuicios tácitos, que prestaran atención a los problemas y reclamos especiales de los negros americanos, que fueran a trabajar entre ellos y que defendieran su causa, incluso entre los blancos.

A los americanos, formados en una tradición diferente, les tardó tiempo asimilar la nueva doctrina leninista. Pero los rusos persistieron año tras año, acumulando los argumentos y aumentando la presión sobre los comunistas americanos hasta que estos finalmente aprendieron y cambiaron, y emprendieron un trabajo en serio. Y el cambio de actitud de los comunistas americanos, efectuado gradualmente en los años 20, había de ejercer una profunda influencia *en círculos mucho más amplios* en los años posteriores.

La ruptura del Partido Comunista con la posición tradicional del radicalismo americano respecto a la cuestión negra coincidió con cambios profundos que habían venido ocurriendo entre los propios negros. La migración en gran escala desde las regiones agrícolas del Sur hacia los centros industriales del Norte se aceleró enormemente durante la Primera Guerra Mundial, y continuó en los años siguientes.[7] Esto conllevó ciertas mejoras en sus condiciones de vida en comparación con lo que habían vivido en el Sur Profundo, pero no lo suficiente como para compensar por la decepción de verse arreados a los ghettos y sometidos aún a la discriminación en todos los ámbitos.

El movimiento negro, tal como era en aquella época, apoyó de forma patriotera la Primera Guerra Mundial "para hacer del mundo un lugar seguro para la democracia"; y 400 mil negros cumplieron servicio en las fuerzas armadas. Regresaron a casa buscando una pequeña recompensa democrática, pero no pudieron encontrar mucha por ningún lado. A su nuevo ánimo reivindicador se

---

7. En 1910, el 90 por ciento de los negros de Estados Unidos vivían en el Sur. Para 1930, el 79 por ciento de los negros vivían en el Sur, la gran mayoría aún en zonas rurales y pueblos pequeños. En 2002, un 55 por ciento de los negros vivían en el Sur, de los cuales menos del 13 por ciento en las zonas rurales.

le respondió con un número creciente de linchamientos y una serie de "motines raciales" por todo el país, tanto en el Norte como en el Sur.[8]

Todo esto en su conjunto —las esperanzas y las decepciones, el nuevo ánimo reivindicador y las represalias salvajes— contribuyó al surgimiento de un nuevo movimiento negro incipiente. Al romper rotundamente con la tradición de Booker T. Washington —de acomodarse[9] a una posición de inferioridad en el mundo del hombre blanco— una nueva generación de negros comenzó a insistir en su demanda de igualdad...

---

8. En 1919, con millones de soldados desmovilizados en busca de empleos que eran escasos, hubo motines racistas contra africano-americanos en Chicago y en otras 24 ciudades de Estados Unidos, desde Omaha, Nebraska, hasta Knoxville, Tennessee, y desde Washington hasta Bogalusa, Louisiana. Se dio un fuerte aumento en los linchamientos por todo el Sur. Dos años más tarde, del 31 de mayo al 1 de junio de 1921, turbas racistas en Tulsa, Oklahoma, se amotinaron contra los africano-americanos, arrasando la comunidad negra de 35 manzanas cuadradas; destruyeron más de 1 200 viviendas y se calcula que mataron entre 100 y 300 personas. Enormemente superados en número, los negros —muchos de ellos veteranos de la Primera Guerra Mundial— se organizaron para defenderse lo mejor que podían.

9. Booker T. Washington (1856–1915) se oponía a toda lucha de masas por los derechos de los negros. Contraponía esa lucha a la perspectiva de acomodarse al sistema Jim Crow, junto con abogar por la capacitación vocacional y autosuperación.

La cuestión nacional y el camino a la dictadura proletaria en Estados Unidos

Discusiones con León Trotsky
febrero de 1933 y abril de 1939

I. PRINKIPO, TURQUÍA

En febrero de 1933 la dirección de la Liga Comunista de América (CLA) —antecesor del Partido Socialista de los Trabajadores— le pidió a Arne Swabeck, entonces secretario nacional de la CLA, que visitara a León Trotsky para discutir y ayudar a impulsar el trabajo del partido. Una de las principales cuestiones políticas que se le pidió a Swabeck que le planteara a Trotsky era la orientación de la CLA hacia las luchas por los derechos de los negros, su actividad en estas luchas, y la labor del partido para reclutar a trabajadores que eran negros.

En esa época el dirigente bolchevique vivía en el exilio forzoso en Prinkipo, Turquía. En marzo de 1923, V.I. Lenin había sufrido un masivo derrame cerebral que lo debilitó hasta que murió en enero de 1924. Durante los años siguientes, Trotsky defendió la trayectoria proletaria de Lenin frente a la política más y más contrarrevolucionaria —tanto en el Partido Comunista soviético como en la Internacional Comunista— de una creciente capa social privilegiada y pequeñoburguesa en los aparatos del estado, de los sindicatos y del partido; José Stalin era su vocero dominante. En 1928 la dirección de Stalin obligó a Trotsky a exiliarse a Asia Central soviética y en 1929 lo deportó de la Unión Soviética. Trotsky había sido expulsado del Partido Comunista de la Unión Soviética en noviembre de 1927.

Durante esos mismos años, en los Partidos Comunistas alrededor del mundo los partidarios de Stalin expulsaron de manera semejante a dirigentes y cuadros que se organizaban para promover la trayectoria internacionalista de Lenin. En Estados Unidos, James P. Cannon, Swabeck y otros que habían sido expulsados del PC en octubre de 1928 sacaron el primer número del periódico *The Militant* en noviembre, y en los primeros meses del año siguiente fundaron la Liga Comunista de América.

Swabeck viajó a Turquía para encontrarse con Trotsky en 1933 después de participar como delegado de la CLA en una conferencia internacional en París de organizaciones comprometidas a construir el movimiento comunista internacional sobre los cimientos sentados por la Revolución de Octubre y la Comintern bajo el liderazgo de Lenin. En las discusiones en Prinkipo también estuvo presente Pierre Frank, uno de los secretarios de Trotsky. A continuación aparece una versión taquigráfica de la discusión, traducida del alemán por Swabeck y publicada originalmente para la Liga Comunista de América en un boletín del partido en abril de 1933.

La cuestión negra en Estados Unidos

28 de febrero de 1933

ARNE SWABECK: Dentro de la Liga [Comunista] americana no tenemos diferencias apreciables que sean de importancia acerca de este problema, ni hemos formulado aún un programa. Por tanto, presento solamente los criterios que hemos desarrollado en general.

¿Cómo debemos ver la posición del negro americano: como minoría nacional o como minoría racial? Esto es de importancia fundamental para nuestro programa.

Los estalinistas mantienen como su consigna principal la autodeterminación para los negros, y al respecto reivindican un estado propio y derechos de estado para los negros en el Cinturón Negro.[10] La aplicación práctica de esta

---

10. En 1928 la Internacional Comunista dirigida por Stalin dio un bandazo de ultraizquierda respecto a esta y otras cuestiones, junto con ataques faccionales y agresiones físicas contra adversarios políticos. Esta trayectoria izquierdista continuó por casi ocho años. La Comintern en 1928 le impuso al Partido Comunista de Estados Unidos la consigna "autodeterminación para el Cinturón Negro". El PC decía que los negros —en partes del Sur estadounidense donde constituían una mayoría o casi mayoría— eran una nación oprimida en esa región y tenían derecho a la autodeterminación, incluido un estado propio. El PC abogaba por una "República Soviética Negra en el Sur". En uno de sus afiches la campaña presidencial del Partido Comunista en 1932 reivindicaba "¡Igualdad de derecho para los negros en todas partes! Autodeterminación para el Cinturón Negro". Y en un folleto del PC ampliamente difundido ese mismo año, James S. Allen explicó, "El Cinturón Negro, que pasa por 11 estados sureños, incluye no solo los 195 condados que son negros en más del 50 por ciento, sino los 202 condados que son del 35 al 50 por ciento negros. Estos 397 condados forman una zona continua en la cual los negros representan más del 50 por ciento de la población total".

En realidad, la "teoría" del Cinturón Negro del Partido Comunista era una caricatura de la posición que el bolchevismo había mantenido por mucho tiempo de apoyar el derecho a la autodeterminación de las naciones y nacionalidades oprimidas, incluida la separación si la mayoría de un pueblo oprimido optaba por ello. Lejos de ser una demanda basada en las aspiraciones de los negros en cualquier región del país, la consigna estalinista del Cinturón Negro fue impuesta burocráticamente desde Moscú, sin que tuviera su origen o base en la lucha de clases en Estados Unidos, o en el desarrollo de la conciencia política entre los trabajadores, ante todo entre los trabajadores que eran negros.

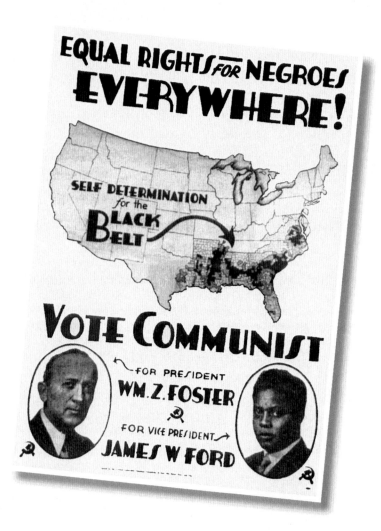

"En Rusia los bolcheviques siempre lucharon por la autodeterminación de las minorías nacionales, incluido el derecho a la separación", explicó León Trotsky en 1933. "Los trabajadores americanos que dicen, 'Los negros deben separarse si así lo desean, y los defenderemos contra nuestra policía americana', esos son revolucionarios. Tengo confianza en ellos".

La fórmula presidencial del Partido Comunista de Estados Unidos en 1932 hizo campaña a favor de una "República Soviética Negra" en partes del Sur donde los negros eran mayoría o casi mayoría, según indica el mapa. La consigna, "Autodeterminación para el Cinturón Negro" no provino de luchas de los negros en ninguna parte de Estados Unidos, ni del desarrollo de la conciencia política entre los trabajadores. Le fue impuesta al PC por la Internacional Comunista, dirigida por Stalin, y fue una caricatura del apoyo bolchevique a los derechos nacionales.

última reivindicación ha revelado mucho oportunismo.

Por otro lado, reconozco que en la labor práctica entre los negros, pese a sus numerosos errores, el Partido [Comunista estalinista][11] también puede apuntar algunos logros. Por ejemplo, en las huelgas textileras sureñas, donde en gran medida se rompieron las barreras del color.[12]

Según entiendo, Weisbord está de acuerdo con la consigna de la autodeterminación y derechos propios de estado. Plantea que esa es la aplicación de la teoría de la revolución permanente en Estados Unidos.[13]

---

11. En esta época la Liga Comunista de América aún actuaba como facción expulsada del Partido Comunista, orientada a combatir políticamente el rumbo estalinista del liderazgo del PC y a tratar de reformar el partido y la Internacional Comunista como organizaciones revolucionarias. En enero de 1933, apenas unas semanas antes de la visita de Swabeck a Trotsky, Adolfo Hitler, jefe del fascista Partido Obrero Alemán Nacionalsocialista, había accedido al cargo de canciller de Alemania. Debido a la trayectoria ultraizquierdista y faccional que la maldirigencia estalinista en Moscú le había impuesto al Partido Comunista Alemán, los nazis lograron este importante triunfo sin toparse con una resistencia obrera unida en los años antes de las elecciones de 1933 y en los meses siguientes. Ni en el PC alemán ni entre el liderazgo de otras filiales de la Comintern se elevaron voces importantes en contra del encubrimiento de la responsabilidad que tenía la dirección estalinista por esta derrota desastrosa para el proletariado mundial. Poco después del triunfo de Hitler, Trotsky, la dirección de la CLA y sus correligionarios a nivel mundial llegaron a la conclusión de que ya no se podía restaurar la Comintern y sus partidos a un curso revolucionario, y emprendieron la construcción de un nuevo movimiento comunista internacional y nuevos partidos comunistas.

12. Entre 1929 y 1932, unos 18 mil obreros textileros realizaron varias huelgas por todo el Sur. Estas batallas fueron una preparación importante para una huelga textilera nacional en 1934.

13. Para leer una discusión sobre el papel que ocupa la teoría de Trotsky de la revolución permanente en la estrategia y actividad del movimiento obrero revolucionario durante el último medio siglo, ver *Su Trotsky y el nuestro*, por Jack Barnes (Pathfinder, 2002).

Nosotros partimos de la situación real: hay aproximadamente 13 millones de negros en Estados Unidos; la mayoría está en los estados del Sur (Cinturón Negro). En los estados del Norte los negros se concentran en las comunidades industriales como obreros industriales; en el Sur son principalmente agricultores y aparceros.[14]

LEÓN TROTSKY: ¿Alquilan tierra del estado o de propietarios privados?

SWABECK: De propietarios privados, de agricultores y dueños de plantaciones blancos; algunos negros son dueños de la tierra que labran.

A la población negra del Norte se la mantiene a un nivel inferior [al de la población blanca]: en lo económico, lo social y lo cultural; en el Sur, [se los mantiene] bajo las opresivas condiciones de Jim Crow. Se les excluye de muchos sindicatos importantes. Durante la guerra y desde entonces ha aumentado la migración desde el Sur; quizás entre 4 y 5 millones de negros viven ahora en el Norte. La población negra norteña es abrumadoramente proletaria, pero también en el Sur va avanzando la proletarización.

Hoy día ninguno de los estados sureños tiene mayoría negra.[15] Esto resalta la fuerte migración hacia el Norte.

---

14. En los años 30, los negros representaban un 9 por ciento de los obreros del hierro y del acero en Estados Unidos, y casi un 70 por ciento en Alabama. Casi el 10 por ciento de los mineros del carbón en Estados Unidos eran africano-americanos, como también lo eran el 17 por ciento de los obreros de mataderos y de plantas empacadoras de carne (sin contar los puestos de carniceros especializados, que seguían siendo un trust de empleos para blancos).

15. Mississippi sí tenía una población negra levemente mayoritaria cuando se hizo el censo de 1930 (50.2 por ciento). Entre los otros 11 estados de la antigua Confederación, el único en 1930 con una población negra de más del 40 por ciento era Carolina del Sur (45 por

Nosotros formulamos el problema así: ¿son los negros, en un sentido político, una minoría nacional o una minoría racial?

Los negros han sido completamente asimilados, americanizados, y su vida en Estados Unidos ha superado en peso las tradiciones del pasado, las ha modificado y cambiado. No podemos considerar a los negros como minoría nacional en el sentido de tener su propia lengua distinta. No tienen costumbres nacionales especiales, ni una cultura o religión especial; tampoco tienen intereses especiales como minoría nacional. Es imposible hablar de ellos como minoría nacional en este sentido. Por tanto, opinamos que los negros americanos son una minoría racial cuya posición y cuyos intereses están subordinados a las relaciones de clases del país y dependen de ellas.

Para nosotros, los negros representan un factor importante en la lucha de clases, casi un factor decisivo. Son una sección importante del proletariado. Existe también una pequeña burguesía negra en Estados Unidos, pero no es tan poderosa o influyente, ni ocupa el papel que ocupan la pequeña burguesía y la burguesía entre los pueblos nacionalmente oprimidos (coloniales).

La consigna estalinista de "autodeterminación" se basa sobre todo en una apreciación de los negros americanos como minoría nacional, a ser captados como aliados. Se nos plantea la interrogante: ¿Queremos captar a los negros como aliados sobre esa base, y a quién queremos captar: al proletariado negro o a la pequeña burguesía negra? Nos parece que con esa consigna captaremos principalmente a la pequeña burguesía, y no podemos estar muy interesados

---

ciento). Para 1940, según un censo nacional, el 49.3 por ciento de la población de Mississippi era negra.

en captarlos como aliados sobre esa base.[16]

Reconocemos que los agricultores pobres y los aparceros son los aliados más cercanos del proletariado, pero en nuestra opinión se los puede captar como tal principalmente sobre la base de la lucha de clases. Transigir sobre esta cuestión de principios sería poner a los aliados pequeñoburgueses por delante del proletariado y también de los agricultores pobres. Reconocemos la existencia de determinadas etapas de desarrollo, las cuales requieren consignas específicas. Pero nos parece que la consigna estalinista lleva directamente a la "dictadura democrática del proletariado y del campesinado".[17] La unidad de los tra-

---

16. Swabeck exagera la homogeneidad de la dirección de la CLA sobre este tema. El proyecto de plataforma que se presentó en la conferencia fundadora de la CLA en Chicago en mayo de 1929, si bien condenó el llamamiento del PC a una "República Soviética Negra en el Sur", afirmaba: "La cuestión negra es también una cuestión nacional, y el partido debe reivindicar la consigna del derecho a la autodeterminación para los negros". Sin embargo, en la conferencia en sí se expresaron diferencias sobre esta cuestión. Cannon escribió en su artículo sobre la conferencia, publicado en el *Militant* del 1 de junio, "Tras una discusión sobre la sección disputada de la plataforma en torno a la consigna del derecho a la autodeterminación para los negros, se decidió aplazar una determinación final hasta que se pueda recoger materiales más exhaustivos sobre el tema y ponerlos a disposición del grupo para que se debata". Cuando se dio la discusión de Swabeck con Trotsky cuatro años más tarde, el tema aún no se había resuelto.

17. La dictadura democrática del proletariado y del campesinado es la fórmula que usaron Lenin y los bolcheviques, en los años antes de la Revolución Rusa de octubre de 1917, para ofrecer, en las palabras de Lenin, "una definición marxista del contenido de clase de la revolución victoriosa" en Rusia. Señala la alianza revolucionaria de trabajadores y campesinos que fue decisiva en esa victoria y que sentó los fundamentos de clase de la dictadura del proletariado en la República Soviética después del triunfo. A mediados de los años 20 y en los 30, los estalinistas desvirtuaron el contenido de clase revolucionario de esa fórmula a fin de justificar su apoyo a ciertas fuerzas y liderazgos

bajadores, negros y blancos, la debemos preparar a partir de una base de clases, pero en ello es necesario reconocer también las cuestiones raciales y, además de la consignas de clase, impulsar también consignas raciales.

Nuestra opinión al respecto es que la principal consigna debe ser "igualdad social, política y económica para los negros", así como las consignas que de ella se derivan. Esta consigna es desde luego muy distinta de la consigna estalinista de autodeterminación para una minoría nacional. Los dirigentes del Partido [Comunista] argumentan que los trabajadores y agricultores negros pueden ser captados únicamente sobre la base de esta consigna. Al principio se planteó para los negros de todo el país, pero hoy [se plantea] solo para los [negros en] los estados sureños. En nuestra opinión, podemos captar a los trabajadores negros solo a partir de una base de clase, impulsando también las consignas raciales para las etapas intermedias de desarrollo que son necesarias. Creemos que esta es también la mejor forma de captar a los agricultores negros como aliados directos.

En lo esencial, el problema de las consignas respecto a la cuestión negra supone el problema de un programa práctico. ¿Cómo se va a captar a los negros? Creemos que principalmente con consignas raciales: igualdad con los blancos y las consignas que de ello se derivan.

TROTSKY: No me resulta completamente convincente el punto de vista de los camaradas americanos. El derecho a la autodeterminación es una reivindicación democrática. A esta reivindicación democrática nuestros camaradas americanos contraponen la reivindicación liberal [de

---

burgueses en China y otros países del mundo colonial. Ver *Su Trotsky y el nuestro*, por Jack Barnes, especialmente las págs. 92–94, 109–11, 131–35, y 148 [impresión de 2019].

igualdad con los blancos]. Además, esta reivindicación liberal es complicada. Entiendo lo que significa igualdad política [una demanda democrática]. ¿Pero qué significa igualdad económica y social dentro de la sociedad capitalista? ¿Significa una demanda ante la opinión pública de que todos deben gozar de la misma protección de las leyes? Pero eso es igualdad política. La consigna "igualdad política, económica y social" suena ambigua y por tanto es falsa.

Los negros son una raza y no una nación. [Sin embargo] las naciones surgen de la materia racial bajo determinadas condiciones. Los negros en África aún no son una nación, pero están en proceso de formar una nación. Los negros americanos están a un nivel cultural más elevado. Pero ya que están bajo la presión [racista] de los americanos, se van interesando en el desarrollo de los negros en África. El negro americano desarrollará dirigentes para África, eso se puede decir con certeza, y a su vez eso influirá en el desarrollo de la conciencia política en Estados Unidos.

Por supuesto, no requerimos que los negros se conviertan en una nación; que lo hagan o no es cuestión de su conciencia, es decir, de sus deseos y aspiraciones. Decimos: si los negros quieren eso, entonces debemos luchar contra el imperialismo hasta la última gota de sangre, para que conquisten el derecho —donde y como quieran— a separar un pedazo de tierra para sí mismos. No importa el hecho que hoy día no son mayoría en ningún estado. No se trata de la autoridad de los estados, sino de la de los negros. El problema no es que hay y que habrá blancos en zonas abrumadoramente negras, y no tenemos por qué rompernos la cabeza por la posibilidad de que en algún momento los blancos sean oprimidos por los negros. En todo caso, la opresión de los negros los empuja hacia una unidad política y nacional.

Que la consigna de "autodeterminación" captará a la pequeña burguesía más que a los trabajadores: ese argumento también es válido para la consigna de "igualdad". Es evidente que los elementos negros que desempeñan un papel más público (empresarios, intelectuales, abogados, etcétera) son más activos y reaccionan más activamente contra la desigualdad. Es posible decir que tanto la demanda liberal como la democrática atraerán en primera instancia a la pequeña burguesía y solo después a los trabajadores.

Si la situación fuese tal que en Estados Unidos ocurrieran acciones comunes con la participación de trabajadores blancos y negros, que la confraternización de clase ya fuera una realidad, entonces quizás los argumentos de nuestros camaradas tendrían fundamentos (no digo que sería correcta); entonces quizás sí dividiríamos a los trabajadores negros de los blancos si comenzáramos a plantear la consigna de "autodeterminación".

Pero hoy día los trabajadores blancos, en relación a los negros, son los opresores, los canallas, que persiguen al negro y al amarillo, los desprecian y los linchan. Si los trabajadores negros se unen con su propia pequeña burguesía, es porque aún no se han desarrollado lo suficiente como para defender sus derechos elementales. Para los trabajadores en los estados sureños la demanda liberal de igualdad de derechos sin duda significaría un avance, pero la demanda de autodeterminación sería un avance aún mayor. Sin embargo, con la consigna de "derechos iguales" se les puede desorientar más fácilmente ("según la ley ustedes tienen tal igualdad").

Cuando hayamos avanzado tanto [por el camino de la lucha de clases de masas] que los negros digan "queremos autonomía", entonces adoptarán una posición hostil hacia el imperialismo americano. En esa etapa los trabajadores ya serán mucho más resueltos que la pequeña burguesía. Los trabajadores verán entonces que la pequeña burguesía es incapaz de luchar y no llega a ningún lado, pero también reconocerán simultáneamente que los trabajadores comunistas blancos luchan por sus reivindicaciones y eso los empujará —a los proletarios negros— hacia el comunismo.

Weisbord en cierto sentido tiene razón al decir que la autodeterminación de los negros pertenece a la cuestión de la revolución permanente en Estados Unidos. Los negros, mediante su despertar, mediante su reivindicación de la autonomía y mediante la movilización democrática de sus fuerzas, se verán impulsados hacia una posición de clase. La pequeña burguesía asumirá la reivindicación de derechos iguales y autodeterminación pero resultará absolutamente incapaz en la lucha; el proletariado negro marchará por encima de la pequeña burguesía rumbo a la revolución proletaria. Ese camino es para ellos quizás el más importante. Por tanto no concibo razón alguna para que no promovamos la demanda de la autodeterminación.

No estoy seguro que los negros en el Sur no hablen su propio idioma negro. Ahora, en momentos cuando están siendo linchados solo por ser negros, es natural que teman hablar su idioma negro; pero cuando sean liberados, su idioma negro cobrará vida de nuevo. A los camaradas americanos les recomendaría estudiar esta cuestión muy seriamente, incluido el idioma en los estados del Sur.

Por todas estas razones, respecto a esta cuestión, más bien me inclinaría hacia la posición del Partido [Comunista estalinista]; por supuesto, con la salvedad de que jamás he estudiado esta cuestión y que parto aquí de consideraciones generales. Me baso únicamente en los argumentos presentados por los camaradas americanos. Me resultan insuficientes y los considero una cierta concesión a la óptica del chovinismo americano, lo cual me parece peligroso.

¿Qué podemos perder en torno a este problema cuando, con nuestras reivindicaciones, vamos más lejos de lo que van los propios negros en este momento? No los obligamos a separarse del estado, pero tienen el derecho pleno a la autodeterminación cuando así lo deseen, y los apoyaremos y defenderemos con todos los medios a nuestra disposición en la conquista de este derecho, al igual que defendemos a todos los pueblos oprimidos.

SWABECK: Reconozco que ha presentado argumentos poderosos, pero aún no estoy totalmente convencido. La existencia de un idioma negro especial en los estados del Sur es posible, pero en general todos los negros americanos hablan inglés. Están completamente asimilados. Su religión es la bautista americana y el idioma en sus iglesias es igualmente el inglés.

La igualdad económica no la entendemos de ninguna manera en el sentido de la ley. En el Norte (como por supuesto también en los estados del Sur), los salarios de los negros son siempre más bajos que los de los trabajadores blancos y mayormente trabajan más horas; eso, por así decirlo, se acepta como algo natural. Además, a los negros les asignan las labores más desagradables. Es por estas condiciones que reivindicamos la igualdad económica para los trabajadores negros.

No disputamos el derecho de los negros a la autodeterminación. No es el tema de nuestro desacuerdo con los estalinistas. Pero sí disputamos lo correcto de la consigna de la autodeterminación como medio para captar a las masas negras. El impulso de la población negra va dirigida ante todo hacia la igualdad en un sentido social, político y económico.

En la actualidad el partido [el PC estalinista] propugna la consigna de la autodeterminación solo para los estados sureños. Desde luego, difícilmente se puede esperar que los negros de las industrias norteñas quieran retornar al Sur, y no hay indicios de tal deseo. Todo lo contrario. Su reivindicación no formulada es por la igualdad social, política y económica a partir de las condiciones en que viven. Así también es en el Sur. Por eso creemos que es una consigna racial importante.

No consideramos que los negros estén bajo una opresión nacional en el mismo sentido que los pueblos coloniales oprimidos. A nuestro criterio la consigna de los estalinistas tiende a alejar a los negros de una base de clase y a dirigirlos más hacia una base racial. Es la razón principal por la que nos oponemos a ella. Creemos que la consigna racial, en el sentido en que la presentamos nosotros, lleva directamente hacia una base de clase.

PIERRE FRANK: ¿Existen en Estados Unidos movimientos negros especiales?

SWABECK: Sí, varios. Primero tuvimos el movimiento de Garvey, basado en el objetivo de la migración a África.[18] Tenía muchos seguidores pero fracasó por ser una estafa. Ahora no queda mucho de ese movimiento. Su consigna era la creación de una república negra en África. Otros movimientos negros en su mayoría se basan en reivindicaciones de igualdad social y política, como por ejemplo la Liga [Asociación Nacional] para el Avance de la Gente de Color. Es un movimiento racial grande.

TROTSKY: Yo también creo que la demanda de derechos iguales debe mantenerse, y no estoy hablando *en contra* de esta demanda. Es progresista en la medida que aún no se ha realizado. La explicación del camarada Swabeck sobre la cuestión de la igualdad económica es muy importante.

Pero eso por sí solo no decide la cuestión del destino

18. Ver el glosario así como la nota 29 en la primera parte, pág. 84.

de los negros como tal, la cuestión de la nación, etcétera. Según los argumentos de los camaradas americanos, uno podría decir también, por ejemplo, que Bélgica no tiene derechos como nación. Los belgas son católicos y una gran parte de ellos habla francés. ¿Y si Francia quisiera anexionarlos valiéndose de ese argumento? También el pueblo suizo, por sus vínculos históricos, se siente una nación a pesar de idiomas y religiones diferentes.

Un criterio abstracto no es decisivo acerca de esta cuestión; mucho más decisiva es la conciencia histórica de un grupo, sus sentimientos, sus impulsos. Pero eso tampoco se determina casualmente, sino más bien por la situación y todas las circunstancias relacionadas. La cuestión de la religión no tiene absolutamente nada que ver con esta cuestión de nación. La religión bautista del negro es algo completamente diferente de la religión bautista de Rockefeller.[19] Son dos religiones distintas.

El argumento político que rechaza la demanda de la autodeterminación es doctrinario. Es lo que siempre escuchábamos en Rusia acerca del problema de la autodeterminación. La experiencia rusa nos ha demostrado que los grupos que viven una existencia campesina retienen peculiaridades —sus costumbres, su idioma, etcétera— y cuando se da la oportunidad estas características se desarrollan.

Los negros aún no han despertado y aún no están unidos a los trabajadores blancos. El 99.9 por ciento de los trabajadores americanos son chovinistas; con respecto a los negros son verdugos, como lo son con respecto a los

---

19. El magnate del petróleo John D. Rockefeller (1839–1937) era un conocido miembro y contribuidor económico de la Convención Bautista Norteña y sus sociedades misioneras e instituciones. Las mayores asociaciones de las iglesias bautistas predominantemente africanoamericanas se remontan a la Convención Bautista Nacional fundada en 1895.

León Trotsky (arriba, izquierda) en Prinkipo, Turquía, abril de 1933, con (en el sentido de las agujas del reloj) Arne Swabeck, dirigente de la Liga Comunista de América (CLA), y los secretarios de Trotsky Pierre Frank, Rudolf Klement y Jean van Heijenoort.

En respuesta a comentarios de Swabeck sobre la orientación de la CLA hacia las luchas por los derechos de los negros en Estados Unidos, Trotsky dijo: "Es muy posible que los negros pasen por la autodeterminación a la dictadura del proletariado en un par de zancadas gigantescas, antes de la gran mayoría de los trabajadores blancos. Entonces serán la vanguardia. Estoy absolutamente seguro que, en todo caso, lucharán mejor que los trabajadores blancos. No obstante, eso puede ocurrir solo si el partido comunista lleva una lucha implacable, no contra los supuestos prejuicios nacionales de los negros, sino contra los colosales prejuicios de los trabajadores blancos y si no les hace concesión alguna".

chinos, etcétera. Es necesario hacerles comprender [a los trabajadores blancos] que el estado americano no es su estado y que no tienen que ser los guardianes de este estado. Los trabajadores americanos que dicen, "Los negros deben separarse si así lo desean y nosotros los defenderemos contra nuestra policía americana": esos son revolucionarios. Tengo confianza en ellos.

El argumento de que la consigna de la autodeterminación aleja de la perspectiva de clase es una adaptación a la ideología de los trabajadores blancos. Al negro se le podrá desarrollar hasta una perspectiva de clase únicamente cuando sea educado el trabajador blanco. En general, la cuestión del pueblo colonial es en primer lugar una cuestión de la educación del trabajador metropolitano.

El trabajador americano es indescriptiblemente reaccionario. Esto se puede ver ahora en el hecho que aún no se le ha persuadido ni siquiera de la idea del seguro social. Por eso, los comunistas americanos tienen la obligación de propugnar demandas de reformas.

Si los negros actualmente no reivindican la autodeterminación, es desde luego por la misma razón por la que los trabajadores blancos todavía no impulsan la consigna de la dictadura del proletariado. Los negros aún no se han metido en la cabeza la osadía de labrarse un pedazo del gran y poderoso Estados Unidos. Pero los trabajadores blancos deben salir al encuentro de los negros a medio camino y decirles: "Si quieren separarse tendrán nuestro apoyo". Los trabajadores checos llegaron también al comunismo solo al desilusionarse con su propio estado.

Creo que por el atraso político y teórico sin precedentes, y por el progreso económico sin precedentes en Estados Unidos, el despertar de la clase trabajadora se desarrollará de forma bastante rápida. La vieja envoltura ideológica estallará, todas las cuestiones surgirán inmediatamente, y ya que el país es tan maduro económicamente, la adaptación de lo político y lo teórico al nivel económico se logrará muy rápidamente. Es posible entonces que los negros se conviertan en el sector más avanzado. Ya tenemos un ejemplo parecido en Rusia. Los rusos eran los negros europeos. Es muy posible que los negros pasen por la autodeterminación a la dictadura proletaria en un par de zancadas gigantescas, antes de la gran masa de los trabajadores blancos. Entonces serán la vanguardia.

Estoy absolutamente seguro que, en todo caso, ellos van a luchar mejor que los trabajadores blancos. No obstante, eso puede ocurrir solo si el partido comunista lleva a cabo una lucha implacable e intransigente, no contra los supuestos prejuicios nacionales de los negros, sino contra los colosales prejuicios de los trabajadores blancos, y si no les hace concesión alguna.

SWABECK: ¿Opina entonces que la consigna de autodeterminación será una vía para movilizar a los negros contra el imperialismo americano?

TROTSKY: Por supuesto, al labrarse su propio estado de la poderosa América, y al hacerlo con el apoyo de los trabajadores blancos, la confianza de los negros en sí mismos se desarrollará enormemente.

Los reformistas y los revisionistas han escrito mucho en el sentido que el capitalismo está llevando a cabo la labor de la civilización en África,[20] y que si a los pueblos

---

20. Se refiere a los liderazgos socialdemócratas colaboracionistas de clases de la Internacional Socialista y sus partidos afiliados a nivel mundial. Lenin y los bolcheviques habían roto con la Internacional Socialista (la Segunda Internacional) en 1914, cuando la mayoría de sus

de África se los deja a sus propios recursos, serán tanto más explotados por empresarios, etcétera, mucho más que ahora, cuando al menos tienen cierta protección legal.

En cierto grado este argumento puede ser correcto. Pero en este caso también se trata ante todo de un problema de los trabajadores europeos: sin ser liberados [de los prejuicios imperialistas y de su apoyo al estado capitalista], es imposible la verdadera liberación colonial. Si el trabajador blanco realiza el papel de opresor, no puede liberarse a sí mismo, mucho menos liberar a los pueblos coloniales. El derecho a la autodeterminación de los pueblos coloniales puede llevar en ciertas épocas a resultados diferentes; sin embargo, al final llevará a la lucha contra el imperialismo y a la liberación de los pueblos coloniales.

Antes de la guerra, la socialdemocracia austriaca (especialmente Renner) también planteaba la cuestión de las minorías nacionales de manera abstracta. De igual manera

---

dirigentes apoyaron "sus propios" gobiernos burgueses en la Primera Guerra Mundial interimperialista. Antes de esa ruptura, en el congreso de 1907 de la Internacional Socialista en Stuttgart, Alemania, los bolcheviques encabezaron la oposición a una resolución presentada ante la comisión colonial que afirmaba, según la parafraseó Lenin, que "el Congreso no condenaba en principio toda política colonial, que bajo un régimen socialista puede cumplir una función civilizadora". Esa resolución reaccionaria, apoyada por la mayoría de los delegados del Partido Social Demócrata de Alemania —la organización más grande de la Internacional— fue derrotada por apenas una escasa mayoría de 128 votos contra 110, con 10 abstenciones. Para leer un relato sobre el debate, incluido el artículo de Lenin, ver "El Congreso Socialista Internacional de Stuttgart" en V.I. Lenin, *Obras completas*, tomo 16, págs. 71–78. Aparece en inglés en "The Stuttgart Congress of 1907" (El Congreso de Stuttgart de 1907) en *Lenin's Struggle for a Revolutionary International: Documents 1907–1916* (La lucha de Lenin por una Internacional revolucionaria: Documentos 1907–1916; Pathfinder, 1984, 1986), págs. 29–89 [impresión de 2014].

argumentaban que la consigna de la autodeterminación solo alejaría a los trabajadores de una perspectiva de clase y que, económicamente, el estado minoritario no podría existir independientemente. Esta forma de plantear el problema ¿era correcta o falsa? Era abstracta. Los socialdemócratas austriacos decían que las minorías nacionales no eran naciones. ¿Qué vemos hoy? Los retazos [del antiguo imperio austro-húngaro] existen [como estados]: mal, por supuesto, pero sí existen.

En Rusia los bolcheviques siempre lucharon por la autodeterminación de las minorías nacionales, incluido el derecho a la separación total. Y sin embargo, tras haber logrado la autodeterminación estos grupos permanecieron con la Unión Soviética. Si la socialdemocracia austriaca hubiera llevado a cabo antes una política correcta respecto a esta cuestión, habría dicho a los grupos de minorías nacionales: "Tienen el derecho pleno a la autodeterminación, no nos interesa en absoluto mantenerlos en manos de la monarquía de los Habsburgo". Entonces habría sido posible, después de la revolución, crear una federación del gran Danubio.[21]

La dialéctica del desarrollo demuestra que donde existía un centralismo firme el estado voló en pedazos, y donde se promulgó la completa autodeterminación, surgió un verdadero estado y permaneció unido.

La cuestión negra es de enorme importancia para Estados

---

21. Los Habsburgo eran la dinastía gobernante del Imperio Austro-Húngaro que fue derrocada en el ascenso revolucionario de noviembre de 1918. Por la trayectoria contrarrevolucionaria de los partidos socialdemócratas en Austria y otras partes del antiguo imperio, y por la falta de experiencia de los jóvenes Partidos Comunistas, la clase trabajadora no pudo conquistar el poder en ninguno de estos países y sentar las bases para avanzar hacia una federación del Danubio de repúblicas socialistas soviéticas.

Unidos. La Liga debe acometer una discusión seria sobre esta cuestión, tal vez en un boletín interno.

II. COYOACÁN, MÉXICO

En una carta que le escribió en abril de 1939 a James P. Cannon, secretario nacional del Partido Socialista de los Trabajadores, León Trotsky le indicó que hacía poco había tenido varias conversaciones "con el camarada [C.L.R.] James" y que "las dos más importantes fueron sobre la cuestión negra". James era un escritor, nacido en Trinidad, que se había incorporado al movimiento comunista en Gran Bretaña en 1935. Desde fines de 1938 había vivido en Estados Unidos, donde colaboraba con la dirección del PST para impulsar la labor del partido en la lucha contra la opresión de los negros.

Las conversaciones se dieron en Coyoacán, suburbio de Ciudad de México, donde Trotsky residía desde enero de 1937. Para entonces el dirigente bolchevique no podía obtener asilo en ninguna parte de Europa a causa de las presiones del aparato asesino estalinista mundial, de los avances del fascismo, de las campañas de los exiliados contrarrevolucionarios rusos y de las posiciones que asumían las "democracias" imperialistas. A fines de 1936 el gobierno de Lázaro Cárdenas le abrió las puertas de México a Trotsky.

En las discusiones de abril de 1939 también participó Charles Curtiss, miembro de la Liga Comunista de América desde que se fundó en 1929. En esos momentos él se desempeñaba en México como representante de la Cuarta Internacional, la organización mundial que el PST ayudó a fundar en 1938. Curtiss siguió siendo un cuadro dirigente del partido hasta principios de los años 50. Además participó en las conversaciones Sol Lankin, miembro del PST que servía de guardia en la casa de Trotsky.

En preparación para el encuentro, James había escrito unas páginas de "apuntes preliminares", a los cuales se refieren Trotsky y otros en las versiones taquigráficas que se reproducen a continuación. Trotsky manifiesta un desacuerdo particularmente fuerte respecto a las siguientes palabras de James:

"La autodeterminación para los negros americanos es (1) reaccionaria económicamente (2) falsa políticamente, porque ningún negro la desea (salvo los secuaces del PC)", escribió James. "Para los negros representa simplemente una segregación a la inversa… Hay que captar al negro para el socialismo. No tiene otra salida, ni en Estados Unidos ni en ningún otro lugar. Pero hay que captarlo partiendo de sus propias experiencias y de sus propias actividades. No lo puede aprender de otra manera. ¡Y en realidad ningún otro grupo de trabajadores lo puede aprender de otra manera!

"*Si él quisiera la autodeterminación*, entonces, le incumbiría al partido revolucionario reivindicar esa consigna, por más reaccionaria que fuese en todos los demás aspectos", escribió James. "Si después de la revolución él insistiera en llevar a cabo esa consigna y formar su propio estado negro, el partido revolucionario tendría que atenerse a sus promesas y (como hace al abordar a la gran masa campesina), con paciencia, contar con el desarrollo económico y la educación para lograr una integración. Pero afortunadamente para el socialismo, el negro no desea la autodeterminación".[22]

Las conversaciones con Trotsky se dieron en inglés. Las versiones taquigráficas, que el estenógrafo describió como "apuntes que no corrigieron los participantes", se publicaron en un boletín del PST en junio de 1939, en preparación para el congreso que el partido celebró el mes siguiente en Nueva York. Los delegados al congreso de julio aprobaron la resolución "El derecho a la autodeterminación y el negro en Estados Unidos de América",

---

22. Los "apuntes preliminares" de James se imprimieron en junio de 1939 en un boletín del Partido Socialista de los Trabajadores.

cuya línea y contenido fueron definidos en gran medida por los criterios que Trotsky expresó en esos encuentros.[23]

La autodeterminación para los negros americanos

4 de abril de 1939

LEÓN TROTSKY: El camarada James propone que abordemos la cuestión negra en tres partes y que dediquemos la primera a la cuestión programática de la autodeterminación para los negros.

C.L.R. JAMES: Las propuestas fundamentales sobre la cuestión negra ya se han distribuido y aquí solo es necesario tratar el asunto de la autodeterminación. Nadie niega el derecho de los negros a la autodeterminación. Se trata de si debemos reivindicarlo.

En África y en las Antillas abogamos por la autodeterminación porque la gran mayoría del pueblo la desea. En África las grandes masas populares ven la autodeterminación como una manera de restaurar su independencia. En las Antillas, donde tenemos una población de origen similar a la de los negros de Estados Unidos, se ha ido desarrollando un sentimiento nacional. Los negros son la mayoría. Entre los más avanzados ya se oye plantear la idea de una nación antillana. Incluso, si a los negros se

---

23. *The Founding of the Socialist Workers Party: Minutes and Resolutions, 1938–39* (La fundación del Partido Socialista de los Trabajadores: Actas y resoluciones, 1938–39; Nueva York: Pathfinder, 1982), págs. 553–38 [impresión de 2010].

les ofreciera derechos plenos y libres como ciudadanos del imperio británico, ellos probablemente lo rechazarían y optarían por ser absolutamente libres e independientes. Por consiguiente, tanto en África como en las Antillas, el Buró Internacional de Servicio Africano aboga por la autodeterminación.[24] Es progresista. Representa un paso en el sentido correcto. Debilitamos al enemigo. Pone a los trabajadores en una situación en que pueden dar grandes pasos en el camino al socialismo.

En Estados Unidos la situación es distinta. El negro quiere desesperadamente ser ciudadano americano. Dice, "He estado aquí desde el comienzo; desde los primeros días hice todo el trabajo. Los judíos, los polacos, los italianos, los suecos y demás vienen aquí y tienen todos los privilegios. Ustedes dicen que algunos de los alemanes son espías. Yo jamás seré espía. No tengo para quién espiar. Y sin embargo ustedes me excluyen del ejército y de los derechos ciudadanos".

En Polonia y en Cataluña, además de la opresión económica y política, existe una tradición de idioma, literatura e historia, que contribuye a unir a la población en torno a su demanda progresista de autodeterminación. En Estados Unidos no es así. Examinemos ciertos sucesos históricos en el desarrollo del negro en Estados Unidos.

Garvey planteaba la consigna "Regresar a África", pero por lo general los negros que lo seguían no creían que realmente iban a regresar a África. Sabemos que sus seguidores en las Antillas no tenían la menor intención de volver a

---

24. El Buró Internacional de Servicio Africano era una pequeña organización propagandística con sede en Gran Bretaña que buscaba organizar apoyo y solidaridad para luchas independentistas y obreras en el mundo colonial. C.L.R. James, quien militaba en la organización, buscó promover apoyo y recabar fondos en Estados Unidos para el buró y su revista, *International African Opinion*.

África, pero les gustaba seguir a una dirección combativa. Y tenemos el caso de la mujer negra que, cuando una mujer blanca la empuja en el tranvía, le dice, "Ya verá, que cuando llegue al poder Marcus, a todos ustedes los tratarán como se merecen". Es evidente que no estaba pensando en África.

Se concentraba la atención en los problemas de los negros por la simple razón de que en 1919 los trabajadores blancos no se habían desarrollado. No existía una organización política de fuerza alguna que abogara por la unión de los negros y los blancos. Los negros acababan de volver de la guerra. Eran combativos y, sin que nadie les ofreciera ayuda, naturalmente se concentraban en sus propios asuntos específicos.

Sin embargo, también debemos observar que en Chicago, donde hubo un motín racial, este fue provocado conscientemente por la patronal. Antes de que estallara el motín, los obreros empacadores de carne, negros y blancos, habían salido en huelga y desfilado por el barrio negro en Chicago, donde la población negra vitoreó a los blancos igual que a los negros. Para los capitalistas esto era muy peligroso y por lo tanto se dedicaron a crear fricciones raciales. En un momento dado, unos blancos pasaron rápidamente en varios autos por el barrio negro tiroteando a todos los que veían. La prensa capitalista destacó mucho las diferencias raciales y así preparó el terreno y provocó los motines, a fin de dividir a la población y echar atrás al negro para que se concentrara en sus propios asuntos.[25]

---

25. Durante el "motín racial" de Chicago en 1919, 38 personas resultaron muertas y 537 heridas; más del 60 por ciento de los muertos y heridos fueron negros. Unas mil personas, en su mayoría africano-americanas, quedaron sin hogar. Los africano-americanos representaban un 4 por ciento de la población de la ciudad en esa época. En junio de 1917, al inicio de una campaña para sindicalizar a los obreros

Durante la época de la crisis [la depresión de 1930] hubo un renacer de estos movimientos nacionalistas. Se dio un movimiento por el estado número 49, y se estaba desarrollando el movimiento en torno a Liberia. Estos movimientos adquirieron proporciones bastante grandes hasta por lo menos 1934.[26]

Después en 1936 llegó la organización del CIO. John L. Lewis creó un departamento especial negro.[27] El Nuevo Trato hizo gestos hacia los negros. Los negros y los blancos libraron varias luchas juntos. Estos movimientos nacionalistas tendieron a desaparecer a medida que el negro vio la oportunidad de luchar junto a los trabajadores sindicalizados y de lograr algo.

El peligro de que propugnemos e inyectemos una política de autodeterminación es que esta sería la vía más segura para dividir y confundir a los trabajadores en el Sur. Los trabajadores blancos tienen que superar siglos de prejuicios, pero en estos momentos muchos de ellos están trabajando junto a los negros en el sindicato de aparceros

---

empacadores de carne en Chicago, un dirigente del Sindicato Amalgamado de Obreros Cortadores de Carne y Carniceros y del Consejo Sindical de Mataderos, John Kikulski, declaró que "se incluirá a los polacos, irlandeses, lituanos y, de hecho, a toda raza, color, credo y nacionalidad". Sin embargo, después del motín de 1919, la campaña de sindicalización fue derrotada.

26. El Movimiento Nacional por el Establecimiento del Estado 49 lo inició Oscar C. Brown, un abogado y empresario, en Chicago a mediados de los años 30. El grupo abogaba por la autodeterminación mediante la creación de un estado negro como parte de Estados Unidos, que en ese entonces tenía 48 estados. Recibió poco apoyo. Liberia era uno de los destinos que proponía el movimiento de "Regresar a África" que tenía el apoyo de Garvey y de otros.

27. Congreso de Organizaciones Industriales (CIO) y John L. Lewis: ver el glosario.

del Sur,[28] y con el ascenso de la lucha existen verdaderas posibilidades de que superen sus viejos prejuicios.

Pero proponer que el negro tenga un estado propio es pedirles demasiado a los trabajadores blancos, especialmente cuando el propio negro no plantea esta demanda. Las consignas de la abolición de las deudas, de la confiscación de las grandes propiedades, etcétera, son más que suficiente para llevarlos a ambos a luchar juntos y, partiendo de la lucha económica, a librar una lucha unitaria por la abolición de la discriminación social.

Por tanto, planteo concretamente: (1) Que apoyamos el derecho a la autodeterminación. (2) De surgir una reivindicación del derecho a la autodeterminación entre los negros, la apoyaremos. (3) No vamos a empeñarnos demasiado en plantear esta consigna y colocar así una barrera innecesaria entre nosotros y el socialismo. (4) Se deben estudiar estos movimientos: el dirigido por Garvey, el movimiento a favor del estado 49, el movimiento en torno a Liberia. Averigüemos cuáles grupos entre la población los apoyaban y a partir de esto formulemos una opinión para ver hasta qué punto se manifiesta entre los negros la demanda a favor de la autodeterminación.

CHARLES CURTISS: Me parece que el problema se puede dividir en varias fases:

Sobre la cuestión de la autodeterminación, creo que es evidente que si bien estamos a favor de la autodeterminación, incluso hasta alcanzar la independencia, no significa necesariamente que estemos a favor de la independencia. Lo que sí apoyamos es que en un caso concreto

---

28. El Sindicato de Aparceros, fundado en Alabama en 1931, estaba dirigido por fuerzas en el Partido Comunista estalinista y su entorno. El Sindicato de Arrendatarios del Sur, creado en 1934 en Arkansas, estaba dirigido por miembros del Partido Socialista.

y en una localidad determinada, ellos mismos tienen derecho a decidir si ser o no independientes y cuál sería la relación gubernamental específica que tendrían con la mayoría del país.

Sobre la cuestión de si la autodeterminación es necesariamente reaccionaria, me parece que eso es un tanto exagerado. La autodeterminación para distintas naciones y grupos no se contrapone a un futuro mundo socialista. Creo que el problema se abordó en una polémica entre Lenin y Pyatakov desde el punto de vista de Rusia: autodeterminación para los diversos pueblos de Rusia al mismo tiempo que se construyera un país único.[29] No existe necesariamente una contradicción entre las dos. La sociedad socialista no se va a edificar sobre un pueblo subyugado, sino a partir de un pueblo libre. El carácter reaccionario o progresista de la autodeterminación se establece preguntando si impulsará o no la revolución social. Ese es el criterio.

En cuanto a lo que se planteó de que no debemos propugnar algo si las masas no lo desean, eso es incorrecto. No reivindicamos nada por el solo hecho que así lo deseen las masas. Ese mismo enfoque se debe aplicar a la cuestión fundamental del socialismo. En Estados Unidos solo un porcentaje reducido de la población quiere el socialismo, pero aun así lo propugnamos. Puede que quieran la guerra, pero nos oponemos a ella. Las cuestiones que tenemos que resolver son las siguientes: ¿Contribuirá a la destrucción del imperialismo americano? Y de surgir tal movimiento,

---

29. La polémica de Lenin en 1916 contra el bolchevique Y.L. Pyatakov (P. Kievsky), quien se oponía al derecho a la autodeterminación, se reproduce en las *Obras completas* de Lenin, tomo 30, págs. 72–137, y también en inglés en *Lenin's Struggle for a Revolutionary International: Documents (1907–1916)* (La lucha de Lenin por una Internacional revolucionaria: Documentos, 1907–1916), págs. 550–56 [impresión de 2019].

¿lo deseará el pueblo al desarrollarse la situación?

Supongo que estos movimientos nacionalistas a los que tú [James] te refieres se dieron durante años y que la lucha la libró un pequeño número de personas en cada caso, pero que en el momento de crisis social las masas se adhirieron a estos movimientos. Igual podría ser el caso en relación a la autodeterminación de los negros.

Me parece que el llamado Cinturón Negro es una sección superexplotada de la economía americana. Tiene todas las características de una sección subyugada de un imperio. Existe una pobreza y desigualdad política extrema. Tiene la misma estructura financiera: Wall Street explota a los elementos pequeñoburgueses [que] a su vez [explotan] a los trabajadores pobres. Representa simplemente un terreno de inversión y una fuente de ganancias. Tiene los rasgos de una parte de un imperio colonial. Además se trata fundamentalmente de un asunto regional, ya que también los blancos se han visto obligados a reaccionar contra el capital financiero.

Sería también interesante analizar el posible desarrollo futuro de la cuestión negra. Vimos que cuando se trajo a los negros al Sur, permanecieron allí muchas décadas. Al llegar la guerra, muchos emigraron al Norte y ahí se integraron al proletariado. Esa tendencia ya no puede continuar. El capitalismo ya no se está expandiendo como antes. En realidad, muchos de ellos regresaron a las fincas durante la depresión. Es posible que en vez de una tendencia a emigrar, ahora sea una tendencia a que los negros se queden en el Sur.

Y existen otros factores, como el hecho que la máquina cosechadora de algodón llevará a que miles de trabajadores queden desempleados.

Regresando al problema de la autodeterminación: existe la posibilidad de que en medio de la crisis social la manifestación de radicalismo asuma una fase doble. Junto a la lucha por la igualdad económica y social se podría plantear la demanda por el control de su propio estado. Hasta en Rusia, cuando los bolcheviques llegaron al poder el pueblo polaco no estaba convencido de que eso implicaría el fin de su opresión. Reivindicaron el derecho a controlar su propio destino a su manera. Es posible que ese fenómeno también se dé en el Sur.

Las otras cuestiones son importantes, pero no creo que sean fundamentales, por ejemplo, que una nación debe contar con su propio idioma, cultura y tradición. En cierta medida ellos sí están estableciendo una cultura propia. En cualquier biblioteca pública se puede encontrar libros —de ficción, antologías, etcétera— que expresan un nuevo sentimiento racial.

Ahora bien, desde el punto de vista de Estados Unidos, la separación del Cinturón Negro implica que el imperialismo norteamericano se debilitaría al quitársele ese enorme campo de inversión. Es algo que favorecería a la clase trabajadora norteamericana.

Me parece que la autodeterminación no significa oponerse a la lucha por la igualdad social, política y económica. En el Norte esa lucha es inmediata y la necesidad es apremiante. En el Norte la consigna de igualdad económica y política es una consigna de agitación, una cuestión inmediata. Desde la óptica práctica, nadie sugiere que planteemos la autodeterminación como consigna de agitación, sino más bien como consigna programática, que en el futuro podría convertirse en una consigna de agitación.

Existe otro factor que se podría llamar sicológico. Si los negros creen que este es un intento de segregarlos, entonces sería mejor no lanzar la consigna hasta que estén convencidos de que ese no sea el caso.

TROTSKY: No entiendo bien si lo que el camarada James

propone es que eliminemos de nuestro programa la consigna de la autodeterminación para los negros, o que no
digamos que estamos dispuestos a hacer todo lo posible
por la autodeterminación de los negros si ellos mismos
la desean.

La cuestión de si la eliminamos o no es un asunto que
debe decidir el partido en su conjunto. Estamos dispuestos a ayudarlos si ellos la quieren. Como partido podemos
permanecer absolutamente neutrales al respecto [de formar o no un estado propio].

No podemos decir que será reaccionaria. *No es*
reaccionaria.

No podemos decirles que establezcan un estado porque
eso debilitará al imperialismo y por tanto será bueno para
nosotros, los trabajadores blancos. Eso iría en contra del
internacionalismo mismo.

No podemos decirles, "Quédense aquí, incluso a costa
de su mejora económica".

Podemos decir, "A ustedes les toca decidir. Si desean
tomar una parte del país, está bien, pero no deseamos tomar esa decisión en su nombre".

Creo que las diferencias entre las Antillas, Cataluña,
Polonia y la situación de los negros en Estados Unidos no
son muy decisivas. Rosa Luxemburgo se oponía a la autodeterminación para Polonia.[30] Ella creía que era reaccionaria y descabellada, tan descabellada como sería reivindicar
el derecho a volar. Demuestra que en este caso ella no po-
seía la imaginación histórica necesaria. Los terratenientes

---

30. Las perspectivas de Rosa Luxemburgo sobre la autodeterminación
pueden verse en su artículo de 1915, "El folleto Junius: La crisis de
la Socialdemocracia alemana", en Rosa Luxemburgo, *Obras escogidas*,
tomo 2 (Bogotá: Editorial Pluma, 1976). Aparece en inglés en "The
Crisis in the German Social Democracy", en *Rosa Luxemburg Speaks*
(Habla Rosa Luxemburgo; Pathfinder, 1970).

y representantes de la clase dominante polaca por sus propias razones también se oponían a la autodeterminación.

El camarada James usó tres verbos: "apoyar", "propugnar" e "inyectar" la idea de la autodeterminación. No propongo que el partido propugne, no propongo que el partido inyecte, sino solo que proclame la obligación que tenemos de apoyar la lucha por la autodeterminación si los propios negros la quieren. No es una cuestión solo para nuestros camaradas negros. Es un asunto para 13 ó 14 millones de negros. En su mayoría están muy atrasados. No están muy claros en cuanto a lo que desean ahora, y debemos darles un crédito para el futuro. Entonces ellos decidirán.

Lo que usted dijo sobre el movimiento de Garvey es interesante, pero muestra que debemos ser prudentes y amplios, y no basarnos en la situación existente. La mujer negra que le dijo a la mujer blanca, "Ya verá cuando Marcus llegue al poder. Entonces sabremos cómo tratarlos a ustedes", simplemente expresaba el deseo de tener su propio estado.

Los negros americanos se juntaron bajo la bandera del movimiento de "Regresar a África" porque parecía ser una forma de realizar su anhelo de tener su propia patria. Ellos no querían realmente ir a África. Manifestaban un deseo místico de tener una patria en la cual no padecerían del dominio de los blancos, donde ellos mismos podrían controlar su destino. Ese también era un deseo de autodeterminación. En un momento dado algunos lo expresaron de forma religiosa, y ahora asume la forma del sueño de tener un estado independiente. Aquí en Estados Unidos los blancos son tan poderosos, tan crueles y tan ricos que el aparcero negro pobre no dice —ni siquiera se dice a sí mismo— que se va a tomar una parte del país para sí. Garvey habló con mucho entusiasmo de que sería hermoso y que [en África] todo sería maravilloso. Cualquier

> **"La política de la Internacional Comunista en la lucha contra la opresión nacional busca unir a los proletarios y a las masas trabajadoras de todas las naciones en la lucha revolucionaria para derrocar a los terratenientes y la burguesía. Solo esa unidad garantiza el triunfo sobre el capitalismo, sin el cual es imposible abolir la opresión nacional".**
>
> V.I. LENIN, 1920

Miembros del Batallón 134 de milicias en Cuba celebran victoria contra invasión organizada por Washington en Playa Girón, abril de 1961. La Revolución Cubana, dice Barnes, "no solo abrió el camino a la revolución socialista en las Américas. Significó también una renovación en acción de la trayectoria proletaria internacionalista que Marx y Engels señalaron por primera vez más de un siglo antes, y que los trabajadores y campesinos en Rusia llevaron a la práctica en 1917 bajo la dirección de Lenin y del Partido Bolchevique".

Lo que Trotsky nos explicó en 1933 y en 1939 no era el nacionalismo negro, sino las posibilidades que, al conquistar la dictadura del proletariado, se abren en la lucha de los negros y otros trabajadores contra la discriminación y la opresión.

JACK BARNES, 2006

Página opuesta, arriba: La nueva república soviética de trabajadores y campesinos reconoció el derecho de autodeterminación de las naciones oprimidas dentro del viejo imperio zarista. El Primer Congreso de los Pueblos de Oriente se celebró en Bakú, Azerbaiyán soviético, septiembre de 1920. Convocados por la Internacional Comunista, unos 2 mil delegados que representaban a trabajadores y campesinos de más de dos docenas de pueblos de Asia debatieron la lucha contra la dominación imperialista, la opresión nacional y la explotación capitalista.

"Aun antes de la Primera Guerra Mundial y la Revolución Rusa", nos recuerda James P. Cannon, "Lenin y los bolcheviques se distinguieron de otros en el movimiento internacional socialista y obrero por su interés en los problemas de las naciones y minorías nacionales oprimidas". **Página opuesta, abajo:** Trabajadores instalan postes de electricidad en el campo ruso, 1925. **Esta página, arriba:** Clase de alfabetización en el Cáucaso soviético, años 20. **Abajo:** Obreras ferroviarias rusas en una clase de capacitación en el trabajo, diciembre de 1923.

> La dirección de la Comintern exigió
> a los comunistas americanos que prestaran
> atención a los problemas especiales de los
> negros americanos, que fueran a trabajar
> entre ellos y que defendieran su causa".
>
> JAMES P. CANNON, 1959

Izquierda: Eugene V. Debs, dirigente del Partido Socialista en Estados Unidos, con obreros ferroviarios. "Los mejores de los primeros socialistas estaban representados por Debs", escribió Cannon. "Pero lo limitado de la perspectiva de ese gran agitador se expresó en su afirmación: 'No tenemos nada especial que ofrecerle al negro, y no podemos hacer llamamientos distintos a todas las razas. El PS es el partido de toda la clase trabajadora, sin importar el color'. Esa posición se consideraba muy avanzada en aquel entonces".

Página opuesta, arriba: La delegación del Partido Comunista de Estados Unidos al Cuarto Congreso de la Internacional Comunista, celebrado en Moscú en noviembre de 1922, incluía a Otto Huiswoud, primera fila a la izquierda; Arne Swabeck, sentado a extrema izquierda; James P. Cannon, de pie atrás, cuarto de la izquierda. "Todo lo nuevo y progresista sobre la cuestión negra provino de Moscú, después de la revolución bolchevique de 1917 y como resultado de la revolución", escribió Cannon.

Esta página, arriba: Huiswoud (izquierda) y otro miembro del PC, Claude McKay, en el Cuarto Congreso, ambos también miembros de la Hermandad de Sangre Africana, muchos dirigentes de la cual se unieron al PC a principios de los años 20. "La tesis sobre la cuestión negra", aprobada por los delegados, fue presentada por Huiswoud.

Abajo: Reunión organizadora en Chicago del Congreso Obrero Negro Americano, dirigido por el PC, que se fundó en 1925 para luchar contra la discriminación racial y por el derecho de los negros a unirse a los sindicatos.

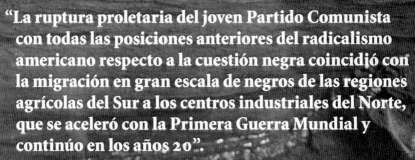

"La ruptura proletaria del joven Partido Comunista con todas las posiciones anteriores del radicalismo americano respecto a la cuestión negra coincidió con la migración en gran escala de negros de las regiones agrícolas del Sur a los centros industriales del Norte, que se aceleró con la Primera Guerra Mundial y continúo en los años 20".

JAMES P. CANNON, 1959

Recuadro: Soldados negros regresan de la Primera Guerra Mundial. "Cuando 400 mil soldados negros regresaron a casa de la guerra, buscando una recompensa democrática", escribió Cannon, "a su nuevo espíritu reivindicador se le respondió con linchamientos y una serie de 'motines raciales' en el Norte y el Sur".

Página opuesta: Mineros del carbón negros y blancos trabajan juntos en Virginia del Oeste, 1908. En aquel entonces esto era algo excepcional en las minas de carbón.

Esta página, arriba: Turbas racistas en Tulsa, Oklahoma, arrasaron con la comunidad negra de la ciudad, 1921, y se calcula que mataron hasta 300 personas. Los afroamericanos, muchos de ellos veteranos de la Primera Guerra Mundial, se organizaron y se defendieron. **Abajo:** Miles se unieron a marcha convocada por la NAACP en Nueva York el 28 de julio de 1917 para denunciar pogromo racista en St. Louis del Este, Illinois, mientras los gobernantes norteamericanos intervenían en la guerra. La pancarta cita la Declaración de Independencia, y proclama que "todos los hombres son creados iguales", y agrega al pie, "En caso de ser de ascendencia africana, arranque esta esquina". Se obligaba a los negros a arrancar una esquina de la tarjeta de conscripción para designarlos para unidades segregadas.

En 1933 **Trotsky observó que no ocurrían "acciones comunes y confraternización de clase en la que participen trabajadores blancos y negros" en Estados Unidos. Esta realidad de la lucha de clases, que había prevalecido desde la derrota de la Reconstrucción, apenas había empezado a cambiar lentamente a través de las luchas de los agricultores y trabajadores tras la Primera Guerra Mundial.**

JACK BARNES, 2006

ALL APPLICATIONS for MEMBERSHIP CAN BE MADE *at the* FOLLOWING PLACES
GRZIE MOŻNA SIE ZAPISAC DO UNII
COLUMBIA HALL   MICKIECZ HALL   McDERMOTTS HALL   LOCAL 651
PULAWSKI HALL   LOCAL 212   4300 STATE ST.
COME IN NOW WHILE THE ADMISSION FEE IS SMALL. PAY UP YOUR DUES
WEAR A CAMPAIGN BUTTON SO AS WE WILL KNOW WHO IS UNION & WHO IS NOT.

Arriba: Obreros de la carne de Chicago, incluidos negros e inmigrantes polacos, participan en mitin sindical durante campaña de organización en 1919. Tras volver de la guerra, millones de soldados competían por los escasos empleos. Motines antinegros en Chicago a fines de ese año (y en otras 24 ciudades de Estados Unidos) llevaron a la derrota de este y otros intentos de sindicalización. La pancarta sindical está escrita en polaco y en inglés .

Abajo: Huelga de trabajadores del algodón por alza salarial y reconocimiento sindical cerca de Corcoran, en el Valle Central de California, 1933. Granjeros desposeídos, negros y blancos, de Oklahoma, Arkansas y Texas, estaban entre los 1 800 huelguistas, en su mayoría mexicanos.

sicoanalista diría que lo que realmente expresaba este sueño era el deseo de tener patria propia. No es un argumento a favor de inyectar la idea. Es solo un argumento por el cual podemos prever la posibilidad de que le den a su sueño una forma más realista.

En el caso de que Japón invada a Estados Unidos y les piden a los negros que vayan a pelear, ellos podrían creerse amenazados primero por un bando y luego por el otro, y al final despertar y decir, "No tenemos nada que ver con ninguno de los dos. Vamos a tener nuestro propio estado".

Pero el estado negro podría formar parte de una federación. Si los negros americanos lograran crear su propio estado, estoy seguro que después de disfrutar con satisfacción y orgullo de su independencia por unos años sentirían la necesidad de integrarse a una federación. Aun si Cataluña, que es una provincia muy industrializada y desarrollada, hubiese obtenido su independencia, habría sido solo un paso hacia la federación.

Los judíos en Alemania y Austria no ansiaban otra cosa que ser los mejores chovinistas alemanes. El más desgraciado de todos ellos era el socialdemócrata Austerlitz, director del *Arbeiter-Zeitung*. Pero ahora, dado el giro en los acontecimientos, Hitler no les permite ser chovinistas alemanes. Ahora muchos de ellos se han vuelto sionistas y son nacionalistas palestinos y anti-alemanes. Hace poco vi una foto repugnante de un actor judío que llegaba a Estados Unidos y se postraba para besar el suelo americano. Luego, cuando los fascistas en Estados Unidos les den unos cuantos golpes, irán a besar el suelo de Palestina.[31]

---

31. En julio de 1940 Trotsky escribió que "el desarrollo futuro de los acontecimientos militares bien podría transformar a Palestina en una trampa sangrienta para varios cientos de miles de judíos. Nunca ha

Hay otra alternativa a la vía revolucionaria exitosa. Es posible que el fascismo llegue al poder con su delirio y opresión racial, y que la reacción del negro sea a favor de la independencia racial. El fascismo en Estados Unidos irá dirigido tanto contra los judíos como contra los negros, pero sobre todo contra los negros, y de la forma más terrible. Se creará una condición "privilegiada" para los trabajadores blancos americanos a expensas de los negros.

Los negros han hecho todo lo posible por convertirse en una parte integral de Estados Unidos, tanto en un sentido sicológico como político. Debemos prever que su reacción demostrará su fuerza durante la revolución. Ellos se incorporarán desconfiando mucho de los blancos. Debemos permanecer neutrales en torno a este asunto y dejar la puerta abierta a ambas posibilidades y prometer nuestro apoyo pleno si desean crear su propio estado independiente.

Me parece, basado en lo que yo sé, que la actitud del PC de convertirla en una consigna imperativa era errónea. Se trataba de los blancos que les decían a los negros, "Deben crear un ghetto para ustedes mismos". Carece de tacto y es erróneo y solo puede repeler a los negros. Su única interpretación puede ser que los blancos quieren separarse de ellos.

Nuestros camaradas negros, por supuesto, tienen derecho a participar más íntimamente en esto. Nuestros camaradas negros pueden decir, "La Cuarta Internacional dice que si deseamos ser independientes, nos ayudará de todas las formas posibles, pero que la decisión es nuestra. Sin embargo, yo como negro miembro de la Cuarta

---

estado tan claro como hoy que la salvación del pueblo judío está ligada inseparablemente al derrocamiento del sistema capitalista". Ver León Trotsky, *On the Jewish Question* (Sobre la cuestión judía; Nueva York, Pathfinder, 1970), pág. 20 [impresión de 2018].

Internacional, opino que debemos permanecer en el mismo estado que los blancos", y así por el estilo. Puede participar en la formación de la ideología política y racial de los negros.

JAMES: Me alegra mucho que hayamos tenido esta discusión, porque estoy totalmente de acuerdo con usted. Parece que en Estados Unidos se cree que debemos propugnarla como lo ha hecho el PC. Parece que usted piensa que existe una mayor posibilidad de que los negros quieran la autodeterminación de lo que considero probable. Pero estamos 100 por ciento de acuerdo en la idea que usted ha planteado, o sea que debemos ser neutrales en esto.

TROTSKY: Es la palabra "reaccionaria" lo que me molestó.

JAMES: Permítame citar el documento: "Si él quisiera la autodeterminación, entonces, por más reaccionaria que fuese en todos los demás aspectos, le incumbiría al partido revolucionario reivindicar esa consigna". En lo que se refiere a una sociedad socialista, creo que la idea de separarse representa un paso hacia atrás. Si los trabajadores blancos le tienden una mano al negro, él no va a querer la autodeterminación.

TROTSKY: Es demasiado abstracto, porque para que esta consigna se haga realidad, 13 ó 14 millones de negros tendrían que sentir que el dominio de los blancos ha terminado. Luchar por la posibilidad de lograr un estado independiente es señal de un enorme despertar tanto moral como político. Sería un tremendo avance revolucionario. Ese ascenso traería como resultado inmediato mejores consecuencias económicas.

CURTISS: Creo que se podría hacer una analogía en relación a las granjas colectivas y la distribución de grandes propiedades. Se podría considerar que la división de las grandes haciendas en parcelas pequeñas es reaccionaria, pero no es necesariamente el caso. Este asunto está en manos de los campesinos: de si quieren manejar las granjas de forma colectiva o de forma individual. Nosotros aconsejamos a los campesinos, pero no los obligamos, lo deciden ellos. Algunos dirían que la división de las grandes propiedades en parcelitas sería económicamente reaccionaria, pero no es así.

TROTSKY: Esta era también la posición de Rosa Luxemburgo. Ella argumentaba que la autodeterminación sería tan reaccionaria como la división de las grandes propiedades.

CURTISS: La cuestión de la autodeterminación también está ligada a la cuestión de la tierra y debe examinarse no solo en sus manifestaciones políticas sino en las económicas.

Una organización negra

5 y 11 de abril de 1939

En dos discusiones posteriores en México, Trotsky, Curtiss, James y otros intercambiaron criterios sobre la propuesta en los "apuntes preliminares" de James de que el Partido Socialista de los Trabajadores lanzara una convocatoria para "organizar un movimiento negro" que lucharía "por el derecho del negro a votar, contra la discriminación social y legal, contra la discriminación en las escuelas (y universidades), contra los alquileres represivos" y otras cuestiones.

En abril de 1939, cuando se daban estas discusiones sobre la participación del PST en la lucha contra la opresión nacional de los negros, Trotsky le escribió a James P. Cannon, secretario nacional del PST, que "el partido no puede postergar más esta

cuestión tan esencial".[32] La dirección del PST asumió las propuestas de Trotsky, y sus aportes a las discusiones en México
tuvieron un impacto rápido y directo en el trabajo político del
partido.

Al hacer campaña durante los dos años siguientes a fin de
preparar al pueblo trabajador para el ingreso inevitable de
Washington a la cada vez más extensa matanza imperialista
mundial, el Partido Socialista de los Trabajadores prestó atención especial a sus actividades entre los trabajadores y jóvenes
que eran negros. Cuando la administración Roosevelt declaró
la guerra en diciembre de 1941, el PST —18 de cuyos cuadros
y dirigentes habían recibido sentencias en prisiones federales
por organizar trabajo de oposición a la guerra imperialista—
se sumó a otros partidarios de los derechos de los negros por
todo Estados Unidos en acciones de protesta para exigir el fin
de la segregación Jim Crow en las fuerzas armadas; el cese de
la discriminación racista en las industrias bélicas; y la promulgación y aplicación de leyes federales contra los linchamientos
y otras formas de terror de jinetes nocturnos dirigido contra
los negros.

Con el *Militant* y con folletos baratos, el PST hizo campaña
contra la persecución racista de soldados y marineros; por la
sindicalización de los trabajadores que eran negros; por el arresto
y enjuiciamiento de los que habían participado en "motines raciales" como los motines antinegros en Detroit y antimexicanos
en Los Ángeles (los llamados "motines *Zoot suit*"); y en solidaridad con las luchas anticoloniales en África, Asia y el Caribe.

El *Militant* llegó a ser tan conocido como defensor de estas
luchas que el gobierno norteamericano destacó la "incitación de
temas raciales" por parte del periódico como justificación para

---

32. "Algo más sobre nuestro trabajo en el Partido Comunista", (10
de abril de 1939) en León Trotsky, *Escritos,* tomo X, (1938–39) , volumen 2, pág. 440 (Bogotá: Editorial Pluma, 1976).

revocarle, en marzo de 1943, sus derechos de envío postal de segunda clase. Entre los folletos que el PST produjo y distribuyó en esos años estaban: *Why Negroes Should Oppose the War* (Por qué los negros deben oponerse a la guerra, 1939); *Defend the Negro Sailors of the USS Philadelphia* (Defender a los marineros negros del USS *Philadelphia*, 1940); *The Negro and the U.S. Army* (El negro y el ejército estadounidense, 1941); *Negroes March on Washington* (Negros marchan en Washington, 1941); *The March on Washington: One Year After* (La marcha en Washington: Un año después, 1942); *The Struggle for Negro Equality* (La lucha por la igualdad de los negros, 1943); *Negroes in the Postwar World* (Los negros en el mundo de la posguerra, 1944); y *A Practical Program to Kill Jim Crow* (Un programa práctico para matar a Jim Crow, 1945).[33]

A continuación se reproducen las discusiones del 5 y del 11 de abril en México.

---

33. Muchos de estos materiales del *Militant* y de los folletos basados en esos artículos de estos años se encuentran en *Fighting Racism in World War II* (Pathfinder, 1980, 2009).

Sin embargo, James no participó en este trabajo. Ya para septiembre de 1939, apenas unos meses después de las discusiones en México, se había unido a una facción en el partido dirigida por Max Shachtman y se encaminaba a una ruptura con el PST y su trayectoria comunista. Ante la presión de la opinión pública burguesa al inicio de la Segunda Guerra Mundial en Europa, y al hacerse inevitable el ingreso de Washington a la guerra, Shachtman, James y otros dieron la espalda a la defensa, por parte del PST, del estado obrero soviético contra los ataques imperialistas y a la decisión del partido de integrar a la gran mayoría de sus cuadros a la clase obrera industrial y a los sindicatos industriales. Los shachtmanistas, incluido James, rompieron formalmente con el partido en abril de 1940. En 1947 James volvió a unirse al partido por un breve lapso, y luego rompió nuevamente en 1951, esta vez por la defensa incondicional, por parte del partido, de las fuerzas coreanas de liberación nacional y de la República Democrática Popular de Corea durante la guerra asesina de Washington contra el pueblo coreano en 1950–53. Él fue deportado de Estados Unidos en 1953 y residió principalmente en el Reino Unido hasta su muerte en 1989.

TROTSKY: Es muy importante [decidir] si es recomendable y si es posible crear dicha organización a iniciativa nuestra. Nuestro movimiento está familiarizado con formas tales como el partido, el sindicato, la organización educativa, la cooperativa; pero este es un nuevo tipo de organización que no coincide con las formas tradicionales. Debemos considerar el asunto desde todos los ángulos para ver si es recomendable o no y cuál debería ser la forma de nuestra participación en esta organización.

Si otro partido hubiese organizado dicho movimiento de masas, seguramente participaríamos como fracción, siempre y cuando [el movimiento] incluyera a trabajadores, pequeñoburgueses pobres, agricultores pobres, etcétera. Ingresaríamos con el objetivo de educar a los mejores elementos y captarlos para nuestro partido.

Pero esto es algo diferente. Lo que se propone aquí es que nosotros tomemos la iniciativa. Aun sin conocer la situación concreta en los círculos negros en Estados Unidos, creo que podemos reconocer que nadie más que nuestro partido es capaz de [iniciar] tal movimiento. Por supuesto, los movimientos guiados por los dirigentes negros improvisadores, como los vimos en el pasado, más o menos expresaban la falta de voluntad o la incapacidad, la perfidia de todos los partidos existentes.

Ninguno de los partidos [burgueses] puede asumir ahora esta tarea porque son o bien imperialistas a favor de Roosevelt o bien imperialistas en contra de Roosevelt. Dicha organización de los negros oprimidos significa para ellos el debilitamiento de la "democracia" y del gran capital. Es lo mismo con los estalinistas. Por tanto, el único partido capaz de empezar dicha acción es nuestro propio partido.

Pero aún queda la interrogante de si nosotros mismos podemos asumir la iniciativa de formar tal organización de negros como negros: no con el fin de captar algunos elementos a nuestro partido, sino con el fin de hacer una labor educativa sistemática para elevarlos políticamente. ¿Cuál debe ser la forma, cuál es la línea correcta de nuestro partido? Esa es nuestra interrogante.

CURTISS: Como ya he dicho al camarada James, el Partido Comunista [estalinista] organizó el Congreso Obrero Negro Americano [American Negro Labor Congress] y la Liga de Lucha por los Derechos de los Negros [League of Struggle for Negro Rights].[34] Ninguno de estos tuvo mucho éxito. Ambos estuvieron muy mal organizados. Personalmente opino que debe organizarse dicha organización, pero creo que se debería hacer cuidadosamente y solo después de estudiar todos los factores y también las causas del derrumbe de las dos organizaciones mencionadas. Debemos estar seguros de una base de masas. Crear una sombra de nosotros mismos solo desprestigiaría la idea y no beneficiaría a nadie.

TROTSKY: ¿Quiénes fueron los dirigentes de estas organizaciones?

CURTISS: Fort-Whiteman, Owen, Haywood, Ford, Patterson; Bob Minor era el dirigente del trabajo negro del PC.[35]

TROTSKY: ¿Quiénes son los dirigentes ahora?

CURTISS: La mayoría están en el PC, que yo sepa. Algunos han abandonado el movimiento.

---

34. El Congreso Obrero Negro Americano (ANLC) se creó en 1925 y duró hasta 1930, cuando, en una conferencia en St. Louis, cambió su nombre a la Liga de Lucha por los Derechos de los Negros (LSNR). El PC disolvió la LSNR en 1936, cuando tomó la iniciativa de formar el Congreso Negro Nacional (National Negro Congress) para apoyar la trayectoria de la administración Roosevelt y su "Nuevo Trato".

35. Ver nombres en el glosario. "Owen" probablemente se refiere a Gordon Owens, uno de los miembros de la Hermandad de Sangre Africana que se unieron al Partido Comunista a principios de los años 20.

OWEN:[36] El camarada James parece tener la idea de que hay una buena posibilidad de construir tal organización en un futuro inmediato. Quisiera que ampliara sobre el tema.

JAMES: Pienso que sería un éxito porque desde mi llegada a Nueva York he conocido a un gran número de negros y he hablado ante muchas organizaciones negras. Presentaba el punto de vista de la Cuarta Internacional, especialmente sobre el problema de la guerra, y en todos los casos hubo muchos aplausos y una recepción muy entusiasta de las ideas. Muchos de estos negros odiaban al Partido Comunista, estaban completamente de acuerdo con el programa que planteaba el Buró de Servicio Africano Internacional, y estaban sumamente interesados en la revista *International African Opinion*.

Hasta el último congreso, un 79 por ciento de los miembros negros del PC en el estado de Nueva York, 1 579 personas, habían abandonado el PC.[37] Conocí a muchos de los individuos representativos, y ahora estaban dispuestos a formar una organización negra pero no deseaban afiliarse a la Cuarta Internacional. Yo había llegado a la conclusión de que existía esta posibilidad de una organización negra antes de irme de Nueva York, pero esperé hasta que visité varias ciudades en Estados Unidos y entré en contacto con

---

36. No se conoce la identidad de Owen. No es el Owen mencionado unas líneas antes como dirigente negro veterano del Partido Comunista.

37. Esta afirmación induce a errores. Aunque las cifras que ofrece James sobre el número de negros que habían abandonado el PC en Nueva York para principios de 1939 coinciden con otros cálculos, esto no representaba un descenso neto en la militancia africano-americana del partido, ni en el estado de Nueva York ni a nivel nacional. El Partido Comunista continuó reclutando más miembros de los que perdía, incluidos miembros negros, hasta por lo menos el Pacto Stalin-Hitler a fines de agosto de 1939. Tras la Segunda Guerra Mundial, la militancia del PC mermó muy aceleradamente.

la población negra allí. Y constaté que las impresiones que había recogido en Nueva York correspondían a las que encontré en mi recorrido.

En Boston, por ejemplo, fui a una organización de Barbados y encontré entre 20 y 30 personas que tenían algún tipo de sociedad libre, pero después de hablar con ellos por cinco o 10 minutos, ellos se interesaron mucho en las cuestiones políticas que yo planteé; y el presidente me dijo que si quería volver a Boston él me podría organizar una reunión de negros en la que tendríamos unas 700 personas. No creo exagerar si digo que eso fue característico de la actitud general de los negros en los diversos lugares donde tuve reuniones.

TROTSKY: No he formado una opinión al respecto porque no tengo suficiente información. Lo que el camarada James nos dice ahora es muy importante. Muestra que podemos contar con algunos elementos para la cooperación en esta esfera, pero a la vez esta información limita la perspectiva inmediata de la organización.

¿Quiénes son esos elementos? La mayoría son intelectuales negros, ex funcionarios y simpatizantes estalinistas. Sabemos que grandes capas de intelectuales están regresando a los estalinistas en todos los países. Hemos observado a esta gente que simpatizaba mucho con nosotros: Eastman, Solow, Hook y otros. Simpatizaban mucho con nosotros en tanto nos consideraban un objeto a proteger. Abandonaron a los estalinistas y buscaron un nuevo campo de acción, especialmente durante los procesos de Moscú,[38]

---

38. En los años 30, la eliminación sangrienta por parte de Stalin de aquellos a quienes consideraba una amenaza a su poder y a los privilegios de la casta burocrática que él representaba culminó en los tres procesos de Moscú —1936, 1937 y 1938— en los que los acusados "confesaron" su participación en conspiraciones con la Alemania nazi, la Italia fascista y la corona japonesa a fin de restaurar el capitalismo

así que durante esa época fueron nuestros amigos. Ahora, desde que hemos comenzado una campaña vigorosa, son hostiles hacia nosotros.

Muchos de ellos están volviendo a todo tipo de cosas vagas: humanismo, etcétera. En Francia, Plisnier, el escritor famoso, volvió tanto a Dios como a la democracia. Pero cuando los intelectuales blancos volvieron a Roosevelt y a la democracia, los intelectuales negros desilusionados buscaron un nuevo campo basado en la cuestión negra. Por supuesto, debemos utilizarlos, pero no son la base para un gran movimiento de masas. Se podrá recurrir a ellos solo cuando haya un programa claro y buenas consignas.

La verdadera pregunta es si es posible o no organizar un movimiento de masas. Ustedes saben que para esos elementos desilusionados creamos la FIARI.[39] No es solo para artistas; cualquiera puede ingresar. Es un poco como un "centro de descanso" moral o político para intelectuales desilusionados. Por supuesto, también se puede usar a veces para protegernos de ciertas formas, recaudar dinero, influir en la opinión pública pequeñoburguesa, etcétera. Eso es una cosa; pero usted está considerando a estos intelectuales negros para que dirijan un movimiento de masas.

Su proyecto crearía algo así como una escuela prepolítica. ¿Qué determina la necesidad? Dos hechos

---

en la URSS. Ver *The Case of Leon Trotsky* (El caso de León Trotsky; Pathfinder, 1937, 1968, 2008) y *Not Guilty* (No culpable; Pathfinder, 1938, 2008).

39. FIARI era la Federación Internacional de Arte Revolucionario Independiente, iniciada en 1938. Su manifiesto, "Por un arte revolucionario independiente", firmado por el escritor francés André Breton y el muralista mexicano Diego Rivera, fue redactado por Breton en colaboración con Trotsky; se reproduce en Trotsky, *Literatura y revolución* (México: Juan Pablos Editor, 1973). En inglés aparece en Trotsky, *Art and Revolution* (Arte y revolución; Pathfinder 1970, 1972).

fundamentales: que las grandes masas de negros están atrasadas y oprimidas y esta opresión es tan fuerte que la deben sentir en todo momento; que la sienten como negros. Debemos encontrar la posibilidad de darle a este sentimiento una expresión organizativa-política. Usted puede decir que en Alemania o en Inglaterra nosotros no organizamos estas organizaciones semipolíticas, semisindicales o semiculturales; nosotros respondemos que debemos adaptarnos a las genuinas masas negras en Estados Unidos.

Les daré otro ejemplo. Nos oponemos terriblemente al "viraje francés".[40] Abandonamos nuestra independencia a fin de penetrar en una organización centrista. Ustedes ven que esta mujer negra escribe que ellos no van a adherirse a una organización trotskista. Eso resulta de las desilusiones que han tenido con las organizaciones estalinistas y también de la propaganda de los estalinistas contra nosotros. Dicen, "Ya somos perseguidos, solo por ser negros. Ahora si nos adherimos a los trotskistas, vamos a ser oprimidos más aún".[41]

¿Por qué penetramos en el Partido Socialista y en el PSOP?[42] Si no fuéramos el ala izquierda, expuesta a los

---

40. Por unos años, entre 1934 y 1937, Trotsky instó a los comunistas en Francia, España y Estados Unidos a que ingresaran al ala izquierda de las organizaciones socialdemócratas en esos países, solo por un breve período, a fin de influenciar a trabajadores y jóvenes que podían ser captados a un partido proletario revolucionario. La táctica se llamó el "viraje francés" ya que se aplicó primero en Francia. Para 1939 Trotsky discrepaba con los que seguían propugnando esa táctica; el momento había pasado.

41. No se sabe a qué carta o declaración se refiere aquí Trotsky, pero el comentario de la mujer parece claro.

42. En 1938 los partidarios de la Cuarta Internacional en Francia, con el apoyo de Trotsky, ingresaron al centrista Partido Socialista de

golpes más severos, nuestras fuerzas de atracción serían 10 ó 100 veces mayores; la gente acudiría a nosotros. Pero ahora debemos penetrar en otras organizaciones, manteniendo la cabeza sobre los hombros y diciéndoles que no somos tan malos como dicen.

Hay cierta analogía con los negros. Fueron esclavizados por los blancos. Fueron liberados por los blancos (la llamada liberación). Fueron dirigidos y maldirigidos por los blancos y no tuvieron su propia independencia política. Tenían necesidad de una actividad prepolítica como negros.

Teóricamente me resulta absolutamente claro que debe crearse una organización especial para una situación especial. El peligro es solo que se vaya a convertir en un juego para los intelectuales. Esta organización puede justificarse solo si capta a trabajadores, aparceros, etcétera. Si no lo logra, tendremos que confesar que fue un fracaso. Si lo logra, nos alegraremos mucho, porque habrá una organización negra de masas. En ese caso, estoy totalmente de acuerdo con el camarada James, salvo, por supuesto, con ciertas reservas sobre la cuestión de la autodeterminación, según se afirmó en nuestra discusión anterior.

La tarea no consiste en simplemente pasar por la organización por unas semanas. Se trata de despertar a las masas negras. Eso no excluye el reclutamiento. Creo que el éxito es muy posible; no estoy seguro. Pero nos resulta claro a todos que nuestros camaradas en dicha organización deben estar organizados en un grupo. Debemos tomar la iniciativa. Creo que es necesario. Esto supone adaptar nuestro programa de transición a los problemas de los

---

Obreros y Campesinos (PSOP) para captar su ala izquierda a la política comunista. El PSOP se desintegró cuando comenzó la Segunda Guerra Mundial a fines de 1939.

negros en Estados Unidos: un programa elaborado muy cuidadosamente con verdaderos derechos civiles, derechos políticos, intereses culturales, intereses económicos, etcétera. Debe hacerse.[43]

Creo que hay dos estratos: los intelectuales y las masas. Creo que es entre los intelectuales que uno encuentra esta oposición a la autodeterminación. ¿Por qué? Porque ellos se mantienen separados de las masas, siempre deseosos de asumir la cultura anglosajona y de formar parte integral de la vida anglosajona. La mayoría son oportunistas y reformistas. Muchos de ellos siguen imaginándose que al mejorar la mentalidad, etcétera, la discriminación va a desaparecer. Por eso se oponen a todo tipo de consigna tajante.

JAMES: Ellos mantendrán un interés intelectual porque el análisis marxista de la historia de los negros y de los problemas actuales les dará una visión perspicaz del desarrollo de los negros que nada más les puede dar. Ellos además están muy aislados de la burguesía blanca, y la discriminación social los hace por tanto menos fáciles de corromper que, por ejemplo, los intelectuales negros en las Antillas. Es más, son una sección muy pequeña de la población negra y en general son mucho menos peligrosos que la sección correspondiente de la pequeña burguesía en cualquier otro grupo o comunidad. También lo que ha sucedido con los judíos en Alemania ha hecho que los intelectuales negros reflexionen. Ellos recaudarán dinero suficiente para echarlo a andar. Después de eso no tenemos que preocuparnos particularmente [de

---

43. En 1969 el Partido Socialista de los Trabajadores aprobó e hizo campaña con dicho programa. Ver *The Transitional Program for Socialist Revolution* (El programa de transición para la revolución socialista; Pathfinder, 1973, 1974, 1977), págs. 259–84 [impresión de 2019].

ellos]. Sin embargo, algunos mantendrían un interés intelectual y seguirían contribuyendo dinero.

[Durante la discusión del 11 de abril, C.L.R. James presentó un plan para una organización negra del tipo que él proponía. En relación a esta gestión, escribió James, si bien era importante presentar un "análisis económico y político positivo que demuestre que el socialismo es la única salida y que trate definitivamente la teoría a un nivel elevado", estas explicaciones "deberían provenir del partido... Esta discusión sobre el socialismo no debe figurar para nada en el semanario agitativo" de una organización negra.

[Si bien "no podemos darnos el lujo de que en el liderazgo haya confusión sobre esta cuestión", dijo James, "no podemos empezar planteando un problema abstracto como el socialismo ante los trabajadores negros". Sus comentarios provocaron el siguiente intercambio].

CURTISS: Sobre la cuestión de iniciar la discusión del socialismo en el boletín [la revista teórica propuesta], pero de excluirla, al menos por el momento, del semanario [de la organización negra propuesta]: esto me parece peligroso. Eso es caer en la idea de que el socialismo es para intelectuales y la élite, pero que los que están abajo deben interesarse únicamente en las cosas comunes y cotidianas. El método debe ser diferente en ambos casos, pero creo que al menos debe haber un impulso en dirección al socialismo en el semanario, no solo desde la óptica de los asuntos cotidianos sino en lo que llamamos el debate abstracto.

Es una contradicción: el periódico de masas tendría que adoptar una posición clara sobre la cuestión de la guerra, pero no sobre el socialismo. Es imposible hacer lo primero sin lo segundo. Es una forma de economismo, que los trabajadores se deberían interesar en los asuntos cotidianos pero no en las teorías del socialismo.[44]

JAMES: Veo las dificultades y la contradicción, pero hay algo más que no alcanzo a ver: si queremos construir un movimiento de masas no podemos lanzarnos a una discusión del socialismo, porque creo que provocaría más confusión en vez de lograr apoyo.

El negro no está interesado en el socialismo. Se le puede atraer al socialismo basado en sus experiencias concretas. De lo contrario, tendríamos que formar una organización socialista negra.

Creo que debemos plantear un programa mínimo y concreto. Coincido en que no debemos dejar el socialismo para un futuro muy lejano, pero estoy tratando de evitar largas discusiones sobre el marxismo, la Segunda Internacional, la Tercera Internacional, etcétera.

SOL LANKIN: ¿Abriría esta organización sus puertas a todas las clases de negros?

JAMES: Sí, sobre la base de su programa. El negro burgués puede venir a ayudar, pero solo basado en el programa de la organización.

LANKIN: No veo cómo la burguesía negra puede ayudar al proletariado negro a luchar por su avance económico.

JAMES: En nuestro propio movimiento algunos somos pequeñoburgueses. Si a un negro burgués se le excluye de una universidad por su color, esta organización probablemente movilizará a las masas para luchar por los derechos del estudiante negro burgués. Se movilizará ayuda para la organización a partir de su programa, y no podremos excluir de ella a

---

44. El economismo era una tendencia en el movimiento obrero ruso al comienzo del siglo XX que concebía la lucha obrera principalmente como económica, surgiendo espontáneamente en torno a temas de necesidades básicas. Las obras de Lenin incluyen numerosas polémicas con el economismo, sobre todo en *¿Qué hacer?*

ningún negro si está dispuesto a luchar por ese programa.

TROTSKY: Creo que la primera cuestión es la actitud del Partido Socialista de los Trabajadores hacia los negros. Es muy inquietante constatar que hasta ahora el partido no ha hecho casi nada en este campo. No ha publicado un libro, un folleto, volantes, ni siquiera artículos en la *New International*. Dos camaradas que recopilaron un libro sobre el tema, una obra seria, siguieron aislados. Ese libro no se ha publicado, ni siquiera se han publicado citas del mismo. Eso no es buena señal. Es mala señal.[45]

Lo característico de los partidos obreros, las organizaciones sindicales, etcétera, en Estados Unidos era su carácter aristocrático. Es la base del oportunismo. Los trabajadores especializados que se sienten establecidos en la sociedad capitalista ayudan a la clase burguesa a mantener a los negros y a los trabajadores no especializados a un nivel muy bajo. Nuestro partido no está a salvo de la degeneración si sigue siendo un lugar para intelectuales, semiintelectuales, trabajadores especializados y trabajadores judíos que desarrollan un entorno muy cerrado que está casi aislado de las masas genuinas. En esas condiciones nuestro partido no puede desarrollarse: se va a degenerar.

Debemos mantener presente este gran peligro. Muchas veces he propuesto que todo miembro del partido —especialmente los intelectuales y semiintelectuales— que durante un período, digamos, de seis meses no pueda reclutar al partido a un miembro-trabajador debería ser relegado a

---

45. Una "edición especial sobre la cuestión negra" de *New International*, la revista teórica del PST, se publicó en diciembre de 1939.

El manuscrito al que se refiere Trotsky, "El negro en Estados Unidos", por Barney Mayes y William Bennett, nunca se publicó. Sin embargo, después de las discusiones de 1939, el PST escribió e hizo campaña enérgicamente en torno a la lucha contra la opresión negra, según se describe en la nota introductoria a este capítulo.

"¡ADMITAN A REFUGIADOS A EE.UU.! ¡ABRAN LAS PUERTAS A VÍCTIMAS DEL TERROR NAZI DE HITLER!"

"ATAQUE AL 'MILITANT' ATENTA CONTRA LIBERTAD DE PRENSA"

"¡NO HAY PAZ! SOLO EL SOCIALISMO MUNDIAL PUEDE SALVAR HUMANIDAD DE DESTRUCCIÓN ATÓMICA EN OTRA GUERRA IMPERIALISTA"

A instancia de Trotsky, el PST aumentó su actividad en la lucha por los derechos de los negros en la víspera, durante y después de la Segunda Guerra Mundial. Siguiendo su orientación proletaria, el partido hizo campaña a favor de las demandas del Movimiento pro Marcha en Washington, dirigido por negros, para eliminar la segregación en los empleos, la educación y las instalaciones públicas, incluidas la industria bélica y las fuerzas armadas, y a favor de leyes federales contra los linchamientos. El PST, usando el *Militant* y folletos muy económicos, hizo campaña contra ataques racistas a soldados y marineros; por la sindicalización de trabajadores que son negros; por el enjuiciamiento de los involucrados en "motines raciales" contra negros en Detroit y contra mexicanos en Los Ángeles; en solidaridad con luchas anticoloniales en África, Asia y el Caribe. El *Militant* llegó a ser tan reconocido como defensor de estas luchas que el gobierno norteamericano citó la "estimulación de cuestiones raciales" como justificación para revocar los derechos de correo de segunda clase del periódico en marzo de 1943. Las medidas del gobierno contra el *Militant* recibieron el firme apoyo del Partido Comunista estalinista.

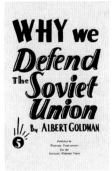

Padre Coughlin: Demagogo fascista (1939)

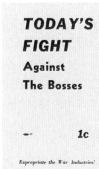

Por qué defendemos la Unión Soviética (1940)

Defender a los marineros negros del USS Philadelphia (1940)

Negros marchan en Washington (1941)

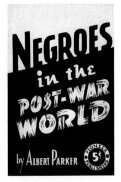

La lucha actual contra los patrones (1941)

El negro y el Ejército de EE.UU. (1941)

La lucha por la igualdad de los negros (1943)

Los negros en el mundo posguerra (1944)

Programa práctico para matar a Jim Crow ¡Unidad! (1945)

la posición de simpatizante. Podemos decir lo mismo en relación a la cuestión negra.

Las viejas organizaciones, comenzando con la AFL, son las organizaciones de la aristocracia obrera. Nuestro partido forma parte del mismo entorno, no de las masas explotadas básicas, de las cuales los negros son los más explotados. El hecho que nuestro partido hasta hoy no se ha orientado hacia la cuestión negra es un síntoma muy inquietante. Si la aristocracia obrera es la base del oportunismo, una de las fuentes de la adaptación a la sociedad capitalista, entonces los más oprimidos y discriminados son el entorno más dinámico de la clase trabajadora.

Debemos decirles a los elementos negros conscientes que el desarrollo histórico los llama a convertirse en una vanguardia de la clase trabajadora. ¿Qué sirve de freno a los estratos más altos? Son los privilegios, las comodidades, lo que les dificulta convertirse en revolucionarios. Eso no existe para los negros.

¿Qué puede transformar a una capa determinada, hacerla más capaz de valor y sacrificio? Se halla concentrado en los negros. Si resulta que en el PST no logramos hallar el camino hacia esta capa, entonces no valemos nada. La revolución permanente y todo lo demás no sería más que una mentira.

En Estados Unidos ahora tenemos distintos concursos. Una competencia para ver quién venderá más periódicos, etcétera. Eso es muy bueno. Pero también debemos establecer una competencia más seria: la de reclutar a trabajadores y especialmente a trabajadores negros. Hasta cierto grado eso es independiente de la creación de una organización negra especial.

Creo que el partido debe utilizar la estadía del camarada James en Estados Unidos (el recorrido fue necesario para familiarizarlo con las condiciones) durante los próximos seis meses, para una labor organizativa y política tras bastidores a fin de evitar atraer demasiada atención de las autoridades. Se puede elaborar un programa de seis meses para la cuestión negra, así que si James se viera obligado a regresar a Gran Bretaña, por razones personales o por las presiones de la policía, después de medio año de trabajo tendremos una base para el movimiento negro y tendremos un núcleo serio de negros y blancos que trabajen juntos en torno a este plan.

Se trata de la vitalidad del partido. Es una cuestión importante. Es una cuestión de si el partido se transformará en una secta o si es capaz de hallar el camino hacia la parte más oprimida de la clase trabajadora.

[*Luego Trotsky volvió a la afirmación de James de que "no podemos empezar planteando un problema abstracto como el socialismo ante los trabajadores negros"*].

TROTSKY: No creo que podamos empezar con la exclusión del socialismo de la organización. Usted propone una organización muy grande, un poco heterogénea, que también aceptará a gente religiosa. Eso significaría que si un trabajador, o un agricultor o un comerciante negro da un discurso en la organización en el sentido de que la única salvación para los negros es la iglesia, seremos demasiado tolerantes para no expulsarlo y a la vez tan sabios que le permitiremos hablar a favor de la religión, pero tampoco vamos a hablar a favor del socialismo.

Si entendemos el carácter de este entorno, adaptaremos la presentación de nuestras ideas a él. Seremos cuidadosos; pero atarnos las manos por adelantado, decir que no vamos a introducir el tema del socialismo por ser un asunto abstracto: eso no es posible. Una cosa es presentar un programa socialista general, y otra cosa es estar muy atento a los problemas concretos de la vida de los negros y contraponer el socialismo al capitalismo respecto a estas cuestiones. Una cosa es aceptar un grupo heterogéneo y trabajar en él, y otra cosa es verse absorbido por él.

JAMES: Estoy muy de acuerdo con lo que dice. Lo que temo es plantear un socialismo abstracto. Recordarán que dije que el grupo dirigente debe entender claramente lo que está haciendo y hacia dónde va. Pero la educación socialista de las masas debe partir de los problemas cotidianos. Solo estoy ansioso de evitar que la cosa se vuelva una discusión sin fin. En el órgano teórico la discusión debe ser libre y extensa.

Respecto a la cuestión del socialismo en el órgano agitativo, mi opinión es que la organización debe establecerse definitivamente como la que hace la labor cotidiana con los negros, de manera que las masas de negros puedan participar en ella, antes de involucrarse en discusiones sobre el socialismo. Si bien está claro que un individuo puede plantear los criterios que desee y señalar su solución de los problemas de los negros, no obstante la cuestión es si los que guían la organización en su conjunto deben empezar hablando en nombre del socialismo. Creo que no. Es importante recordar que los que tomen la iniciativa deben tener algún acuerdo común en cuanto a los fundamentos de la política actual, de lo contrario habrá muchos problemas al desarrollarse la organización. Pero aunque ellos, como individuos, tienen derecho a plantear su punto de vista en la discusión general, el asunto es si deben hablar en conjunto como socialistas desde el inicio, y mi opinión personal es que no.

TROTSKY: En el órgano teórico uno puede tener discusiones teóricas, y en el órgano de masas se puede tener discusiones políticas de masas. Usted dice que [las masas de negros] están contaminados por la propaganda capitalista. Díganles, "Ustedes no creen en el socialismo. Pero van a ver que en la lucha, los miembros de la Cuarta Internacional no solo estarán con ustedes sino que posiblemente sean los

Farrell Dobbs, dirigente del PST, con Trotsky en Coyoacán, México, enero de 1940.

En discusiones en **Coyoacán** el año anterior con cuadros del **PST** sobre la lucha por la libertad de los negros, Trotsky recalcó que el partido "no está a salvo de la degeneración si sigue siendo un lugar para intelectuales, semiintelectuales, trabajadores especializados… Muchas veces he propuesto que todo miembro del partido, especialmente los intelectuales, que durante un lapso de seis meses no pueda reclutar al partido un trabajador-miembro debe ser relegado a la categoría de simpatizante, y lo mismo en cuanto a reclutar miembros negros. Se trata de la vitalidad del partido: de si el partido se transformará en una secta o es capaz de hallar el camino hacia la parte más oprimida de la clase trabajadora".

más combativos". Yo hasta haría que cada uno de nuestros oradores terminara su discurso diciendo, "¡Mi nombre es la Cuarta Internacional!" Ellos llegarán a ver que somos los luchadores, mientras que el que predica la religión en el salón, en el momento crítico acudirá a la iglesia en vez de ir al campo de batalla.

[*Trotsky entonces comentó brevemente sobre diversas propuestas de acción concretas a favor de los derechos de los negros. Una era la posición de la organización negra propuesta hacia la guerra interimperialista venidera*].

TROTSKY: Sí, es la cuestión más importante y más difícil. El programa puede ser muy modesto, pero al mismo tiempo debe darle a cada uno su libertad de expresión en sus discursos, etcétera; el programa no debe ser la limitación de nuestra actividad, sino solo nuestra obligación común. Todo el mundo debe tener derecho a ir más lejos, pero cada uno está obligado a defender el mínimo. Veremos cómo este mínimo se cristalizará a medida que demos los primeros pasos.

[*Sobre la propuesta de organizar "una campaña a favor de los negros en alguna industria"*].

TROTSKY: Eso es importante. Va a llevar a un conflicto con algunos trabajadores blancos que no van a quererla. Es un cambio, de los elementos obreros más aristocráticos hacia los elementos de más abajo. Atrajimos hacia nosotros algunas de las capas superiores de los intelectuales cuando ellos creyeron que necesitábamos protección: Dewey, La Follette, etcétera. Ahora que estamos emprendiendo una labor seria, ellos nos están abandonando. Creo que perderemos dos o tres capas más a medida que nos adentremos más profundamente entre las masas. Esto será el referente.

[*Sobre una campaña para abordar la crisis de la vivienda y los elevados alquileres que pagaban los negros*].

TROTSKY: Es absolutamente necesaria.

CURTISS: También funciona muy bien con nuestras

reivindicaciones de transición.

[*Sobre una campaña de sentadas por parte de los negros en restaurantes segregados para exigir que les sirvieran*].

TROTSKY: Sí, y denle un carácter hasta más combativo. Podría haber una línea de piquetes afuera para llamar la atención y explicar algo de lo que está pasando.

[*Sobre una campaña dirigida a ganar apoyo entre los sirvientes domésticos*].

TROTSKY: Sí, pienso que es muy importante; pero creo que existe la consideración *a priori* de que muchos de estos negros son sirvientes de gente rica y están desmoralizados y se han transformado en lacayos morales. Pero hay otros, una capa más grande, y se trata de captar a los que no son tan privilegiados.

[*De cómo la organización propuesta puede promover la independencia política obrera de los partidos imperialistas Demócrata y Republicano*].

TROTSKY: ¿Cuántos negros hay en el Congreso? Uno.[46] Hay 440 miembros en la Cámara de Representantes y 96 en el Senado. Entonces si los negros son casi el 10 por ciento de la población, deberían tener 50 miembros, pero solo tienen uno. Es un cuadro claro de la desigualdad política. A menudo podemos proponer a un candidato negro contra un candidato blanco. Esta organización negra siempre puede decir, "Queremos a un negro que conozca nuestros problemas". Eso puede tener consecuencias importantes...

Se trata de [nuestra postura hacia el candidato de] otra organización por la que no somos responsables, como tampoco ellos no son responsables de nosotros. Si esta organización postula a un determinado candidato, y decidimos

---

46. En ese momento había un solo miembro negro del Congreso de Estados Unidos: Arthur W. Mitchell, congresista por Illinois en la Cámara de Representantes.

como partido que debemos postular a nuestro propio candidato en oposición, tenemos el derecho pleno de hacerlo. Si somos débiles y no conseguimos que la organización escoja a un revolucionario, y escogen a un demócrata negro, podríamos incluso retirar a nuestro candidato con una declaración concreta de que nos abstenemos de luchar, no contra el demócrata, sino contra el candidato negro. Consideramos que la candidatura del negro, a diferencia de la candidatura del blanco, aun si ambos están en el mismo partido, es un factor importante en la lucha de los negros por su igualdad; y en este caso podemos darles apoyo crítico. Creo que esto se puede hacer en ciertos casos.[47]

---

47. Trotsky no proponía apoyar a candidatos de los partidos Demócrata o Republicano. Sugería que bajo ciertas condiciones el PST podría dar apoyo crítico al candidato de una organización negra independiente que se postulara *contra* los candidatos de los partidos Demócrata y Republicano, aunque el candidato postulado por la organización negra fuese demócrata.

Durante el ascenso de la lucha de masas por los derechos de los negros, con dirección proletaria, en los años 50 y 60, el Partido Socialista de los Trabajadores apoyó campañas políticas negras independientes en varias oportunidades, entre ellas: la campaña en 1958 de Joseph King en Chicago (ver la cuarta parte, pág. 345); la campaña en 1964 del Partido Libertad Ya (Freedom Now Party, FNP) en Michigan por el reverendo Albert Cleage para gobernador (y otros candidatos del FNP); la campaña en 1966 de la Organización pro Libertad del Condado Lowndes (Lowndes County Freedom Organization, LCFO) para cargos locales en Alabama; y la campaña en 1965 de Carl Stokes para alcalde de Cleveland. En algunos casos, los candidatos eran demócratas inscritos pero sus campañas se organizaron de manera independiente y en contra de los candidatos de los partidos Demócrata y Republicano. (Ver *Independent Black Political Action 1954–78* [Acción Política Negra Independiente, 1954–78; Pathfinder, 1982].) Cuando más tarde Cleage, el dirigente de la LCFO John Hulett y Stokes se postularon como candidatos del Partido Demócrata, el PST no apoyó sus campañas. El PST postuló a Syd Stapleton como su candidato para alcalde de Cleveland en la campaña de 1969, en la cual Stokes fue reelecto, esta vez como candidato demócrata.

A quienes les toca la palabra decisiva

por León Trotsky
junio de 1932

En la última de las tres discusiones que tuvieron lugar en México en 1939, Trotsky insistió en que la tarea de los comunistas era la construcción de partidos que fueran proletarios en su composición, no solo en su programa y estrategia. Esta tarea era parte central de la continuidad revolucionaria que él estaba organizando a sus correligionarios del Partido Socialista de los Trabajadores y a nivel mundial a que llevaran a la práctica.

Trotsky había resumido esta trayectoria mucho antes en una carta fechada el 13 de junio de 1932, en la que instó a la dirección del movimiento comunista mundial a dedicarse activamente a reclutar a un grupo de trabajadores negros en Johannesburgo, Sudáfrica, que había pedido afiliarse.

Puede que los camaradas de Johannesburgo no hayan tenido aún la oportunidad de familiarizarse mejor con las perspectivas de la Oposición de Izquierda respecto a todas las cuestiones más importantes. Pero esto no puede ser un obstáculo a que colaboremos con ellos lo más estrechamente posible en este momento preciso, y que los ayudemos, como camaradas, a entrar en la órbita de nuestro programa y nuestras tácticas.

Si 10 intelectuales que ya han sido miembros de distintas organizaciones, sea en París, Berlín o Nueva York, se nos acercan pidiendo que los admitamos, yo ofrezco el siguiente consejo: hagamos que pasen por una serie de pruebas en torno todas las cuestiones programáticas; mójenlos bajo la lluvia, séquenlos al sol y entonces, después de un nuevo examen cuidadoso, aceptemos quizás a uno o a dos de ellos.

El caso es radicalmente diferente si se nos acercan 10 trabajadores vinculados a las masas. La diferencia que existe en nuestra actitud hacia un grupo pequeñoburgués y hacia el grupo proletario no requiere explicación. Pero si un grupo proletario se desempeña en una localidad donde hay trabajadores de razas diferentes y, a pesar de ello, sigue compuesto únicamente de trabajadores de una nacionalidad privilegiada, entonces me inclino a verlos con sospecha. ¿No estaremos tratando quizás con la aristocracia obrera? ¿No será que el grupo está contagiado con prejuicios esclavistas, ya sean activos o pasivos?

La situación es totalmente distinta si nos aborda un grupo de trabajadores negros. En ese caso estoy dispuesto a aceptar por adelantado que llegaremos a un acuerdo con ellos, aun si dicho acuerdo todavía no resulta evidente, porque los trabajadores negros, en virtud de su situación general, no aspiran ni pueden aspirar a degradar a nadie, a oprimir a nadie, o a privar a nadie de sus derechos. No ansían privilegios ni pueden ascender a la cima más que por la vía de la revolución internacional.

Podemos y debemos encontrar el camino hacia la

conciencia de los trabajadores negros, de los trabajadores chinos, de los trabajadores indios y de todos los oprimidos en el océano humano de las razas de color a quienes les toca la palabra decisiva en el desarrollo de la humanidad.

CUARTA PARTE

Acabar con la dictadura del capital, acabar con el racismo

La liberación de los negros
y la dictadura del proletariado

por Jack Barnes
enero y marzo de 2006

El siguiente artículo se basa en informes presentados a conferencias directivas internacionales que el Partido Socialista de los Trabajadores organizó en enero y marzo de 2006. En las reuniones directivas participaron, junto a los miembros del Comité Nacional del PST, representantes de las Ligas Comunistas en varios países, miembros de la dirección nacional de la Juventud Socialista y dirigentes escogidos por ramas del PST, las unidades locales que son responsables de organizar el trabajo político del partido en distintas ciudades de Estados Unidos.

La semana pasada, cuando una partidaria cubanoamericana de la revolución en Cuba que vive en el sur de Florida vio por primera vez *Nuestra historia aún se está escribiendo*, preguntó por qué habíamos escogido a tres generales cubano-chinos para entrevistarlos. "¿Y por qué llamarlos cubano-chinos?" Los cubanos de ascendencia china, agregó, se consideran cubanos, no cubano-chinos. Lo mismo con los negros. "Se consideran cubanos, no afrocubanos".[1]

Sin embargo, agregó que cuando empezó a leer el libro, le gustó mucho y se convenció de lo útil que es políticamente tanto en Estados Unidos como en Cuba. Su reacción al libro en sí parecía contradecir su reacción inicial al título, así como los prejuicios políticos que subyacían esa reacción. ¡Magnífico!

Esa lectora expresaba una opinión muy generalizada en Cuba. Refleja una insularidad política particular, e inusitada, que marca ampliamente a los cuadros revolucionarios en ese país, una lentitud en reconocer el legado social y político entre los negros —y el impacto sobre la sociedad capitalista en general— de las consecuencias históricas *mundiales* del comercio de esclavos africanos, la esclavitud, la violencia de turbas linchadoras y la discriminación y el racismo antinegro.

Al mismo tiempo, existe también un legado perdurable de *resistencia* dirigida por los negros contra esta opresión y explotación: en Estados Unidos, en Cuba y en otras partes de América donde, bajo el azote del esclavista, la mano de obra de piel negra cultivó la tierra y manufacturó productos. Existe una historia de rebeliones de esclavos, de esfuerzos para presionar los movimientos abolicionistas hacia un rumbo más combativo y de alianzas con otros trabajadores en la lucha por la tierra y en batallas obreras. Los negros combatieron como soldados en la Guerra Civil de Estados Unidos (eran alrededor del 10 por ciento de las filas del ejército de la Unión en el momento de la victoria

---

1. Cuando se presentó este informe en enero de 2006, la editorial Pathfinder acababa de publicar, en inglés y en español, *Nuestra historia aún se está escribiendo: La historia de tres generales cubano-chinos en la Revolución Cubana*, por Armando Choy, Gustavo Chui y Moisés Sío Wong. La edición del libro estuvo a cargo de Mary-Alice Waters.

en 1865); brindaron liderazgo durante la Reconstrucción Radical en los estados de la Confederación derrotada; participaron en la sindicalización de aparceros, arrendatarios y obreros industriales en las décadas de 1920 y 1930; y dirigieron luchas políticas de masas por los derechos de los negros durante y después de la Segunda Guerra Mundial, que alcanzaron nuevos niveles de radicalización entre las filas de las fuerzas armadas norteamericanas durante la Guerra de Vietnam.

Aquí en Estados Unidos, el papel de vanguardia de los trabajadores que son africano-americanos en la amplia lucha de clases es producto de este historial de dirección política en las luchas plebeyas y proletarias, combinado con la composición más ampliamente proletaria de la nacionalidad negra en comparación con otros sectores de la población.

Asimismo, un legado de resistencia ha marcado la lucha de clases en Cuba durante el último siglo y medio. Las tres guerras para independizarse de España entre 1868 y 1898 se combinaron íntegramente con la lucha por abolir la esclavitud, el peonaje y otras formas de servidumbre. Los combatientes que eran negros, así como miles de trabajadores chinos, participaron en el ejército independentista cubano y se desempeñaron a todos los niveles, como soldados y como oficiales, llegando hasta el rango del teniente coronel José Bu y del general Antonio Maceo. Desde la rebelión del Moncada de 1953 y la guerra revolucionaria de 1956–58 hasta el día de hoy, el movimiento dirigido por Fidel Castro ha actuado resueltamente, con hechos y palabras, contra la intolerancia y los actos racistas. Y los cubanos negros no han sido superados por nadie en su apoyo y abnegación al impulsar la revolución socialista.

Sin embargo, nada de eso borra el hecho de que sí existen millones de cubanos de ascendencia africana y piel muy oscura, y que siguen enfrentando las consecuencias sociales y políticas de la discriminación anterior. Casi medio siglo después del triunfo de la Revolución Cubana, este legado aún se manifiesta en los patrones de vivienda y de empleo, en la composición de la población carcelaria y otros indicadores sociales.

Si bien la historia concreta de los cubano-chinos es distinta de la de los cubanos negros, pueden aplicarse algunas de las mismas consideraciones políticas. Entre los cubanos con antepasados chinos, continúa existiendo una conciencia social de sus raíces que se mantiene muy viva. Y se sigue manifestando el orgullo en esas raíces y en su nutrido legado cultural. De hecho, la propuesta de las entrevistas que al final se convirtieron en el libro *Nuestra historia aún se está escribiendo* no provino de nosotros sino de Gustavo Chui.

Nuestra comprensión de los orígenes de la Revolución Cubana, y de su rumbo, se ve enriquecida por lo que Chui describe de su juventud. Se ve enriquecida por su explicación de las complejidades de la "conciencia china" que lo rodearon mientras crecía —siendo hijo de un padre chino y una madre negra— incluido el racismo antinegro que se manifestaba entre muchas personas de origen chino en Cuba. Nuestra comprensión de la dinámica contradictoria de la Revolución Cubana se ve enriquecida por el relato que hace Chui de cómo fue reclutado a la lucha revolucionaria en los años 50. Lo mismo se puede decir de los relatos de Armando Choy y Moisés Sío Wong. Cada uno viene de una familia cubano-china de pequeños comerciantes, pero al mismo tiempo de estratos sociales ligeramente diferentes.

Por todo el libro, los trabajadores pueden ver cómo cada uno de estos jóvenes cubanos, en el transcurso del combate revolucionario, descubrió lo que él y otros como él eran capaces de hacer, cómo descubrieron su propia valía. Los trabajadores pueden apreciar las conclusiones comunistas a las que llegaron Chui, Choy y Sío Wong por sus experiencias en la lucha clandestina y la guerra revolucionaria, así como en la construcción de la nueva Cuba.

¿Qué perspectivas se abren con el triunfo de la Revolución Cubana para todos los que son víctimas de la discriminación que se institucionalizó durante mucho tiempo en el capitalismo? ¿Para las naciones y nacionalidades oprimidas? ¿Para la mujer, el sexo oprimido y mayoritario? ¿Qué perspectivas se abren para los oprimidos y explotados con toda revolución socialista? Ante todo, se abre la posibilidad de *utilizar* el poder estatal de la dictadura del proletariado, que es de lejos el instrumento más poderoso que los trabajadores combativos pueden empuñar al impulsar la batalla para erradicar el racismo, la opresión nacional y la condición de segunda clase de la mujer.

Estas formas de opresión, mantenidas y perpetuadas como parte de la reproducción diaria de las relaciones sociales capitalistas a nivel mundial, se transmiten, modificadas, desde los modos de producción que dominaron en épocas anteriores de la historia de la sociedad de clases. Si bien deforman y entran en conflicto con las operaciones "más eficientes" de las leyes del capitalismo, la burguesía encuentra maneras de incorporarlas, y luego *usarlas* políticamente, para ahondar las divisiones entre el pueblo trabajador y cosechar las ganancias de la superexplotación. Lejos de ser erradicadas rápidamente con la toma revolucionaria del poder estatal por la clase trabajadora, las consecuencias de todas estas relaciones sociales degradantes, heredadas de la sociedad dividida en clases, son más persistentes y duraderas de lo que generalmente habían anticipado las generaciones anteriores de militantes socialistas y revolucionarios proletarios.

Lo que hace la conquista del poder obrero es ofrecer a una vanguardia de masas del proletariado el arma política más eficaz en la historia: un arma que podemos utilizar para combatir todas las formas de opresión y sentar las bases para establecer la solidaridad humana sobre cimientos nuevos y comunistas. *Ese* es el desafío y la promesa de la dictadura del proletariado: *conquístenla* y después *úsenla*, para *completar* la tarea. Y la *forma* de completar la tarea consiste en tomar acción para impulsar la lucha revolucionaria a nivel mundial.

Si los jóvenes dirigentes fundadores del movimiento comunista moderno, Carlos Marx y Federico Engels, reconocieron que no se podía abolir las clases, la familia burguesa y pequeñoburguesa y el estado, sino que estos *se atrofiarían y desvanecerían* a medida que el socialismo se desarrollara, ¿cómo podría ser de otra manera para las formas históricas de opresión —reflejando los prejuicios más profundos— heredadas de la sociedad de clases?

Y lo que es más importante, ese desvanecimiento no es un proceso *pasivo*. Esos legados de la sociedad dividida en clases no simplemente "se desvanecen": hay que *desvanecer* sus cimientos. Eso no tiene nada de automático. Como todo lo demás en la historia de la humanidad, la desaparición y sustitución de estas instituciones es producto de la actividad social práctica y de las luchas de las masas trabajadoras en el campo y en la ciudad: su movilización, liderazgo y transformación. Es producto de la extensión de la revolución socialista a nivel mundial. El ritmo y el alcance de esta lucha determinan no solo si la dictadura del proletariado avanza, sino si las pausas y los retrocesos inevitables llevan a que se debilite y se corroa, a que, con el tiempo, sea vulnerable a la corrupción desde adentro y finalmente a la derrota y destrucción.

No hay garantías de antemano. Sin embargo, cuando

se derroca a la dictadura de las clases propietarias y el pueblo trabajador conquista el poder, la correlación de fuerzas se transforma cualitativamente a favor de todos los que luchan por arrancar de raíz la explotación y opresión capitalista.

Si en Estados Unidos no se puede convencer a los trabajadores de vanguardia que son negros que reconozcan que la dictadura proletaria es el instrumento más poderoso para iniciar la lucha final y perdurable por la liberación de los negros, entonces ¿cómo pueden los comunistas esperar que luchen con toda su voluntad para hacer la revolución socialista en este país?

¿Y por qué *habrían* de hacerlo?

Sí, lucharán como parte de la clase trabajadora para liberar de la explotación capitalista a la mayoría trabajadora de la humanidad. ¡Pero ellos y sus aliados no esperan encontrarse con la continuación de la opresión racista al final del camino! Si no, vivirían y lucharían negando su propia identidad. Y el socialismo —una sociedad sin discriminación, una sociedad de los productores libremente asociados— sería una vana aspiración.

Lo mismo se podría decir de la mujer y de todas las capas oprimidas, que a la vez son aliadas de la clase trabajadora.

La discusión de Trotsky con comunistas norteamericanos en 1933

Dada su experiencia al lado de Lenin a partir de 1917, como dirigente del Partido Bolchevique, de la Unión Soviética y de la Internacional Comunista, León Trotsky no podría haber pensado de otra manera sobre la discriminación racista y la lucha en contra de ella. Estos eran sus supuestos políticos en 1933 durante las conversaciones con Arne Swabeck, un dirigente de la Liga Comunista de América, precursor del Partido Socialista de los Trabajadores, quien visitó a Trotsky después de que este fuera expulsado de la Unión Soviética por el régimen de José Stalin. Trotsky vivía en el exilio forzoso en Turquía en aquel entonces.

La versión taquigráfica de ese intercambio de 1933, junto con otros materiales, ha estado disponible por muchos años en un librito titulado *Leon Trotsky on Black Nationalism and Self-Determination* (León Trotsky sobre el nacionalismo negro y la autodeterminación de los negros). Pero una gran parte de cómo se preparó y editó ese libro —comenzando con el título— obstaculiza en vez de ayudar al lector a escuchar y comprender lo que decía Trotsky. A pesar del título, *no* es un libro sobre el nacionalismo negro. De hecho, Trotsky no menciona el nacionalismo negro ni una vez, ni en la conversación de 1933 ni en el intercambio posterior con miembros del partido en 1939, que también se incluye en el libro.

Trotsky aborda la lucha de los negros en Estados Unidos. Habla sobre el papel y el peso de los trabajadores que son negros en el desarrollo de la vanguardia de la clase trabajadora en la marcha hacia la conquista de la dictadura del proletariado. Trotsky destaca sus probadas capacidades de lucha. Valora las perspectivas para la organización de movimientos negros independientes y propone acciones concretas para impulsar la batalla contra el racismo y la opresión nacional. Exige que los revolucionarios apoyen el derecho de los negros a la autodeterminación. De eso tratan las discusiones con Trotsky. Una de nuestras principales prioridades editoriales es la presentación y publicación de estos intercambios en un nuevo libro de manera que se haga justicia a su contenido.[2]

Fue Trotsky, basándose en las conquistas políticas de la

---

2. El libro que usted tiene en sus manos es ese libro. Ver la tercera parte.

Internacional Comunista, el primero en explicarnos científicamente que era el hecho de despertar al pueblo trabajador negro para que reconociera su propia valía, no su opresión, lo que posibilitaría nuevas perspectivas de lucha revolucionaria en Estados Unidos.

En respuesta a preguntas que la dirección del partido le había pedido a Swabeck que discutiera con Trotsky en 1933, el dirigente bolchevique explicó:

> Los negros, mediante su despertar, mediante su reivindicación de la autonomía y mediante la movilización democrática de sus fuerzas, se verán impulsados hacia una posición de clase. La pequeña burguesía asumirá la reivindicación de derechos iguales y autodeterminación pero resultará absolutamente incapaz en la lucha; el proletariado negro marchará por encima de la pequeña burguesía rumbo a la revolución proletaria.

El significado está claro como el agua, aun traducido al inglés de las notas en alemán de Arne, ¡cuya lengua materna era el danés!

En el siglo XX hemos visto dos veces en la práctica en este país cómo el proletariado negro tuvo que "marchar por encima de la pequeña burguesía" —blanca y negra, incluida la cúpula sindical, con todas sus limitaciones y vacilaciones— para impulsar la lucha contra la segregación Jim Crow y demás instituciones de discriminación racista.

La primera vez fue durante la radicalización política que se desarrolló ante el impacto de la revolución bolchevique y la propagación de la crisis capitalista en las décadas después de la Primera Guerra Mundial. Las luchas de los agricultores explotados y otros trabajadores en los años 20 sentaron las bases para las batallas obreras y el movimiento social de los años 30 centrado en el desarrollo de sindicatos industriales de masas del CIO. Los trabajadores, independientemente del color de la piel, lucharon cada vez más hombro a hombro por los derechos sindicales y otros objetivos sociales. Estas luchas obreras entrelazadas dieron tanto impulso a la lucha por derrocar al sistema Jim Crow que el ímpetu duró aun después del repliegue general del movimiento obrero durante y después de la Segunda Guerra Mundial.

En cuanto a la segunda vez, algunos de los presentes aquí vivieron las batallas por los derechos de los negros de los años 50, 60 y principios de los 70 y participaron activamente en ellas.

En su apogeo, la Reconstrucción Radical en extensas partes del antiguo Sur esclavista fue una antecesora plebeya, y en todo caso más avanzada socialmente, de estas batallas proletarias del siglo XX. Y la culminación de esta historia de marchar "por encima de la pequeña burguesía rumbo a la revolución proletaria", todavía está por venir, por supuesto. Es entonces que la burguesía comprenderá por qué el siglo XXI será milenario para la clase trabajadora.

Trotsky, en las conversaciones con Swabeck, tomaba como punto de partida el hecho que la opresión racista y el prejuicio antinegro en Estados Unidos eran el principal obstáculo para la unidad revolucionaria de la clase trabajadora. Debido a esa opresión, señaló Trotsky, ocurren pocas "acciones comunes con la participación de trabajadores blancos y negros", no hay "confraternización de clase". "El trabajador americano es indescriptiblemente reaccionario", dijo Trotsky. "Esto se puede ver ahora en el hecho que aún no se le ha persuadido ni siquiera de la idea del seguro social". Además, añadió Trotsky, "Los negros aún no han despertado y aún no están unidos a los trabajadores blancos. El 99.9 por ciento de los trabajadores americanos son chovinistas; con respecto a los negros son verdugos, como lo son con respecto a los chinos, etcétera. Es necesario hacerles comprender [a los trabajadores blancos] que el estado americano no es su estado y que no tienen que ser los guardianes de este estado".

Estas condiciones, por supuesto, han cambiado mucho desde 1933 a consecuencia de batallas obreras. Comenzaron a cambiar a mediados de los años 30, producto de las luchas obreras que forjaron el CIO, la creciente oposición al fascismo y a la guerra imperialista mundial que se extendía, y las tendencias hacia un partido obrero basado en los sindicatos, independiente de los demócratas y republicanos. Estos cambios se aceleraron en los años 50 con las conquistas del movimiento de masas por los derechos civiles y las luchas por la liberación de los negros, que tenían sus raíces en la masiva concentración urbana, la migración al Norte y los cambios en la composición de la fuerza laboral industrial que comenzaron antes de la Segunda Guerra Mundial. A consecuencia de estas luchas, y como parte de ellas, los trabajadores en Estados Unidos sí lucharon por una forma importante de seguro social: la Seguridad Social. Y como resultado de las batallas obreras de los años 30 y las luchas pro derechos civiles de los 50 y 60, llegaron a considerar como *derechos* una versión más amplia de esa Seguridad Social, incluidos el Medicare, el Medicaid y otros programas relacionados.

Con el ascenso de los sindicatos industriales, cada vez más trabajadores negros, blancos, asiáticos y latinos —nativos e inmigrantes— hoy día sí trabajan juntos en muchos centros de trabajo, a menudo haciendo las mismas labores. Sí participan en acciones comunes y en la confraternización de clase. Pero la lucha para combatir las múltiples formas de segregación y racismo, y para superar las divisiones nacionales en la clase obrera —mediante la solidaridad mutua y luchas intransigentes usando cualquier medio necesario— sigue siendo la mayor tarea para forjar la vanguardia proletaria en este país.

Trotsky, en su intercambio de criterios con Swabeck, señaló que durante un ascenso importante en la lucha revolucionaria y en la conciencia de clase proletaria en Estados Unidos,

> es posible que los negros se conviertan en el sector más avanzado... Es muy posible que los negros pasen por la autodeterminación a la dictadura proletaria en un par de zancadas gigantescas, antes de la gran masa de los trabajadores blancos. Entonces serán la vanguardia. Estoy absolutamente seguro que, en todo caso, ellos van a luchar mejor que los trabajadores blancos.

Pero esto puede ocurrir, subrayó Trotsky, "solo si el partido comunista lleva a cabo una lucha implacable e intransigente, no contra los supuestos prejuicios nacionales de los negros sino contra los colosales prejuicios de los trabajadores blancos" —prejuicios que la burguesía y los amos imperialistas inculcaron en la clase trabajadora, por medio de sus agentes pequeñoburgueses— "y si no les hace concesión alguna".

Esto es lo que Trotsky había aprendido de Lenin, dirigente central del Partido Bolchevique y de la Internacional Comunista, y de su propia larga experiencia revolucionaria en la prisión de naciones zarista. Trotsky había adquirido un entendimiento más profundo por sus conversaciones con delegados de Estados Unidos en los primeros cuatro congresos de la Internacional Comunista de 1919 a 1922. Y en esto colaboró con la dirección del Partido Socialista de los Trabajadores y el resto del movimiento comunista mundial, desde 1929 hasta su muerte, para aplicarlo en la práctica.

Lucha por un partido proletario

En abril de 1939, un poco más de seis años después de sus discusiones con Swabeck, Trotsky participó en otro intercambio sobre la lucha por la liberación de los negros y la revolución proletaria en Estados Unidos. Las discusiones se realizaron en Coyoacán, cerca de Ciudad de México, donde Trotsky vivía en el exilio en ese momento. Y esta vez no las inició la dirección central del Partido Socialista de los Trabajadores, sino C.L.R. James, un escritor nacido en Trinidad que se había unido a nuestro movimiento mundial en Gran Bretaña en 1935. James tenía alrededor de 35 años en esa época.[3]

Al principio Trotsky se interesó activamente en colaborar con este nuevo recluta afrocaribeño. En una carta a James P. Cannon en mayo de 1938, Trotsky apuntó que el año anterior James había escrito un libro —*World Revolution* (Revolución mundial)— que criticaba "con mucha dureza [a Trotsky] desde un punto de vista organizativo". La línea política ultraizquierdista del libro, dijo Trotsky, era indudablemente "una justificación teórica de su propia política [la de James] hacia el Partido Laborista Independiente" en el Reino Unido, una de las diversas organizaciones centristas en Europa a las cuales James se adaptó políticamente.[4]

---

3. Una versión taquigráfica de las tres discusiones aparece en la tercera parte de este libro, págs. 293–330.

4. Estas organizaciones centristas incluían el Partido Laborista Independiente (ILP) en Gran Bretaña, el Partido Obrero de Unificación Marxista (POUM) en España y el Partido Socialista Obrero y Campesino (PSOP) en Francia, entre otros. Entre 1932 y 1939 se congregaron

No obstante, Trotsky instó a Cannon a que involucrara a James en el trabajo del movimiento mundial y que tratara de convencerlo de "que sus críticas no son consideradas por ninguno de nosotros como un signo de hostilidad o un obstáculo para una colaboración amistosa en futuro".[5] Hacia fines de 1938 James visitó Estados Unidos para residir y viajar ahí por un tiempo, y la dirección del PST colaboró con él para impulsar la labor del partido en defensa de los derechos de los negros. A principios del 1939 James le escribió a Trotsky proponiéndole las discusiones en México.

En esa época el Partido Socialista de los Trabajadores había avanzado relativamente poco, desde la discusión entre Trotsky y Swabeck, para involucrarse en actividades políticas entre los trabajadores y agricultores que eran negros. En preparación para la discusión con James, Trotsky le escribió a Cannon que "el partido no puede postergar más esta cuestión tan esencial".[6]

Como sucedió en las discusiones seis años antes, el intercambio de Trotsky con James comenzó sobre la cuestión del derecho a la autodeterminación nacional para los negros en Estados Unidos. A Trotsky le asombró la afirmación de James —una posición que nadie tenía en la dirección

---

en "El Buró de Londres". Estas organizaciones, que zigzaguearon entre el estalinismo y la socialdemocracia, contribuyeron a la sangrienta derrota de la revolución en España, aumentaron la desorientación al movimiento obrero en Francia y crearon obstáculos considerables a los esfuerzos dirigidos por Trotsky para reconstruir el movimiento comunista mundial por toda Europa y otras partes del mundo.

5. "Sobre C.L.R. James", en León Trotsky, *Escritos*, tomo IX (1937–38), volumen 2 (Editorial Pluma, 1977).

6. "Algo más sobre nuestro trabajo en el Partido Comunista" (abril de 1939), en León Trotsky, *Escritos*, tomo X (1938–39), volumen 2 (Editorial Pluma, 1976).

central del PST— de que la autodeterminación para los negros en Estados Unidos era "reaccionaria económicamente" y "falsa políticamente". Trotsky respondió tajante y enfáticamente: "No podemos decir que [la autodeterminación] será reaccionaria. *No* es reaccionaria... Podemos decir, 'A ustedes [los africano-americanos] les toca decidir. Si desean tomar una parte del país, está bien, pero no deseamos tomar esa decisión en su nombre'".

Sin embargo, las discusiones con James en 1939 destacaron ante todo el programa proletario *y* la composición proletaria, el cimiento de todo partido revolucionario capaz de organizar y dirigir la batalla victoriosa del pueblo trabajador para establecer la dictadura del proletariado en Estados Unidos, o en cualquier otro país capitalista. Las discusiones asumieron la forma de un intercambio sobre la propuesta de James de que el Partido Socialista de los Trabajadores tomara la iniciativa para lanzar y ayudar a dirigir una organización negra independiente de acción combativa. Reconociendo que él no estaba familiarizado con "la situación concreta en los círculos negros en Estados Unidos", Trotsky de todas maneras tomó la propuesta en serio y organizó dos sesiones con James, junto con otros cuadros del PST, para considerarla.

"Si otro partido hubiese organizado dicho movimiento de masas, seguramente participaríamos como fracción, siempre y cuando [el movimiento] incluyera a trabajadores, pequeñoburgueses pobres, agricultores pobres, etcétera", dijo Trotsky. "Ingresaríamos con el objetivo de educar a los mejores elementos y captarlos para nuestro partido. Pero esto es algo diferente. Lo que se propone aquí es que nosotros tomemos la iniciativa".

Trotsky evitó emitir juicios tácticos sobre el trabajo del PST en la lucha de clases en Estados Unidos. Pero sus criterios políticos para valorar esta propuesta eran lo opuesto de los de James. Trotsky se enfocó en la *orientación de clase* de dicha organización: ¿Acaso nuestros cuadros buscarían desarrollarla entre trabajadores y productores rurales negros? ¿Lucharíamos desde su interior por un programa revolucionario para impulsar la lucha por el poder en Estados Unidos?

James señaló algunos ejemplos de individuos y corrientes que podrían ser incorporados a esta organización. La información que brindaba James "muestra que podemos contar con algunos elementos para la cooperación en esta esfera", dijo Trotsky. Al mismo tiempo, señaló, esta "limita la perspectiva inmediata de la organización". ¿Cómo y por qué limitaba esas perspectivas? Porque es necesario, dijo Trotsky, preguntarse: "¿Quiénes son estos elementos?" Y él contestó: "La mayoría son intelectuales negros, ex funcionarios y simpatizantes estalinistas".

Trotsky apuntó que los intelectuales blancos que a principios de los años 30 se habían visto atraídos brevemente al comunismo habían vuelto, en su mayoría, "a Roosevelt y a la democracia", es decir, a la democracia imperialista. Pero "los intelectuales negros desilusionados buscaron un nuevo campo basado en la cuestión negra", agregó Trotsky. Sí, los trabajadores comunistas pueden y deben tratar de colaborar con ellos en torno a campañas de defensa, para recaudar fondos para fines comunes, etcétera. "Eso es una cosa", le dijo a James, "pero usted está considerando a estos intelectuales negros para que dirijan un movimiento de masas". Y eso no era ni posible ni —sobre todo— deseable.

Trotsky señaló el peligro de que dicha organización "se vaya a convertir en un juego para los intelectuales", quienes, añadió, "se mantienen separados de las masas, siempre deseosos de asumir la cultura anglosajona y de formar parte integral de la vida anglosajona", es decir, deseosos de integrarse a las clases profesionales y medias de la sociedad capitalista, de la América "blanca".[7] Una organización negra independiente, dijo Trotsky, "puede justificarse solo si capta a trabajadores, aparceros, etcétera".

Estos intercambios con James sobre la orientación proletaria de nuestro movimiento impactaron bastante a los dos militantes del PST que estuvieron presentes en las discusiones en México: Charles Curtiss, cuadro del partido desde la fundación de la Liga Comunista de América en 1929, y Sol Lankin, también miembro fundador de la CLA y, en esos momentos, guardia en el domicilio de Trotsky. "¿Abriría esta organización sus puertas a todas las clases de negros?" le preguntó Lankin a James.

Sí, dijo James. "El negro burgués puede venir a ayudar, pero solo basado en el programa de la organización". Pero eso no dejó satisfecho a Lankin. "No veo cómo la burguesía negra puede ayudar al proletariado negro a luchar por su avance económico", agregó Lankin.

Entonces James intentó otra táctica. "En nuestro propio movimiento algunos somos pequeñoburgueses", le respondió a Lankin. ¡Esa era la actitud de James hacia la composición de clase del partido! Era un enfoque político que contradecía rotundamente la campaña sistemática que realizaban en ese entonces la mayoría de la dirección del PST y sus cuadros para proletarizar al partido de arriba para abajo. Este esfuerzo se hacía a insistencia urgente de Trotsky.

Como habían decidido los delegados al congreso del

---

7. A excepción de un puñado minúsculo de individuos, ese deseo era una vana esperanza en la *América* de Jim Crow de los años 30, no solo en el *Sur* de Jim Crow. Sin embargo, como producto de las luchas victoriosas por los derechos de los negros en los años 50 y 60, una capa de la población africano-americana en Estados Unidos ha avanzado mucho hoy día hacia la realización de esa aspiración. Ver "La 'meritocracia' cosmopolita y la estructura cambiante de clases de la nacionalidad negra" en la segunda parte de este libro.—JB

partido unos 15 meses antes, "No lograremos arraigar el partido en la clase trabajadora, mucho menos defender los principios proletarios revolucionarios del partido para evitar que sean socavados, a menos que el partido sea un partido abrumadoramente proletario, integrado en su mayoría decisiva por obreros en las fábricas, minas y plantas". El congreso de enero de 1938 decidió que esta "reorientación completa de nuestro partido, desde la militancia hasta la dirección y viceversa, es absolutamente imperiosa e impostergable".[8]

Después de los comentarios de James, Trotsky respondió subrayando el carácter de vida o muerte de la orientación proletaria que guiaba al PST, y su relación inseparable con la profundización del trabajo del partido entre los africano-americanos. "Nuestro partido no está a salvo de la degeneración si sigue siendo un lugar para intelectuales, semiintelectuales y trabajadores especializados" destacó Trotsky. "...Muchas veces he propuesto que todo miembro del partido —especialmente los intelectuales y semiintelectuales— que durante un período, digamos, de seis meses, no pueda reclutar al partido a un miembro-trabajador debería ser relegado a la posición de simpatizante. Podemos decir lo mismo en relación a la cuestión negra".

Volviendo a planteamientos que habían sido fundamentales en su discusión con el dirigente del PST Arne Swabeck varios años atrás, Trotsky agregó:

Debemos decirles a los elementos negros conscientes que el desarrollo histórico los llama a convertirse en

---

8. Ver "The Political Situation and the Tasks of the Party" (La situación política y las tareas del partido) y "The Trade Union Movement and the Socialist Workers Party" (El movimiento sindical y el Partido Socialista de los Trabajadores), en *The Founding of the Socialist Workers Party* (La fundación del Partido Socialista de los Trabajadores; Pathfinder, 1982), págs. 165, 184 [impresión de 2011].

una vanguardia de la clase trabajadora. ¿Qué sirve de freno a los estratos más altos? Son los privilegios, las comodidades, lo que les dificulta convertirse en revolucionarios. Eso no existe para los negros.

¿Qué puede transformar a una capa determinada, hacerla más capaz de valor y sacrificio? Se halla concentrado en los negros. Si resulta que en el PST no logramos hallar el camino hacia esta capa, entonces no valemos nada...

Se trata de la vitalidad del partido. Es una cuestión importante. Es una cuestión de si el partido se transformará en una secta o si es capaz de hallar el camino hacia la parte más oprimida de la clase trabajadora.

Evolución política de Malcolm X

Fue esta continuidad comunista, nuestra orientación proletaria, la que le dio a nuestro movimiento la confianza a principios de los años 60 para reconocer la importancia revolucionaria del desarrollo político de Malcolm X mientras aún era dirigente de la Nación del Islam. No hicimos presuposiciones de cuándo, o si acaso, abandonaría la Nación. No impusimos limitaciones preconcebidas a su evolución, limitaciones a su convergencia con la línea de marcha del proletariado a la conquista del poder estatal.

En enero de 1965, cuando otro dirigente de la Alianza de la Juventud Socialista y yo hicimos una entrevista a Malcolm para la revista *Young Socialist*, le preguntamos: "¿Cómo define el nacionalismo negro con el cual se le identifica?"

Malcolm respondió relatándonos la conversación que había tenido durante su viaje a África en la primavera de 1964 con el embajador argelino en Ghana. Cuando Malcolm le dijo al embajador "que mi filosofía política, social y económica era el nacionalismo negro", el revolucionario argelino le preguntó: ¿eso dónde lo situaba a él? Porque, como explicó Malcolm, el embajador "por su apariencia... era blanco". Esa experiencia, dijo Malcolm, "me demostró que yo estaba alienando a personas que eran verdaderos revolucionarios, dedicados a derrocar, por cualquier medio necesario, el sistema de explotación que existe en este mundo".

Por consiguiente, nos dijo Malcolm, "Eso me dio mucho que pensar y reevaluar sobre mi definición del nacionalismo negro. ¿Podemos decir que el nacionalismo negro comprende la solución de todos los problemas que enfrenta nuestro pueblo? Y si se han percatado, no he venido usando esa expresión desde hace varios meses".

Bueno, en realidad, *no* nos habíamos percatado. Habíamos estado actuando como si supusiéramos, por lo menos en cuanto a este aspecto, que Malcolm no podía ir más allá de sus posiciones iniciales.

La entrevista del *Young Socialist* fue un verdadero intercambio. No fue una entrevista donde hacíamos ciertas preguntas porque ya sabíamos las respuestas. Hicimos preguntas porque, hasta donde llegaba nuestra capacidad y objetividad, eran las preguntas correctas. Las respuestas a esas preguntas, y a nuestras preguntas siguientes, añadieron mucho a nuestro conocimiento, y al conocimiento de otros que leyeron la entrevista. Independientemente de lo que no habíamos estado observando, no tuvimos miedo de las conclusiones. Y Malcolm no había pedido ver de antemano ni una sola pregunta, ni había puesto restricciones a la extensión de la entrevista, ni había excluido ningún tema. (En ese momento yo tenía todos los motivos para creer que esa sería la primera de unas cuantas entrevistas con él).

Malcolm terminó este intercambio reconociendo lo siguiente: "Pero aún me resultaría muy difícil dar una definición específica de la filosofía global que yo considero necesaria para la liberación del pueblo negro en este país".

Más adelante en la entrevista, le pregunté a Malcolm, "¿Qué piensa de la lucha mundial que se libra hoy entre el capitalismo y el socialismo?" Y respondió diciendo, entre otras cosas, que el "colapso definitivo [del capitalismo], en mi opinión, es solo cuestión de tiempo".

En el artículo "Dos entrevistas", publicado en el *Militant* en febrero de 1966, en el primer aniversario del asesinato de Malcolm, describí la reacción de Malcolm cuando le llevé la entrevista corregida para que la revisara antes de que se publicara en el *YS*. Cuando Malcolm vio su respuesta a esa pregunta sobre el capitalismo y el socialismo, afloró en su rostro una amplia sonrisa y me dijo: "Jamás había llegado tan lejos. Esto los va a sacar de sus casillas". Le pregunté a Malcolm si quería moderar la respuesta y, como escribí en el artículo de 1966, "sin titubeos respondió que no".[9]

Durante esta segunda visita, Malcolm también me habló de los jóvenes revolucionarios que había conocido en África y Europa en el transcurso de sus recientes viajes allá. Dijo que me daría una lista para que les pudiera enviar ejemplares del número del *Young Socialist* que contenía la entrevista. Le mencioné a Malcolm que posiblemente iría a Argelia ese año, encabezando la delegación de la Alianza de la Juventud Socialista al Festival Mundial de Jóvenes y Estudiantes, programado para fines de julio y principios de agosto en Argel. A diferencia de los festivales anteriores organizados por el movimiento estalinista mundial, este por primera vez se celebraba, no en Europa Oriental o Central o en la URSS, sino justo en medio de una revolución en marcha. La AJS anticipaba con gusto el festival,

---

9. *Malcolm X habla a la juventud* (Pathfinder, 2002), pág. 145 [impresión de 2017].

esperando que habría una composición geográfica y política más amplia y una mayor intransigencia antiimperialista. Le dije a Malcolm que tal vez podríamos conocer a algunos de sus contactos jóvenes allá, y dijo que sería una buena experiencia, ya que "les cuesta trabajo creer que hay revolucionarios en Estados Unidos". (¡Cuántas veces hemos escuchado exactamente lo mismo, tanto de revolucionarios cubanos como de otros!) Malcolm dijo que encontraría tiempo para preparar la lista, y acordamos que yo la pasaría a recoger después que se imprimiera el *Young Socialist*.

Malcolm estaba entusiasmado con la posibilidad de que los jóvenes que él había conocido recibieran ejemplares del *Young Socialist* con la entrevista y que conocieran a dirigentes de la Alianza de la Juventud Socialista. Anticipaba con placer que jóvenes revolucionarios trabajaran juntos, compartieran materiales y aprendieran unos de otros. Estaba convencido de que esto nos ampliaría la visión, como solía decir, a *todos* los que participáramos.

Resultó que Malcolm fue asesinado unas semanas después de nuestra segunda reunión, justo cuando el *Young Socialist* se imprimía. No habría más entrevistas. Y después, en junio de 1965, fue derrocado el gobierno de trabajadores y campesinos en Argelia dirigido por Ahmed Ben Bella. Nuestra delegación al festival juvenil mundial estaba viajando por la península italiana para abordar un barco rumbo a Argel —habíamos llegado hasta Roma— cuando ocurrió el golpe de estado y se canceló el festival. Así que no pudimos cumplir esa promesa concreta que le habíamos hecho a Malcolm.

Sin embargo, en un sentido más importante, sí cumplimos esa promesa y la seguimos cumpliendo. Mantenemos impresas las palabras de Malcolm, así como las palabras de otros revolucionarios de otras partes del mundo. Seguimos produciendo el *Militant*, un periódico que Malcolm consideraba una fuente importante no solo de información exacta sino de análisis político revolucionario para luchadores. Y ahora hemos comenzado a publicar su edición en español, el *Militante*. Seguimos utilizando estos materiales para alcanzar y colaborar con trabajadores y jóvenes de disposición revolucionaria en este país y en el mundo: desde las Américas hasta África, el Pacífico, Asia y Europa; desde Venezuela hasta China, Francia, Irán y Guinea Ecuatorial. Ese tipo de labor política entre revolucionarios nunca se termina, aunque nos topemos con obstáculos imprevistos. Simplemente buscamos otras vías de lograrla.

Desde el día que Malcolm fue asesinado en febrero de 1965, nadie puede probar cuál habría sido su próximo rumbo político. Pero los de mi generación y otros miembros de la dirección del Partido Socialista de los Trabajadores estábamos convencidos por la trayectoria de Malcolm de que él iba rumbo a hacerse comunista. Políticamente estaba convergiendo con la Revolución Cubana, con el gobierno popular revolucionario en Argelia dirigido por Ahmed Ben Bella y con la trayectoria del PST, es decir, con la marcha histórica de la clase trabajadora hacía el poder a nivel mundial.

Nosotros simplemente dimos por sentado que Malcolm hablaba absolutamente en serio cuando dijo que ya no creía que sus ideas políticas se podían resumir y describir como "nacionalismo negro". Hacía mucho ya que nadie podía poner palabras en boca de Malcolm. Menos de dos meses antes de su muerte, Malcolm dijo a una entrevistadora de radio que antes de romper con la Nación del Islam, a principios de 1964, a menudo había dicho cosas que no eran sus criterios sino los del dirigente de la Nación, Elijah Muhammad. "No eran mis declaraciones, eran sus declaraciones, y yo las repetía". Pero ahora, dijo Malcolm, "el loro ha saltado fuera de la jaula".[10]

Lo que Malcolm manifestó sobre el nacionalismo negro en la entrevista del *Young Socialist* era parte de nuestra convergencia política, ya que nadie puede hacerse comunista y al mismo tiempo seguir siendo nacionalista en su "filosofía global". Uno puede ser comunista y al mismo tiempo defender y dirigir una lucha por la liberación nacional, una lucha contra la opresión nacional. Eso es seguro. En efecto, uno *tiene* que hacerlo o de lo contrario no puede ser comunista. Pero uno no puede seguir siendo nacionalista políticamente si uno ha de organizar un movimiento para impulsar a la clase trabajadora y sus aliados, de todas las naciones, siguiendo la marcha hacia la dictadura del proletariado.

¿Por qué? Porque el nacionalismo —y aquí hablamos del nacionalismo de los oprimidos— *no es* la generalización de la línea de marcha de una clase hacia el poder. No hay un rumbo de clase predeterminado, y mucho menos una dictadura de clase, en la lógica de su evolución. No tiene programa estable. Un programa tiene una trayectoria práctica concreta que representa los intereses históricos de una clase social. No hay programas carentes de clase.

Pero el nacionalismo negro no tiene una trayectoria política que impulse los intereses del pueblo trabajador, independientemente del color de su piel. El nacionalismo negro es una ideología. Es la ideología de una nacionalidad oprimida en determinadas etapas de su despertar político, nacionalidad que en Estados Unidos tiene una composición mayormente proletaria. Sin embargo, en la medida

---

10. "Nuestro pueblo se identifica con África" (entrevista con Bernice Bass), 27 de diciembre de 1964, en *Malcolm X: The Last Speeches* (Pathfinder, 1989), pág. 106 [impresión de 2019].

que el nacionalismo negro posee carácter de clase, este solo puede ser burgués. No se trata de un rótulo despectivo; es una descripción científica. La conciencia sindical, también, es burguesa; busca aumentar la parte del nuevo valor producido que le corresponde a la clase trabajadora *en el marco* del sistema capitalista, del sistema de salarios. Al mismo tiempo, la consolidación histórica del capital financiero, del imperialismo, ha dejado atrás la época de las revoluciones burguesas.

El comunismo, sin embargo, *no es* una ideología, en el sentido en que Marx y Engels usaron esa palabra. Como nos enseñaran los pioneros del movimiento obrero revolucionario moderno en sus orígenes hace casi 160 años, "el comunismo no es una doctrina sino un *movimiento*",[11] un movimiento de aquellos que —en el campo del quehacer práctico, en el campo del combate de clases— son el "sector más avanzado y resuelto" de la clase trabajadora. Eso es lo que explica el Manifiesto Comunista, el documento de fundación de nuestro movimiento. Los comunistas conscientemente "destacan y hacen valer los intereses comunes a todo el proletariado, independientemente de la nacionalidad". Los comunistas "siempre y en todas partes representamos los intereses del movimiento en su conjunto". Desde el punto de vista del programa y de la teoría, los comunistas tienen "la ventaja de su clara visión de las condiciones, de la línea de marcha y de los resultados generales del movimiento proletario".[12]

Era por ese rumbo que la mayoría de los dirigentes

---

11. Federico Engels, "The Communists and Karl Heinzen" (Los comunistas y Karl Heinzen), en Marx y Engels, *Collected Works* (Obras completas, en inglés), tomo 6, pág. 303.

12. Marx y Engels, *El manifiesto comunista* (Pathfinder, 1992, 2008), pág. 48.

centrales del PST habíamos llegado a creer, a mediados de los años 60, que Malcolm se encaminaba, según lo que mostraban sus palabras y sus hechos. Estábamos convencidos de que en esta evolución política se estaba volviendo más eficaz —no menos eficaz— como dirigente de la lucha por la liberación de los negros. (Aunque su público inmediato continuaría reduciéndose en Estados Unidos; ni Malcolm ni nadie puede evadir los efectos de los cambios en la correlación de fuerzas de clases). Sabiendo lo que sabíamos de Malcolm, y sabiendo lo que sabemos del marxismo, ¿por qué un comunista habría de sacar otra conclusión?

¿Por qué un trabajador, un agricultor o un joven de disposición revolucionaria —y de agallas revolucionarias— que acudiera a Malcolm en busca de liderazgo dejaría de escuchar a Malcolm por el hecho de que él había llegado a una comprensión más amplia y rica de las raíces capitalistas de la explotación y la opresión racista? ¿Por qué habría de perder interés en lo que él planteaba porque las respuestas económicas, sociales y políticas que presentaba eran más concretas, más directamente ligadas a la marcha histórica del pueblo trabajador del mundo? ¿O porque él quería colaborar políticamente con jóvenes, sin importar su raza o género (o el credo de sus antepasados), que se vieran atraídos no solo a su propio ejemplo sino a la Alianza de la Juventud Socialista? ¿Por qué habrían de dejar de escuchar a Malcolm porque él quería derribar los obstáculos que lo separaban de "verdaderos revolucionarios, dedicados a derrocar, por cualquier medio necesario, el sistema de explotación que existe en este mundo"?

La liberación de los negros y la dictadura del proletariado

Todo esto conduce a la propuesta de que le demos prioridad a la producción de un libro sobre la lucha de los negros y la marcha hacia la dictadura del proletariado, con una introducción política actualizada. Una obra que reúna: (1) las conversaciones con Trotsky y nuestra continuidad comunista que se remontan a la fundación de la Internacional Comunista, la continuidad en la cual se apoyaba Trotsky; (2) secciones de algunas charlas, informes y resoluciones del partido, desde que el PST hizo el viraje a la clase obrera industrial y a los sindicatos industriales a fines de los años 70, que tratan esta continuidad de manera más que coyuntural; y (3) una valoración precisa del ejemplo y liderazgo de Malcolm X, que fue tan importante para la formación de generaciones de cuadros de nuestro partido, comenzando con los que se unieron a principios de los años 60, quienes dirigieron el viraje a la industria.[13]

Primero y ante todo, por supuesto, dicho libro dará constancia de las conclusiones programáticas y estratégicas que los comunistas hemos sacado a partir de décadas de actividades prácticas en la lucha de clases en Estados Unidos, incluida la lucha por los derechos de los negros. Aun si nos limitamos a los últimos 65 años, estas actividades comprenden:

- nuestra campaña durante la Segunda Guerra Mundial a favor de acciones del *gobierno federal* contra los

---

13. En febrero de 1978 el Comité Nacional del Partido Socialista de los Trabajadores votó a favor de organizarse inmediatamente para incorporar a la gran mayoría de los miembros y la dirección del partido en la industria y en los sindicatos industriales. Tras un repliegue de un cuarto de siglo por parte de la clase trabajadora y del movimiento obrero, durante la expansión capitalista tras la Segunda Guerra Mundial y los años de caza de brujas y reacción, estaban surgiendo oportunidades nuevamente para impulsar la orientación proletaria del partido construyendo fracciones de revolucionarios que participaban en labores políticas comunistas en la clase obrera y los sindicatos industriales. Para leer el historial político de los primeros años de este viraje a la industria, ver Jack Barnes, *El rostro cambiante de la política en Estados Unidos: La política obrera y los sindicatos* (Pathfinder, 1997, 1999).

linchamientos y contra la discriminación racista en las industrias de producción bélica y en las fuerzas armadas;

- nuestra participación en el movimiento pro derechos de los negros en los años 50 y 60, incluidos el movimiento en respuesta al linchamiento de Emmett Till en 1955, el boicot de autobuses de Montgomery en 1955–56, los Viajes de la Libertad (*Freedom Rides*) para acabar con la segregación de los autobuses interestatales y las terminales de autobuses, las sentadas en las cafeterías a principios de los 60, el "caso del beso" y el apoyo a las acciones de autodefensa en Monroe, Carolina del Norte, frente a los jinetes nocturnos racistas,[14] el apoyo a los Diáconos por la Defensa (Deacons for Defense) en Louisiana y a la Organización pro Libertad del Condado de Lowndes (Lowndes County Freedom Organization) en Alabama, y otras luchas y movilizaciones en esos años;

- la acogida entusiasta que dimos al creciente orgullo y confianza de los negros que nació de esas luchas proletarias de masas.

- nuestro respaldo a todo paso genuino hacia la acción política independiente por parte de los negros, aunque fuera incipiente, desde la campaña de Joseph King en Chicago en los años 50,[15] hasta el Partido Libertad

---

14. Ver "Robert F. Williams, la Revolución Cubana y la autodefensa contra la violencia racista", en la segunda parte.

15. La campaña en 1958 de Joseph King, uno de los dirigentes en la comunidad negra de Chicago, fue organizada conjuntamente por el PST, el Washington Park Forum, una organización predominantemente negra influenciada por el Partido Comunista, y otros. "Los sindicatos deben ayudar a forjar un partido para luchar por la emancipación de la raza humana", decía King en aquel entonces. "Los capitalistas no pueden hacerlo". La campaña ayudó a captar a algunos partidarios

Ya (Freedom Now Party) en los años 60 y el Partido Político Negro Independiente Nacional (National Black Independent Political Party) en los 80;

- nuestra participación y aportes directivos en las luchas en Boston y Louisville para combatir la segregación racial de las escuelas mediante el transporte de alumnos en autobús (*busing*) en los años 70;
- nuestro apoyo y dirección en diversas luchas de la mujer negra por la liberación contra los prejuicios y la opresión sexistas;
- nuestra respuesta política en las últimas décadas a la revolución de Granada y a Maurice Bishop; a Thomas Sankara y al movimiento revolucionario que él dirigió en Burkina Faso; y a la lucha dirigida por el Congreso Nacional Africano contra el apartheid en Sudáfrica;
- nuestra comprensión, en palabras y en hechos, de la importancia de la lucha contra el racismo, y a favor de cuotas de acción afirmativa para negros y mujeres, al forjar la unidad obrera necesaria para impulsar la transformación de los sindicatos en instrumentos revolucionarios de lucha de clases;
- nuestra participación en innumerables casos de defensa durante casi un siglo, luchas contra la brutalidad policiaca y otras luchas locales y nacionales tales como nuestra batalla exitosa para lograr la entrega de archivos del gobierno que el FBI, la CIA y otras agencias de inteligencia y policiacas mantenían en secreto, entre ellos, archivos que documentan los métodos utilizados para fabricar cargos y asesinar a dirigentes negros como Fred Hampton en Chicago y sus compañeros de lucha por todo el país del Partido de las

---

del Partido Comunista, alejándolos del apoyo brindado por el PC a los políticos capitalistas del Partido Demócrata.

Panteras Negras y otras organizaciones negras en los años 60 y 70;[16]

- nuestra iniciativa de publicar *De la sierra del Escambray al Congo: En la vorágine de la Revolución Cubana* por Víctor Dreke, y nuestro éxito en organizar en 2002 una gira de conferencias impactante de ese dirigente revolucionario cubano desde Boston y Nueva York hasta Atlanta y Miami;

- el tiempo y trabajo que la dirección dedicó recientemente para participar en la feria del libro de Guinea Ecuatorial y actividades relacionadas, los encuentros regionales y eventos en recintos universitarios luego de ese viaje, y mucho más.[17]

Necesitamos un libro como este hoy día por lo que está sucediendo en la política y en la lucha de clases. Lo necesitamos para educar a nuestros propios cuadros y acercarnos más a los mismos trabajadores y jóvenes a quienes les estamos vendiendo suscripciones al *Militante*.

Nos llamó la atención cuánto lo necesitamos gracias

---

16. En 1986 el Partido Socialista de los Trabajadores y la Alianza de la Juventud Socialista ganaron una victoria en su lucha política de 13 años contra el espionaje y acoso por parte del FBI y otras agencias y funcionarios del gobierno. Esa lucha, que se organizó en torno a una demanda judicial contra esas agencias policiacas, culminó con un fallo judicial federal a favor del PST y la AJS. Esa campaña estimuló iniciativas de otros individuos y organizaciones que habían sido blancos de ataque por agencias policiacas a nivel local, estatal y federal a través de Estados Unidos. Ver *FBI on Trial: The Victory in the Socialist Workers Party Suit against Government Spying* (1988); *Cointelpro: The FBI's Secret War on Political Freedom* (1975, 1988); y *50 años de operaciones encubiertas en EE.UU.* (2014), todos publicados por Pathfinder.

17. Ver Mary-Alice Waters y Martín Koppel, *El capitalismo y la transformación de África: Reportajes desde Guinea Ecuatorial* (Pathfinder, 2009).

a un par de cartas que Mary-Alice [Waters] recibió recientemente de uno de los cinco revolucionarios cubanos encarcelados, René González.[18] René escribió que hacía poco le habían dado un libro que otro preso había puesto por las nubes por su carácter "antiimperialista". Sin embargo, dijo René, al leerlo "descubrí que era una letanía de antisemitismo, racismo, demagogia, chovinismo e individualismo. Desde luego tenía cierta retórica anticorporativa y aislacionista, pero provenía de un tipo de nacionalismo fascista, estrecho". Así que René preguntó: "¿Cuáles son las raíces y la evolución de ese tipo de pensamiento? ¿Tiene que ver con el desenlace de la Guerra Civil? ¿Algunos vínculos con el Ku Klux Klan? ¿Y la derecha religiosa? ¿Por qué ese encono contra un *establishment* empresarial que, al fin y al cabo, les sirve bien? ¿Tienen algo que ver con las milicias supremacistas blancas?"

Estas son cuestiones políticas importantes, que el movimiento comunista ha tenido experiencia en afrontar durante el último siglo, tanto en combates de clase como

---

18. En septiembre de 1998 el FBI anunció 10 arrestos, diciendo que había descubierto una "red de espionaje cubana" en Florida. En junio de 2001, cinco acusados —Gerardo Hernández, Ramón Labañino, Antonio Guerrero, Fernando González y René González— fueron declarados culpables de "conspiración para actuar como agente extranjero no inscrito". Guerrero, Hernández y Labañino también fueron declarados culpables de "conspirar para cometer espionaje", y Hernández de "conspirar para cometer asesinato". Las sentencias en este caso fabricado varían desde 15 años a doble cadena perpetua más 15 años. Estos cinco revolucionarios —cada uno de los cuales ha sido nombrado "Héroe de la República de Cuba"— habían aceptado la tarea de radicarse en Florida para mantener informado al gobierno cubano sobre grupos contrarrevolucionarios en Estados Unidos que planearan ataques terroristas contra Cuba. El caso de los cinco ha suscitado una amplia campaña internacional para denunciar las severas condiciones de su encarcelamiento y exigir su libertad.

con argumentos. Hemos escrito extensamente sobre estas cuestiones: desde los informes y resoluciones distribuidos por la Internacional Comunista en sus primeros años, hasta los artículos de Trotsky sobre el fascismo y cómo combatirlo; desde los escritos sobre el fascismo norteamericano por Jim [Cannon], Farrell [Dobbs] y Joe [Hansen] que se encuentran en varias publicaciones de la serie Educación para Socialistas, hasta los libros de décadas recientes como *El rostro cambiante de la política en Estados Unidos* y *El desorden mundial del capitalismo*, y diversos números de *Nueva Internacional*.

Los temas que plantea René cubren una amplia gama política y plantean la necesidad de comprender los orígenes y la historia concreta de la opresión de los negros en Estados Unidos y el peso social de la población negra: su composición proletaria desproporcionadamente grande, su historia política en las luchas sociales de masas del pueblo trabajador de la ciudad y el campo en Estados Unidos y, por tanto, su papel de vanguardia en las batallas históricas de la clase trabajadora. Teniendo eso presente, Mary-Alice, en su respuesta a René, le recomendó que un buen punto de partida serían los escritos de Marx y Engels sobre la Guerra Civil estadounidense y sus secuelas, añadiendo que le enviaría un ejemplar de *Marx and Engels on the United States* (Marx y Engels sobre Estados Unidos).[19]

"Sus escritos sobre la Guerra Civil te van a resultar particularmente valiosos al pensar sobre las cuestiones que me planteas en tu carta", escribió Mary-Alice. "Marx y Engels siguieron el desenvolvimiento de la segunda revolución burguesa en Estados Unidos con una atención y perspicacia

---

19. *Marx and Engels on the United States* (Marx y Engels sobre Estados Unidos; Moscú: Editorial Progreso, 1979).

René González —uno de los cinco revolucionarios cubanos acusados falsamente y encarcelados en Estados Unidos desde 1998— leyó un libro recomendado por otro preso como "antiimperialista". Resultó ser una "letanía de antisemitismo, racismo, demagogia, chovinismo e individualismo", escribió González, una expresión de "un tipo de nacionalismo fascista, estrecho". ¿Cuáles son "las raíces y la evolución de ese tipo de pensamiento"? preguntó González. "¿Tiene que ver con el desenlace de la Guerra Civil? ¿Algunos vínculos con el Ku Klux Klan?" Las preguntas de González, dice Barnes, estimularon a los dirigentes del PST a preparar este libro.

Arrestados en 1998, González y otros cuatro revolucionarios cubanos fueron declarados culpables en 2001, algunos de ellos por cargos de conspiración de cometer espionaje y homicidio, y recibieron sentencias draconianas por sus acciones de mantener informado al gobierno cubano sobre grupos contrarrevolucionarios basados en Estados Unidos que planeaban ataques asesinos en Cuba. Arriba, de la izquierda: González, Antonio Guerrero, Ramón Labañino, Fernando González. Abajo: Gerardo Hernández, condenado a doble cadena perpetua, se ve aquí (al fondo, derecha) durante misión de combate internacionalista en Angola. Entre 1975 y 1991, más de 300 mil voluntarios cubanos ayudaron a defender Angola contra invasiones del régimen sudafricano del apartheid.

penetrante. Lo que explican sobre el desarrollo retardado de un proletariado hereditario en Estados Unidos (en comparación con Europa) debido a la existencia de la esclavitud, la derrota de la Reconstrucción Radical posterior a la Guerra Civil, y la disponibilidad de tierra gratuita (y la negativa de distribuir mucha de esa tierra a los esclavos liberados) sigue siendo decisivo para comprender la lucha de clases en Estados Unidos hasta el día de hoy".

Fue ese intercambio de correspondencia lo que animó a Mary-Alice a proponer que tomemos acción ahora para preparar este libro sobre el historial del partido en la lucha por la emancipación de los negros. Actualmente no tenemos nada semejante sobre esta cuestión fundamental de la política norteamericana y mundial que los trabajadores de disposición revolucionaria puedan leer, estudiar y *utilizar* como arma política en nuestras campañas y trabajo de masas.

Mientras más colaboramos con otros revolucionarios, incluidos compañeros cubanos, mientras más hacemos —además de luchar hombro a hombro con ellos— para compartir lecciones de las reñidas batallas de nuestra clase a nivel mundial, más aprendemos políticamente los unos de los otros. René y otros compañeros de los Cinco Cubanos no solo aprecian los libros que reciben. Al igual que nosotros, anticipan con gusto el intercambio de ideas y opiniones.

|| [20]

Quiero retomar la discusión que estamos teniendo sobre la lucha de los negros. Vale la pena repasar al borrador

---

20. Esta sección se tomó del resumen preliminar de Barnes sobre la discusión en la conferencia directiva del PST en enero de 2006.

preliminar "Qué defendemos: Plataforma de la Juventud Socialista" que los dirigentes del partido en la Juventud Socialista han puesto a disposición de los participantes en esta reunión. La primera oración en la sección de ese borrador sobre "El papel de vanguardia de la nacionalidad negra" ofrece un valioso ejemplo concreto del punto fundamental que necesitamos aclarar aquí. Esa sección comienza con estas palabras: "Los negros en Estados Unidos son una nacionalidad oprimida".

Pero no es ahí donde debemos comenzar los comunistas. Eso no nos ayuda a entender el peso, la historia y el papel que ocupan en Estados Unidos los trabajadores que son negros en relación a la vanguardia obrera y su avance en la marcha política hacia la dictadura del proletariado.

Papel de vanguardia de trabajadores que son negros

No empecemos con los negros como nacionalidad oprimida. Empecemos con el historial del papel y del peso de vanguardia de los trabajadores que son negros —un papel y un peso desproporcionados en relación a su porcentaje entre el pueblo trabajador de este país— en las amplias luchas sociales y políticas con dirección proletaria en Estados Unidos.

Esto se remonta a los últimos años de la Guerra Civil estadounidense y en especial a la batalla de la posguerra por una reconstrucción radical, en la que las masas trabajadoras negras brindaron dirección política en gran parte del Sur, tanto a los esclavos liberados como a los agricultores y trabajadores explotados que eran blancos. Continuó a fines del siglo XIX y a principios del siglo XX en las batallas obreras que forjaron el Sindicato Unido de Mineros (UMW), en una época cuando la mayoría de los sindicatos no solo estaban organizados como gremios de oficios, sino que excluían a los negros o los segregaban en locales separados. Aparceros, arrendatarios y otros trabajadores rurales, tanto negros como blancos, libraron luchas en los años 20 y durante la Gran Depresión.

Los trabajadores que eran negros estuvieron en las primeras filas de batallas decisivas que forjaron los sindicatos industriales del CIO en los años 30. Estuvieron a la vanguardia de los trabajadores que durante la Segunda Guerra Mundial rehusaron subordinar o aplazar las luchas por la justicia en nombre del "esfuerzo bélico patriótico": lucharon contra la discriminación en las industrias militares, protestaron contra las condiciones del sistema Jim Crow en las fuerzas armadas y exigieron (sin éxito) que la administración demócrata de Roosevelt y el Congreso dominado por los demócratas promulgaran leyes federales para prohibir los linchamientos racistas.[21] Estuvieron en las primeras filas de los que se opusieron a la guerra imperialista. Y muchos de los presentes en esta reunión conocemos de primera mano el perdurable impacto social y político en el pueblo trabajador y el movimiento obrero actual que tuvo el movimiento de masas pro derechos civiles y el ascenso de la lucha de liberación de los negros desde mediados de los 50 hasta principios de los 70.

No estamos especulando sobre el futuro. Estamos señalando una historia documentada. Es un hecho. Es un historial sorprendente, me parece: un historial que debiera dejarlos pasmados al escucharlo por primera vez. No se puede decir lo mismo de la gran mayoría de las naciones y nacionalidades oprimidas en general en otras partes del mundo. Pero este sí es el historial político de la nacionalidad negra mayormente proletaria en Estados Unidos. Sí es su carácter político específico desde la derrota de la esclavitud, los esfuerzos por ampliar la victoria de la Guerra

---

21. Ver *Fighting Racism in World War II* (Pathfinder, 1980).

Civil a todo el Sur y el comienzo de la expansión de un proletariado hereditario moderno en Estados Unidos.

Es esta la dinámica que Trotsky, hace ya más de siete décadas, señalaba cuando dijo que es posible "que los negros se conviertan en el sector más avanzado" de la clase trabajadora y que "pasen por la autodeterminación a la dictadura proletaria en un par de zancadas gigantescas, antes de la gran masa de los trabajadores blancos". Por esa razón estaba "absolutamente seguro que, en todo caso, ellos van a luchar mejor que los trabajadores blancos". Y fue por esa misma historia de lucha que, 11 años antes, la Internacional Comunista también señaló —en su resolución sobre "La cuestión negra" aprobada por el Cuarto Congreso en 1922— que la "historia de los negros americanos los ha preparado para desempeñar un papel de importancia en la lucha de liberación de toda la raza africana".[22]

Dos perspectivas sobre Malcolm X

Dos criterios divergentes sobre la evolución política de Malcolm y su significado —aun si al principio divergían solo levemente— coexistieron en el Partido Socialista de los Trabajadores durante casi dos décadas después de su asesinato. El diferendo no era en torno al reconocimiento por parte de nuestro movimiento de la importancia del ascenso del nacionalismo entre los negros en Estados Unidos

---

22. La resolución, redactada en inglés, se reprodujo en el número del 5 de enero de 1923 de *International Press Correspondence*, publicado por la Internacional Comunista. Una versión que parece haber sido retraducida del alemán al inglés aparece en Jane Degras (ed.), *The Communist International (1919–1943): Documents* (La Internacional Comunista, 1919–1943: Documentos; Londres: Frank Cass, 1971). La resolución aparece en español en *Los cuatro primeros congresos de la Internacional Comunista, 1919–1923* (Editorial Pluma, 1973), tomo 2, págs. 279–82.

como producto de las luchas y conquistas de los años 60 y 70. Como dije en un tributo a Malcolm X en un evento conmemorativo organizado por el Militant Labor Forum en marzo de 1965, el PST y la AJS tomaron la delantera al enseñarle "a la juventud revolucionaria de este país a que distinga entre el nacionalismo del oprimido y el nacionalismo del opresor, enseñarle a diferenciar entre las fuerzas de liberación y las fuerzas de los explotadores; enseñarle a escuchar las voces de la revolución sin importar los tonos que adopten".[23] Nosotros éramos muy conocidos en los 60 y 70 por nuestras batallas políticas sobre estas cuestiones con adversarios, entre ellos el Partido Comunista, que —al menos hasta principios de los 70— rechazó el nacionalismo negro como "capitulación al racismo" o "racismo a la inversa".

No obstante, dirigentes del partido de mi generación, así como Farrell [Dobbs], Joe [Hansen] y muchos más, creíamos que Malcolm lo había meditado bien, sabía exactamente lo que estaba diciendo y hablaba *en serio* cuando dijo en la entrevista del *Young Socialist* que estaba reevaluando su "definición del nacionalismo negro", que realmente ya no creía que "podemos decir que el nacionalismo negro comprende la solución de todos los problemas que enfrenta nuestro pueblo", y que no había venido "usando la expresión desde hace varios meses" porque no quería colocar barreras a la colaboración con otros revolucionarios "dedicados a derrocar... el sistema de explotación que existe en este mundo". Al igual que Malcolm lo había meditado bien, sabía exactamente lo que estaba haciendo y hablaba *en serio* cuando propuso darle a la Alianza de la Juventud Socialista una lista de jóvenes que él había conocido en

---

23. Ver "Dijo la verdad a nuestra generación de revolucionarios: en tributo a Malcolm X", en la primera parte, pág. 48

África y Europa, partiendo de la base que usaríamos los nombres de forma apropiada. Y hablaba en serio cuando nos dijo que quería que estos jóvenes leyeran el *Young Socialist*, no solo el número con la entrevista.

Sin embargo, George Breitman discrepaba. Breitman, miembro del Comité Nacional en aquel entonces, merece reconocimiento por el trabajo que hizo al revisar, con esmero e integridad, muchos de los discursos de Malcolm con fines de publicación. Pero él se había comprometido a insistir en que Malcolm X fue un nacionalista negro hasta el día que lo mataron a tiros. Y que Malcolm, de haber vivido más tiempo, habría continuado siendo un nacionalista negro hasta el momento más lejano del futuro contemplable. De hecho, Breitman dedicó todo un capítulo del libro *The Last Year of Malcolm X: The Evolution of a Revolutionary* (El último año de Malcolm X: La evolución de un revolucionario) a una polémica más o menos abierta con lo que Malcolm había dicho en la entrevista del *Young Socialist*.

The Last Year of Malcolm X es un libro valioso, escrito con claridad y de fácil lectura. Documenta mucho sobre el desarrollo político de Malcolm durante ese último año. Pero el capítulo al que me refiero, titulado "Separatismo y nacionalismo negro", se dedica a demostrar que Malcolm no pudo *haber querido* decir lo que *dijo*.[24] Tras citar la respuesta completa de Malcolm a la pregunta sobre el nacionalismo negro en la entrevista del *YS*, Breitman escribió:

No fue sino hasta después de la publicación de la entrevista del *Young Socialist*, pocos días después de

---

24. "Separatismo y nacionalismo negro", en George Breitman, *The Last Year of Malcolm X: The Evolution of a Revolutionary* (El último año de Malcolm X: La evolución de un revolucionario; Pathfinder, 1967), págs. 73–94 [impresión de 2015].

la muerte de Malcolm, que alguien se puso a revisar cuándo Malcolm había dejado de llamarse nacionalista negro. Fue a finales de mayo, justo después de su primer viaje al exterior en 1964. A su regreso de ese viaje, Malcolm se pasó todo el mes de junio organizando la OAAU [Organización de la Unidad Afro-Americana] en Nueva York. Cuando había formado la Mezquita Musulmana, Inc., en marzo [de 1964], había dicho que esta era nacionalista negra. No dijo esto respecto a la OAAU en su primera reunión del 28 de junio de 1964. Tampoco la "Declaración de Fines y Objetivos Básicos de la Organización de la Unidad Afro-Americana", que él dio a conocer en esa reunión, hizo referencia alguna al nacionalismo negro... A comienzos de 1965, Malcolm anunció que la OAAU estaba preparando un nuevo programa... Pero el "Programa Básico de Unidad" no calificó a la OAAU como nacionalista negra; jamás mencionó siquiera esa expresión.

Pero ninguno de estos hechos dejó resuelta la cuestión para Breitman. Continuó diciendo:

> ¿Es correcto hablar aún de Malcolm como nacionalista negro cuando sabemos que él había dejado de denominarse así y estaba cuestionando cuán adecuado era el nacionalismo negro como "la solución de todos los problemas que enfrenta nuestro pueblo"? La respuesta es sí, si seguimos utilizando la definición de nacionalismo negro que intentamos en este capítulo.[25]

---

25. Antes en el mismo capítulo, Breitman había escrito que el nacionalismo negro "puede entenderse aproximadamente de la siguiente forma: es la tendencia del pueblo negro en Estados Unidos de unirse

Breitman insistió que "Malcolm se hizo nacionalista negro mientras estaba en prisión a finales de los años 40: fue el punto de partida de todo su pensamiento, la fuente de su fuerza y dinamismo. Y siguió siendo nacionalista negro hasta su último momento, a pesar de las dudas que desarrolló sobre cómo llamarse o cómo llamar el programa que intentaba formular".

Breitman continuó diciendo que "se puede arrojar luz sobre la reevaluación de Malcolm" si entendemos que Malcolm estaba yendo más allá de lo que "puede llamarse puro y sencillo" nacionalismo negro. "El nacionalista negro puro y sencillo", dijo Breitman, "se preocupa exclusiva o primordialmente de los problemas internos de la comunidad negra, de organizarla, de ayudarla a lograr el control de la política, la economía, etcétera, de la comunidad. No se preocupa, o se preocupa menos, de los problemas de toda la sociedad americana, o de la naturaleza de la sociedad más amplia en la cual existe la comunidad negra".

¡No es un cuadro muy dialéctico de cómo funciona el capitalismo en Estados Unidos! Las operaciones del sistema capitalista no solo producen mercancías sino ante todo, al hacerlo, reproducen continuamente las relaciones sociales de las cuales dependen la riqueza y el poder de las familias dominantes, incluido el racismo antinegro y otras formas de opresión y explotación. Ni hoy ni jamás

---

como grupo, como pueblo, en un movimiento propio para luchar por la libertad, la justicia y la igualdad. Animada por el deseo de una minoría oprimida de decidir su propio destino, esta tendencia sostiene que el pueblo negro debe controlar su propio movimiento y las instituciones políticas, económicas y sociales de la comunidad negra. Sus rasgos característicos incluyen el orgullo racial, conciencia de grupo, odio de la supremacía blanca, una aspiración de independizarse del control blanco y la identificación con grupos negros y otros grupos oprimidos de no blancos en otras partes del mundo".

en la historia de Estados Unidos ha habido una "comunidad negra" encerrada y autosuficiente que "existe" dentro de "la sociedad más amplia". No existieron comunidades campesinas negras en las tierras vírgenes de Norteamérica. Ni tampoco existe tal "comunidad blanca". Estamos hablando de relaciones de clases y de sus divisiones raciales y nacionales inextricablemente interconectadas, no de muñecas rusas una dentro de otra.

Breitman dijo a continuación que Malcolm "no tiene ni teoría ni programa para cambiar esa sociedad [estadounidense en su conjunto]; para él eso es problema del hombre blanco".[26]

Al parecer, Breitman estaba tan preocupado de cómo

---

26. La conclusión de Breitman de que, hasta el momento de su asesinato, Malcolm consideraba que la transformación de la sociedad en Estados Unidos (y el mundo) era "problema del hombre blanco" es imposible de reconciliar con un repaso de lo que dijo el propio Malcolm —en repetidas ocasiones y ante diversos públicos— durante los últimos meses de su vida. Por ejemplo, solo examine las siguientes palabras citadas en "Malcolm X: dirigente revolucionario de la clase trabajadora" en la primera parte de este libro: "Por mi parte, me uniré a quien sea; no me importa del color que seas, siempre que quieras cambiar esta situación miserable que existe en esta Tierra". (Universidad de Oxford, 3 de diciembre de 1964) "Yo estaba alienando a personas que eran verdaderos revolucionarios, dedicados a derrocar, por cualquier medio necesario, el sistema de explotación que existe en este mundo". (Entrevista del *Young Socialist*, 18 de enero de 1965) Estamos encaminados a "un enfrentamiento entre los sistemas económicos que existen en esta Tierra... Creo que al final habrá un choque entre los oprimidos y los que oprimen. Creo que habrá un choque entre los que quieren libertad, justicia e igualdad para todos y los que quieren continuar los sistemas de explotación. Creo que se dará ese tipo de choque, pero no creo que se basará en el color de la piel, según había enseñado Elijah Muhammad". (Entrevista con Pierre Berton, 19 de enero de 1965) "Lo que hoy contemplamos es una rebelión de los oprimidos contra los opresores, de los explotados contra los explotadores". (Universidad Barnard, 18 de febrero de 1965)—JB

responderían los lectores a lo que Malcolm realmente dijo sobre el nacionalismo negro en la discusión con los dirigentes de la AJS que, en la nota del editor a la entrevista del *Young Socialist*, aplicó una vacuna preventiva cuando se reimprimió en *By Any Means Necessary*. Esto es lo que dijo Breitman en esa nota sobre la respuesta de Malcolm: "Mostraba que Malcolm había estado bregando con el problema del nacionalismo negro, no en el sentido de rechazarlo, sino de reevaluarlo, para ver cómo encajaba en su filosofía y estrategia global".[27]

Es casi como si, parafraseando a Malcolm, no se podía permitir que el loro saltara demasiado lejos de la jaula del nacionalismo negro.

Según Breitman, como resultado de los viajes que Malcolm hizo a África y al Medio Oriente unos meses más tarde en 1964, así como de otras experiencias, Malcolm "fue más allá del nacionalismo negro puro y simple: hacia el nacionalismo negro *más*". Y luego Breitman planteó la pregunta obvia: "¿Más qué?" En los párrafos siguientes intenta una respuesta a esa pregunta con una serie de sucesivas aproximaciones abstractas y supraclase: nacionalismo negro "más radicalismo". Nacionalismo negro "más cambios sociales fundamentales". Nacionalismo negro "más la transformación de toda la sociedad". Y concluyó:

> Malcolm todavía buscaba el nombre, pero se estaba volviendo un nacionalista negro más revolucionario... Lo que cuestionaba del nacionalismo negro no era su esencia sino su forma pura y simple. Lo cuestionaba porque "yo estaba alienando a personas que eran verdaderos revolucionarios", en este caso, revolucionarios

---

27. Malcolm X, *By Any Means Necessary* (Pathfinder, 1970, 1992), pág. 189 [impresión de 2017].

blancos. A un nacionalista negro puro y simple no le importaría qué efecto él tenía en los blancos, revolucionarios o no. A Malcolm le importaba porque tenía la intención de trabajar con revolucionarios blancos; sabía que la colaboración con ellos era necesaria si la sociedad había de transformarse.

Malcolm estaba empezando a considerar la necesidad de remplazar el capitalismo con el socialismo si el racismo había de eliminarse. No estaba seguro si podría hacerse y no estaba seguro de cómo podría hacerse, pero estaba empezando a creer que ese era el camino a seguir.

Su incertidumbre de cuál era el nombre correcto para autodenominarse surgía del hecho que él estaba haciendo algo nuevo en Estados Unidos: se encaminaba hacia una síntesis de nacionalismo negro y socialismo que sería adecuada para el escenario estadounidense y aceptable para las masas en el ghetto negro.

Es importante observar una cosa antes de proseguir. Ya cuando concedió la entrevista al *Young Socialist*, Malcolm no solo había dejado de usar el término "nacionalismo negro". También hablaba mucho menos de "revolucionarios blancos". Malcolm dijo que el embajador argelino que había conocido en Ghana era un revolucionario, un "verdadero revolucionario". Eso era lo fundamental. Y el hecho que este revolucionario resultaba no ser negro le ayudó a Malcolm a llegar a la conclusión de que el término nacionalismo negro era inadecuado y que no lo usaría más al describir sus propias perspectivas. Tampoco hablaba Malcolm del Partido Socialista de los Trabajadores o de la Alianza de la Juventud Socialista como "revolucionarios blancos", ni de los jóvenes que había conocido en África y en Europa como "revolucionarios negros", "revolucionarios árabes" o "revolucionarios blancos". Solo hablaba de ellos como revolucionarios, y si ofrecían su vida a la revolución, los llamaba *verdaderos revolucionarios*.

Malcolm X no "se encaminaba hacia una síntesis de nacionalismo negro y socialismo que sería adecuada para el escenario estadounidense y aceptable para las masas en el ghetto negro". A propósito, Breitman nunca afirmó que ese fuera el objetivo del Partido Socialista de los Trabajadores. Pero ¿por qué no, si una "síntesis de nacionalismo negro y socialismo" sería "adecuada para el escenario estadounidense"? ¿Pensaba Breitman que los revolucionarios proletarios que eran negros cometían un error al afiliarse al Partido Socialista de los Trabajadores? Si no, ¿por qué excluir la posibilidad de la misma evolución política para otras personas?

¿Por qué no sencillamente apegarse a los hechos, al menos a las propias palabras de Malcolm?

Malcolm se había hecho *revolucionario* mucho antes de estos meses finales de su vida. Había sido por mucho tiempo un opositor intransigente del imperialismo. Ya desde hace unos cuantos años había logrado "una síntesis" del nacionalismo negro con todo eso. Pero a fines de 1964 y principios de 1965, a lo que "se encaminaba" era hacia algo más dialéctico, amplio, internacionalista y socialista.

Malcolm se había vuelto defensor de la revolución socialista en Cuba y de su dirección internacionalista proletaria. Aclamaba al gobierno revolucionario en Argelia encabezado por Ahmed Ben Bella y otros dirigentes que proclamaban abiertamente su curso y sus convicciones socialistas. Malcolm promovía el periódico *The Militant* y estaba ahondando su colaboración política con el Partido Socialista de los Trabajadores y la Alianza de la Juventud Socialista, dos organizaciones comunistas. De hecho, la gran mayoría de los "verdaderos revolucionarios" que

Malcolm admiraba y con quienes trabajaba eran comunistas: en Cuba, en Argelia, los que él a veces llamaba "los MLFistas" [28]: la AJS y el PST. Esos son hechos.

Lo esencial para entender a Malcolm X es que podemos ver el hecho —no la esperanza, no la fe, sino el *hecho*— que, en la época imperialista, el liderazgo revolucionario de la más alta capacidad política, valentía e integridad converge *con* el comunismo, no solo se encamina *hacia* el movimiento comunista. Esa verdad tiene un peso aún mayor en la actualidad, en tanto la violenta expansión del capitalismo mundial arroja a miles de millones por el mundo, en las ciudades y el campo, desde China hasta Nigeria y Brasil, a la lucha de clases moderna. Al constatar en la vida cómo se desenvuelve ese proceso, adquirimos confianza en las perspectivas para la revolución mundial, en el desarrollo de una dirección proletaria revolucionaria genuinamente mundial.

Lo que resulta de esta convergencia no es una "síntesis" de nacionalismo y socialismo (y mucho menos nacionalismo "más revolucionario"), no una síntesis de una ideología y de la línea de marcha de una clase. Lo que resulta es un movimiento del proletariado y sus aliados combativos. Lo que resulta es un movimiento proletario que no solo fortalece su propia continuidad política sino que transforma las vías por las cuales corre esa continuidad. Un movimiento proletario que se hace más inclusivo, más diverso en su experiencia, amplitud cultural, comprensión social, inteligencia y competencia política y —sobre

---

28. En conversaciones informales con miembros del Partido Socialista de los Trabajadores y de la Alianza de la Juventud Socialista, Malcolm X a veces nos llamaba "los MLFistas", ya que había conocido a muchos de nosotros por primera vez en los programas del Militant Labor Forum en Nueva York, donde habló tres veces, a fines de 1964 y principios de 1965.—JB

todo— capacidad combativa. Un movimiento capaz de dirigir al pueblo trabajador para conquistar la dictadura del proletariado y *usarla* a fin de acabar con la opresión nacional y todas las demás consecuencias de siglos de sociedades de clase.

Malcolm y el movimiento comunista

El *Militant* era el periódico que daba constancia de los discursos de Malcolm, incluso durante el período final cuando él aún estaba en la Nación del Islam. (*Muhammad Speaks* había dejado de publicarlos). Se conocía nuestro movimiento y nuestra prensa por haber reconocido la lógica política revolucionaria de la trayectoria de Malcolm X a principios de 1963. Ya para entonces, Malcolm a veces compraba el *Militant* de forma demostrativa cuando entraba a una reunión donde iba a hablar.

Recuerdo que yo estaba vendiendo el *Militant* junto a otros camaradas del partido y de la AJS de Chicago y Detroit en un evento donde Malcolm habló a fines de 1963 junto con el reverendo Albert Cleage, Gloria Richardson, combativa dirigente pro derechos de los negros en Cambridge, Maryland, y otros. Era el mitin de clausura de la conferencia Grass Roots (De las Bases) celebrada en la iglesia bautista King Solomon en Detroit.[29] En su composición la reunión era abrumadoramente negra y la mayoría de los que vendíamos el periódico éramos blancos. La situación estaba un poco tensa al principio. Entonces pasó Malcolm. Vio el *Militant*, le pidió a un miembro de su equipo de defensa

---

29. El discurso "Message to the Grass Roots" (Mensaje a las bases) da inicio a *Malcolm X Speaks* (Pathfinder, 1965), la primera selección de discursos de Malcolm jamás publicada. Aparece en español bajo el título "Yo soy un 'negro del campo'" en *Habla Malcolm X* (Pathfinder, 1993).

"Malcolm X", dice Barnes, "dio mucha importancia a conocer y colaborar con otros revolucionarios, tanto en Estados Unidos como a través del mundo".

Malcolm habló tres veces en eventos del Militant Labor Forum en Nueva York, auspiciados por el Partido Socialista de los Trabajadores y la Alianza de la Juventud Socialista. Arriba y abajo: Foros del 8 de abril y del 29 de mayo de 1964. Recuadro: El 7 de enero de 1965, el foro fue moderado por Clifton DeBerry, candidato del PST para presidente de Estados Unidos en 1964.

"Es la tercera vez que tengo la oportunidad de ser invitado al Militant Labor Forum", dijo Malcolm al inicio de su charla en 1965. "Siempre considero que es un honor y cada vez que me abran la puerta, aquí estaré".

que le consiguiera un ejemplar, nos saludó con la cabeza y entró a la iglesia. Entonces las tensiones se relajaron y las ventas aumentaron bastante. Y eso fue cuando Malcolm aún era una figura pública en la Nación del Islam.

Más tarde, tras la ruptura de Malcolm con la Nación, empezamos a colaborar con miembros de su plantel general directivo: Reuben Francis, James Shabazz y otros. Ellos sabían que el *Militant* era prácticamente la única fuente donde se podía obtener información fiable y con regularidad sobre lo que Malcolm decía y hacía. Y ellos lo afirmaban. Y no solo a nosotros.

Malcolm habló tres veces en eventos del Militant Labor Forum entre abril de 1964 y enero de 1965. Fragmentos importantes de los tres discursos se reproducen en *Malcolm X Speaks* (Habla Malcolm X), publicado por Pathfinder poco después de su asesinato en 1965. Y algunas partes del período de preguntas y respuestas en el primer foro aparecen en *By Any Means Necessary*. Esto era poco usual para Malcolm. Porque aunque había hablado ante muchos públicos en recintos escolares en Estados Unidos y otros países, incluso cuando todavía formaba parte de la Nación, estos tres foros fueron las únicas ocasiones en que había aceptado estar en la tribuna de una actividad de una organización política revolucionaria fuera de Harlem, en el *"downtown"*, como decía Malcolm. (Él apareció con Bill Epton, dirigente del Partido Progresista del Trabajo, PLP, una o dos veces en eventos auspiciados por el PLP en Harlem).

El primer foro, "La revolución de los negros", se celebró a principios de abril de 1964, justo antes del primer viaje que Malcolm hizo a África y al Medio Oriente. Se celebró en el salón Palm Gardens en la Calle 52 de Manhattan.

El segundo foro, "Sobre la histeria en torno a la 'Pandilla del Odio' de Harlem", fue a fines de mayo, poco después que Malcolm regresara de ese viaje. Si uno pudiera volver y encontrar un volante para ese foro, que se hizo en nuestra sede en 116 University Place, justo al sur de la plaza Union Square, no encontraría a Malcolm en la lista de oradores; encontraría el nombre de James Shabazz. Pero James nos llamó a último momento y dijo que Malcolm había pedido hablar. James preguntó si teníamos alguna objeción a que Malcolm lo remplazara en el programa. No teníamos ninguna. Al comenzar su charla allí, Malcolm dijo que no había sabido del foro hasta que James se lo dijo esa tarde, "y no pude resistir la oportunidad de venir".

Malcolm habló en el tercer Militant Labor Forum, también en el Palm Gardens, a principios de enero de 1965, poco después de regresar de su tercer viaje a África y un par de semanas antes de la entrevista del *Young Socialist*. "Es la tercera vez que tengo la oportunidad de ser invitado al Militant Labor Forum", dijo. "Siempre considero que es un honor y cada vez que me abran la puerta, aquí estaré. El periódico *The Militant* es uno de los mejores en la ciudad de Nueva York. De hecho, es uno de los mejores que existen dondequiera que uno vaya hoy día", y agregó que había visto ejemplares en París y en diversas partes de África. "No sé cómo llega", dijo. "Pero si uno le da el contenido correcto, ese contenido garantiza que se difunda".

Malcolm hasta lució físicamente diferente a medida que fueron evolucionando sus perspectivas políticas durante el último año antes de su asesinato. Ya no necesitaba los trajes austeros que eran la insignia de los pastores de la Nación del Islam. Le creció un poco más la barba. Su rostro se suavizó. Se vestía con la ropa, respetuosa y digna aún, que él quería vestir. Se iba deshaciendo de todo lo que fuera barniz, todo lo que fuera teatro revolucionario, cualquier cosa que pudiera interpretarse como bravuconería intimidante (*selling wolf tickets*). Estaba desechando todo lo innecesario para sencillamente decir lo que había que decir, trabajando lo más arduamente posible y colaborando con revolucionarios, "verdaderos revolucionarios", para "cambiar esta situación miserable que existe en esta Tierra", según lo expresó. Ustedes están viviendo "en tiempos de revolución": ese era el mensaje que Malcolm transmitió a la juventud y al pueblo trabajador una y otra vez en 1964 y 1965.

Cuando uno lee las charlas y entrevistas de Malcolm de esa época, también encontrará las pruebas para despejar otro de los numerosos mitos acerca de él. En primer lugar, al leer y estudiar a Malcolm, se comprenderá cuán inexacto son los que argumentan que, a pesar del valor del historial escrito de su obra, eso palidece junto a sus palabras habladas, a su efectividad como orador público. George Breitman, por ejemplo, sí consideró importante publicar los discursos de Malcolm; editó varias selecciones de esas charlas.

Pero en su prólogo al primero de esos libros, *Malcolm X Speaks* (Habla Malcolm X), Breitman dice lo siguiente: "Malcolm fue principalmente un orador, no un escritor... Los discursos impresos no expresan de manera adecuada sus extraordinarias cualidades como orador, su impacto en el público y la interacción entre él y el público. Habríamos preferido publicar una serie de discos elepé que presentaran estos materiales con su propia voz, con sus tonos de indignación e ira, con su risa y con las interrupciones de aplausos y risas del público... Puesto que no disponemos de los recursos y del tiempo para publicar y distribuir esas grabaciones y ya que el costo limitaría el número de personas que las pudieran comprar, estamos haciendo lo que después de eso sería lo mejor".

Pero no es cierto. *No habríamos* preferido producir discos —o discos compactos en la actualidad— de Malcolm en vez de los libros. Sí, Malcolm era un orador excepcionalmente efectivo. Pero nuestra labor durante los últimos 40 años para publicar a Malcolm X en sus propias palabras —labor que hasta la fecha ha dado como frutos ocho libros, seis en inglés y dos en español,[30] así como dos folletos— difícilmente puede llamarse "lo que después de eso sería lo mejor". A diferencia de las grabaciones, son esenciales para poner las ideas y el ejemplo de Malcolm al alcance de nuevas generaciones para estudiar. Y de las personas a nivel mundial cuya primera lengua no es el inglés (la gran mayoría).

Nadie puede "estudiar" seriamente una grabación. Es mucho más difícil usarla para refrescar la memoria, o para consultar algo. Esto es importante ya que, en tanto la evolución política de Malcolm parecía acelerarse más y más en los últimos meses, los elementos de "ingenio y agudeza" de sus charlas pasaban más a segundo plano. En cambio, lo que pasaba a primer plano, traducible a cualquier idioma, eran sus esfuerzos para examinar y después explicar los problemas y desafíos más grandes que enfrentaban los trabajadores y jóvenes de disposición revolucionaria por todo el mundo. El historial escrito de esa obra es y seguirá siendo la prueba a largo plazo de la "vigencia" política de Malcolm hasta el futuro. Es ahí donde encontraremos la *continuidad*, las conquistas políticas acumulativas que hacen avanzar el programa y la estrategia.

Es también el caso de otros destacados dirigentes revolucionarios de nuestra clase: Carlos Marx, V.I. Lenin, León Trotsky, James P. Cannon, Fidel Castro, Maurice Bishop, para nombrar solo unos pocos. Cada uno de ellos se empeñó como orador en presentar ideas revolucionarias al

---

30. Los dos libros en español, *Habla Malcolm X* y *Malcolm X habla a la juventud*, también han sido publicados en Cuba por las editoriales Ciencias Sociales y Editora Abril.

pueblo trabajador de la manera más clara y efectiva posible. Algunos de ellos, como sabemos por experiencia propia o por los relatos publicados, eran oradores impresionantes. Cuando hay grabaciones disponibles, es valioso y divertido escucharlas, una o dos veces. Pero es imposible estudiar y asimilar seriamente el programa y la estrategia proletarios simplemente escuchando una grabación. Hace falta tenerlos delante de uno, en blanco y negro sobre papel. O bien las ideas mantienen su validez por escrito, en cualquier idioma y sin público, o bien no la mantienen. *¡Las de Malcolm sí la mantienen!* Y aún contienen una buena cantidad de ingenio, una buena cantidad de pura humanidad.

Existe otro mito acerca de Malcolm que se puede rebatir con una lectura cuidadosa de lo que *dijo* y lo que *hizo*; ambas cosas pueden hallarse con bastantes detalles en los libros de los discursos de Malcolm. Se trata del concepto de que, si bien Malcolm fue un gran propagandista, un gran explicador de lo que tantas personas querían expresar acerca de sí mismos y de lo que son capaces de realizar, Malcolm nunca fue un organizador, o, al menos, nunca tuvo la oportunidad de convertirse en organizador. Pero solo con leer sus propias palabras, se verá que no es verdad. Malcolm era todo lo antedicho, pero simultáneamente era un hábil organizador revolucionario. Lo que se truncó fue la posibilidad de aplicar esas habilidades a un trabajo mayor y más amplio. Los enemigos del proletariado entendieron ese hecho mejor que los "radicales pro Malcolm X", tanto cuando estaba vivo como ahora.

Durante los últimos meses de su vida, Malcolm también se alejó del uso de frases y posiciones religiosas —y aun ejemplos religiosos— en su actividad política. Explicó en el lenguaje más claro posible exactamente lo que estaba haciendo, percibiendo, llegando a entender y a creer.

Malcolm iba rumbo a hacerse comunista. ¿Por qué habríamos de concluir algo diferente? ¿Qué pruebas nos impelerían a hacerlo? ¿Por qué habríamos de imponerle limitaciones a Malcolm —¡sobre todo a Malcolm!— que no le impondríamos a nadie más? ¿Por qué diríamos que él avanzaba hacia una "síntesis" de nacionalismo negro y socialismo? No fue eso lo que *dijo* Malcolm. Y las pruebas señalan lo contrario. No era eso lo que estaba *haciendo*.

Malcolm insistía en que había dejado de llamarse nacionalista negro porque el nacionalismo negro era inadecuado para explicar lo que la experiencia le había enseñado que se necesitaba hacer para transformar el mundo, un mundo que en la época imperialista se había convertido en muchos sentidos en un "mundo blanco". Pero Malcolm sabía que los hombres y mujeres negros estaban vinculados inextricablemente a *ese* mundo, y cosidos a él, por un millón de hilos. El mundo era inimaginable sin esa interacción. Cuando uno dejaba de replegarse en sí mismo, no existían mundos blancos y negros separados, ni en el espacio ni en el tiempo. Más importante aún, existía —y sigue existiendo— un solo estado capitalista que debe ser derrocado en cada país.

Aunque es cierto que nadie que haya sido reclutado al comunismo sigue siendo nacionalista negro, al mismo tiempo, ¡uno no deja de ser negro! No deja de tener orgullo. No deja de asombrarse de cuánta verdad sobre el pueblo negro ha sido omitida de las "historias". ¡Que eso también se entienda bien! Nadie va a confiar en un socialista que es negro si se comporta como si ha olvidado que es negro (como si alguien, al ser comunista, es menos negro). Y con razón. Puede que por un tiempo se las arregle en la sociedad capitalista y comience a pensar que no es negro. Pero, como advirtió Joel [Britton] una vez, con respecto a abrigar ilusiones en la cúpula sindical, "después

No empecemos con los negros como nacionalidad oprimida. Empecemos con el último siglo y medio, con el papel y peso de vanguardia de los trabajadores que son negros en las amplias luchas sociales y políticas con liderazgo proletario en Estados Unidos. Desde la Guerra Civil hasta hoy, es un historial impresionante. Te deja pasmado cuando lo escuchas.

JACK BARNES, 2006

Arriba: Unos 20 mil desempleados, veteranos de Primera Guerra Mundial, acamparon cerca del Capitolio en Washington, de mayo a julio de 1932, exigiendo el pago de "Bonos para Soldados". La "Marcha por los Bonos", una de las primeras protestas de masas del pueblo trabajador durante la Gran Depresión, culminó con un ataque militar en que murieron dos trabajadores y muchos quedaron heridos. **Derecha:** Soldados en base militar estadounidense en Con Thien, Vietnam, 1968. Cartel dice "Poder Negro es Número Uno". "Las luchas masivas por los derechos de los negros alcanzaron nuevos niveles de radicalismo durante la Guerra de Vietnam", dice Barnes.

En el siglo XX hemos visto dos veces en la práctica lo que Trotsky explicó que sucedería, que el proletariado negro sencillamente "marcharía por encima de la pequeña burguesía" —blanca y negra, incluida la cúpula sindical— para impulsar la lucha contra la discriminación racista.

JACK BARNES, 2006

"Aparceros, arrendatarios y otros productores rurales, tanto negros como blancos, libraron luchas en los años 20 y durante la Gran Depresión", dice Barnes. **Arriba:** Miembros del Sindicato de Arrendatarios del Sur se reúnen en St. Francis, Arkansas, 1937.

"Los trabajadores que eran negros estuvieron en las primeras filas de batallas que forjaron los sindicatos industriales en los años 30", dice Barnes. **Abajo:** Huelga de obreros del tabaco en Harlem, Nueva York, 1936.

El principal organizador del boicot de buses en Montgomery no fue Martin Luther King sino E.D. Nixon, "un militante sindical ducho y dirigente de la NAACP", apunta Barnes. "Nixon sí creía en aprestarse para la defensa propia. Jóvenes trabajadores y veteranos jugaron un papel central en esto".

Arriba: Nixon (centro) en un tributo a él auspiciado por el Militant Labor Forum en Nueva York por el 10° aniversario del boicot, diciembre de 1965. Los organizadores del aniversario en Montgomery no habían invitado a Nixon. A su lado están Farrell Dobbs, secretario nacional del Partido Socialista de los Trabajadores, y Arlette Nixon, activista del boicot y esposa de E.D. Nixon. En 1956 Dobbs ayudó a organizar gestiones para ofrecer vehículos en un servicio de transporte durante el boicot y manejó una camioneta a Montgomery.

Abajo: Huelga en 1968 de colectores de basura en Memphis, Tennessee, fue un catalizador de la etapa final de la lucha que consolidó la derrota de Jim Crow.

Las habilidades aprendidas en el trabajo de fábrica y en luchas sindicales antes y durante la Segunda Guerra Mundial aumentaron la confianza entre los trabajadores que eran negros. También sus experiencias en las fuerzas armadas, incluso en las unidades segregadas. Esa levadura hizo posible el ascenso de la lucha con dirección proletaria por los derechos de los negros en los años 50 y 60.

JACK BARNES, 1987

Trabajadores que son negros, dice Barnes, "estuvieron a la vanguardia de los que durante la Segunda Guerra Mundial rehusaron aplazar las luchas por justicia en nombre del "esfuerzo bélico patriótico". **Arriba:** Manifestación pro derechos de los negros en 1942 en Nueva York, convocada por el Movimiento pro Marcha en Washington, exige cese de discriminación en la industria bélica y las fuerzas armadas y denuncia linchamiento legal del aparcero Odell Waller de Virginia, objeto de acusaciones amañadas.

Página opuesta, arriba: Marinos cargan municiones en depósito naval en Port Chicago, California, durante Segunda Guerra Mundial. En octubre de 1944, 50 marinos negros fueron juzgados en corte marcial por "amotinamiento" por negarse a volver al trabajo tras una explosión en que murieron 320 marineros y otros. Fueron sentenciados a 15 años de cárcel y fueron dados de baja deshonrosa, que después se redujo a 17 meses y baja de rango. La NAACP y el *Militant* hicieron campaña para que se revocara las condenas.

THE MILITANT

NEW YORK, N.Y. SATURDAY, NOVEMBER 24, 1945   PRICE: FIVE CENTS

PUBLISHED IN THE INTERESTS OF THE WORKING PEOPLE

Indonesian People Fight Heroically For Freedom From Allied Despots

Bringing "Four Freedoms" To Indonesia

San Francisco Machinists Solid In Strike
By Robert Chester

U.S. Army Weapons Used In Slaughter Of Javanese
By Joseph Hansen

Jackson To Address Protest Rally On Colonial Slaughter

Giant Auto Union Greatest Strike

La lucha de los negros tras la Segunda Guerra Mundial en Estados Unidos, dice Barnes, "fue parte de una ola de victorias revolucionarias contra la dominación imperialista y la explotación capitalista" en Asia, África, el Medio Oriente, el Caribe y Latinoamérica. **Derecha:** El *Militant* en noviembre de 1945 aclama batalla del pueblo trabajador en Indonesia contra intentos apoyados por Washington y Londres de reimponer dominio colonial holandés. **Recuadro:** Anuncio en el *Militant* para mitin en diciembre de 1945 del Partido Socialista de los Trabajadores que exigía la retirada de tropas imperialistas de los Aliados de Indonesia, China y Vietnam.

Protest The Massacre Of The Colonial Peoples!

MASS MEETING
FRIDAY NOV. 30
8 P. M.

Demand The Withdrawal Of Allied Troops From China, Indonesia And Indo-China!

Speakers:

CHARLES JACKSON
Writer of 'The Negro Struggle'

FARRELL DOBBS
Editor of The Militant

GEORGE NOVACK
National Secretary, CRDC

Chairman
J. P. Cannon, National Secretary, Socialist Workers Party

HOTEL DIPLOMAT
108 West 43rd St., New York

Auspices: Socialist Workers Party

El núcleo de los activistas que defendían la Revolución Cubana eran jóvenes que habían adquirido experiencia política participando en batallas por los derechos civiles. Situamos la lucha por los derechos de los negros en el marco de la lucha de clases mundial. Para nosotros estaba totalmente entrelazada con lo que estaba en juego en la defensa de la Revolución Cubana. JACK BARNES, 2001

Nueva York, 26 de noviembre de 1960. Línea de piquete de más de 500 personas frente a la ONU, convocada por el Comité pro Trato Justo a Cuba, condena maniobras de la flota naval norteamericana en el Caribe.

Abajo: Robert F. Williams, dirigente de NAACP en Monroe, Carolina del Norte (al frente de la mesa), en Cuba, durante gira del Comité pro Trato Justo a Cuba, julio de 1960. Ocho afroamericanos incluidos Williams y el escritor LeRoi Jones (ahora Amiri Baraka, sentado a izquierda de Williams) estaban entre 30 firmantes del anuncio de abril de 1960 en el *New York Times* que lanzó el comité. Se titula: "¿Qué pasa realmente en Cuba?" **(página opuesta, abajo)**

Arriba, derecha: Afiche del FBI dice que "Se busca" a Williams. Lo acusaron falsamente de secuestro en 1961 y lo forzaron al exilio por organizar autodefensa de comunidad negra en Monroe contra jinetes nocturnos del Ku Klux Klan.

Arriba, izquierda: Canciller cubano Raúl Roa habla en ONU tras derrota de invasión organizada por Washington en Playa Girón, abril de 1961. Roa leyó carta que Robert F. Williams le pidió dar a Washington: "Ahora que EE.UU. ha declarado su apoyo militar a pueblos dispuestos a rebelarse contra la opresión, los negros oprimidos en el Sur pedimos urgentemente tanques, artillería, bombas, dinero, uso de pistas aéreas y mercenarios blancos estadounidenses para aplastar a tiranos racistas que han traicionado la Revolución Americana y la Guerra Civil".

> **El terror de turbas linchadoras por parte de jinetes nocturnos supremacistas blancos se pareció más a la violencia fascista en amplia escala, y por un período prolongado, que cualquier otro fenómeno jamás visto en este país.** JACK BARNES, 2001

Los organizadores de turbas linchadoras, dice Barnes, a menudo tomaban fotos y producían "tarjetas postales de estas atrocidades", distribuyéndolas ampliamente "para legitimar los linchamientos como 'actividad familiar' ". **Arriba:** Linchamiento de Rubin Stacy, un arrendatario de 32 años de edad, Fort Lauderdale, Florida, 19 de julio de 1935.

Página opuesta, centro: John Boyd, presidente de la Asociación Nacional de Agricultores Negros, habla en mitin en abril de 2009 en Washington contra política discriminatoria en préstamos agrícolas del Departamento de Agricultura federal. La mula simboliza la continuidad de luchas actuales con luchas por la reforma agraria por parte de esclavos emancipados durante la Reconstrucción. "¡Cuarenta acres y una mula!" fue la consigna. Las luchas actuales de agricultores que son negros, dice Barnes, "a menudo son un eslabón en batallas que se remontan más de un siglo".

Arriba: Dirigente revolucionario cubano Víctor Dreke (derecha) visita finca de Willie Head (izquierda) en Georgia, durante gira de conferencias que Dreke y la doctora cubana Ana Morales (centro) hicieron en Estados Unidos en 2002. Head ha militado en lucha de agricultores negros para mantener sus tierras. Durante un viaje a Cuba en febrero de 2000, Head y otros cinco agricultores aprendieron cómo la Revolución Cubana garantiza que a ningún agricultor lo sometan a ejecuciones hipotecarias o lo obliguen a vender su terreno a un banco o a un agricultor acomodado.

Derecha: Unas 50 mil personas marchan en Columbia, Carolina del Sur, el 17 de enero de 2000 para exigir que sea arriada del capitolio estatal la bandera de batalla de la Confederación. Esa bandera, dice Barnes, "es un estandarte bajo el cual los ataques contra africano-americanos, inmigrantes, judíos, clínicas de abortos, homosexuales y otros blancos de la reacción son y serán lanzados, hasta que las raíces capitalistas de ese trapo de Dixie sean arrancadas del suelo por los trabajadores y se remplacen con la dictadura del proletariado".

La brecha en las condiciones sociales entre los trabajadores que son blancos y los que son negros se ha estrechado desde los años 60. Pero no es porque las cosas hayan mejorado para la mayoría de los afroamericanos. Es porque las condiciones están empeorando para la mayoría de los trabajadores de todos los colores de la piel. JACK BARNES, 2009

Arriba: Trabajadores hacen cola para empleos en Nueva York, junio de 2008. "Con el fuerte aumento del desempleo", dice Barnes, "y con niveles récord de desocupación para trabajadores que son negros, las victorias conquistadas por la clase trabajadora contra divisiones raciales que los patrones fomentan se ven cada vez más amenazadas".

Las condiciones actuales en las cárceles apiñadas, dice Barnes, son como las condiciones cuando se rebelaron 1 300 presos en 1972 en la prisión de Attica en el estado de Nueva York, "usando los únicos medios que les quedaban para enfocar la atención del mundo en los horrores de las prisiones estadounidenses". **Página opuesta, centro:** Patio de la cárcel de Attica tras ataque por la policía estatal. A pesar del encubrimiento por policías y políticos, una comisión estatal oficial declaró responsables a la policía por la muerte de los 29 presos y 10 rehenes masacrados cuando se volvió a tomar la prisión; a algunos los mataron después de haberse rendido.

Derecha: Clinton firma ley que eliminó Ayuda para Familias con Niños Dependientes (AFDC), agosto de 1996. "Desde la destrucción de 'la asistencia social tal como la conocemos' según la describió Clinton", dice Barnes, "el número de trabajadores que reciben asistencia en efectivo ha llegado al punto más bajo en más de 40 años".

A New Beginning

Welfare to Work

Los gobernantes presionaron a los trabajadores a que se endeudaran para comprar casas, dice Barnes, a fin de "subvertir la solidaridad de clase elevando las relaciones entre 'copropietarios' por encima de las relaciones entre trabajadores". **Derecha:** Mural comisionado para la Conferencia de la Casa Blanca en 2002 sobre la Propiedad de Casas para las Minorías, titulado "Entrando al Sueño Americano", sueño que para millones se ha convertido en "Pesadilla Americana".

La elección de Barack Obama en 2008 no es "un fenómeno negro". Es producto del crecimiento explosivo de una nueva capa de profesionales e individuos de clase media de disposición burguesa *de todos los matices de la piel:* **concentrados en fundaciones y universidades, en gran parte no ligados a la producción de la riqueza social, y ajenos a las condiciones de vida del pueblo trabajador de cualquier origen racial o nacional.**

JACK BARNES, 2009

Derecha: Portada de revista *BusinessWeek* con reportaje sobre Ursula Burns, nueva ejecutiva de Xerox. "Hasta fecha tan reciente como 1988, nunca había habido un solo director ejecutivo de ninguna empresa estadounidense importante que fuera negro: *ni uno, jamás*", dice Barnes. "Hoy hay más de veinte".

Página opuesta, centro: El candidato Obama pronuncia discurso el Día de los Padres, junio de 2008, en la Iglesia Apostólica de Dios en Chicago, con muchos feligreses africano-americanos. Haciendo eco de los prejuicios de clase de las capas privilegiadas de todos los colores de la piel, Obama responsabilizó a las familias negras por la mala educación y cuidado de sus hijos. Regañó a "los padres ausentes" y añadió, "Cualquier tonto puede tener un hijo".

Página opuesta, derecha: La "meritocracia", dice Barnes, "es en gran parte lo que Richard Herrnstein y Charles Murray llaman modestamente 'las élites cognoscitivas' en su libro de 1994 titulado *La curva de campana: Inteligencia y estructura de clase en la vida americana*. Ellos pretenden ofrecer una justificación 'científica' para los ingresos y privilegios de clase que han crecido rápidamente entre esta capa de clase media que ellos describen".

"La acción afirmativa en las formas desfiguradas con que los gobernantes capitalistas la aplican más y más", dice Barnes, "se usa para reforzar ilusiones en la democracia imperialista, dividir más a los afroamericanos en términos de clase y profundizar las divisiones entre trabajadores". **Arriba:** Caricatura en sitio web de asociación de padres en la Academia Naval de Estados Unidos destaca la "diversidad" de la clase de 2013, en la cual el 35 por ciento de los cadetes de primer año —el mayor porcentaje hasta la fecha— son hispanos, asiáticos, negros o indígenas. Los gobernantes capitalistas necesitan un cuerpo de oficiales cuyo rostro refleje mejor a las filas de soldados obreros en las fuerzas armadas.

Si no se puede convencer a los trabajadores de vanguardia en Estados Unidos que son negros de que reconozcan la dictadura del proletariado como el instrumento más poderoso para ganar una batalla final y perdurable por la libertad de los negros, ¿por qué han de luchar con toda su voluntad para hacer una revolución socialista? ¿Y por qué *habrían* de hacerlo?

JACK BARNES, 2006

"¡A ganar la batalla de la discriminación!" declara la edición del 26 de marzo de 1959 de *Revolución*, periódico del Movimiento 26 de Julio. Cuatro días antes, ante un millón de cubanos, el primer ministro Fidel Castro anunció —y el nuevo gobierno revolucionario empezó a aplicar— leyes que prohibieron la discriminación de negros en empleos y pusieron fin a la segregación en escuelas, playas, parques y otros ámbitos.

Derecha: Cubanos de todos los colores de la piel, a principios de los años 60, nadan en lo que antes había sido un club de playa solo para blancos de las familias adineradas de La Habana.

Página opuesta, arriba: Petrogrado, julio de 1920. V.I. Lenin habla en inauguración del segundo congreso de la Internacional Comunista, que aprobó una resolución redactada por Lenin sobre la lucha contra la opresión nacional. "No tenía nada de filantrópico" el apoyo de los bolcheviques a los derechos nacionales, escribió James P. Cannon. "Ellos reconocieron el gran potencial revolucionario de los pueblos y nacionalidades oprimidas como aliados de la clase trabajadora internacional en la lucha revolucionaria contra el capitalismo".

Abajo: Diciembre de 1994, mujeres chechenas se enfrentan a soldado ruso cerca de la capital, Grozny, asolada en las invasiones por Moscú en 1994 y 1999.

"En Rusia los bolcheviques lucharon por la autodeterminación de las minorías nacionales, incluido el derecho a la separación", dijo León Trotsky en una discusión en 1933 con un dirigente comunista de Estados Unidos. La revocación de esa política por la casta estalinista privilegiada persiste hoy en los brutales ataques de Moscú contra ex repúblicas soviéticas como Georgia y Chechenia.

Malcolm X fue un opositor intransigente de los partidos Demócrata y Republicano, opositor del sistema bipartidista que desde hace más de un siglo ha atado al pueblo trabajador a la política capitalista. JACK BARNES, 1987

Arriba, Farrell Dobbs, candidato del Partido Socialista de los Trabajadores para presidente de Estados Unidos en 1948, hace campaña en barrio obrero en Detroit. "Los trabajadores deben romper todos los lazos con los partidos capitalistas" decía la plataforma del partido.

Clifton DeBerry, primer negro nominado para presidente de EE.UU. por un partido, fue postulado en 1964 por el Partido Socialista de los Trabajadores, con Ed Shaw para vicepresidente.

Arriba: DeBerry (3° de la izquierda) marcha en piquete en diciembre de 1964 frente a ONU en Nueva York para exigir: "¡Manos fuera del Congo!"

Rev. King Wins Place on Ballot Despite Challenge by Democrats

REV. JOSEPH P. KING

NO TO RACISM AT HOME
U.S. OUT OF GRENADA
U.S. STOP INVADING NICARAGUA
END U.S. SUPPORT OF APARTHEID

D.C. NATIONAL BLACK INDEPENDENT POLITICAL PARTY

En los años 50 y 60 el PST apoyó varias campañas electorales independientes por parte de candidatos negros, incluida la candidatura de Joseph King en Chicago en 1958 para el Congreso de Estados Unidos y los candidatos del Partido Libertad Ya en Michigan en 1964.

Recuadro: Reportaje en el *Militant* de septiembre de 1958 sobre campaña de King en Chicago. **Arriba, derecha:** Malcolm X en aeropuerto de Detroit, 15 de febrero de 1965, con Milton Henry, candidato del Partido Libertad Ya para el Congreso en 1964,

postulado contra el demócrata John Conyers y el republicano Robert Blackwell.

En los años 80, miembros del PST "participaron e hicieron campaña a favor del Partido Político Negro Independiente Nacional (NBIPP) y otras organizaciones que buscaban impulsar los derechos de los negros en un sentido proletario", explica Barnes. **Arriba, izquierda:** Partidarios del NBIPP se unen a la Marcha en Washington el 20 de abril de 1985 contra la intervención militar de Washington en Centroamérica y el Caribe.

En la época imperialista, el liderazgo revolucionario de la más alta capacidad política, valentía e integridad converge con el comunismo. Lo que resulta de eso no es una "síntesis" de nacionalismo y socialismo, sino un movimiento proletario más extenso en su variedad, experiencia, amplitud cultural, comprensión social y capacidad combativa.

JACK BARNES, 2006

"Si hubiera que comparar a Malcolm X con otra figura internacional, el paralelo más notable sería con Fidel Castro", dijo Barnes, hablando en tributo conmemorativo en 1965. **Arriba:** Malcolm X y Castro, septiembre de 1960, en Hotel Theresa, Harlem, Nueva York, donde Malcolm y miles de residentes del barrio dieron la bienvenida a la delegación cubana a la Asamblea General de la ONU.

"Me encanta un revolucionario", dijo Malcolm a un público el 13 de diciembre de 1964, antes de leer un mensaje de solidaridad del dirigente cubano Che Guevara. **Derecha:** Guevara habla en la Asamblea General de la ONU dos días antes.

Arriba: Maurice Bishop, principal dirigente de la Revolución Granadina de 1979–83, habla con enfermeras durante la revolución. Bishop llegó a la política proletaria gracias al impacto del movimiento por los derechos de los negros en Estados Unidos y el Caribe, incluyendo el ejemplo de Malcolm X, y llegó al marxismo gracias al ejemplo de la Revolución Cubana.

Abajo: Thomas Sankara, dirigente de la revolución de 1983–87 en Burkina Faso, África Occidental, en agosto de 1985. "Somos los herederos de todas las revoluciones del mundo", dijo Sankara a la Asamblea General de la ONU en 1984: la Revolución Norteamericana, la Revolución Francesa y "la gran Revolución de Octubre que llevó a la victoria al proletariado y cumplió los sueños de justicia de la Comuna de París".

La lucha para combatir las múltiples expresiones y el legado del racismo y la segregación, y superar las divisiones basadas en el color de la piel y del origen nacional, sigue siendo la mayor tarea de la clase trabajadora para forjar la vanguardia proletaria en este país.

JACK BARNES, 2006

Arriba: Waterloo, Iowa, mayo de 2008, trabajadores exigen que pongan en libertad a 400 trabajadores detenidos en una redada de la policía federal contra inmigrantes en el matadero Agriprocessors en pueblo vecino de Postville.

Derecha: En Charleston, Carolina del Sur, enero de 2000, estibadores se defienden de ataque de policía en línea de piquete contra ataque antisindical de la patronal.

Batallas como estas, dice Barnes, nos recuerdan que nos organizamos y luchamos en "un mundo diferente hoy día, y con una clase trabajadora diferente: más numerosa, con un número bastante mayor de inmigrantes, con un componente negro de mayor peso".

llega el brusco despertar". Cada vez que se produzca un repliegue en la lucha de clases, se le *recordará* que es negro. Caucásicos que están convencidos que son "blancos", el "color de Dios", se encargarán de recordárselo. Y eso continuará no solo de aquí a una revolución socialista victoriosa, sino, a un grado menor, durante la época inicial de transición de la dictadura del proletariado. Así que estas son realidades de la sociedad dividida en clases que un comunista no puede ni olvidar ni negar, sino que integra a la estrategia internacionalista proletaria de cómo nuestra clase puede dirigir a todos los oprimidos en una lucha eficaz para vencer.

El hecho de reconocer y acoger el liderazgo político de talla mundial de revolucionarios que son negros —ya sea un africano-americano como Malcolm X o dirigentes como Maurice Bishop y Thomas Sankara— no conduce políticamente a los trabajadores o jóvenes militantes hacia el nacionalismo o el panafricanismo. De otra manera, ¿por qué dedicaríamos tanto tiempo y recursos de la dirección para mantener impresas sus palabras? ¿Por qué daríamos tanta prioridad a poner esos libros y folletos en manos del pueblo trabajador en Estados Unidos, África, América Latina, Asia —el mundo entero— como parte de nuestro arsenal político general?

Lo hacemos porque la lectura y el estudio de lo que dijeron Malcolm, Maurice Bishop y Thomas Sankara —cada uno de manera concreta en épocas distintas— nos ayuda a nosotros y a otros a comprender mejor la necesidad de partidos obreros revolucionarios, del internacionalismo *proletario* y de un movimiento comunista *mundial*. Lo que dirigentes como estos han venido diciendo y haciendo durante décadas converge con la actividad de los comunistas a nivel mundial y ayuda a preparar la próxima etapa de la historia humana.

La cuestión racial, la cuestión del color, va en ascenso en muchas partes del mundo. Está saliendo más al frente en América Latina, en los países donde hubo mucha mano de obra esclava en los siglos XVIII y XIX. Es una cuestión política de mucho peso en Brasil, en Colombia, en Venezuela, en partes importantes de Centroamérica, el Caribe y otras regiones. Confluye con las luchas de las poblaciones indígenas, es decir, las poblaciones de origen precolombino. Fortalece las perspectivas de revolución en todo el continente americano. Fortalece las posibilidades del desarrollo de una dirección revolucionaria en África de formas nuevas. Enriquece los desafíos y las oportunidades para forjar partidos proletarios revolucionarios en gran parte de Europa y la "angloesfera".[31]

La historia del siglo pasado nos ha enseñado que para defender y extender la lucha revolucionaria internacional por la liberación nacional y el socialismo, el establecimiento y la extensión de la dictadura del proletariado, la clase trabajadora necesita tener una auténtica dirección política *mundial*. Hoy día necesita una dirección política que sea más multinacional, que tenga un componente negro más grande que durante la primera mitad del siglo XX. Necesita una dirección política que incluya a mujeres en números y formas nunca antes vistos en el movimiento obrero, y que nunca antes fueron posibles.

No somos utópicos. No ignoramos las limitaciones en la historia ni las obstinadas consecuencias de la explotación y opresión de clases, del desarrollo desigual de las

---

31. La "angloesfera" es un término que usan algunos comentaristas burgueses para referirse a Estados Unidos, el Reino Unido, Canadá, Australia y Nueva Zelanda —lo que los marxistas llamarían los países imperialistas donde el inglés es la lengua principal— así como al derecho consuetudinario, a las instituciones y a las normas de conducta que estos "pueblos angloparlantes" supuestamente tienen en común.

relaciones sociales capitalistas a escala mundial. Al contrario, entendemos que estos legados contradictorios son las vías mismas —más perdurables de lo que quisiéramos o deseáramos— por las que fluye la lucha de clases moderna. Sabemos que triunfarán revoluciones con direcciones comunistas que no tengan una composición social "perfecta" (sea lo que uno se imagine que es eso), que no cuenten con la solidaridad humana y unidad que puede empezar a forjarse únicamente cuando los trabajadores han conquistado el poder.

Pero también sabemos que el movimiento obrero revolucionario no puede triunfar si no reflejamos en nuestras filas y en nuestra dirección hasta dónde han llegado nuestra clase y sus aliados en la historia al forjar una vanguardia de iguales políticos. Sin manifestar los logros de las luchas de los oprimidos y explotados.

¿Por qué se habría de presuponer hoy día, automáticamente, que todos los "Lenin" del siglo XXI serían caucásicos? Es una cuestión política, no moral. Es una cuestión concreta e histórica. Y aún más importante, cuando a millones de personas ya no les importe de qué "color" es Lenin, entonces la clase trabajadora estará mucho más cerca de forjar el tipo de partido revolucionario y de movimiento mundial que necesitamos para luchar con efectividad y vencer. (De todas maneras, la ultraderecha siempre supo que Lenin no era blanco. ¡Apenas un vistazo a una foto de ese "rojo de ojos rasgados" lo confirma! Ni hablar de "el judío" Trotsky, que era aún menos "blanco" a los ojos de los derechistas).

La liga moderna de la tierra y del trabajo

En el mitin público grande aquí en Nueva York hace un par de días, instamos a los participantes a que visitaran la exposición "La esclavitud en Nueva York", en la

Sociedad Histórica de Nueva York. Entre muchas cosas, la exposición describe la Sociedad de Manumisión de Nueva York, fundada en 1785. Observé que John Jay —presidente del Congreso Continental por muchos años durante la Revolución Norteamericana y luego gobernador de Nueva York y presidente de la Corte Suprema de Estados Unidos— fue fundador de la sociedad y escribió en su constitución las siguientes palabras: "El benévolo Creador y Padre de los hombres ha dado a todos un mismo derecho a la vida, libertad y propiedad".

Esta frase la contrasté favorablemente con la decisión de Thomas Jefferson, al redactar la Declaración de Independencia una década antes, de cambiar esas palabras —muy usadas por los adversarios burgueses de la tiranía monárquica y de la reacción feudal de esa época— y remplazarlas con una frase más intangible: "Vida, libertad y búsqueda de felicidad". A excepción de los cuatro hijos de Sally Hemmings, Thomas Jefferson no liberó a ningún esclavo suyo, ni siquiera en su testamento; 130 fueron vendidos en subasta cuando murió. Eso posiblemente ponga en perspectiva la interpretación práctica de Jefferson sobre la "vida, libertad y búsqueda de felicidad".

El lema "Vida, libertad y propiedad" favorecía mucho más los intereses de *todo* el pueblo trabajador. Fue el despojo de las masas productoras independientes por parte del capital lo que no nos dejó más opción que la de vender nuestra fuerza de trabajo a un patrón para sobrevivir y, por tanto, lo que dio origen a nuestra clase, el proletariado hereditario. Nos quitaron el uso libre de herramientas. Nos expulsaron de la tierra y de los oficios y artes independientes. Nos privaron de nuestros propios medios de producción. Se apropiaron de las tierras comunales. Y fue la privación brutal de *ambas* cosas, la libertad y la propiedad —hasta el *derecho* de tener propiedad, mucho menos la oportunidad— lo que caracterizó la esclavitud y muchas otras formas de trabajo en servidumbre. En los capítulos de *El capital* "Sobre la llamada acumulación originaria", Marx describe en detalle cómo, a consecuencia de estos procesos combinados, el modo capitalista de producción llegó al mundo "chorreando sangre y lodo, por todos los poros, desde la cabeza hasta los pies".[32]

Una vez hayamos establecido un gobierno de trabajadores y agricultores, y hayamos expropiado a la clase capitalista, los trabajadores seremos harto competentes para encargarnos de nuestra propia "búsqueda de felicidad"... y buscaremos mucha felicidad por ese camino. Al contrario de la falsa representación burguesa de los comunistas como ingenieros sociales utópicos, los revolucionarios proletarios —como la mayoría de los trabajadores— creemos firmemente que es mejor dejar muchas cosas de la vida en manos de cada individuo. El derecho a la vida privada es real. Creemos que el estado, incluso el estado obrero, no debe meter la nariz en nuestra "búsqueda de felicidad".

Ni la dictadura del proletariado, ni la sociedad comunista hacia la cual esta sirve de puente, se asemeja a algún tipo de inmensa barraca colectiva de la humanidad. De eso no se trata el comunismo. Todo lo contrario, como explica el Manifiesto Comunista, "En sustitución de la antigua sociedad burguesa, con sus clases y sus antagonismos de clase, surgirá una sociedad en que el libre desarrollo de cada uno será la condición del libre desarrollo de todos".[33] Tenemos muy poca idea de cómo será, pero será mucho mejor para el pueblo trabajador.

---

32. Marx, *El capital* (México: Siglo XXI Editores, 1976), tomo 1, vol. 3, pág. 950.

33. Marx y Engels, *El manifiesto comunista*, pág. 59.

Hoy, más de 130 años después de que Marx identificó las fuerzas de clase capaces de hacer la tercera revolución norteamericana —una revolución socialista— esa misma alianza sigue siendo fundamental para la tarea: el trabajo libre, los agricultores libres explotados por el capital, y los hombres y mujeres que se liberaron de la esclavocracia derrotada. Esas fuerzas siguen siendo esenciales para la formación de una liga de la tierra y del trabajo moderna,[34] el partido proletario revolucionario que podrá cumplir la tarea.

En medio de las poderosas huelgas a nivel nacional precipitadas por los obreros ferrocarrileros en 1877, Marx le escribió a Engels:

> Este primer estallido contra la oligarquía del capital asociado que ha surgido desde la Guerra Civil será suprimido, por supuesto, pero muy bien podría constituir el punto de partida para el establecimiento de un partido obrero serio en Estados Unidos...

---

34. La Liga de la Tierra y del Trabajo se inauguró en una conferencia de trabajadores en Londres, Inglaterra, en octubre de 1869. Se organizó a iniciativa de la dirección de la Asociación Internacional de Trabajadores (AIT, la "Primera Internacional"), de la que Carlos Marx y Federico Engels fueron dirigentes centrales. Al escribir a Engels sobre la fundación de la nueva organización —cuyo objetivo era unificar a los obreros industriales en las ciudades con los trabajadores agrícolas y otros trabajadores rurales en Inglaterra, Irlanda, Escocia y Gales— Marx dijo que "aquí, el partido obrero realiza una ruptura clara con la burguesía" en lo político. Marx se afilió a la Liga de la Tierra y del Trabajo, y un buen número de sus dirigentes eran miembros del Consejo General de la AIT. Sin embargo, para fines de 1870, fuerzas burguesas lograron dominar la dirección de la liga, encaminando a la organización hacia un rumbo que la alejaba de la AIT y de su propia declaración inaugural de "que nada menos que una transformación de la situación social y política existente [puede] servir, y que dicha transformación solo [pueden] efectuarla los millones de las masas trabajadoras mismas".

La política del nuevo presidente [de retirar las tropas de la Unión que respaldaban a los gobiernos de Reconstrucción Radical en todo el Sur] convertirá a los negros en aliados de los trabajadores, y las grandes expropiaciones de tierras (especialmente de tierras fértiles) a favor de las compañías ferrocarrileras, mineras, etcétera, convertirán a los campesinos del Oeste, que ya están muy desilusionados, en aliados de los trabajadores.[35]

Como expliqué en el informe del congreso del PST de 1984 titulado "La lucha por un gobierno de trabajadores y agricultores en Estados Unidos":

Pero esto no habría de suceder. Las reservas económicas y políticas de la burguesía industrial estadounidense en ascenso estaban lejos de agotarse, y por tanto las ilusiones colaboracionistas de clase entre el pueblo trabajador aún tenían profundas raíces. El liderazgo de lucha de clases de los trabajadores y su núcleo revolucionario aún eran demasiado pequeños numéricamente y carecían de suficiente experiencia de combate de clases. Durante el siguiente medio siglo, Estados Unidos llegaría a ser la potencia imperialista más poderosa del mundo, y la cúpula del movimiento obrero norteamericano llegaría a ser la sirvienta del Tío Sam.

Además, la derrota de la Reconstrucción Radical asestó un golpe devastador contra los negros y el resto del pueblo trabajador norteamericano. La clase trabajadora en Estados Unidos quedó más profundamente

---

35. Marx a Engels, 25 de julio de 1877, en *Marx and Engels on the United States* (Marx y Engels sobre Estados Unidos; Moscú: Editorial Progreso, 1979), pág. 272. También en Marx y Engels, *Collected Works* (Obras completas, en inglés), tomo 45, pág. 251.

dividida por la opresión nacional de los negros que se institucionalizó sobre nuevas bases en el Sur después del desenlace sangriento de 1877. El primer paso de gigante del movimiento obrero norteamericano hacia la formación de grandes sindicatos industriales no llegó sino seis décadas más tarde, y la formación del partido obrero que Marx anticipó hace 108 años sigue siendo hasta la fecha una tarea incumplida de nuestra clase.

Sin embargo, Marx no podía estar más acertado respecto a la alianza de fuerzas sociales que tendrían que ser parte integral de una revolución exitosa en Estados Unidos: la clase trabajadora, los trabajadores que son negros y los agricultores explotados.[36]

Ese sigue siendo el pronóstico para la revolución norteamericana, para la conquista del poder y el establecimiento de la dictadura del proletariado en Estados Unidos, hasta el día de hoy.

III [37]

Durante uno de los recesos, un camarada de Islandia dirigió mi atención a una sección de *El rostro cambiante de la política en Estados Unidos* titulada "Nacionalismo proletario y pequeñoburgués".[38] Preguntó si yo podría hablar

---

36. Ver "La Reconstrucción Radical: sus conquistas y las consecuencias de su derrota", en la segunda parte de este libro.

37. Del resumen de la discusión en la reunión de enero de 2006.

38. Jack Barnes, *El rostro cambiante de la política en Estados Unidos: La política obrera y los sindicatos* (Pathfinder, 1997, 1999), págs. 365–68 [impresión de 2011].

de esto en el resumen, en vista de lo que hemos estado discutiendo aquí en relación con la lucha de los negros, el nacionalismo negro y el peso de los trabajadores que son negros en la lucha por la dictadura proletaria.

La sección es de un informe que di en una reunión del Comité Nacional en abril de 1979, hace casi 30 años. Trata sobre el viraje que hizo el partido para incorporar a la gran mayoría de nuestros miembros y nuestra dirección a empleos y sindicatos industriales, y los cambios en la política y en la clase trabajadora que hicieron necesarios y posibles esos pasos. El viraje a la industria, dije, puso al partido "en una buena situación hoy día para aclarar nuestra comprensión del nacionalismo negro". No había motivo, apunté, "para cambiar nuestro análisis de que se profundiza la conciencia nacionalista entre los negros en tanto se profundiza la lucha de clases".

Señalé algunos de los escollos que a veces enfrentan los camaradas al tratar de distinguir diversas corrientes políticas en la lucha de los negros: por ejemplo, al hacer una distinción inexacta entre el nacionalismo "cultural" y el "político". Más próximos a ser acertados, pero aún lejos de dar en el blanco, a veces usábamos expresiones como "nacionalismo consecuente e inconsecuente". Malcolm X era "consecuente en su lucha por los intereses de las masas negras", señalé. "Eso lo impulsó hacia el antiimperialismo, hacia la lucha de clases y hacia un bloque con socialistas revolucionarios. Eso no ocurrió por casualidad; era la lógica del orgullo, la confianza y la afirmación consecuentes de una nacionalidad oprimida que es proletaria en su abrumadora mayoría".

Esa afirmación todavía me parece correcta, dentro de sus límites, y sobre todo podemos estar orgullosos de que *actuamos* en consecuencia. Pero aún no es una explicación completa desde una perspectiva de clase.

"La población negra no es homogénea", señalé en el informe de 1979. "Y las presiones que se ejercen sobre esta se originan en distintas clases. Tiene sus capas pequeñoburguesas, entre las cuales están muchos de los que encabezan las organizaciones negras. El nacionalismo negro puede ser una expresión de conciencia proletaria o bien puede ser pequeñoburgués.

"¿Qué es el nacionalismo negro consecuente? Es el nacionalismo proletario.

"¿Qué es el nacionalismo negro inconsecuente? Es el nacionalismo pequeñoburgués".

Este pasaje no es tan exacto o preciso como lo que hemos estado debatiendo en esta reunión del Comité Nacional y lo que hemos venido diciendo por bastante tiempo. Pero tanto el pasaje de *El rostro cambiante* como lo que estamos debatiendo aquí son consecuentes con la forma en que los revolucionarios nos hemos comportado políticamente en la lucha de clases durante medio siglo o más.

Sin embargo, el nacionalismo negro consecuente *no* conduce al socialismo. No es así. Como señaló Sam [Manuel] durante la discusión, ¿quién puede decir que Louis Farrakhan no es un "nacionalista negro consecuente"? ¿O que Elijah Muhammad no era un "nacionalista negro consecuente"? ¿Qué criterios se aplicarían? (Una vez que se usan criterios de *clase*, ya no se está hablando de nacionalismo).

Una cosa sí es segura: por lo que Malcolm mismo relata, las valoraciones políticas a las que él había llegado para fines de 1964 no eran producto del "nacionalismo negro consecuente". De hecho, para llegar a esas valoraciones, Malcolm dijo que tuvo que dejar de considerarse un nacionalista negro para así abrirse a los verdaderos revolucionarios por todo el mundo que nunca podrían haber sido nacionalistas negros de ningún tipo, consecuentes o no. Eso fue necesario para poder abrirse a las experiencias *de ellos*, a *sus* trayectorias y futuros. Porque los revolucionarios alrededor del mundo tenían que luchar juntos de manera disciplinada para derrocar el sistema social que engendra la explotación y la opresión.

Más importante aún, el "nacionalismo proletario" sencillamente no existe. La única conciencia que es *proletaria* es la *conciencia de clase*, que conduce a la liberación de la clase trabajadora y sus aliados de la explotación y opresión por parte del capital mediante la lucha por la dictadura del proletariado. Sí, la lucha proletaria se da país por país, contra determinadas clases dominantes nacionales y contra la dictadura del capital realizada por sus estados. Pero al mismo tiempo, forma parte de la batalla *mundial* por el socialismo que libra una clase *internacional*: la clase trabajadora.

Esa es la base material del internacionalismo proletario, que es inseparable del comunismo.

Del nacionalismo al comunismo: una ruptura de clase

Lo que intentábamos explicar en el informe de 1979, como guía política de *qué hacer*, no lo logramos hacer con referencias al nacionalismo proletario contra el nacionalismo pequeñoburgués. Tratábamos de explicar la *conducta política* contradictoria de distintos individuos y corrientes que se reclaman nacionalistas negros, o que así se habían llamado en algún momento. ¿Por cuáles intereses de clase luchan? ¿Buscan impulsar los intereses de la gran mayoría obrera que conforma la oprimida nacionalidad negra? ¿Acaso son consecuentes sus acciones, la manera en que viven sus vidas, sus trayectorias políticas, con dichos objetivos? ¿Son intransigentemente internacionalistas?

Cuando Malcolm abandonó la Nación del Islam a principios de 1964, no solo fue una ruptura moral frente a la conducta hipócrita de Elijah Muhammad hacia las mujeres de la organización, aunque sí fue mucho más importante para Malcolm y su profunda dedicación a la integridad de lo que generalmente se le atribuye, o de lo que nosotros mismos reconocimos en aquel entonces. La salida de Malcolm de la Nación no fue siquiera solo una ruptura *política*. Sí, las dimensiones tanto morales como políticas fueron importantes en la decisión que tomó Malcolm, como le dijo al *Young Socialist*. "Yo opinaba que el movimiento venía arrastrando los pies en muchos ámbitos", dijo en la entrevista. "No se involucraba en las luchas civiles, cívicas o políticas que afrontaba nuestro pueblo. No hacía más que recalcar la importancia de la reforma moral: no bebas, no fumes, no permitas la fornicación y el adulterio. Cuando descubrí que la propia jerarquía no ponía en práctica lo que predicaba, quedó claro que ese aspecto de su programa estaba en bancarrota".

Pero Malcolm también hizo una ruptura de *clase*. Aunque él mismo no lo habría calificado de esa manera en aquel entonces, durante los siguientes 11 meses Malcolm profundizó su orientación política hacia la clase trabajadora, hacia el movimiento revolucionario proletario a escala mundial. No temió ir adonde lo llevara la lógica política de la lucha intransigente contra la opresión y la explotación, independientemente de conceptos y creencias anteriores.

Independientemente del sitio en el mundo donde se encontrara.

Independientemente de si eso lo llevara a cruzar líneas de color.

Independientemente de si eso lo llevara a cruzar líneas religiosas. (Ni la dirección del Frente de Liberación Nacional de Argelia ni la del gobierno revolucionario cubano alegaban guiarse por la religión. Muy demostrativamente al contrario. Y Malcolm lo sabía muy bien).

E independientemente de los prejuicios políticos muy

difundidos —o sea, del *red-baiting*— contra aquellos a quienes él reconocía cada vez más como aliados, como compañeros revolucionarios. (Eso no incluía a los estalinistas, socialdemócratas o centristas).

Malcolm pasó todas estas pruebas. Y fue esta trayectoria política de clase la que lo llevó a la conclusión de dejar de usar el término nacionalismo negro para describir su curso revolucionario. Fue esto lo que lo llevó a insistir en que esa trayectoria política —lo que en esta etapa él llamaba una "filosofía global"— tenía que ser una trayectoria que, además de incorporar como aspecto central la cuestión de raza y su reflejo político en el mundo imperialista, fuese más lejos aún, buscando la colaboración con otros revolucionarios para *derrocar* ese sistema mundial. *Y esa tarea*, cuanto menos, no era simplemente un "problema del hombre blanco".

Durante ese último año de su vida, Malcolm aún no tenía una explicación precisa del calibre revolucionario del *Militant*, de la manera fidedigna y honesta en que publicaba sus discursos, la exactitud de sus reportajes sobre el acontecer político en Estados Unidos y el mundo que no se podía encontrar en ninguna otra publicación. De su intrepidez. Aún no tenía una explicación exacta del Partido Socialista de los Trabajadores y la Alianza de la Juventud Socialista, algunos de cuyos cuadros y dirigentes había llegado a conocer y por los cuales había llegado a sentir respeto y confianza. Se trataba de organizaciones cuyos miembros en su mayoría eran blancos, pero con quienes él podía trabajar como compañeros revolucionarios y como iguales políticos: ya fuera un hermano negro como Clifton DeBerry,[39] o muchos de nosotros que no

---

39. Clifton DeBerry (1923–2006) había sido militante sindical y luchador por los derechos de los negros por mucho tiempo. Había sido

éramos en ese sentido "hermanos".

Malcolm no tenía una explicación definitiva o completa para nada de esto. Pero sí tenía curiosidad. ¿Por qué fue al Militant Labor Forum la primera vez en abril de 1964? ¿Por qué vino a hablar ante un mitin público en el *downtown* [al sur de la comunidad negra de Harlem], como decía él, cosa que nunca había hecho en Nueva York? Creo que sentía curiosidad. Curiosidad *política*. Quería conocer a los organizadores y ver al público. ¿Qué clase de personas eran? ¿Qué tipo de organizaciones? ¿Cómo se comportarían? ¿Cómo reaccionarían? ¿Cómo organizarían el evento? ¿Cómo lo moderarían? ¿Cómo lo cubrirían en el *Militant*?

¿Y cómo se organizarían *para defenderlo*? Desde el día que Malcolm celebró la rueda de prensa en marzo de 1964 donde anunció su ruptura con la Nación del Islam, si no antes, sabía muy bien que individuos en la dirección de la Nación y su entorno planeaban su asesinato, y que agencias policiacas a todos los niveles se mantenían informadas de estos esfuerzos y buscaban aprovecharlos para ventaja de los gobernantes. Nosotros también lo sabíamos, y actuamos en consecuencia al organizarnos para asegurar la seguridad de Malcolm y de todos los que participaron en cada uno de los tres eventos del Militant Labor Forum donde habló. Malcolm se aseguró de que sus propios guardaespaldas cooperaran plenamente con ese esfuerzo. Pero la responsabilidad y las decisiones principales eran nuestras. Pocas veces los dirigentes del partido han sentido

---

miembro del Partido Comunista antes de ser reclutado al Partido Socialista de los Trabajadores por Farrell Dobbs en Chicago en 1953. DeBerry fue dirigente del PST y su candidato a presidente de Estados Unidos en 1964; fue el primer africano-americano nominado por un partido como candidato presidencial.

tanto la enormidad de tal responsabilidad como en esos tres eventos.

Lo que a Malcolm le interesaba conocer sobre el PST y la AJS no eran cuestiones de poca importancia. Y la búsqueda de respuestas lo llevó a trabajar con estos revolucionarios en más y más terrenos desconocidos.

Lo que Malcolm descubrió, combinado con lo que ya sabía del *Militant*, bastó para que tomara la iniciativa y pidiera volver a hablar después de que regresó de su primer viaje a África en 1964. Malcolm no había sido invitado. Pero "el hermano James [Shabazz] me habló al respecto", dijo Malcolm, y entonces pidió hablar. Lo que Malcolm descubrió bastó para que aceptara una invitación para hablar de nuevo en un foro en enero de 1965. Bastó para que concediera una entrevista a la revista *Young Socialist*. Bastó para que propusiera dar a los dirigentes de la AJS una lista de sus contactos jóvenes en África y Europa a fin de escribirles y colaborar con ellos. Bastó para que contemplara seriamente participar en los meses posteriores de 1965 en una gira de conferencias organizada por la AJS en varios recintos universitarios. Bastó para que todas las semanas colocara demostrativamente una pila de ejemplares del *Militant* para vender en la sede de la OAAU. Y que le pidiera a Clifton DeBerry que fuera uno de los presentadores en una clase sobre liderazgo político para los cuadros de la OAAU, dictando DeBerry una clase sobre marxismo.

A medida que Malcolm avanzó políticamente tras la ruptura con la Nación, comenzó a alejarse de la ideología, es decir, alejarse de una falsa conciencia, que era el único "programa" posible en una organización como la Nación. Comenzó a rechazar el "programa" de la Nación, parte por parte. Comenzó a visualizar el desarrollo de un programa de liberación que pudiera vencer, en el mundo tal como es: no un mundo negro o un mundo blanco, sino un mundo imperialista dialécticamente interrelacionado, con estados fuertes y brutales, con el poderío armado que detentaban.

Sin embargo, para comprender hacia dónde se dirigía Malcolm, no hay que consultar la "Declaración de Fines y Objetivos Básicos" de la OAAU de junio de 1964, ni tampoco su "Programa Básico de Unidad", que debía anunciarse en la reunión en Harlem donde fue asesinado en febrero de 1965. El programa que Malcolm estaba desarrollando era la generalización de cómo actuaba, y de lo que él planteaba en sus discursos: discursos publicados en libros cuyas ediciones Pathfinder nunca permite que se agoten y que cualquiera puede leer y estudiar. Nada esotérico. Sin necesidad de "información confidencial". Lo que uno veía, lo que uno oía —y lo que ahora uno puede leer en más idiomas— era la auténtica realidad.

Cuando Malcolm fue asesinado, el programa todavía era en gran parte una obra en curso. Era todavía más táctica que estrategia. Se prestaba a distintas interpretaciones. Todavía no brindaba a los que acudían a Malcolm una perspectiva mundial coherente o un ritmo político constante de actividades disciplinadas, de cosas que hacer para impulsar esas perspectivas. Como dijo Malcolm en la entrevista del *YS* apenas unas semanas antes de ser asesinado: "Todavía me resultaría muy difícil dar una definición específica de la filosofía global" —el programa, la estrategia, la práctica revolucionaria— "que yo considero necesaria para la liberación del pueblo negro en este país".

Lo decisivo para Malcolm en los meses previos a su asesinato eran las cosas prácticas. Eran las huellas que realmente se podían ver en el mundo profano. Eran las huellas que reflejaban lo que él llamaba una "filosofía global": un *camino práctico*. Lo que él estaba haciendo. Lo que él aclaraba y explicaba. Lo que él demostraba con hechos: con los lugares adonde iba, con las advertencias de qué "no hacer" que él rechazaba.

Como señalé anteriormente, Malcolm había explicado en la entrevista del *Young Socialist* en enero de 1965 que cuando había sido dirigente de la Nación del Islam se venía sintiendo cada vez más frustrado porque la organización "no se involucraba en las luchas civiles, cívicas o políticas que afrontaba nuestro pueblo". Más de una vez, siendo aún dirigente de la Nación, Malcolm había reaccionado en contra de este abstencionismo. Por ejemplo, en 1962 había organizado crecientes protestas en Los Ángeles en respuesta a un ataque asesino de la policía contra varios miembros de la Nación, hasta que Elijah Muhammad puso fin a ese curso de acción.[40] Y en Nueva York Malcolm encabezó protestas de centenares de musulmanes a principios de 1963 cuando dos miembros de la Nación fueron arrestados bajo cargos de "conducta desordenada" al vender *Muhammad Speaks* y luego sentenciados; uno de ellos cumplió una sentencia de seis meses. Pero Malcolm no salió a las calles solo cuando miembros de la Nación del Islam eran objeto de ataques o arrestos. Si bien Elijah Muhammad desaprobaba de estas acciones, por lo menos giraban en torno a la Nación.

En varias ocasiones a principios de los años 60, Malcolm ya se había sumado a fuerzas fuera de la Nación en protestas más amplias de negros y otros trabajadores. En julio de 1962 habló en un mitin de apoyo a una reñida huelga de trabajadores de la salud en Nueva York para sindicalizar a dos hospitales. Malcolm elogió en público al presidente del Local 1199, Leon Davis, un judío, por haber cumplido 30 días de cárcel por rechazar una orden judicial de suspender la huelga. Y en julio de 1963, Malcolm marchó

---

40. Ver la primera parte, págs. 104–105.

en un piquete convocado por CORE, la Liga Urbana y la Conferencia Ministerial de Bedford-Stuyvesant para protestar contra prácticas discriminatorias en la contratación en una obra de construcción en Brooklyn.

Ningún otro dirigente de la Nación del Islam hacía este tipo de cosas, y se suponía que ninguno *debía* hacerlo.

Ya en marzo de 1964, el mismo día que anunció su ruptura con la Nación, Malcolm había dicho al *New York Times*, "Estoy dispuesto a cooperar en acciones locales pro derechos civiles en el Sur y en otras partes, y lo haré porque toda campaña a favor de metas específicas necesariamente elevará la conciencia política de los negros e intensificará su identificación frente a la sociedad blanca..." Malcolm dijo que Elijah Muhammad había impedido su participación y la de otros musulmanes en las luchas por los derechos civiles en el Sur, y agregó, "Voy a sumarme a la lucha donde sea que los negros pidan mi ayuda, y sospecho que mis actividades se darán a una escala mayor y más intensa que antes".[41]

Sin embargo, resultó más fácil descartar de palabra que de

---

41. M.S. Handler, "Malcolm X Splits with Muhammad" (Malcolm X rompe con Muhammad), *New York Times*, 9 de marzo de 1964. Aún en diciembre de 1963, poco después de ser silenciado por Elijah Muhammad, Malcolm le había dicho al periodista Louis Lomax que la mayoría de los miembros de la Nación no compartían con Muhammad su "don de paciencia divina con el diablo. Los Musulmanes Negros más jóvenes quieren ver un poco de acción". (Citado en *The Last Year of Malcolm X: Evolution of a Revolutionary* [El último año de Malcolm X: La evolución de un revolucionario], pág. 29 [impresión de 2017]. Y en la autobiografía, Malcolm escribió que, estando en la Nación, "Mi criterio era que, dondequiera que hubiera negros implicados, en los Little Rocks, en los Birminghams y en otras partes, allí debían estar musulmanes, militantes y disciplinados, para que el mundo entero los viera, los respetara y hablara de ellos. Cada vez se oía decir en las comunidades negras: 'Estos musulmanes *hablan* mucho, pero no *hacen* nada, a no ser que alguien se meta con otro musulmán'". (*Autobiografía*, capítulo 16, "Fuera", págs. 330–31 [edición de Ciencias Sociales, 1974]).

hecho este abstencionismo político. Casi todos los miembros de la OAAU tenían una formación parecida a la de Malcolm en la Nación del Islam pero mucho menos experiencia política, confianza y capacidad. Era una organización pequeña. Y la disciplina *política* representaba un nuevo reto.

Malcolm le envió un telegrama a Martin Luther King en junio de 1964 en el que ofreció enviar a militantes de la OAAU a St. Augustine, Florida, para ayudar en la defensa de manifestantes contra ataques racistas. No obstante, la OAAU no organizó posteriormente el envío de ninguno de sus miembros a Florida a participar en las protestas y a presentar, aun cuando fuese principalmente en conversaciones de uno a uno, sus propias ideas sobre la autodefensa y el camino a la liberación de los negros.

Malcolm habló ante jóvenes activistas pro derechos de los negros en Selma, Alabama, en febrero de 1965. Viajó a esa ciudad a la insistencia a último momento de estudiantes ante quienes había hablado en un evento celebrado el día antes en un recinto universitario de la cercana ciudad de Tuskegee. Malcolm dijo a los jóvenes de Selma que él estaba "cien por ciento a favor de los esfuerzos que realiza la gente negra aquí… para obtener el sufragio". Y ninguno de los jóvenes presentes puso en duda esa afirmación. Sin embargo, la OAAU nuevamente no organizó la participación de sus miembros o de otras personas en las marchas y protestas de Selma.

Estas presiones abstencionistas, por supuesto, no eran algo exclusivo de Malcolm o de la OAAU. Al contrario, el arte de la política proletaria consiste en la capacidad de vencer la resistencia a buscar otras fuerzas con las cuales trabajar a favor de objetivos comunes; es la prueba práctica más importante que afronta *toda* pequeña organización revolucionaria. Eso se da especialmente en épocas cuando una perspectiva revolucionaria encuentra eco solo entre un número reducido de trabajadores de vanguardia. Cuando las condiciones políticas objetivas fomentan lo que Farrell Dobbs, dirigente del PST, calificó otrora como una "existencia semisectaria", partes de la dirección y de la militancia pueden llegar a sentirse cómodos con su aislamiento relativo, incluso organizando los foros públicos y las actividades sociales de manera de garantizar que se conviertan en encuentros internos de sus miembros y la periferia organizada, donde los que no son miembros se sientan como intrusos.

Malcolm reconoció este problema del abstencionismo. Lo planteó en público en diversas ocasiones. Por ejemplo, apenas una semana antes de su asesinato, dijo a los participantes en un mitin de la OAAU en Harlem que, durante el tiempo que había estado en la Nación, "la mayoría de las acciones en las que participaban musulmanes eran acciones en las que yo participaba. Cuando ocurría en el país, cuando se daba una acción, era porque yo participaba, porque yo creía en la acción".

Durante el periodo de discusión en el mismo evento, un miembro del público le preguntó a Malcolm, "¿No cree que la organización debería organizar unas manifestaciones directas, por ejemplo contra la discriminación en la vivienda?" Y Malcolm contestó: "Estoy a favor de todo lo que tú apoyes, con tal de que logre resultados... En tanto sea inteligente, en tanto sea disciplinado, en tanto apunte en la dirección correcta, estaré a favor de ello".[42]

Y cuando en la entrevista del *Young Socialist* le preguntamos sobre "la iniciativa de los estudiantes blancos y negros que fueron al Sur el verano pasado e intentaron inscribir a los negros para votar" y sobre los tres jóvenes

---

42. "There's a Worldwide Revolution Going On" (Se está dando una revolución mundial), en *February 1965: The Final Speeches*, pág. 168 [impresión de 2018].

trabajadores pro derechos civiles asesinados en Mississippi mientras participaban en ese esfuerzo, Malcolm se refirió a la campaña de manera positiva. Agregó, "Pero creo que se les debería permitir cualquier medio a su alcance para defenderse de los ataques del Klan, del Consejo de Ciudadanos Blancos y de otros grupos".

Malcolm estaba empeñado en organizar y entrenar al tipo de cuadros dotados de disciplina política que permitirían empezar a abordar en la acción estos retos. Y a aprender durante ese proceso: de la única forma que cualquiera de nosotros puede aprender.

Malcolm sí fue consecuente con la lógica de sus convicciones y descubrimientos revolucionarios. Cuando lo exigía esa trayectoria, no vaciló en desechar conceptos preconcebidos que él mismo había mantenido durante gran parte de su vida adulta. Al profundizar sus convicciones antiimperialistas, anticapitalistas e internacionalistas, tuvo que afrontar el hecho de que la humanidad no es mayoritariamente negra. Y no recurrió a juegos graciosos. No era demagogo. No dijo simplemente: bueno, la humanidad es mayoritariamente no blanca, como si eso resolviera la contradicción.

Malcolm también afrontó lo que habrá parecido ser otro obstáculo considerable: el hecho de que la mayoría de los revolucionarios del siglo XX no son ni islámicos ni religiosos de forma alguna. Malcolm no esquivaba esos obstáculos; saltaba por encima de ellos. Lo importante del argelino que había conocido, nos dijo Malcolm, fue que era "extremadamente combativo" y era un revolucionario, "un verdadero revolucionario", lo cual estaba demostrado de la única manera posible, el combate revolucionario.

Así trabajaba Malcolm con la "gente del *Militant*", con "los MLFistas", como solían decir James y Reuben cuando llegaban al 116 University Place para conversar. Fue así como Malcolm trabajó con miembros de una organización que era mayoritariamente caucásica en su composición racial, 100 por ciento no creyentes, y para colmo comunistas. Porque éramos revolucionarios. Por lo que decíamos, por lo que hacíamos, por la manera en que lo hacíamos: consecuentemente, a largo plazo, intransigentemente. Por la forma en que juzgaba a los individuos que conocía en el exterior que, además de estar familiarizados con el *Militant,* lo consideraban valioso para su trabajo (incluso como única fuente de noticias y análisis fidedignos acerca de Malcolm y de los objetivos políticos que él impulsaba).

En resumidas cuentas: *por el rumbo político que estábamos siguiendo.* Era el mismo rumbo que Malcolm quería seguir. Se trataba de una convergencia *política.*

Una trayectoria revolucionaria hacia la lucha por el poder estatal ya no representaba un gran salto para Malcolm en aquella etapa: contaba ya con Cuba, Argelia y otros ejemplos para estudiar.

Si podemos comprender esto, entonces estamos equipados para organizar y actuar a partir de lo que conocemos de la historia documentada de combate político por parte de los trabajadores que son negros. Estamos listos para reconocer que lo que Trotsky explicaba a los dirigentes del PST en 1933 y 1939 no era el nacionalismo negro, sino las posibilidades que la dictadura del proletariado les abre a los negros y a demás capas oprimidas que están entre las amplias fuerzas que se atreven a "tomar el cielo por asalto", como dijo Marx. Estamos equipados para reconocer que la creciente participación de trabajadores que son negros entre los luchadores más capaces, combativos e intrépidos por objetivos revolucionarios de lucha de clases abre *la posibilidad* de conquistar la dictadura del proletariado en Estados Unidos. Podemos comprender por qué tenemos razón al decir que la cuestión negra —la combatividad negra, el orgullo negro, la dignidad negra, la creatividad negra— saldrán al frente cada vez que haya un ascenso importante en la lucha de clases y cada vez que avance el proletariado.

Y comprenderemos por qué los que aspiran profundamente a borrar todas las formas odiadas y sangrientas de opresión racista y superexplotación de la faz de la Tierra —de igual grado si no más que otros— son los que quieren la dictadura del proletariado como arma poderosa en sus manos.

IV [43]

Por último, hay unos cuantos puntos de nuestras discusiones de estos últimos días que son importantes y merecen ser comentados.

Primero, tenemos que separar la lucha por la liberación de los negros en Estados Unidos de las batallas contra la intolerancia racista en general y por los derechos de inmigrantes. Y esto incluye las luchas a favor de los derechos y las condiciones de los inmigrantes de Haití, del Caribe de habla inglesa y de África. Hay muchos puntos de intersección, por supuesto, y cuando se combinan, la fuerza y la solidaridad de estas batallas interrelacionadas resuenan a escala internacional. Pero la lucha de los negros en Estados Unidos es más que tan solo un ejemplo más —aunque sea políticamente el de mayor peso— de una lucha mundial contra el legado de la esclavitud africana y la opresión racista de las personas de piel negra.

Durante la discusión James [Harris] expresó su desacuerdo con los comentarios de Maggie [Trowe], quien

---

43. Del resumen que Barnes dio en la conferencia directiva del Partido Socialista de los Trabajadores en marzo de 2006.

había dicho que frecuentemente las ramas del PST no prestan suficiente atención política a las ventas y al trabajo político en la comunidad negra. James dijo que no le parecía acertada esa afirmación, al menos en lo que respecta a la venta de nuestra prensa. Si uno examina la base de suscripciones del *Militant* en la mayoría de las localidades, dijo James, encontraría un porcentaje desproporcionadamente alto de suscriptores que son negros en comparación con su porcentaje en la población.

Puede que sea cierto, pero eso no toca la cuestión política que Maggie planteaba, al menos según la entendí. Veamos el caso de Miami, por ejemplo. Uno puede pasearse en auto por la zona donde está la sede de la campaña del Partido Socialista de los Trabajadores, y donde viven algunos camaradas, y pensar que ha ido a parar a Puerto Príncipe. Hay muchos rostros negros. Hay un sinnúmero de expresiones de las consecuencias del racismo, de la superexplotación y de la discriminación contra los inmigrantes. Pero podemos hacer muchas ventas y trabajo político allí sin jamás acercarnos siquiera a Liberty City, Overtown u otras partes de la comunidad negra en Miami. Eso era lo que planteaba Maggie, me parece. ¿Dónde concentramos nuestras ventas y campañas de suscripciones en Miami? Y estoy seguro de que la pertinencia de ese punto no se limita a Florida.[44]

Más que una lucha contra el racismo

La cuestión negra en Estados Unidos no radica simplemente en el color de la piel o en el origen africano.

---

44. Durante el debate en una reunión posterior del Comité Nacional en mayo de 2006, James Harris dijo que había quedado sorprendido cuando regresó a Los Ángeles en marzo y revisó las cifras del número de suscripciones vendidas a negros durante la campaña de invierno. Concluyó que los comentarios de Maggie Trowe habían sido mucho más acertados que la respuesta que él le había dado.

Los haitiano-americanos y los africano-americanos no comparten una historia política común, un historial común de luchas de vanguardia en este país. Como discutimos ayer, los negros en Estados Unidos pueden trazar su ascendencia hasta entre 10 y 15 generaciones en Norteamérica: pasando por la esclavitud, la Guerra Civil contra la esclavocracia, el ascenso y la caída de la Reconstrucción Radical, la resistencia a la opresión y el terror Jim Crow, las batallas contra el semipeonaje y por el derecho a seguir trabajando la tierra, la masiva migración hacia las zonas urbanas y el norte, las batallas de sindicalización y otras luchas sociales con dirección proletaria, el movimiento por los derechos de los negros, la formación de unidades de autodefensa armada, la organización en el seno de las fuerzas armadas durante la Guerra de Vietnam y otras luchas políticas y sociales —ejemplares— de vanguardia. Eso no se puede decir, de la misma manera, de los que provienen de Haití, o del Caribe de habla inglesa o de África. Y ese hecho tiene implicaciones sociales y políticas para la vanguardia de la clase trabajadora, así como consecuencias prácticas para nuestro trabajo.

En un sentido político, la lucha de los negros en Estados Unidos es una cuestión diferente de las luchas de los que provienen de una inmigración más reciente. Para ver una lección de cuán diferente es, lean la primera plana del diario de esta mañana. El artículo, titulado "Estudios advierten: empeoran dificultades para hombres negros", informa entre otras cosas que entre los varones negros de veintitantos años que "desertaron" de la escuela secundaria, el 72 por ciento están desempleados (en comparación con un 34 por ciento de los "desertores escolares" blancos), y que el 60 por ciento de los varones negros "desertores escolares" habrán pasado por la prisión antes de llegar a los 35 años. Esas cifras provienen de diversos estudios recientes, y todo indica que al menos son aproximadamente representativas de la realidad. Estas condiciones afectan a la población africano-americana en este país de maneras bastante diferentes de lo que enfrentan los inmigrantes de primera o segunda generación, incluidos los de ascendencia africana.

Sí, es importante —muy importante— que llevemos a cabo trabajo político entre los trabajadores haitianos en Miami, Washington, Nueva York, Boston y otras zonas donde se concentran. Sí, queremos atraer a los africanos que viven en Estados Unidos al movimiento comunista, y para ello tenemos una herramienta política adicional —aparte de nuestro arsenal general político marxista— en nuestros libros y folletos de Thomas Sankara y Nelson Mandela[45].

Pero es posible hacer todas estas cosas y no tocar la cuestión de impulsar nuestra participación en las luchas de los trabajadores y jóvenes que son africano-americanos. *Hacer eso* requiere conciencia política. Requiere hábitos de disciplina, objetividad política y centralismo revolucionario. Y requiere una comprensión de las cuestiones estratégicas y programáticas que hemos venido debatiendo en las dos últimas reuniones del Comité Nacional.

Varios camaradas han comentado en ambas de estas

---

45. Entre los títulos que pueden encontrarse en el sitio web de Pathfinder (www.pathfinderpress.com), así como en los anuncios al final de este libro, están *Thomas Sankara Speaks* (Habla Thomas Sankara), *La emancipación de la mujer y la lucha africana por la libertad* por Thomas Sankara, *Habla Nelson Mandela*, *¡Qué lejos hemos llegado los esclavos!* por Nelson Mandela y Fidel Castro, y *El capitalismo y la transformación de África: Reportajes desde Guinea Ecuatorial* por Mary-Alice Waters y Martín Koppel.

reuniones que los trabajadores que son negros respon-
den con interés no solo a los encabezados y artículos
del *Militante* sobre la lucha contra el racismo antinegro,
sino también a los artículos sobre cuestiones sindicales,
la defensa de los derechos políticos, la inmigración, la
liberación de la mujer, la guerra de Washington contra Iraq, la Revolución Cubana, la lucha de clases en
Venezuela, etcétera. Si no fuera así, entonces nada de
lo que estamos diciendo tendría sentido políticamente.
Pero sí es así, y por todas las razones que hemos venido
discutiendo sobre la historia de lucha de los trabajadores que son negros.

Una cuestión estadounidense y una cuestión mundial

Como han señalado en la discusión los camaradas de
Canadá, la situación allá es diferente. Un porcentaje mucho mayor de la población que es negra se compone de
inmigrantes relativamente recientes.[46]

Durante toda la historia de la Liga Comunista y sus
organizaciones predecesoras en Canadá, los camaradas
han participado en la resistencia al racismo antinegro, a
la brutalidad policiaca y otras luchas. Se topan más y más
con trabajadores combativos que son negros, en el trabajo y fuera del trabajo, en Toronto, Montreal, Vancouver
y otras ciudades. En el último par de años, como lo han
descrito algunos camaradas aquí, han vendido libros y
suscripciones y han desarrollado sus relaciones con unos
trabajadores de Sudán que fueron dirigentes y cuadros de
la huelga de los empacadores de carne organizados por el
Sindicato de Trabajadores de Alimentos y del Comercio

---

46. Según las cifras del gobierno canadiense en 2001, de los más de
660 mil negros en Canadá, en solo el 10 por ciento de los casos, tanto
el padre como la madre habían nacido en Canadá.

(UFCW) en Brooks, Alberta.

Sin embargo, el tema que hemos estado discutiendo es muy específico.

Políticamente, la cuestión negra en Canadá es una extensión de la cuestión negra en Estados Unidos. Es así, ante todo, porque la lucha de los negros en este país desde los años 50 ha tenido un impacto tan poderoso sobre los de ascendencia africana (y otros que son objeto del racismo) por todo el mundo. Es el caso desde Canadá hasta el Caribe y América Latina (el movimiento del Poder Negro de fines de los 60 y principios de los 70 fue una poderosa expresión de orgullo negro que transformó políticamente el Caribe), Europa Occidental y África misma. En Canadá el impacto ha sido aún más directo de muchas formas, debido a la cercanía geográfica y cultural de los dos países.

Recuerdo que cuando yo estaba en la rama de Chicago, a principios de los 60, a menudo íbamos a Detroit en viajes regionales. En el curso de su actividad semanal en esa ciudad, los camaradas siempre llegaban a conocer a trabajadores y estudiantes que eran negros en Windsor y otras partes de Ontario. Personas involucradas en actividades por los derechos de los negros y otro trabajo político siempre estaban viajando de un lado al otro de la frontera, y aún lo hacen. Muchos negros en Canadá se vieron profundamente influenciados políticamente por Malcolm X y por los sucesos políticos en la lucha de clases en Estados Unidos. Todo eso se mantiene vigente.

La cuestión negra en Canadá es una cuestión estadounidense también por otra razón: sus orígenes. Tras perder la guerra en la primera revolución estadounidense, el ejército británico organizó una asombrosa proeza militar y social. Al principio del conflicto habían prometido la emancipación a todo esclavo o trabajador sometido a la servidumbre en las 13 colonias a condición de que se alzara en armas contra los colonos rebeldes. Miles lo hicieron. (Los rebeldes *no* prometieron la emancipación).[47] En 1783, después de su derrota, las fuerzas británicas evacuaron a más de 3 mil negros del puerto de Nueva York y los reasentaron en Nueva Escocia. Esa fue la primera población negra de importancia en Canadá, y muchos de sus descendientes siguen allí. Más de 13 mil negros viven en Halifax y —a diferencia del resto de Canadá— más del 90 por ciento son nacidos allí. Otros descendientes emigraron de Nueva Escocia a otras partes de Canadá o al exterior.

Frente al racismo antinegro, por supuesto, todas las personas de origen africano en Canadá —hayan nacido en Halifax o en Windsor; o en Kingston, Jamaica; Puerto Príncipe, Haití; Accra, Ghana; o Dakar, Senegal; que su principal lengua europea sea el inglés, el francés o el español— llegan a reconocer que a los ojos de los intolerantes no son más que negros. Lo mismo sucede con los inmigrantes de origen africano en el Reino Unido y Europa continental, así como en algunas partes de América Latina y el Caribe.

---

47. En noviembre de 1775 Lord Dunmore —dirigente de las fuerzas militares británicas basadas en Virginia— emitió una proclama que otorgaba la libertad a todos los trabajadores en servidumbre o esclavos negros que estaban en manos de independentistas y se mostraran "capaces y dispuestos a portar armas" y unirse a "las tropas de Su Majestad". No fue sino hasta más de tres años después, a principios de 1779 —cuando las tropas británicas se extendieron por Georgia y Carolina del Sur— que en su Congreso Continental los rebeldes instaron a los gobiernos de esos dos estados a reclutar un ejército de esclavos negros que serían emancipados y cuyos ex amos serían indemnizados. El general George Washington —él mismo era esclavista— rehusó aprobar esta propuesta. Y la rechazaron tajantemente y con indignación los gobiernos estatales de Georgia y Carolina del Sur.

La nacionalidad es una cuestión social y política, una cuestión histórica, no una cuestión biológica. En Sudán, los sudaneses pueden considerarse árabes o africanos, musulmanes o cristianos. Algunos le dan prioridad a la identificación tribal, mientras que otros se consideran ante todo sudaneses. Sin embargo, en Norteamérica o Europa, independientemente de su pigmentación, simplemente se les considera negros. Esto no es una ciencia del arco iris. Es la realidad de clase de la vida social y política bajo el orden mundial imperialista.

Eso es importante. La lucha contra la opresión de los negros, según lo reconoció la Internacional Comunista hace más de 80 años, es una cuestión mundial. Pero la historia compartida de lucha que caracteriza a la nacionalidad negra en Estados Unidos le asigna un peso y un papel singular en la lucha revolucionaria por la dictadura del proletariado en este país y —debido al poder del imperialismo estadounidense— también en la lucha mundial por el socialismo.

Forjada en victorias, no en derrotas

Durante la discusión, un camarada utilizó una formulación abreviada que yo he escuchado antes: que la nacionalidad negra en Estados Unidos "se forjó con la derrota de la Reconstrucción Radical".

Eso no es correcto.

Por supuesto, si la Reconstrucción Radical *no hubiese sido derrotada*, y si la lucha por los "40 acres y una mula" *hubiese triunfado*, entonces no estaba predestinado que los esclavos liberados hubiesen surgido como nacionalidad *oprimida* para fines del siglo XIX. Eso es cierto. Habrían formado parte de un vasto movimiento social proletario combativo de trabajadores, agricultores libres y ex esclavos.

¡Pero lo que forjó la nacionalidad negra en Estados Unidos no fue lo que Farrell Dobbs acertadamente denominó "el peor revés" en la historia de la clase trabajadora estadounidense! La nacionalidad negra se forjó, no mediante una derrota sino por la capacidad, la actividad de lucha de clases de vanguardia y la conciencia social y política de los esclavos emancipados. Se forjó a medida que *utilizaron* su libertad para transformarse de esclavos en trabajadores y agricultores de vanguardia, en hacedores de historia, en los que *actúan*.

El aplastamiento de la Reconstrucción Radical fue una contrarrevolución sangrienta que llevaron a cabo bandas derechistas armadas como el Ku Klux Klan, los Caballeros de la Camelia Blanca y otras más. Tras aprobarse las Leyes de Reconstrucción de 1867, tropas federales fueron apostadas por todo el Sur con el fin, entre otras cosas, de hacer valer los derechos de ciudadanía y sufragio de los esclavos liberados bajo las Enmiendas 14 y 15.[48] Ya para mediados de la década de 1870, el gobierno federal inicialmente empezó a ordenar que esas fuerzas no intervinieran en defensa de los gobiernos estatales electos de Reconstrucción, y para 1877 las tropas fueron retiradas completamente.

Esa derrota no solo cerró la puerta a toda nueva extensión radical, popular y plebeya de la revolución burguesa norteamericana profundizada por la Guerra Civil y por la eliminación de la esclavitud; hizo que se diera marcha atrás por casi un siglo.

No olviden que siempre hemos reconocido que la Guerra Civil, junto con la Reconstrucción Radical, representan la Segunda Revolución Norteamericana. Sin embargo, ya

---

48. Ver explicación de las Enmiendas 13, 14 y 15 en la segunda parte de este libro, pág. 181.

para los últimos años del siglo XIX era demasiado tarde en Estados Unidos como para que la revolución burguesa pudiera lograr nuevos avances. Con el desarrollo de la monopolización capitalista y el ascenso del dominio del capital financiero durante las tres décadas posteriores a la Guerra Civil, Estados Unidos emergió como potencia imperialista hacia finales del siglo. Lo que en Estados Unidos se conoce como la Guerra Hispano-Americana fue la primera guerra imperialista del mundo. A partir de entonces, nuevos avances en la lucha por los derechos de los negros —pese a los repetidos casos de inacción y traición por la cúpula sindical colaboracionista de clases y por los maldirigentes de las organizaciones social-demócratas y estalinistas— han estado ligados inextricablemente a la línea de marcha de la clase trabajadora hacia la conquista del poder y el establecimiento de la dictadura proletaria.

Historial de logros

Después de la Guerra Civil, los trabajadores y agricultores que eran negros lucharon por impedir la reimposición de cuadrillas de trabajadores por contrato, bajo condiciones cercanas a la esclavitud, en campos de cultivo por todo el Sur. Lucharon por tierras. Libraron batallas durante la Reconstrucción Radical por escuelas, el sufragio, créditos baratos y servicios de extensión agrícola, y otras necesidades del pueblo trabajador en su conjunto. Organizaron una resistencia armada frente a los violentos ataques derechistas contra los gobiernos estatales de la Reconstrucción.

Los gobernantes capitalistas pretenden ocultar la historia de la Reconstrucción Radical, igual que tratan de ocultar la historia de las batallas obreras en este país. Aparte de los cuentos sobre los escandalosos *"scalawags"* del Sur y los tristemente célebres *"carpetbaggers"* del Norte, en la escuela no nos enseñaron, en la mayoría de los casos, mucho más que eso sobre el tema de la Reconstrucción. Quieren encubrir la verdad porque esta hace añicos todo concepto racista y antiobrero de lo que pueden lograr los negros, de las posibilidades de forjar alianzas combativas entre trabajadores y agricultores que son negros y blancos, y mucho más. Esa falsificación solo comenzó a desmoronarse a gran escala gracias al ascenso de un movimiento proletario de masas dirigido por negros.[49]

La Reconstrucción Radical también marcó el apogeo de la lucha por reconocer a los inmigrantes asiáticos —especialmente a los numerosos trabajadores chinos que fueron traídos aquí para construir el ferrocarril transcontinental— como seres humanos, dignos de los mismos derechos a la ciudadanía y a la propiedad que los de piel negra, blanca o

---

49. Efectivamente, en 1955, justo cuando se echaban a andar las luchas de masas por los derechos de los negros en Montgomery, Alabama, se publicó un librito titulado *The Strange Career of Jim Crow* (La extraña carrera de Jim Crow), escrito por un historiador nacido en el Sur, de nombre C. Vann Woodward (Nueva York: Oxford University Press, 1955, 2002). Muchos militantes pro derechos civiles adoptaron y utilizaron ese libro para demostrar que las relaciones sociales en el Sur después de la Guerra Civil no siempre habían sido lo que llegaron a ser bajo las condiciones de segregación Jim Crow.

El libro *Black Reconstruction 1860–1880* (Reconstrucción negra 1860–1880) de W.E.B. Du Bois (Nueva York: The Free Press, 1935, 1998), ofrece una nutrida y detallada descripción de lo que realmente se desarrolló por todo el Sur durante esos años, a pesar de sus exageraciones propias del estalinismo del "tercer período", como por ejemplo cuando representa a ciertos gobiernos de Reconstrucción como la dictadura del proletariado. Sin embargo, si se interpreta la frase de Du Bois "Reconstrucción negra" en el sentido de "Reconstrucción dirigida desproporcionadamente por negros", en ese caso el título del libro destaca el papel de vanguardia de las masas trabajadoras africano-americanas en este proceso.—JB

de cualquier otro matiz de la gama de colores. Las derrotas de 1877 también echaron atrás por casi un siglo la igualdad política para los trabajadores asiáticos. (La publicación de *Nuestra historia aún se está escribiendo* debe recordarnos que los gobernantes norteamericanos también ocultan la verdadera historia de los logros y de la opresión de los trabajadores inmigrantes chinos en este país, así como han falsificado durante muchas décadas la historia respecto a los indígenas y los mexicanos).

Asimismo, pequeños agricultores y trabajadores asalariados que eran blancos participaron en las luchas que caracterizaron la Reconstrucción Radical. Las conquistas sociales de los regímenes de Reconstrucción más avanzados, como en Carolina del Sur, fueron sumamente populares entre las masas trabajadoras, independientemente del color de su piel. Muchos pequeños agricultores y trabajadores asalariados en las sierras y otras regiones por todo el Sur jamás habían apoyado la esclavitud. Opusieron resistencia a la Confederación durante la Guerra Civil, y a veces hasta rechazaron la conscripción y el pago de impuestos especiales. Después de la guerra se dieron cuenta de que nunca antes habían *tenido* gobiernos locales parecidos a muchos de los que surgieron durante la Reconstrucción. Nunca habían *tenido* un gobierno que les brindara educación pública gratuita, que les ayudara a obtener préstamos de bajo interés, que estableciera escuelas de agricultura y enviara asesores agrícolas itinerantes a las zonas rurales. Todo eso fue muy popular.

Tras la derrota de la Reconstrucción Radical, los negros libraron incontables escaramuzas —durante las décadas de 1880 y 1890 y hasta entrado el siglo XX— contra la imposición de la segregación Jim Crow y del terror racista por todo el Sur. Lucharon para poder retener su tierra, y aún siguen luchando. Y han estado en la vanguardia de todas las luchas sociales y políticas con dirección proletaria en el siglo XX que hemos señalado.

Este *historial de lucha* es lo que forjó inicialmente a la nacionalidad negra. Fue producto de una conquista política positiva, no de una gran derrota histórica. Fue a partir de estos *logros suyos*, no de su *opresión*, que se fraguó la nacionalidad negra. Fue muestra de la conciencia de su propia *valía* política.

Tenemos que reconocer ambos aspectos de lo que sucedió. Necesitamos comprender la derrota de la Reconstrucción Radical, que sentó las bases para la imposición sangrienta del terror y la segregación Jim Crow. Fue entonces que se estableció el carácter oprimido de la nacionalidad negra, cosa que no podrá ser resuelta sin una revolución proletaria victoriosa. Pero también tenemos que considerar las luchas que se dieron antes de la Reconstrucción Radical, durante y después de esa época, las cuales forjaron una nacionalidad que ha producido una generación tras otra de militantes de vanguardia en las luchas sociales y políticas más plebeyas y de mayor peso en este país.

Necesitamos ser claros cuando hablamos de la forja de la nacionalidad negra. Porque los cimientos históricos que las masas trabajadoras en este país, negras y blancas, sentaron durante la Guerra Civil y la Reconstrucción Radical, la Segunda Revolución Norteamericana, representan una de las grandes promesas de lo que pueden lograr los movimientos proletarios y populares de masas cuando el pueblo trabajador establece gobiernos que verdaderamente actúan a favor de los intereses de los explotados y los oprimidos.

Glosario

Austerlitz, Friedrich (1862–1931) – Dirigente colaboracionista de clases de la Socialdemocracia austriaca; director de su diario *Arbeiter Zeitung*.

Babu, Abdulrahman Mohamed (1924–1996) – Dirigente de la lucha anticolonial en el país africano de Zanzíbar. Fue canciller después de que se independizó de Gran Bretaña en 1964. Después de la unión con Tangañika, ocupó cargos en el gobierno de Tanzania hasta 1972. Condenado a muerte bajo cargos de traición en 1975; excarcelado en 1978 tras una campaña internacional.

Ben Bella, Ahmed (1918–2012) – Dirigente del Frente de Liberación Nacional (FLN), que encabezó una lucha de ocho años por la independencia de Argelia contra Francia. Presidente del gobierno de trabajadores y campesinos que llegó al poder en 1962. Colaboró con la dirección cubana para impulsar luchas antiimperialistas en África y América Latina. Derrocado en un golpe de estado en junio de 1965 dirigido por Houari Boumedienne.

Berger, Victor (1860–1929) – Dirigente en Milwaukee del ala derecha del Partido Socialista de Estados Unidos; promovió posiciones antiinmigrantes y antinegras. Congresista por el Partido Socialista, 1910–12 y 1922–28.

Bishop, Maurice (1944–1983) – Dirigente central del Movimiento de la Nueva Joya de Granada, que derrocó a la dictadura de Eric Gairy, respaldada por Washington, en marzo de 1979. Primer ministro del gobierno de trabajadores y agricultores. Asesinado en octubre de 1983 en un golpe de estado contrarrevolucionario por fuerzas estalinistas leales al viceprimer ministro Bernard Coard.

Breitman, George (1916–1986) – Autor de *The Last Year of*

Malcolm X: The Evolution of a Revolutionary (El último año de Malcolm X: La evolución de un revolucionario); editó varios libros de discursos de Malcolm X. Se unió al movimiento comunista en 1935; miembro del Comité Nacional del Partido Socialista de los Trabajadores, 1939–81. Se escindió del PST en 1983.

Cannon, James P. (1890–1974) – Uno de los dirigentes fundadores del Partido Comunista de Estados Unidos en 1919; expulsado en 1928 por apoyar la lucha política dirigida por León Trotsky en la Internacional Comunista para continuar la trayectoria proletaria internacionalista de Lenin. Primer director del *Militant*; dirigente fundador de la Liga Comunista de América. Secretario nacional del Partido Socialista de los Trabajadores, 1938–53; presidente nacional del partido, 1953–74.

Carter, James (1924–) – Presidente demócrata de Estados Unidos, 1977–81.

Castro, Fidel (1926–2016) – Dirigente central de la lucha revolucionaria cubana desde 1952; fundador y dirigente central del Movimiento Revolucionario 26 de Julio; comandante en jefe del Ejército Rebelde, 1956–58. Primer ministro del gobierno revolucionario, 1959–76; presidente del Consejo de Estado y del Consejo de Ministros, 1976–2006; comandante en jefe de las Fuerzas Armadas Revolucionarias, 1959–2006. Primer secretario del Partido Comunista de Cuba desde su fundación en 1965 al 2011.

Chiang Kai-shek (1887–1975) – Dirigente del Partido Nacionalista (Kuomintang) burgués en China desde 1925. Después de la sangrienta derrota de la segunda revolución china, 1925–27, encabezó la dictadura que fue derrocada por la tercera revolución china en 1949. Huyó a Taiwán, donde estableció régimen contrarrevolucionario respaldado por Washington.

Choy, Armando (1934–) – General de brigada en las Fuerzas Armadas Revolucionarias (FAR). Luchó en guerra revolucionaria cubana. Actualmente es delegado del Ministerio del Transporte en las operaciones marítimas portuarias y presidente del Grupo de Trabajo para el Saneamiento, Conservación y Desarrollo de la Bahía de La Habana. Coautor de *Nuestra historia aún se está escribiendo: La historia de tres generales cubano-chinos en la Revolución Cubana.*

Chui, Gustavo (1938–) – General de brigada en las Fuerzas Armadas Revolucionarias. Luchó en guerra revolucionaria cubana. Actualmente forma parte de la dirección nacional de la Asociación de Combatientes de la Revolución Cubana. Presidente de la Sociedad Chung Wah de La Habana, organización que aglutina las sociedades chinas en Cuba. Coautor de *Nuestra historia aún se está escribiendo: La historia de tres generales cubano-chinos en la Revolución Cubana.*

CIO (Congreso de Organizaciones Industriales) – Fundado en 1935 como Comité para la Organización Industrial dentro de la Federación Americana del Trabajo (AFL) —que se basaba en gremios de oficios— a iniciativa del presidente del Sindicato Unido de Mineros de América (UMWA), John L. Lewis. Suspendido de la AFL en 1936 y expulsado en 1938. Sus campañas para sindicalizar las industrias siderúrgica, automotriz y del caucho, entre otras, dio ímpetu a movimiento social con dirección proletaria a mediados de los años 30. Se fusionó con la AFL en 1955.

Cleage, Albert (Jaramogi Abebe Agyeman) (1911–2000) – Organizador de la conferencia nacionalista negra Grass Roots (De las Bases) en Detroit, noviembre de 1963, en la que Malcolm X hizo su último discurso como dirigente de la Nación del Islam. Dirigente fundador, con Milton Henry y otros, del Partido Libertad Ya (FNP), un partido independiente negro; candidato del FNP a gobernador de Michigan en 1964. Luego volvió al Partido Demócrata. Pastor cristiano.

Coard, Bernard (1944–) – Viceprimer ministro de Granada,

1979–83. Encabezó facción estalinista secreta en el Movimiento de la Nueva Joya que derrocó al gobierno de trabajadores y agricultores y asesinó a Maurice Bishop y otros revolucionarios. Arrestado tras la invasión estadounidense de 1983. Sentenciado en 1986 por el asesinato de Bishop; le fue conmutada su pena de muerte en 1991. Excarcelado en 2009.

Congreso Nacional Africano (ANC) – Fundado en 1912. Dirigió la lucha contra el régimen del apartheid en Sudáfrica. Proscrito de 1960 a 1990. En 1994 ganó las primeras elecciones por sufragio universal en Sudáfrica, siendo elegido presidente el dirigente del ANC Nelson Mandela.

CORE (Congreso por la Igualdad Racial) – Organización pro derechos de los negros fundada en 1942. En los años 60 inició los Viajes de la Libertad para acabar con la segregación de los autobuses interestatales y en otros transportes públicos en el Sur; dirigió otras actividades por los derechos civiles a nivel nacional.

Cox, Courtland (1943–) – Uno de los dirigentes del Comité Coordinador No Violento Estudiantil (SNCC) a mediados de los años 60; luego fue jefe del desarrollo de pequeños negocios de minorías en el Departamento del Comercio en la administración Clinton.

Curtiss, Charles (1908–1993) – Uno de los primeros miembros de la Liga Comunista de América. Trabajó con Trotsky en México como representante del secretariado de la Cuarta Internacional, 1938–39. Abandonó el Partido Socialista de los Trabajadores en 1951.

DeBerry, Clifton (1923–2006) – Por mucho tiempo dirigente del Partido Socialista de los Trabajadores, militante sindical y luchador por los derechos de los negros. Miembro del Partido Comunista antes de unirse al PST in 1953. Candidato del PST a presidente de Estados Unidos en 1964, primer africano-americano nominado para ese puesto por un partido político.

Debs, Eugene V. (1855–1926) – Candidato presidencial del Partido Socialista en cinco ocasiones y vocero del ala izquierda del partido antes de la Revolución Rusa de 1917. Hizo campaña contra la primera guerra mundial imperialista y en solidaridad con la revolución bolchevique. Por su oposición a la guerra fue condenado en 1918 bajo cargos de violar la Ley de Espionaje federal; cumplió 2 años y 8 meses de una sentencia de 10 años de prisión. Permaneció en el PS tras la fundación del Partido Comunista en 1919.

Diáconos por la Defensa (Deacons for Defense) – Organizó autodefensa para comunidades negras y militantes pro derechos civiles, principalmente en Louisiana y Mississippi, de 1964 a 1968.

Dobbs, Farrell (1907–1983) – Secretario nacional del Partido Socialista de los Trabajadores, 1953–72. Se unió a la Liga Comunista de América en 1934. Dirigente central de las huelgas de camioneros en Minneapolis en 1934; organizador general a fines de los años 30 de la campaña de los Teamsters en 11 estados que sindicalizó a decenas de miles de choferes de camión de larga distancia y otros trabajadores en el norte del Medio Oeste. Cumplió 12 meses en una prisión federal, 1944–45, tras ser condenado en 1941 bajo cargos amañados de conspiración bajo la Ley Smith "de la mordaza" por organizar oposición obrera a los objetivos de Washington en la Segunda Guerra Mundial. Candidato presidencial del PST en cuatro ocasiones. Autor de serie de cuatro tomos sobre las luchas de los Teamsters y los dos tomos *Revolutionary Continuity: Marxist Leadership in the U.S.*

Dreke, Víctor (1937–) – Combatiente del Ejército Rebelde en guerra revolucionaria cubana, 1956–58. Comandó las unidades cubanas en la sierra del Escambray, 1962–65, que eliminaron ahí las fuerzas contrarrevolucionarias respaldadas por Washington. Segundo al mando de Che Guevara en columna cubana de voluntarios en el Congo, 1965. Dirigió a los internacionalistas cubanos que ayudaban a las fuerzas de liberación nacional en Guinea Bissau, 1966–68. Ha ocupado importantes responsabilidades en las relaciones de Cuba con países africanos durante cuatro décadas.

Du Bois, W.E.B. (1868–1963) – Dirigente en la lucha por los derechos de los negros en Estados Unidos, uno de los fundadores de la NAACP en 1909. Autor de *Black Reconstruction* (Reconstrucción negra), *The Souls of Black Folks* (Las almas de los negros) y otras obras.

Eastman, Max (1883–1969) – Partidario de la Revolución Rusa y traductor de escritos de Trotsky en los años 30. Renunció al socialismo a fines de los 30; se volvió anticomunista, director de revista *Reader's Digest.*

Eisenhower, Dwight (1890–1969) – Presidente republicano de Estados Unidos, 1953–61.

Epton, Bill (1932–2002) – Presidente de la rama en Harlem del maoísta Partido Progresista del Trabajo (PLP) en los años 60.

Farmer, James (1920–1999) – Dirigente fundador del Congreso por la Igualdad Racial (CORE). Después de abandonar CORE a fines de los años 60 fue vicesecretario de la salud, educación y bienestar social en la administración Nixon.

Farrakhan, Louis (1933–) – Se unió a la Nación del Islam en 1955; dirigente del templo de Boston. Ayudó a dirigir campaña para demonizar a Malcolm X. Desde la escisión de la Nación del Islam en 1978 es dirigente principal del grupo que aún lleva ese nombre.

Ford, James W. (1893–1957) – Candidato del Partido Comunista a vicepresidente en 1932, 1936 y 1940.

Fort-Whiteman, Lovett (1894–1939) – Uno de los primeros miembros del Partido Comunista y organizador nacional del Congreso Obrero Negro Americano (ANLC). Designado para trabajar en la Unión Soviética en 1933; arrestado en 1937 durante depuraciones de Stalin. Murió en un campo de trabajos forzados en Siberia.

Fourier, Carlos (1772–1837) – Socialista utópico francés.

Francis, Reuben – Miembro dirigente de la Organización de la Unidad Afro-Americana, principal guardaespaldas de Malcolm X.

Frank, Pierre (1905–1984) – Uno de los fundadores de la oposición en el Partido Comunista francés a la contrarrevolución de Stalin contra la trayectoria de Lenin. Secretario de Trotsky en Turquía, 1932–33. Por mucho tiempo dirigente de la Cuarta Internacional y de su sección francesa.

Frente Sandinista de Liberación Nacional (FSLN) – Fundado en 1961 por Carlos Fonseca para organizar la lucha contra la dictadura de Somoza, respaldada por Washington. Dirigió el gobierno de trabajadores y agricultores tras la revolución de 1979. A fines de los años 80 sus dirigentes se replegaron de la trayectoria proletaria revolucionaria inicial del gobierno.

Gairy, Eric (1922–1997) – Primer ministro de Granada tras independizarse ese país de Gran Bretaña, 1974–79; estableció un régimen tiránico. Derrocado en 1979 por una revolución popular dirigida por Maurice Bishop.

Garvey, Marcus (1887–1940) – Fundó la Asociación Universal para el Mejoramiento del Negro (UNIA) en 1914 en Jamaica, su país de origen; abogó por un movimiento "Regresar a África". Se mudó a Nueva York en 1916. Reclutó a miles a la UNIA en Estados Unidos y el Caribe, con agrupaciones en muchos pueblos y ciudades. Encarcelado en Estados Unidos en 1925; deportado en 1927.

Goldwater, Barry (1909–1998) – Senador republicano por Arizona, 1953–64, 1969–87. Candidato presidencial del partido en 1964.

González, Fernando (1963–) – Uno de los revolucionarios cubanos conocidos como los Cinco Cubanos. Combatiente internacionalista en Angola, 1987–89, condecorado por misiones de combate. Se ofreció como voluntario a principios de los años 90 para misión en Estados Unidos de vigilar actividades de contrarrevolucionarios cubanos entrenados por la CIA. Arrestado por el FBI en 1998. Declarado culpable en juicio amañado en 2001 de ser "agente extranjero no inscrito" y otros cargos. Sentenciado a 19 años de prisión; reducida en diciembre de 2009 a 17 años y 9 meses.

González, René (1956–) – Uno de los cubanos revolucionarios conocidos como los Cinco Cubanos. Nació en Chicago, regresó a Cuba con su familia en 1961. Militó en la Unión de Jóvenes Comunistas. Combatiente internacionalista en Angola, 1977–79; condecorado por valor. En 1990 aceptó una misión voluntaria en Estados Unidos de vigilar a contrarrevolucionarios que organizaban ataques contra Cuba. Arrestado en 1998, declarado culpable en juicio amañado en 2001 de ser "agente extranjero no inscrito" y otros cargos. Sentenciado a 15 años de prisión.

Greenberg, Jack (1924–2016) – Director-abogado del Fondo de Defensa Legal de la NAACP, 1961–1984.

Guerrero, Antonio (1958–) – Uno de los revolucionarios cubanos conocidos como los Cinco Cubanos. Nació en Miami, estudió en La Habana. Militó en la Unión de Jóvenes Comunistas. Se graduó de la Universidad de Kiev como ingeniero de construcción de aeropuertos; artista y poeta. A principios de los años 90 se ofreció como voluntario a vivir en el sur de Florida vigilando a grupos contrarrevolucionarios que organizaban ataques contra Cuba. Arrestado en 1998 en caso fabricado; declarado culpable en 2001 de "conspiración para cometer espionaje" y otros cargos. Sentenciado a cadena perpetua más 10 años; reducida en octubre de 2009 a 21 años y 10 meses.

Guevara, Ernesto Che (1928–1967) – Nacido en Argentina, fue dirigente de la Revolución Cubana. Comandante del

Ejército Rebelde en la guerra revolucionaria, 1956–58. Ocupó importantes responsabilidades en el gobierno revolucionario, entre ellas ministro de industrias y presidente del Banco Nacional. Encabezó columnas de voluntarios internacionalistas en el Congo, 1965; Bolivia, 1966–67. Herido, capturado y asesinado por el ejército boliviano en una operación organizada por la CIA.

Haley, Alex (1921–1992) – Realizó y editó entrevistas que se convirtieron en la *Autobiografía de Malcolm X*. Autor de *Raíces*.

Halstead, Fred (1927–1988) – Dirigente del Partido Socialista de los Trabajadores y su candidato presidencial en 1968. Por mucho tiempo redactor del *Militant* y dirigente del movimiento contra la Guerra de Vietnam en Estados Unidos. Autor de *Out Now! A Participant's Account of the Movement in the U.S. against the Vietnam War* (¡Fuera ya! Relato de un participante del movimiento en Estados Unidos contra la Guerra de Vietnam).

Hamer, Fannie Lou (1917–1977) – Ex aparcera. Militó en el SNCC en Mississippi. Cofundadora del Partido Demócrata de la Libertad en Mississippi en 1964, impugnó la delegación estatal compuesta solo de blancos al congreso nacional del Partido Demócrata. Los demócratas acreditaron a la delegación exclusivamente blanca.

Hansen, Joseph (1910–1979) – Se unió a la Liga Comunista de América en 1934. Secretario de León Trotsky en México, 1937–40. Por mucho tiempo un dirigente central del Partido Socialista de los Trabajadores. Miembro del Comité Nacional del PST, 1940–1975. Director del *Militant, International Socialist Review* e *Intercontinental Press*. Autor de *Dynamics of the Cuban Revolution* (Dinámica de la Revolución Cubana), *The Leninist Strategy of Party Building: The Debate on Guerrilla Warfare in Latin America* (La estrategia leninista para la construcción del partido: El debate sobre la guerra de guerrillas en América Latina); y *Cosmetics, Fashions, and the Exploitation of Women*.

Harper's Weekly – Revista basada en Nueva York, 1857–1916. Conocida por sus grabados en madera sobre la Guerra Civil y la Reconstrucción en Estados Unidos y las caricaturas de Thomas Nast que fustigaban el aparato político de Tammany Hall en Nueva York.

Haywood, Harry (1898–1978) – Miembro de la Hermandad de Sangre Africana antes de unirse al Partido Comunista en 1925. Primer secretario nacional en 1930 de la Liga de Lucha por los Derechos de los Negros, dirigida por el PC. Apoyó la posición del PC a fines de los años 20 y principios de los 30 a favor de una "república soviética negra" en "el cinturón negro" del Sur. Rompió con el PC en 1958, haciéndose maoísta.

Henry, Milton (Gaidi Obadele) (1919–2006) – Dirigente del Partido Libertad Ya (FNP) y su candidato al Congreso de Estados Unidos en 1964. Luego fue uno de los dirigentes fundadores de República de Nueva Áfrika.

Henry, Richard (Imari Obadele) – Dirigente del Partido Libertad Ya en Detroit. Luego fue uno de los dirigentes fundadores de República de Nueva Áfrika.

Hernández, Gerardo (1965–) – Uno de los cubanos revolucionarios conocidos como los Cinco Cubanos. Egresado del Instituto Superior de Relaciones Internacionales en La Habana. Combatiente internacionalista en Angola, 1989–90, condecorado por misiones de combate. A principios de los 90 se ofreció como voluntario para vigilar a grupos contrarrevolucionarios en Estados Unidos que organizaban ataques contra Cuba. Arrestado en 1998; declarado culpable en 2001 de "conspiración para cometer asesinato", "conspiración para cometer espionaje" y otros cargos amañados. Sentenciado a doble cadena perpetua más 15 años.

Hook, Sidney (1902–1989) – Profesor de filosofía en la Universidad de Nueva York. Simpatizante del movimiento comunista en los años 30. Miembro del Partido Americano de los Trabajadores en 1934. Anticomunista vociferante desde los años 40.

Hoover, J. Edgar (1895–1972) – Director del Buró Federal de Investigaciones (FBI), 1924–72.

Huiswoud, Otto (1893–1961) – Inmigró a Estados Unidos de Guayana Holandesa (hoy Suriname). Miembro de la Hermandad de Sangre Africana en Harlem; miembro fundador del Partido Comunista de Estados Unidos, 1919. Delegado al Cuarto Congreso de la Comintern, 1922, donde presidió la Comisión sobre la Cuestión Negra. Se le prohibió la entrada a Estados Unidos tras la Segunda Guerra Mundial; se mudó a Países Bajos.

Jay, John (1745–1829) – Presidente del Congreso Continental en la Revolución Norteamericana, 1778–79; primer presidente de la Corte Suprema de Estados Unidos, 1789–94.

Jefferson, Thomas (1743–1826) – Redactó la Declaración de Independencia de Estados Unidos, 1776. Presidente de Estados Unidos, 1801–09.

Jim Crow – El nombre que se dio al sistema social institucionalizado de discriminación, segregación y violencia racista contra los negros que se codificó con leyes y se impuso con el terror a través del Sur norteamericano durante casi un siglo tras la derrota sangrienta de la Reconstrucción Radical. La segregación Jim Crow se tumbó con las luchas por los derechos de los negros que se volvieron masivas, tanto en el Sur como en el Norte, entre mediados de los años 50 y fines de los 60.

Johnson, Andrew (1808–1875) – Senador demócrata por Tennessee, 1857–62. Permaneció en el Senado tras la secesión y apoyó a la Unión en la Guerra Civil. Elegido vicepresidente en la fórmula de la Unión Nacional con Lincoln, 1864. Presidente de Estados Unidos, 1865–69; se opuso activamente a la Reconstrucción Radical.

Johnson, Lyndon (1908–1973) – Presidente demócrata de Estados Unidos, 1963–69.

King, Coretta Scott (1927–2006) – Activista pro derechos civiles; esposa de Martin Luther King.

King, Joseph P. (n. 1909) – Presidente del Washington Park Forum en la comunidad negra de Chicago y pastor de la Iglesia Internacional. Activista en la lucha contra Jim Crow desde los años 30; encabezó protestas en Chicago contra el linchamiento de Emmett Till en 1955. Se postuló al Congreso en 1958 contra los partidos capitalistas como candidato de la Campaña Electoral Socialista Unida.

Labañino, Ramón (1963–) – Uno de los cubanos revolucionarios conocidos como los Cinco Cubanos. Encarcelado en Estados Unidos desde 1998. Dirigente estudiantil de secundaria en Cuba, se unió a la Unión de Jóvenes Comunistas. Oficial del Ministerio del Interior. A principios de los años 90 se ofreció como voluntario para vigilar grupos contrarrevolucionarios en Estados Unidos que organizaban ataques contra Cuba. Declarado culpable bajo cargos fabricados de "conspiración para cometer espionaje" y otras acusaciones. Sentenciado a cadena perpetua más 18 años de prisión; reducida en diciembre de 2009 a 30 años.

Lankin, Sol (1910–1969) – Miembro fundador de la Liga Comunista de América. Guardia de defensa en la residencia de Trotsky en México en 1939.

Lenin, V.I. (1870–1924) – Fundador del Partido Bolchevique. Dirigente central de la Revolución de Octubre de 1917 en Rusia. Presidente del Consejo de Comisarios del Pueblo (el gobierno soviético), 1917–24; miembro del Comité Ejecutivo de la Internacional Comunista, 1919–1924.

Lewis, John (1940–) – Presidente del Comité Coordinador No Violento Estudiantil (SNCC), 1963–66. Congresista demócrata por Georgia desde 1986.

Lewis, John L. (1880–1969) – Presidente del Sindicato Unido de Mineros de América (UMWA), 1919–60; presidente del CIO, 1935–40.

Liga Blanca – Organizada en Louisiana en 1874 con el fin de derrocar al gobierno de Reconstrucción y restaurar la supremacía blanca. Disolvió violentamente actos electorales republicanos, asesinó a funcionarios públicos y aterrorizó a agricultores y artesanos negros.

Liga de la Unión – Creada primero en el Norte durante la Guerra Civil para movilizar apoyo en la lucha contra la Confederación. Durante la Reconstrucción Radical se crearon agrupaciones por todo el Sur, a menudo uniendo a esclavos emancipados, blancos pobres y otros partidarios de los gobiernos de Reconstrucción. Formó unidades de autodefensa; llevó a cabo educación política; promovió la construcción de escuelas; libró huelgas por mejores salarios y la división más justa de cosechas para aparceros. Decayó a medida que creció el terror racista a mediados de década de 1870 y la burguesía norteña retiró el ejército federal.

Liga Urbana – Fundada en 1910 como agencia de servicios para ayudar a los negros que emigraban desde el Sur. En los años 50 y 60 participó en luchas por los derechos civiles en algunas partes de Estados Unidos.

Lincoln, Abraham (1809–1865) – Presidente republicano de Estados Unidos, 1861–65; comandante en jefe del Ejército de la Unión en la Guerra Civil. Asesinado en un complot por partidarios de la Confederación.

Lumumba, Patricio (1925–1961) – Dirigente de la lucha independentista del Congo contra Bélgica. Primer ministro congoleño en junio de 1960; derrocado en septiembre de 1960 por golpe de estado respaldado por imperialistas y dirigido por Joseph Mobutu. Asesinado en enero de 1961 con la complicidad de tropas de la ONU y el apoyo de gobiernos de Estados Unidos, Bélgica y otros países imperialistas.

Luxemburgo, Rosa (1871–1919) – Nacida en Polonia, fue dirigente del ala revolucionaria del Partido Socialdemócrata Alemán. Encarcelada en 1915 por oponerse a la Primera

Guerra Mundial. Fundadora del Partido Comunista Alemán; asesinada por oficiales del ejército instigados por el gobierno socialdemócrata.

Maceo, Antonio (1845–1896) – Dirigente militar en la guerra independentista de Cuba contra España en el siglo XIX. Cubano negro, conocido popularmente como el Titán de Bronce. Rehusó deponer las armas en 1878 en la acción conocida como la Protesta de Baraguá. Murió en combate.

Mandela, Nelson (1918–2013) – Dirigente del Congreso Nacional Africano (ANC) de Sudáfrica. Encarcelado por el régimen del apartheid, 1962–90; excarcelado ante el avance de la lucha revolucionaria. Elegido presidente de Sudáfrica en primeras elecciones post-apartheid en 1994, permaneciendo en su cargo hasta 1999.

McKay, Claude (1889–1948) – Escritor nacido en Jamaica e inmigrante a Estados Unidos. Partidario de la Revolución Rusa y miembro del Partido Comunista a principios de los años 20. Asistió al Cuarto Congreso de la Internacional Comunista en 1922. Vivió en Europa una década, regresando a Estados Unidos a principios de los 30; rompió con el comunismo.

Militant, The – Publicado desde 1928 en Nueva York. Identificado en la cabecera como "Un semanario socialista publicado en defensa de los intereses del pueblo trabajador". En términos amplios refleja las posiciones del Partido Socialista de los Trabajadores.

Minor, Robert (1884–1952) – Caricaturista radical y anarquista antes de la Primera Guerra Mundial; se unió al PC en 1920. Luego fue un importante funcionario estalinista.

Moncada, Asalto al – El 26 de julio de 1953, unos 160 revolucionarios bajo el mando de Fidel Castro lanzaron un asalto insurreccional al cuartel Moncada del ejército en Santiago de Cuba y al cuartel de Bayamo, dando inicio a la lucha revolucionaria contra la dictadura de

Fulgencio Batista. Tras su fracaso, más de 50 revolucionarios capturados fueron masacrados. Castro y otros combatientes recibieron condenas de hasta 15 años de prisión; excarcelados en mayo de 1955 tras una masiva campaña de defensa que obligó al régimen de Batista a amnistiarlos.

Movimiento Revolucionario 26 de Julio – Fundado en junio de 1955 por Fidel Castro y otros combatientes del Moncada, junto a otras fuerzas, para dirigir la lucha revolucionaria a fin de derrocar la tiranía de Fulgencio Batista, respaldada por Washington. Tras la victoria de 1959 se fusionó con otros grupos que apoyaban la revolución, llevando a la fundación del Partido Comunista de Cuba en 1965.

Muhammad, Elijah (1897–1975) – Dirigente de la Nación del Islam desde 1934 hasta su muerte.

NAACP (Asociación Nacional para el Avance de la Gente de Color) – Organización pro derechos civiles fundada en 1909 por W.E.B. Du Bois y otros.

Nación del Islam – Creada en Detroit en 1930 por Wallace Fard; dirigida por Elijah Muhammad, 1934–70. Creció rápidamente en los años 50, siendo Malcolm X su vocero más conocido hasta que él rompió con el grupo a principios de 1964.

Parks, Gordon (1912–2006) – Escritor, fotógrafo y director de cine norteamericano; entrevistó a Malcolm X en febrero de 1965.

Partido Libertad Ya (Freedom Now Party, FNP) – Partido político negro independiente, fundado en 1963. Basado principalmente en Michigan, presentó 39 candidatos en este estado en elecciones de 1964; organizó campañas electorales en San Francisco, Nueva York, New Haven. Se disolvió poco después de las elecciones.

Partido Político Negro Independiente Nacional (NBIPP) – Fundado en noviembre de 1980 en un congreso en Filadelfia de 1500 personas. Hizo propaganda a favor de la acción política independiente de los negros frente a los partidos Demócrata y Republicano y de "oponerse al racismo, al imperialismo, a la opresión sexual y a la explotación capitalista", según su programa. Dejó de funcionar a mediados de los años 80.

Patterson, William (1891–1980) – Se unió al Partido Comunista de Estados Unidos a mediados de los años 20. Secretario ejecutivo de la Defensa Obrera Internacional (ILD) y del Congreso de Derechos Civiles; fue dirigente del PC cuando el partido consolidó su curso estalinista a fines de los 20 y 30.

Pyatakov, G.L. (P. Kievsky) (1890–1937) – Dirigente bolchevique que se opuso al derecho a la autodeterminación de naciones oprimidas. Después de 1917 ocupó cargos de dirección en la industria soviética. Partidario de la oposición comunista dirigida por León Trotsky, 1923–28; claudicó ante Stalin pero fue ejecutado en los procesos de Moscú.

Randolph, A. Philip (1899–1979) – Presidente fundador de la Hermandad de Maleteros de Coches-Cama en 1925. Presidente del Congreso Negro Nacional, 1936–40. Dirigente central del movimiento por la Marcha en Washington durante la Segunda Guerra Mundial. Activista en el movimiento pro derechos civiles en los años 50 y 60. Respaldó al demócrata Lyndon Johnson en las elecciones presidenciales de 1964.

Renner, Karl (1870–1950) – Canciller socialdemócrata de Austria, 1918–20; presidente de la asamblea nacional, 1930–33.

Richardson, Gloria (1922–) – Dirigente del Comité de Acción No Violenta, que organizó protestas callejeras contra la segregación en Cambridge, Maryland, 1962–64. Rehusó abogar por la no violencia frente a matones racistas o suspender las protestas a pesar de la ocupación de Cambridge por la Guardia Nacional.

Roa, Raúl (1907–1982) – Ministro del exterior cubano, 1959–76.

Conocido como el "Canciller de la Dignidad". Recons-
truyó y dirigió el cuerpo diplomático cubano en los
primeros años de la revolución. Miembro del Comité
Central del Partido Comunista de Cuba desde 1965;
vicepresidente de la Asamblea Nacional al momento
de su muerte.

Roosevelt, Franklin D. (1882–1945) – Presidente demócrata
de Estados Unidos, 1933–45. Su política del Nuevo
Trato (*New Deal*) y del Trato Bélico (*War Deal*) durante
la Gran Depresión buscaba desviar la combatividad
de la clase obrera, mantener el dominio capitalista y
consolidar la dominación mundial del imperialismo
estadounidense.

Rustin, Bayard (1910–1987) – Uno de los organizadores de
la Marcha en Washington por los derechos civiles en
agosto de 1963. Dirigente del proimperialista Social
Demócratas USA y del Instituto A. Philip Randolph
respaldado por la AFL-CIO.

Sankara, Thomas (1949–1987) – Dirigente central de la revolución popular democrática en Burkina Faso desde 1983
hasta su asesinato en un golpe de estado contrarrevolucionario encabezado por Blaise Compaoré.

SCLC (Conferencia de Líderes Cristianos del Sur) – Fundada en
1957 para organizar actividades pro derechos civiles en
todo el Sur. Dirigida por Martin Luther King hasta su
muerte en 1968.

Shabazz, James (Abdullah H. Abdur-Razzaq) – Se escindió de la
Nación del Islam junto a Malcolm X, siendo su secretario.
Uno de los dirigentes de la Mezquita Musulmana Inc. y
de la Organización de la Unidad Afro-Americana.

Shaw, Ed (1923–1995) – Se unió al Partido Socialista de los
Trabajadores como marino mercante en 1944. Miem-
bro del Comité Nacional del PST, 1959–81. Director
por el Medio Oeste del Comité pro Trato Justo a Cuba
a principios de los años 60. Candidato del PST a vicepresidente en 1964.

Sío Wong, Moisés (1938–2010) – Combatió en guerra revolucionaria cubana, 1956–58. General de brigada en las Fuerzas Armadas Revolucionarias. Presidente del Instituto Nacional de Reservas Estatales, 1986–2008. Presidente de la Asociación de Amistad Cubano-China. Coautor de *Nuestra historia aún se está escribiendo: La historia de tres generales cubano-chinos en la Revolución Cubana.*

SNCC (Comité Coordinador No Violento Estudiantil) – Formado en abril de 1960 a raíz de las sentadas en las tiendas Woolworth's. Participó en batallas por los derechos de los negros a principios y mediados de los años 60.

Solow, Herbert (1903–1964) – Reportero sobre asuntos sindicales en los años 30 y simpatizante de la Liga Comunista de América. Durante las huelgas de los Teamsters en Minneapolis en 1934 ayudó al sindicato a sacar su periódico, *The Organizer*. Renunció al marxismo al inicio de la Segunda Guerra Mundial.

Stalin, José (1879–1953) – Dirigente de capas burocráticas privilegiadas en el estado soviético, el Partido Comunista y la Internacional Comunista, que desde mediados de los años 20 dio marcha atrás a la trayectoria proletaria de Lenin. Organizó juicios amañados en 1936–38 y asesinatos de la mayoría de los dirigentes bolcheviques de la época de Lenin, incluido el asesinato de Trotsky en 1940.

Stoner, J.B. (1924–2005) – Segregacionista y miembro del Ku Klux Klan; dirigente del Partido Nacional pro Derechos de los Estados. Condenado en 1980 por conspiración en un atentado dinamitero contra la Iglesia Bautista de la Calle Bethel en Birmingham, Alabama, 1958; cumplió 3 años y medio de cárcel.

Swabeck, Arne (1890–1986) – Dirigente fundador del Partido Comunista en 1919. Expulsado por apoyar la lucha política dirigida por Trotsky en la Internacional Comunista para continuar la trayectoria proletaria de Lenin. Secretario nacional de la Liga Comunista de América a principios de los años 30. Se hizo maoísta y se salió del Partido Socialista de los Trabajadores en 1967.

Tambo, Oliver (1917–1993) – Miembro fundador de Liga Juvenil del Congreso Nacional Africano con Mandela en 1944. Presidente en funciones del ANC, 1967–77, su presidente general en 1977–91 y presidente nacional en 1991–93.

Trotsky, León (1879–1940) – Uno de los dirigentes centrales de la Revolución de Octubre en Rusia y del Partido Bolchevique y la Internacional Comunista en los primeros años de la república soviética. Desde mediados de los años 20, principal dirigente en la lucha para continuar el curso comunista de Lenin contra el rumbo de la casta privilegiada contrarrevolucionaria encabezada por Stalin. Expulsado de la Unión Soviética en 1929. Asesinado en México por agentes de Stalin.

UNITA (Unión Nacional para la Independencia Total de Angola) – Fundada en 1966 para combatir el dominio colonial portugués; dirigida por Jonas Savimbi. En 1975 se alió al régimen del apartheid de Sudáfrica y a Washington para intentar derrocar al nuevo gobierno independiente angolano dirigido por el MPLA (Movimiento Popular para la Liberación de Angola). En los 25 años siguientes, libró una guerra que causó la muerte de cientos de miles. Firmó alto al fuego en 2000, tras la muerte de Savimbi.

Walling, William English (1877–1936) – Escritor y periodista del Partido Socialista; uno de los fundadores de la NAACP en 1909, uno de varios dirigentes blancos. Respaldó intervención de Washington en la Primera Guerra Mundial, rompiendo con el PS por la oposición de la mayoría de los dirigentes del PS a la guerra.

Weisbord, Albert (1900–1977) – Miembro del Partido Comunista y dirigente de huelga textil de Passaic, Nueva Jersey, en 1926; se salió del PC en 1930. Se declaró partidario de Trotsky pero se opuso a la Liga Comunista de América y organizó grupo rival, la Liga Comunista de Lucha.

Wilkins, Roy (1901–1981) – Dirigente de la NAACP desde 1931; su secretario ejecutivo, 1955–77.

Woodward, C. Vann (1908–1999) – Profesor universitario de historia norteamericana en Universidad Johns Hopkins, 1946–1961, y en Yale, 1961–1977, entre otras. Autor de *The Strange Career of Jim Crow* (La extraña carrera de Jim Crow), libros sobre la Reconstrucción y otros temas.

Young, Andrew (1932–) – Funcionario de la Conferencia de Líderes Cristianos del Sur (SCLC), 1961–70; director ejecutivo desde 1964. Asesor principal de Martin Luther King. Congresista por Georgia, 1973–77. Embajador de Estados Unidos ante Naciones Unidas, 1977–79; alcalde de Atlanta, 1982–89.

Young, Whitney (1921–1971) – Director ejecutivo de Liga Urbana, 1961–71.

Nota sobre publicación previa

Primera parte

"Dijo la verdad a nuestra generación de revolucionarios: en tributo a Malcolm X" y "Entrevista al 'Young Socialist'" se publicaron por primera vez en inglés en 1965 en la revista *Young Socialist* y en el folleto del *Young Socialist* titulado *Malcolm X habla a la juventud.* Luego se publicaron en una segunda edición del folleto (Pathfinder, 1969) y en el libro con el mismo título en inglés y en español (Pathfinder, 1991, 2002).

Segunda parte

"La Reconstrucción Radical: sus conquistas y las consecuencias de su derrota" es un extracto de "The Fight for a Workers and Farmers Government in the United States" (La lucha por un gobierno de trabajadores y agricultores en Estados Unidos) por Jack Barnes, en el número 4 de *New International* (1985).

"Jim Crow, la bandera de batalla de la Confederación y la lucha por la tierra" es un extracto de "Nuestra política empieza con el mundo" por Jack Barnes, en *Nueva Internacional* no. 7 (2005).

Tercera parte

"Todo lo nuevo y progresista provino de la revolución de 1917" es un extracto de "The Russian Revolution and the American Negro Movement" (La Revolución Rusa y el movimiento negro americano) en *The First Ten Years of American Communism: Report of a Participant* (Los primeros diez años del comunismo americano: Informe de un partícipe) por James P. Cannon, en inglés (Pathfinder, 1962, 1973).

"A quienes les toca la palabra decisiva" es un extracto de una carta de León Trotsky publicada por primera vez en el *Militant* del 2 de julio de 1932. La carta completa se encuentra en español bajo el título "¡Acercarnos a los proletarios de las razas 'de color'!" en *Escritos (1932)*, tomo 3, volumen 1, por León Trotsky (Bogotá: Editorial Pluma, 1977).

Cuarta parte

"La liberación de los negros y la dictadura del proletariado" se publicó por primera vez en el número 8 de *Nueva Internacional* (2008), bajo el título "Revolución, internacionalismo y socialismo: El último año de Malcolm X" por Jack Barnes.

Libros en inglés citados en esta obra

A continuación aparecen los libros citados más de una vez en este tomo que solo existen en inglés, junto con la traducción del título.

Cosmetics, Fashions, and the Exploitation of Women (Los cosméticos, la moda y la explotación de la mujer)

Two Speeches by Malcolm X (Dos discursos de Malcolm X)

By Any Means Necessary (Por cualquier medio necesario)

February 1965: The Final Speeches (Febrero de 1965: Los discursos finales)

Malcolm X: The Last Speeches (Malcolm X: Los últimos discursos)

Fighting Racism in World War II (La lucha contra el racismo en la Segunda Guerra Mundial)

FBI on Trial: The Victory in the Socialist Workers Party Suit against Government Spying (Juicio contra el FBI: La victoria en la demanda del Partido Socialista de los Trabajadores contra el espionaje del gobierno)

Cointelpro: The FBI's Secret War on Political Freedom (Cointelpro: La guerra secreta del FBI contra la libertad política)

Revolutionary Continuity: Marxist Leadership in the U.S., The Early Years, 1848–1917 (Continuidad revolucionaria: Liderazgo marxista en Estados Unidos: Los primeros años, 1848–1917)

Revolutionary Continuity: Birth of the Communist Movement, 1918–1922 (Continuidad revolucionaria: Nacimiento del movimiento comunista, 1918–1922)

Créditos: Fotos e ilustraciones

Sección de fotos después de la página 136

Watts: GETTY IMAGES • Malcolm en Brooklyn: BOB ADELMAN/MAGNUM • Malcolm en Los Ángeles: GORDON PARKS • Malcolm y Elijah Mohammad: EVE ARNOLD/MAGNUM • Sudáfrica: ELI WEINBERG • Gloria Richardson: FRED WARD/BLACK STAR • Burkina Faso: PAT WRIGHT/MILITANT • Marruecos: GETTY IMAGES/FRANCO ORIGLIA • Autobús en llamas: CORBIS • Condado de Lowndes: MILITANT • Diáconos por la Defensa: CORBIS • Protesta antiguerra: JOSEPH HANSEN/MILITANT • Estudiantes de Tuskegee: P.H. POLK/CORTESÍA DE UNIVERSIDAD DE TUSKEGEE • Milicianos cubanos: JOSEPH HANSEN/MILITANT • Mitin cubano: BOHEMIA • Angola: JUVENTUD REBELDE • "Cumbre" en Nueva York: AP/WIDE WORLD • Johnson y Weaver: DONALD STODERL/BIBLIOTECA LBJ • Los 8 de Fort Jackson: LARRY SEIGLE/MILITANT

Sección de fotos después de la página 191

Cruzando río: CENTRO SCHOMBURG/BIBLIOTECA PÚBLICA DE NUEVA YORK • Buró de Libertos: HARPER'S WEEKLY • Evento de campaña en 1868: HARPER'S WEEKLY • Escuela en Vicksburg: HARPER'S WEEKLY • Marcha en Baltimore: CORTESÍA DE SOCIEDAD HISTÓRICA DE MARYLAND

Sección de fotos después de la página 296

Milicianos cubanos: BOHEMIA • Congreso de Bakú: ARCHIVOS HUMBERT-DROZ • Clase de alfabetización soviética: AGE FOTOSTOCK • Delegados de EE.UU. en Moscú: CORTESÍA DE ED SWABECK • Eugene Debs: MUSEO EUGENE V. DEBS • Huiswoud y McKay: BIBLIOTECA BEINECKE/UNIVERSIDAD YALE • Motín en Tulsa: COLECCIÓN BERYL FORD, BIBLIOTECA DE CIUDAD-CONDADO DE TULSA • Marcha de NAACP: CENTRO SCHOMBURG/ BIBLIOTECA PÚBLICA DE NUEVA YORK • Huelguistas algodoneros: CENTRO SCHOMBURG/BIBLIOTECA PÚBLICA DE NUEVA YORK

Sección de fotos después de la página 392

Marcha por Bonos: AP/WIDE WORLD • E.D. Nixon: ELI FINER/MILITANT • Aparceros en 1937: BIBLIOTECA WILSON/UNIVERSIDAD DE CAROLINA DEL NORTE • Piquetes frente a ONU en 1960: JOSEPH HANSEN/MILITANT • Raúl Roa: NACIONES UNIDAS • Linchamiento en Florida: AP/WIDE WORLD • John Boyd: JOHN STAGGS/MILITANTE • Víctor Dreke y Willie Head: MACEO DIXON/MILITANT • Playa cubana: HENRY WALLACE • Lenin: ARCHIVOS HUMBERT-DROZ • Dobbs en Detroit: MILITANT •

NBIPP: ERNEST HARSCH/MILITANT • DeBerry en piquete: ELI FINER/MILITANT • Castro y Malcolm: CARL NESFIELD • Che Guevara: NACIONES UNIDAS • Thomas Sankara: MARLA PUZISS/MILITANT • Protesta en Waterloo: MATTHEW PUTNEY/ WATERLOO COURIER

Créditos de otras fotos e ilustraciones en el libro

Jack Barnes (en biografía): ERIC SIMPSON/MILITANTE • Jack Barnes en 1965: MILITANT • Mitin de Malcolm en Harlem: BOB ADELMAN/MAGNUM • Público de Malcolm: BOB ADELMAN/MAGNUM • Malcolm en librería de Harlem: CORBIS • King y Malcolm: CORBIS • Nazis en reunión de la Nación: EVE ARNOLD/MAGNUM • Autobús del Odio nazi: CORBIS • Newport News: JOHN COBEY/MILITANT • Malcolm en foro de abril de 1964: ROBERT PARENT • Malcolm en foro de mayo de 1964: HARRY RING/MILITANT • Malcolm y DeBerry: ELI FINER/MILITANT

Índice

La crisis política de los gobernantes de EE.UU. y la respuesta del pueblo trabajador

El historial antiobrero de los Clinton
Por qué Washington le teme al pueblo trabajador
Jack Barnes

Describe la trayectoria, impulsada por el afán de lucro, de los demócratas y republicanos por igual, y el despertar político de los trabajadores que buscan comprender y resistir estos ataques. US$10. También en inglés, francés y persa.

¿Son ricos porque son inteligentes?
Clase, privilegio y aprendizaje en el capitalismo
Jack Barnes

Pone de relieve las justificaciones de las capas profesionales bien remuneradas que insisten que su formación y "brillantez" las califican para "regular" la vida de los trabajadores. Incluye "El capitalismo, la clase trabajadora y la transformación del aprendizaje". US$10. También en inglés, francés y persa.

¿Es posible una revolución socialista en Estados Unidos?
Un debate necesario entre el pueblo trabajador
Mary-Alice Waters

Un "sí" inequívoco es la respuesta ofrecida aquí. Posible, pero no inevitable. Eso depende de lo que *haga* el pueblo trabajador. US$10. También en inglés, francés y persa.

MALCOLM X
EN SUS PROPIAS PALABRAS

Malcolm X habla a la juventud

Cuatro charlas y una entrevista que brindó Malcolm X a jóvenes en Ghana, el Reino Unido y Estados Unidos durante los últimos meses de su vida. Incluye su presentación en el debate celebrado en diciembre de 1964 en la Unión de Oxford, Reino Unido, e inédita hasta la fecha. Concluye con dos homenajes ofrecidos por un joven dirigente socialista a este gran revolucionario. US$12. También en inglés y francés.

By Any Means Necessary
(Por cualquier medio que sea necesario)

"En cada país que uno visita, el nivel de progreso que existe no se puede separar nunca de la mujer", dijo Malcolm X a su regreso de un viaje a África a finales de 1964. "Quedé absolutamente convencido en mis viajes de la importancia de darle libertad a la mujer, darle educación". Once discursos y entrevistas por el dirigente revolucionario durante el último año de su actividad política. En inglés. US$15

Malcolm X on Afro-American History
(Malcolm X sobre la historia afroamericana)

Relata la historia oculta del trabajo de los pueblos de origen africano y sus logros. En inglés. US$10

Habla Malcolm X

Discursos del último año de la vida de Malcolm X, a través de los cuales el lector puede seguir la evolución de sus perspectivas sobre el racismo, el capitalismo, el socialismo, la acción política independiente frente a los partidos de los explotadores, la intervención imperialista en el Congo y Vietnam, y más. US$15. También en inglés.

Two Speeches by Malcolm X

(Dos discursos por Malcolm X)

"Es imposible que una gallina produzca un huevo de pato… El sistema en este país no puede producir la libertad para el afroamericano". Discursos y entrevistas del último año de la vida de Malcolm. En inglés. US$5

February 1965: The Final Speeches

(Febrero de 1965: Los discursos finales)

"Habrá un choque entre los que quieren libertad, justicia e igualdad para todos y los que quieren continuar los sistemas de explotación. Pero no creo que se basará en el color de la piel", dijo Malcolm X en su última presentación pública, uno de más de 20 discursos y entrevistas contenidos en este libro. En inglés. US$17

DIRIGENTES REVOLUCIONARIOS EN SUS PALABRAS

Cuba y la revolución norteamericana que viene

JACK BARNES

Sobre las luchas del pueblo trabajador en el corazón del imperialismo, sobre los jóvenes atraídos a ellas y el ejemplo del pueblo cubano, que muestra que una revolución no solo es necesaria: se puede hacer. Sobre la lucha de clases en Estados Unidos, donde las fuerzas dominantes descartan las capacidades revolucionarias de los trabajadores y agricultores tan rotundamente como descartaron las del pueblo trabajador cubano. Y de forma igualmente errada. US$10. También en inglés, francés y persa.

Playa Girón/Bahía de Cochinos

Primera derrota militar de Washington en América

FIDEL CASTRO, JOSÉ RAMÓN FERNÁNDEZ

En abril de 1961 las fuerzas armadas revolucionarias de Cuba derrotaron, en menos de 72 horas, una invasión de 1 500 mercenarios organizada por Washington. El pueblo cubano dio un ejemplo a los trabajadores, agricultores y jóvenes del mundo: de que dotados de conciencia política, solidaridad de clase, valentía y una dirección revolucionaria, es posible enfrentar a un poder enorme y vencer. US$17. También en inglés.

El socialismo en el banquillo de los acusados

Testimonio en el juicio por sedición en Minneapolis

JAMES P. CANNON

El programa revolucionario de la clase trabajadora, tal como fue presentado en respuesta a cargos fabricados de "conspiración sediciosa" en 1941, en vísperas del ingreso de Washington a la Segunda Guerra Mundial. Los acusados eran dirigentes del movimiento obrero en Minneapolis y del Partido Socialista de los Trabajadores. US$15. También en inglés, francés y persa.

America's Revolutionary Heritage

(La herencia revolucionaria de Estados Unidos)

GEORGE NOVACK

Una historia materialista de la revolución norteamericana, la Guerra Civil y la Reconstrucción Radical, el genocidio contra los indígenas, la primera ola de la lucha por los derechos de la mujer y mucho más. En inglés. US$23

El socialismo y el hombre en Cuba

ERNESTO CHE GUEVARA, FIDEL CASTRO

A partir de su experiencia como dirigente central de la Revolución Cubana, Guevara explica por qué la transformación revolucionaria de las relaciones sociales requiere la transformación de las clases trabajadoras que organizan y dirigen ese proceso. "Para construir el comunismo, simultáneamente con la base material, hay que construir al hombre nuevo". US$10. También en inglés, francés, persa y griego.

Somos herederos de las revoluciones del mundo

Discursos de la revolución de Burkina Faso, 1983–87

THOMAS SANKARA

Los campesinos y trabajadores en este país de África Occidental crearon un gobierno popular revolucionario y comenzaron a combatir el hambre, el analfabetismo y el atraso económico impuestos por la dominación imperialista, así como la opresión de la mujer heredada de la sociedad de clases desde hace milenios. Cinco discursos del dirigente de esta revolución. US$10. También en inglés, francés y persa.

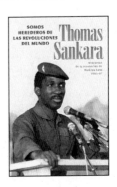

LA REVOLUCIÓN CUBANA

Cuba y Angola: La guerra por la libertad

HARRY VILLEGAS ("POMBO")

La historia del aporte inédito de Cuba a la lucha por liberar a África del azote del apartheid. Y de cómo se fortaleció así la revolución socialista cubana. US$10. También en inglés.

También:

Cuba y Angola

Luchando por la libertad de África y la nuestra

FIDEL CASTRO, RAÚL CASTRO, NELSON MANDELA Y OTROS

US$12. También en inglés.

¡Qué lejos hemos llegado los esclavos!

Sudáfrica y Cuba en el mundo de hoy

NELSON MANDELA, FIDEL CASTRO

Mandela y Castro, hablando juntos en Cuba en 1991, abordan el papel decisivo en la historia africana de la victoria de los combatientes cubanos, angolanos y namibios contra el ejército sudafricano que había invadido Angola con apoyo de Washington. US$7. También en inglés y persa.

Las mujeres en Cuba: Haciendo una revolución dentro de la revolución

VILMA ESPÍN, ASELA DE LOS SANTOS, YOLANDA FERRER

La integración de la mujer a las filas y a la dirección de la Revolución Cubana fue parte esencial de la trayectoria proletaria del liderazgo desde el principio. Esta es la historia de esa revolución. US$17. También en inglés y griego.

LAS BATALLAS DE LOS TEAMSTERS

Rebelión Teamster
Poder Teamster
Farrell Dobbs

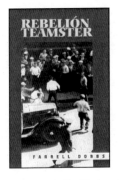

Farrell Dobbs, joven trabajador
que llegó a formar parte del
liderazgo de lucha de clases
del sindicato de los Teamsters
en Minneapolis en la década
de 1930, narra la historia de
las huelgas y campañas de
sindicalización que forjaron el movimiento sindical industrial en toda la parte
central de Estados Unidos. Los primeros dos de una serie de cuatro tomos
escritos por un dirigente central de estas batallas y del movimiento comunista.
US$19 cada uno. *Rebelión Teamster* también en inglés, francés, persa y griego.
Poder Teamster también en inglés.

Política Teamster
Farrell Dobbs

Explica cómo el Local 544 de los Teamsters en
Minneapolis combatió casos fabricados por el FBI y el
gobierno en los años 30, organizó a los desempleados
y luchó para que el movimiento obrero y sus aliados
emprendieran un camino político independiente de
clase. US$19. También en inglés.

Burocracia Teamster
Farrell Dobbs

Cómo los trabajadores con conciencia de clase
encabezaron la oposición obrera al ingreso del
imperialismo norteamericano a la Segunda Guerra
Mundial. Y cómo el gobierno federal, ayudado por
la cúpula de los Teamsters, usó el FBI para intentar
aplastar el poder sindical y silenciar a militantes
obreros antibélicos. Ahora con más de 130 fotos e
ilustraciones. US$19. También en inglés.

AMPLÍE SU BIBLIOTECA REVOLUCIONARIA

Nuestra historia aún se está escribiendo

La historia de tres generales cubano-chinos en la Revolución Cubana

ARMANDO CHOY, GUSTAVO CHUI, MOISÉS SÍO WONG, MARY-ALICE WATERS

"¿Cuál fue la principal medida en Cuba para eliminar la discriminación contra los chinos y los negros? Fue hacer la revolución socialista". Esta edición ampliada resalta la participación de los cubano-chinos en el curso revolucionario e internacionalista de Cuba, incluso en África y América Latina. US$15. También en inglés, persa y chino.

50 años de operaciones encubiertas en EE.UU.

La policía política de Washington y la clase obrera norteamericana

LARRY SEIGLE, FARRELL DOBBS, STEVE CLARK

Cómo los trabajadores con conciencia de clase han luchado contra los esfuerzos para reforzar el "estado de seguridad nacional" que es esencial para mantener el dominio capitalista. US$10. También en inglés y persa.

"Son los pobres quienes enfrentan el salvajismo del sistema de 'justicia' en EE.UU."

Los Cinco Cubanos hablan sobre su vida en la clase trabajadora norteamericana

Cómo la policía, las cortes y las prisiones en EE.UU. son "una maquinaria enorme para moler personas". Cinco revolucionarios cubanos falsamente acusados y presos 16 años en Estados Unidos explican los estragos humanos causados por la "justicia" capitalista. Y cómo se diferencia la Cuba socialista. US$10. También en inglés, persa y griego.

El Manifiesto Comunista

CARLOS MARX Y FEDERICO ENGELS

Explica por qué el comunismo no es un conjunto de principios preconcebidos sino la línea de marcha de la clase obrera hacia el poder, que surge de "las condiciones reales de una lucha de clases existente, de un movimiento histórico que se desarrolla ante nuestros ojos". US$5. También en inglés, francés, persa y árabe.

Los cosméticos, las modas y la explotación de la mujer

JOSEPH HANSEN, EVELYN REED, MARY-ALICE WATERS

Explica cómo los capitalistas aprovechan la condición de segunda clase de la mujer y sus inseguridades económicas para promover los cosméticos y sacar ganancias. Y cómo el ingreso de millones de mujeres a la fuerza laboral ha cambiado irreversiblemente las relaciones entre las mujeres y los hombres. US$12. También en inglés y persa.

La clase trabajadora y la transformación de la educación

El fraude de la reforma educativa bajo el capitalismo

JACK BARNES

"Hasta que la sociedad se reorganice para que la educación sea una actividad humana desde que somos muy jóvenes hasta que morimos, no habrá una educación digna de la humanidad creadora y trabajadora". Incluido en el presente libro. US$3. También en inglés, francés, persa y griego.

LA REVOLUCIÓN RUSA Y LA LUCHA CONTRA LA OPRESIÓN NACIONAL

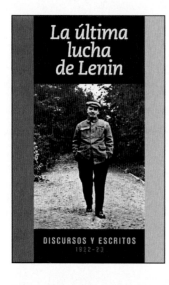

La última lucha de Lenin

Discursos y escritos, 1922–23

JACK BARNES

En 1922 y 1923, V.I. Lenin, dirigente central de la primera revolución socialista en el mundo, libró su última batalla política: una lucha que tras su muerte se perdió. Lo que estaba en juego era si esa revolución, y el movimiento comunista internacional que esta dirigía, mantendría el curso proletario que había llevado al poder a los trabajadores y campesinos en octubre de 1917. US$20. También en inglés y griego.

La revolución traicionada

¿Qué es y adónde va la Unión Soviética?

LEÓN TROTSKY

En 1917 los trabajadores y campesinos de Rusia hicieron una de las revoluciones más profundas de la historia. Sin embargo, al cabo de 10 años, una capa social privilegiada, cuyo principal vocero era José Stalin, ya consolidaba una contrarrevolución política. Este estudio ilumina el origen del desmoronamiento de la burocracia soviética y los conflictos que se van agudizando en las ex repúblicas de la Unión Soviética. US$17. También en inglés, persa y griego.

La alianza de la clase obrera y del campesinado

V.I. LENIN

Desde los primeros años del movimiento marxista en Rusia, Lenin luchó para forjar una alianza obrero-campesina, necesaria para desarrollar una dirección proletaria para la revolución democrática y así poder iniciar la revolución socialista. US$17.95

The History of the Russian Revolution

(La historia de la Revolución Rusa)

LEÓN TROTSKY

Cómo el Partido Bolchevique, bajo el liderazgo de Lenin, dirigió a millones de trabajadores y campesinos a derrocar el poder estatal de los latifundistas y capitalistas en 1917, y a llevar al poder un gobierno que promovía sus propios intereses de clase a nivel nacional y mundial. Escrito por uno de los dirigentes centrales de esa revolución socialista. Edición completa en inglés, 3 tomos en uno. En inglés, francés y ruso. US$30

To See the Dawn

Baku, 1920—First Congress of the Peoples of the East

(Para ver el amanecer. Bakú, 1920: Primer Congreso de los Pueblos de Oriente)

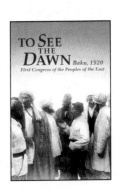

¿Cómo pueden librarse de la explotación imperialista los campesinos y trabajadores del mundo colonial? ¿Cómo pueden superar las divisiones nacionales, religiosas y de otra índole atizadas por las clases dominantes y luchar por sus intereses de clase comunes? Conforme resonaba el ejemplo de la Revolución de Octubre por el mundo, los 2 mil delegados a este congreso debatían estos problemas. En inglés. US$17

Lenin's Struggle for a Revolutionary International

Documents, 1907–1916: The Preparatory Years

(La lucha de Lenin por una Internacional revolucionaria; Documentos, 1907–1916: Los años preparatorios)

En inglés. US$30

LA CONSTRUCCIÓN DE UN PARTIDO PROLETARIO

Los tribunos del pueblo y los sindicatos

CARLOS MARX
V.I. LENIN
LEÓN TROTSKY
FARRELL DOBBS
JACK BARNES

Los tribunos del pueblo y los sindicatos

CARLOS MARX, V.I. LENIN, LEÓN TROTSKY, FARRELL DOBBS, JACK BARNES

Por qué el trabajo de fortalecer los sindicatos es imprescindible no solo para la unidad combativa de los trabajadores, sino que es fundamental para forjar un partido proletario. Pero la actividad de un partido obrero no comienza ni termina con los sindicatos. Comienza con extender el alcance político del partido en todas direcciones, a ciudades, pueblos y fincas. Un tribuno del pueblo usa cada ejemplo de opresión capitalista para explicar por qué la clase trabajadora y sus aliados pueden y van a crear los cimientos de un mundo basado no en la violencia y competencia sino en la solidaridad entre el pueblo trabajador mundial. US$12. También en inglés.

La historia del trotskismo americano, 1928–38
Informe de un partícipe

JAMES P. CANNON

"El trotskismo no es un movimiento, una nueva doctrina, sino la restauración, el renacimiento del marxismo genuino tal como se expuso y se practicó en la Revolución Rusa y en los primeros días de la Internacional Comunista", dice Cannon, dirigente fundador del movimiento comunista en EEUU. US$17. También en inglés y francés.

El rostro cambiante de la política en Estados Unidos
La política obrera y los sindicatos

JACK BARNES

Una guía para los trabajadores que buscan forjar el partido necesario para las batallas de clases que vienen, a través de las cuales nos revolucionaremos y se revolucionarán nuestras organizaciones de clase y toda la sociedad. US$23. También en inglés, francés, persa y griego.

Fighting Racism in World War II

(La lucha contra el racismo en la Segunda Guerra Mundial)

DE LAS PÁGINAS DEL *MILITANT*

Un recuento de las luchas contra el racismo y el terror de las turbas linchadoras de 1939 a 1945 ante los llamados patrioteros a aplazar la resistencia hasta la "victoria" de Washington en la Segunda Guerra Mundial. En inglés. US$20

The Transitional Program for Socialist Revolution

(El programa de transición para la revolución socialista)

LEÓN TROTSKY

Contiene discusiones entre dirigentes del Partido Socialista de los Trabajadores y León Trotsky en 1938. El producto de estas discusiones, un programa de demandas inmediatas, democráticas y de transición, fue adoptado por el PST. Este programa continúa siendo una guía de lucha para trabajadores comunistas hoy día. En inglés y persa. US$17

The Long View of History

(La visión larga de la historia)

GEORGE NOVACK

Los cambios revolucionarios son esenciales para el progreso social y cultural. Este folleto explica por qué —y cómo— la lucha del pueblo trabajador para acabar con la opresión y la explotación es una perspectiva realista. En inglés y persa. US$5

WWW.PATHFINDERPRESS.COM

Revolutionary Continuity Marxist Leadership in the United States

(Continuidad revolucionaria: Liderazgo marxista en Estados Unidos)

Los primeros años, 1848–1917

FARRELL DOBBS

"Generaciones de revolucionarios proletarios han participado en los movimientos de la clase trabajadora y sus aliados… Los marxistas de hoy no solo debemos rendirles homenaje por sus acciones. Tenemos el deber de aprender de lo que hicieron mal y lo que hicieron bien para no repetir sus errores". —Farrell Dobbs. En inglés. US$17

En defensa de la clase trabajadora norteamericana

MARY-ALICE WATERS

Hillary Clinton los llama "deplorables" que habitan las regiones "retrógradas" entre Nueva York y San Francisco. Pero decenas de miles de maestros y empleados escolares en Virginia del Oeste dieron un ejemplo en 2018 con la acción sindical más potente en décadas. Y trabajadores en toda Florida se movilizaron y restauraron el derecho a votar para más de un millón de ex presos. Lucharon por la dignidad y el respeto para sí mismos y sus familias y para todo el pueblo trabajador. US$7. También en inglés.

Su Trotsky y el nuestro

JACK BARNES

Para dirigir a la clase trabajadora en una revolución exitosa, se necesita un partido revolucionario de masas cuyos cuadros han asimilado con mucha antelación un programa comunista mundial, son proletarios en su vida y su trabajo, derivan una satisfacción profunda de la actividad política y han forjado una dirección con un agudo sentido de lo próximo que hay que hacer. Este libro trata sobre la construcción de dicho partido. US$12. También en inglés, francés y persa.

Nueva Internacional

UNA REVISTA DE POLÍTICA Y TEORÍA

NUEVA INTERNACIONAL Nº. 6

Ha comenzado el invierno largo y caliente del capitalismo

JACK BARNES

Publicado cuando se formaban las nubes tormentosas de la crisis financiera de 2008, Barnes explica que la crisis capitalista global de hoy es la etapa inicial de décadas de convulsiones económicas, financieras y sociales y de batallas de clases. Los trabajadores con conciencia de clase necesitamos trazar un curso revolucionario para afrontar esta coyuntura histórica del imperialismo. US$16. También en inglés, francés, persa, árabe y griego.

NUEVA INTERNACIONAL Nº. 7

Nuestra política empieza con el mundo

JACK BARNES

Las enormes desigualdades entre los países imperialistas y semicoloniales, y entre las clases dentro de cada uno, son acentuadas por el mismo capitalismo. Para forjar partidos capaces de dirigir una exitosa lucha revolucionaria por el poder en nuestros propios países, los trabajadores de vanguardia debemos guiarnos por una estrategia para cerrar esta brecha. US$14. También en inglés, francés, persa y griego.

NUEVA INTERNACIONAL Nº. 5

El imperialismo norteamericano ha perdido la Guerra Fría

US$15. También en inglés, francés, persa y griego.